本书由陕西师范大学出版基金资助出版

陕西师范大学国家重点学科建设项目

张懋镕　主编

中国古代青铜器整理与研究

中国早期铜器卷

刘远晴　著

科学出版社
北　京

内 容 简 介

本书是多卷本《中国古代青铜器整理与研究》系列丛书之一，以早期铜器为研究对象，重点探讨了中国铜器的起源与发展问题。本书在综合考察中国早期铜器区域特征的基础上，系统讨论了中国铜器的起源、发展、交流传播、生产体系及其在中华文明进程中的地位。本书力求全面搜集中国目前发表的早期铜器资料和科技分析结果，书末附有各地区早期铜器的统计表。

本书可供文物考古工作者、博物馆工作者、青铜器研究者阅读参考。

图书在版编目(CIP)数据

中国古代青铜器整理与研究.中国早期铜器卷/张懋镕主编；刘远晴著.
—北京：科学出版社，2020.6
陕西师范大学国家重点学科建设项目
ISBN 978-7-03-055978-4

Ⅰ.①中… Ⅱ.①张… ②刘… Ⅲ.①青铜器(考古)-研究-中国
Ⅳ.① K876.414

中国版本图书馆 CIP 数据核字（2017）第 312899 号

责任编辑：李 茜 曹 伟 / 责任校对：邹慧卿
责任印制：肖 兴 / 封面设计：北京美光制版有限公司

科学出版社 出版
北京东黄城根北街 16 号
邮政编码：100717
http://www.sciencep.com

中国科学院印刷厂 印刷
科学出版社发行 各地新华书店经销

*

2020 年 6 月第 一 版　　开本：787×1092　1/16
2020 年 6 月第一次印刷　　印张：15
字数：326 000

定价：198.00 元
（如有印装质量问题，我社负责调换）

多卷本《中国古代青铜器整理与研究》编写缘起

经过十几年的准备工作，多卷本的《中国古代青铜器整理与研究》即将出版。回顾往事，真是百感交集。

30年前，我的处女作《释"东"及与"东"有关之字》发表，从那时候起，青铜器的学习与研究注定成为我一生的追求。

29年前，我开始师从李学勤先生研习古文字。中国古文字有很多分支，如甲骨文、金文、战国文字、简牍帛书文字。先生告诉我："你在陕西，陕西有很多青铜器，你就做金文研究吧。"在先生的指导下，我受到严格的学术训练，这令我终身受益。我的硕士学位论文是《周原出土西周有铭青铜器综合研究》。所谓综合研究，就是从青铜器、古文字、历史文献三方面来研究。从此，综合研究成为我研究青铜器遵循的准则与方法。

1989年，西北大学文博学院成立新的专业——博物馆专业，大概考虑到我本科学的是考古，于是把我从文献专业调到博物馆专业。我除了继续讲古文字，又开了一门新课"青铜器鉴定"。自此之后，我开始系统研习青铜器，包括没有铭文的青铜器。

在长期的教学与研究工作中，我渐渐对中国古代青铜器有了新的认识。

概而言之，中国古代青铜器的研究，自两宋以来，已有一千多年的历史，取得了丰硕的成果。尤其是近百年来的研究，在青铜器的分期、分区系、分国别、分器类诸方面卓有成效，为世人所瞩目。

回顾历史，也毋庸讳言，我认为就青铜器基础性工作而言，其资料的整理还远远不够。且提一个最基本也是最简单的问题：迄今为止究竟有多少件中国古代青铜容器？几万还是十几万（尚且没有涉及兵器、工具、车马器、钱币、铜镜等），恐怕连一个非常粗略的估计都没有，专家也说不清楚。家底不清，研究对象模糊，研究很难继续深入。由于中国古代青铜器资料十分庞杂，其收集、整理并非易事，所以这一部分的工作非常重要。说到研究，比如青铜器的定名，鼎、鬲、簋等各类器物的分类研究，它们之间的相互关系，各类纹饰的分类研究，纹饰和器物之间的相互关系，各个阶段铭文的特点，器物、纹饰、铭文三者之间的互动关系以及对断代的作用等，其研究或不够系统，或不够深入，有些方面甚至是空白。

20多年来，我一直在进行这方面的研究工作，写了《西周方座簋研究》《两周青铜盨研究》《西周青铜器断代两系说刍议》《试论中国古代青铜器器类之间的关系》《试论青铜器自名现象的另类价值》等文章，希望从器类、断代、地域、定名等多个角度和层面对青铜器进行探索。

同时我也十分关注国内外青铜器研究专家的成果，他们的论著是我案头的必备书籍，我经常阅读，受益无穷。

在研究中，我深感个人力量的有限。从1999年招收青铜器方向研究生起，就逐渐形成了一个构想：如果研究生本人没有更好的研究题目，我就请他（她）来做青铜器中的某一部分，整理、研究某一类青铜器，或某一类纹饰，或某一时段的铭文，等等。经过十多年的积累，已经完成了20多篇硕士和博士学位论文。其中分器类的整理与研究完成多半，某一地区、某一时段的青铜器的整理与研究正在进行，纹饰与铭文的分类、分时段研究也做了一部分。这些为多卷本《中国古代青铜器整理与研究》的编撰奠定了基础。同时，我注意到其他先生也在指导研究生做类似的学位论文，对我们也很有启发与帮助。

前几年，在编写《青铜器论文索引》的过程中，我与线装书局的刘聪建先生多有接触。他听了我的上述介绍后，很感兴趣，遂与我商定，在原有研究生学位论文的基础上，由我主编，各专题作者分别著述，形成一套多卷本《中国古代青铜器整理与研究》。但由于种种原因，在线装书局只出了三卷。如今，在科学出版社的大力支持下，计划得以重新实现，拟在今后的若干年里，陆续完成和出版20卷以上的著作。

写作多卷本《中国古代青铜器整理与研究》的目的拟在全面、系统整理青铜器资料，充分吸取古今中外研究成果的基础上，对青铜器的形制、纹饰、铭文、组合关系等方面做全方位考察和研究，并试图总结出关于中国古代青铜器产生、发展、消亡的基本途径、规律、特点及其原因。这是一个遥远的目标，但我们有信心一步一步地走近它。

由于这套多卷本《中国古代青铜器整理与研究》的作者都是毕业不久的研究生，眼界有限、文字青涩在所难免。我的指导也很有限，很多问题我也不懂或知之甚少。当时作学位论文时，我希望他们放大胆子去写，因此他们的观点与我也不尽一致。但无论如何，在阅读他们的学位论文时，在与他们的反复讨论、交流中，我也有很多收获，这是最令人快乐的事情。我将阅读后的感想写出来，作为序言放在书前，就是希望继续与大家讨论，将《中国古代青铜器整理与研究》延续下去。而随着一本本书稿的出版，这一批年轻的作者也正在走向成熟，这或许是比书稿的出版更有意义的事情。

最后，要感谢参加我的研究生学位论文答辩以及审阅论文的诸位先生，并希望今后继续得到你们的批评与帮助。感谢陕西师范大学暨历史文化学院给予的大力支持，感谢科学出版社李茜与曹伟两位编辑的辛勤工作，让我们十几年来的梦想终于得以实现。

乙未年立冬后二日张懋镕写于
陕西师范大学中国青铜文化研究中心

中西铜器差异论(代序)

张懋镕

就世界范围而言,早期青铜器的产生与发展有两种模式:一种是西方模式,以西亚、中亚出土的青铜器为代表,一种是东方模式,以中国出土的青铜器为代表。中国古代青铜器在世界上享有很高的声誉,这一点为世人所公认,毋庸置疑。但是有一个至关重要的问题,即关于中国古代青铜器是否独立起源,抑或受到西方青铜器的影响,却存在不同的意见,且一直争论不休。

早在1979年,唐兰先生发表《中国青铜器的起源与发展》一文,对中国早期铜器进行研究,认为中国青铜文化是"土生土长,独立发展的"[①]。该文的观点引发了一场关于中国早期铜器的大讨论。作为考古界的代表人物,安志敏先生在《试论中国的早期铜器》一文中对早期铜器的发现情况做了回顾,指出中国西北地区如齐家文化早期铜器的发展早于中原地区,从而认为中国铜器的起源很可能是通过史前时期的"丝绸之路"进入中国的[②]。自此之后,中国早期铜器是本地起源还是从西方进口,成为争论的焦点[③]。主张中国铜器本地起源者多为国内学者。认为中国铜器是受外来影响者多为外国学者,如英国学者R. F. T. Tylecote在1992年提出,人类用铜大约开始于公元前6000年的安纳托利亚地区,在公元前两千年左右,金属冶炼技术通过高加索或伊朗地区传入我国[④]。

近来读了刘远晴博士的《中国古代青铜器整理与研究·中国早期铜器卷》[⑤](以下简称《早期铜器卷》),该书对中国早期铜器的产生和发展以及与西方早期铜器的关系做了深入的分析和讨论,十分受益。我想在此基础上,就中西铜器的差异性及其原因再谈几点意见。

---

① 唐兰:《中国青铜器的起源与发展》,《故宫博物院院刊》1979年第1期,4页。
② 安志敏:《试论中国的早期铜器》,《考古》1993年第12期,1117页。
③ 郑德坤著,白云翔译:《中国青铜器的起源》,《文博》1987年第2期;王志俊:《中国早期铜器的起源及发展》,《文博》1996年第6期。
④ Tylecote R F T. A history of metallurgy, 2nd ed. The institute of materials,1992.
⑤ 刘远晴:《中国古代青铜器整理与研究·中国早期铜器卷》,本文凡涉及该书的引文和图片,不再一一注明出处。

一、中西铜器的差异

先依据《早期铜器卷》一书提供的资料，分析一下中西早期铜器的差异。为了叙述方便，我们将铜器出土区域分成三大块：西北地区、北方地区、中原海岱地区。

1. 时间和空间

相比而言，西方早期铜器出现时间早，中国早期铜器出现时间晚，这是有人主张中国青铜文化西来说的主要证据之一。这只是一种常识性的推理，并不具有严密的科学研究的价值。有意义的证明在于文化传播的路径和影响力（详后）。

在中国境内，各地区铜器出现的时间也不一致，年代最早的是中原海岱地区和西北地区。前者以陕西临潼姜寨出土的黄铜片为标志，后者以甘肃东乡县林家出土的锡青铜刀为准绳。这两个地区是中国早期铜器发现最多的地区，或者可以说是中国铜器起源的两个中心之一，对了解中国青铜器的起源问题具有重要意义。相对而言，北方地区出现青铜器的时间要晚一些。从《早期铜器卷》的分析来看，中原海岱地区和西北地区早期铜器的产生和发展虽然互有影响，但基本上是各自独立进行的，而且新疆西部的早期铜器年代还要晚于新疆东部和甘青地区。所以，从地域的角度着眼，那时西方铜器要对中国境内尤其是中原海岱地区的铜器产生影响是很困难的。

2. 器形种类

中国早期铜器不仅有工具、装饰品、武器等实用器，还有爵、斝、鼎、盉、鬲、铃等礼乐器，而西方只有工具、装饰品、武器等实用器，没有礼乐器。中国西北地区出土的早期铜器以小件工具、装饰品和武器为主。工具主要有刀、锥、削、斧、钻、凿、锛、铲等种类；装饰品包括铜环、手镯、臂钏、泡、管、珠以及戈形饰等小件饰物；武器主要有斧、矛、剑、匕、镞；另外还有铜镜、牌饰。从器类来看与西方接近，但与中原海岱地区有差别。中原海岱地区不仅仅拥有以上器类，而且已开始生产青铜礼容器，包括二里头遗址在内已出土爵、斝、鼎、盉、鬲、铃等器类，这些器类是礼乐制度的载体，并非只是实用器，即便是戈、钺之类的武器，也成为祭典场合的道具，与西方迥异。北方地区的器类介于二者之间，既有西北地区常见的指环、铜刀、铜锥、铜镞、铜镯、臂钏、杖首，也有西北地区所无但中原海岱地区具有的铜戈。

3. 合金成分

总体而言，中国早期铜器的成分以铅锡青铜为主，所占比例大于红铜，砷铜较少，而西方则以砷铜为主，年代越早砷铜比例越大。中原海岱地区以铅锡青铜为主，其次为红铜和黄铜，只有少量砷铜，体现了中国早期铜器合金成分的基本特点。北方地区与中原海岱地区接近，以铅锡青铜为主，有少量红铜。西北地区与中原海岱地区有所不同，虽然仍以铅锡青铜为多，但砷铜比例明显增大。具体而言，大致以兰州为界，甘肃东部流行铅锡青铜，西部则流行砷铜，这是一大特点。很明显甘肃西部受到中亚西伯利亚地区砷铜冶炼技术的影响，但是这种影响对甘肃东部几乎没有产生多大力量，很值得玩味。

4. 制造技术

中国早期铜器制造以使用泥范、铸造为主，西方则以使用石范、锻造为主。中原海岱地区铜器绝大部分为铸造成形，锻打的铜器极少，采用单面范、双面范及复合范等多种工艺，能铸造爵、斝、盉等器形复杂的器物，体现了中国早期铜器制造技术的基本特点。北方地区的铜器既有铸造也有热锻，同时掌握复合范等工艺，也少量使用石范，显然是受到中原海岱地区的强烈影响。西北地区的制造技术以锻造和铸造并重，看来是同时受到中原海岱地区与欧亚草原青铜文化的双重影响。

夏代以后，中西铜器的差异就更明显了。主要表现在以下九个方面。

第一，中国古代青铜器数量巨大。

根据《第一次全国可移动文物普查数据公报》的统计数据，仅我国境内各级国家机关、企事业单位收藏保管的青铜器数量就有1403451件，还不包括海外收藏以及私人收藏的数量，所以实际数量可能更多[①]。有几个例子可以佐证这一点。譬如陕西从1949年10月到1979年，30年间先后出土商周青铜器3000余件[②]。1976年12月陕西扶风庄白出土微氏家族铜器群，一个窖藏就埋藏了103件精美的青铜制品[③]。这种现象，在西方闻所未闻。中国有一所专门收藏与展出青铜器的博物院，那就是陕西宝鸡青铜器博物院。以青铜器为单一藏品，这在西方也从未有过。西方的古代青铜器数量有多少，不清楚，但从西方博物馆的展陈和出版的图录来看，没有我们多。

第二，造型丰富，品相繁多。

中国古代青铜器有饪食器、酒器、水器、车马器、兵器、工具、农具、装饰品、钱币、玺印、铜镜等种类。每一大类中又包括很多小类，譬如饪食器中有鼎、鬲、甗、簋、豆、盨、簠、敦等，酒器类中又有爵、角、觯、斝、尊、壶、卣、方彝、觥、罍、盉、勺、禁等。鼎的型式又有很多种，有方鼎、圆鼎、扁足鼎、分裆鼎等。其式样之多，令人眼花缭乱。西方的古代青铜器主要有兵器、工具、装饰品、钱币、玺印、铜

---

① 国务院第一次全国可移动文物普查领导小组办公室、国家文物局：《第一次全国可移动文物普查数据公报》http://www.sach.gov.cn/art/2017/4/7/art_722_139374.html。
② 吴镇烽：《陕西出土商周青铜器概述》，《陕西出土商周青铜器》（一），文物出版社，1979年。
③ 陕西周原考古队：《陕西扶风庄白一号西周青铜器窖藏发掘简报》，《文物》1978年第3期，1页。

镜，很少有饪食器、酒器和水器。至于鼎、鬲、甗、盨、簠、敦、爵、角、斝、尊、卣、方彝、觥、禁、盉、匜等器物，在西方青铜器中找不到踪影。

第三，中国古代青铜器享有盛誉并非以数量取胜，关键在于它的质量。

相当多的中国古代青铜器是享誉世界的精美艺术品，其中有一些青铜器堪称绝世孤品。自2002年起，国家文物局就开始陆续发布禁止出国（境）展览的珍贵文物名单[①]，目前已有41件青铜器是明确禁止出境展览的，如商代的后母戊鼎、龙纹兕觥、四羊方尊、大禾方鼎、青铜神树、青铜立人像；西周的利簋、太保鼎、何尊、大盂鼎、虢季子白盘、大克鼎、淳化大鼎、墙盘、天亡簋、伯矩鬲、晋侯鸟尊、逨盘；东周的莲鹤铜方壶（新郑出土）、铜禁（淅川出土）、曾侯乙编钟、越王勾践剑；秦代的铜车马；汉代的铜奔马、长信宫灯、彩绘人物车马镜、贮贝器等。这些造型独特、纹饰细致、铸造精巧的青铜器精品不仅是中国人的骄傲，也是全人类的瑰宝。西方的青铜雕像比较多，体量也很大，但多数年代较晚。西方也有出类拔萃的青铜器，但总体来说数量没有中国多。

第四，中国古代青铜器的分布范围广，且密度很高。

中国青铜器的大宗在中原地区，即我们通常所说的华夏族的居住地区，如陕西、河南、山东、山西等地区，但它的分布范围远远超出中原地区，从东北到广东、从西藏到东海渔岛上都发现有青铜器。而由于各地文化面貌的差异，它们呈现出各自的独特的艺术风格，增添不少魅力。青铜器覆盖面很广，以陕西为例，90%以上的县份出土青铜器。青铜器的分布密度也很高：扶风与岐山交界处的周原遗址面积不过二十几平方千米，出土商周青铜器数千件，其中仅礼容器就有535件。在齐家村方圆不到200米区域内，先后出土青铜礼容器104件[②]。这种分布密度在西方也是没有的。

第五，中国青铜器流行时间很长。

青铜工具在公元前3000年就已经出现，如甘肃东乡林家马家窑遗址出土的一件青铜刀。青铜容器出现在相当于夏代晚期的二里头文化期，有鼎、爵、斝、盉等。经过商代、西周、春秋、战国，直至汉代，青铜容器还在使用。汉代以后，青铜容器剧减，但青铜镜、玺印、钱币依旧流行不衰。诚然西方如两河流域青铜器的历史比中国早，但没有一个西方国家的青铜器像中国这样流行数千年，持久使用从不间断。

第六，相当多的中国古代青铜器上铸刻有文字，这是一个显著的特点。

青铜器铭文即我们通常所说的金文，是从商代早期开始出现的。商代晚期铭文数字增多，但最长也不过48字。西周时期是铭文大发展时期，长篇不少，如毛公鼎铭长达497字，是西周铭文最长的青铜器。铭文内容涉及祭祀、征伐、赏赐、册命、训诰、

---

① 2002年国家文物局印发《首批禁止出国（境）展览文物目录》，规定64件（组）珍贵文物为首批禁止出国（境）展览。随后于2012年公布37件书画类珍贵文物，2013年公布94件珍贵文物不得出境展览。

② 裴书研：《周原出土青铜礼容器研究》，西北大学博士学位论文，2015年，57、217~221页。

追孝、约剂、媵辞等方面，相当广泛。据统计，至少有18212件以上的中国古代青铜器上有铭文[①]。西方的青铜器则完全不同，很少有铸刻文字的现象，即便有文字，也相当简单。

第七，中国古代青铜器以容器为大宗，这在世界青铜文化中独树一帜。

尽管在新石器时代，中国也同西方一样，青铜器主要是武器、工具、装饰品等，尚无容器，但进入文明社会后，中国青铜器中容器的比重在逐渐增加。至少在商代晚期，墓葬中出土青铜器以容器为主。这种现象一直持续到战国晚期。西方的青铜器以武器、工具、装饰品为主，鲜见容器。即便西方有青铜容器，其功能不一样，性质更不同。中国的青铜容器大多为礼器，西方的青铜容器则是实用器。同样是兵器，中西青铜器的功能不一样，性质也不一样。譬如陕西宝鸡戴家湾和竹园沟墓地出土的兵器，形制奇特，装饰华丽，体量巨大，不是实用器，不适合作战，是放在宗庙里的礼器。

第八，中国青铜器是以器件的多寡与不同的组合形式来显示贵族的地位、身份。

商代墓葬出土青铜器以爵、觚为核心，墓主人地位越高，则出土爵、觚的数量越多，如妇好墓出土40套爵、觚。至晚在西周中期已形成"列鼎"制度，周天子享用九鼎八簋，诸侯七鼎六簋，卿大夫五鼎四簋，士三鼎二簋，都有一定的规矩。这种现象在西方则完全没有。

第九，中国青铜器在铸造工艺方面有自己的特殊传统。

西方铸造青铜器用失蜡法，中国则既有合范法，也有失蜡法。合范法的特点是一般一范只作一件，所以在中国古代青铜礼器中找不出两个完全相同的器物，都是独一无二的。

总而言之，中国古代青铜器已不仅仅实用，而且被赋予了特殊使命，具有明贵贱、别尊卑的藏礼作用，从而形成我国独特的礼器体系。此时的青铜器实质上是宗法礼制在青铜器上的"物化"。对于贵族个人及其家族来说，青铜器是体现其社会地位、等级身份的重要标志。对于国家来说，青铜礼器尤其像鼎之类的重器是社稷的象征。青铜重器的存亡预示国家的存亡，所以古书有"桀有昏德，鼎迁于商""商纣暴虐，鼎迁于周"的说法。西方的青铜器，固然也可以在某种意义上标识器主的身份，但绝无中国青铜器的藏礼作用。这就是中西铜器最根本的差异。所以说古代中国的青铜器和西方的青铜器是两个不同系统、各自独立、并行发展的青铜器模式，它们之间不存在继承的关系。

二、造成中西铜器差异的原因

造成中西铜器差异的原因，《早期铜器卷》已经做了很好的分析，本文想强调以下

[①] 吴镇烽：《商周青铜器铭文暨图像集成》前言，上海古籍出版社，2012年；《商周青铜器铭文暨图像集成续编》前言，上海古籍出版社，2016年。

两点。

第一点是西北地区所起的阻隔作用。

中国西北地区处在东西文化的交接地带，这里既是欧亚草原文化向东传播的东界，也是中原文化向外扩展的西界。这一点赋予中国西北地区早期青铜器重要的文化史意义。当我们在大谈丝绸之路对中西文化往来所提供的便利作用时，很可能或多或少以现在我们出行所具有的便利条件去想象过去，忽略了包括甘肃、青海、新疆在内的西北地区对中西文化交流所起的阻隔作用。

为了体验这种阻隔作用，2017年8月19～28日，我们驱车往返于西安和乌鲁木齐，虽然只是"走马观花"，但多少领略了中国西北地区地形、地貌、气候、交通的复杂状况。

从西安向西到宝鸡，这一段属于"八百里秦川"的西部地区。海拔不高，在650米左右，地势平坦，气候温和，与中原其他地区一样，这里很适于农作物生长和人类居住。

一进入甘肃，情景则完全两样。到达天水的燕子关，海拔陡然从618米升至1600米，几乎提升了一千米。这里草木茂盛，但山高沟深，交通不方便，生业水平低。甘谷县以后，植被就少了，进入武山县，山上越来越显得光秃，定西更是如此。兰州附近，地势开阔，但水与植被的条件都很差。到达永登县之后，海拔升至2000米以上，这一带虽然因为经常浓雾弥漫，水多了一点，但高寒地区不利于农业生产，自然人口也稀少。

武威、张掖之后，生态环境更为恶劣。戈壁沙漠逐渐多了起来，满眼是荒山秃岭，植被极差，基本看不到庄稼，连牛羊也很少了。临近嘉峪关，看到的是大范围的戈壁和沙漠。过了玉门关，景象更为荒凉，山少草也少。在阳关眺望四方，终于读懂了那句著名的古诗："西出阳关无故人。"茫茫戈壁，只有一点荒草，人在这里难以生存。虽然有阳关景区、西湖乡那样的小片绿洲有人居住，但毕竟很少，而且绿洲与绿洲之间的距离很远，难以形成大的聚落。在甘肃与新疆交界一带沿途也看到一些水泡子，但盐分与矿物质超标，不能饮用。即便有些水源可用，但由于土质差，仍然长不出庄稼来，无法形成绿洲。

到了星星峡才真正领会到什么是荒漠。星星峡是甘肃与新疆的分界，自此向西，一马平川的戈壁沙漠多为荒山秃岭取代。在河西走廊，因有祁连山的雪水滋润，在戈壁之间尚有少许绿洲出现，农业得以发生，进入新疆，则满眼是鸟不拉屎的山峦。与甘肃相比，这里更为空旷、荒芜、冷寂。真可谓"千山鸟飞绝，万踪人迹灭"。从星星峡到哈密之前，在200多千米的行程中，看到的就是这样的景象。且不说生存，要通过这样的无人地带，也不是一件容易的事情。

这次西北之行虽然时间较短，跑的地方也有限，但仍能明显感到西北地区与中原地区的巨大差别。大部分地区环境、气候条件差，导致生业不发达，或者不宜种庄稼，或者不宜放牧，进而导致人口稀少，无法形成一定数量的有规模的聚落，从而影响社会发展的水平。现代尚且如此，何况在生产力水平极低的古代？

造成西北地区铜器面貌与中原地区铜器面貌差异越来越大的原因，是多方面的。既有气候环境影响的客观因素，也有生产、生活方式影响的社会因素。

在公元前两千纪前后，气候向干冷化方向发展。这次气候变化，可能使高纬度的地区不再适合农业生产，而开始向游牧业方式过渡。齐家文化、四坝文化等文化已进入半游牧社会，这与中原纯农业的生产方式具有较大差别（生业方式的统一使得中原地区早期铜器呈现出更多的相似性）。这种生业方式的差别使得西北地区更容易接受欧亚草原游牧文化中铜器的影响，如斧、环首刀、有銎镞等便于携带和装柄使用的工具和武器。正是这方面的原因使得欧亚草原铜器文化短时间内影响了中国的西北地区，形成与中原地区不同的文化特色。

除了生业方式的原因之外，社会风俗和观念的不同也是造成铜器区域差别的重要原因。中原地区注重中央集权，遵循"国之大事，在祀与戎"的准则，铜资源被优先用于铜礼器和铜兵器的制作。这两类铜器都是等级、地位的象征，只有地位较高的贵族阶层才能接触和使用，只有在等级较高的遗存中才有，这就使得中原地区的铜器主要集中在少数遗址之中。譬如二里头文化遗址目前出土铜器172件，国内外收藏品约17件，共189件。冶炼遗物约105件。有容器、武器、工具、乐器和其他礼仪用具等，铜质为青铜，铸造为主，开始较多地使用复合范铸技术。虽然工具所占比重较大，但其用途多与铜器的加工生产相关，很少用于农业及其他经济生产中。可见自二里头时期开始，中原地区的铜器就主要为礼乐制度和军事征伐所用，而不是为了促进农业生产。

中原地区个人装饰品以玉石质地的居多，通常不用金属制作，因此铜装饰品在中原地区反而很少见到。相反，在西北地区文化遗址中，铜饰品数量极多，而且分布广泛，只要不是太穷，任何人死后都可以将自己佩戴的饰品随葬，这就造成了非中原地区譬如西北地区铜器分布范围广泛，且等级差别不大的特点。

当然，我们也承认在中原铜器形成独立系统的过程中，无疑受到西北地区早期铜器的影响。譬如在岷县杏林采集到一把环首刀[1]，在二里头遗址中也发现有环首刀。相互间的影响不仅仅表现在铜器上，作为二里头文化的典型器物——封口平底陶盉，在齐家文化遗址中也发现了与之相似的器物。可见二里头文化和甘肃齐家文化有较密切的联系[2]。但是，必须清醒地认识到这种相互影响都是很次要的因素。

---

[1] 甘肃岷县文化馆：《甘肃岷县杏林齐家文化遗址调查》，《考古》1985年第11期，978页，图2：10。

[2] 李水城：《西北与中原早期冶铜业的区域特征及交互作用》，《考古学报》2005年第3期，266页。

第二点是半月形文化传播带的阻隔作用。

阻隔中西青铜器文化交流的，不仅有广袤的西北地区，还有如童恩正先生在《试论我国从东北至西南的边地半月形文化传播带》（下简称《童文》）一文中所说的从东北至西南的边地半月形文化传播带[①]。

首先是地理上的阻隔作用。这条传播带的东北至西北有一系列山脉：从吉林、辽宁的大兴安岭起，经过内蒙古的阴山山脉、宁夏的贺兰山脉，西至青海的祁连山脉；从北至南也有一系列山脉：从四川西部延绵至云南西北部的横断山脉。如《童文》所言："这一南一北的两列山峰及其邻近的高地，在地理上如同一双有力的臂膀，屏障着祖国的腹心地区——黄河中下游和长江中下游肥沃的平原和盆地。"这条边地半月形文化传播带在生态环境如太阳辐射、气温、降水量、温湿程度、植物生长期、动植物资源等方面具有相当的一致性。

更重要的是在文化上的阻隔作用。这一地带的形成自有其渊源，而且特色显著，从而构成古代华夏文明的边缘地带。《童文》在对大量的文献资料和考古资料梳理后，发现这一条边地半月形文化传播带尽管相距遥远，可是"从新石器时代后期到青铜时代，活动于这一区域之内的为数众多的民族却留下了若干共同的文化因素"，譬如在细石器、石棺葬、石棚、石头建筑遗迹等方面显示出惊人的相似性。边地半月形文化传播带的北线即长城一线，是农业民族与游牧民族的分界之处，在西北方向的天水一带，是华戎的分界，在西线即川西高原一带，在汉代是"汉区"与"外"的分界。居住在半月形文化传播带的民族，风俗习惯联系紧密，文化传播因此得以顺利进行。从新石器时代后期开始，中原地区的农耕民族与长城以外的游牧民族或半农半游牧民族在经济类型、生活习惯、宗教信仰各个方面，就已经出现了很大的差异。进入铜器时代以后，所谓华夷区分更为严格，"从行动上阻止了北方民族的南下和西部民族的东进，从思想上限制了他们文化的传播"，"西北地区的马家窑系统的文化虽然发展的水平很高，但其主流始终不能进入中原地区"，"北方和西方的边地民族的文化传播，始终不能纵贯中华大地，而只能围绕其边缘进行"。

在文化遗物方面也是如此。且以铜器为例。在铸铜技术方面，在铜器时代的早期，中原地区与其他地区一样也曾用过石范，但后来主要使用陶范，而在边地半月形文化传播带之内，铸造技术循着另外一种传统发展，铸造简单的工具和兵器多用石范，铸造复杂的容器和装饰品用失蜡法。青铜动物形饰件或纹饰以及曲刃剑、长骸曲刃矛等器物在边地半月形文化传播带之内也表现出高度的相似性，而它们在其他地区则罕见。显然，在青铜器形制、纹饰和铸造工艺方面，边地半月形文化传播带与中原地区有很

[①] 童恩正：《试论我国从东北至西南的边地半月形文化传播带》，《文物与考古论集》，文物出版社，1986年，17页。迄今为止，还没有哪一篇文章像《童文》这样将中国古代的社会文化与生态环境之间的辩证关系说得如此形象、精确和深刻。

大的差别。

当中原的青铜文化向西、西北、北方发展，行进到半月形传播带上时，会轻而易举地向两侧即向传播带的两端运动，想突破传播带径直向前运动很难；另外，当欧亚草原的青铜文化向东、东南、南方发展，行进到半月形传播带上时，同样会轻而易举地向两侧即向传播带的两端运动，想突破传播带径直到中原地区很难。

中西铜器的交流，由于受到西北地区与边地半月形文化传播带的双重阻力，变得非常困难。中国古代的青铜器的品质也因此而保持了它的纯粹性，所以要说受到西方青铜器的很多影响，显然是不妥当的。

总而言之，我国早期铜器在仰韶时代就已出现，经过龙山时代的缓慢发展，黄河流域已经基本形成了统一的铜器区。在夏代之前，西北地区的早期铜器和中原地区的早期铜器都具有很强的原始性，或者可以说是有较强的统一性。由于未获得稳定的青铜冶炼技术，所制作的铜器类型有限，都是小件的工具、装饰品，数量也不是很多。两个地区都还未形成独特的区域特征。进入夏代以后，西北地区的早期铜器面貌变化不大，而中原的早期铜器有了迅速的发展，无论是铜器数量还是铜器器类以及冶铸工艺上。除了工具和装饰品仍占有一定数量外，不同的是出现了大量武器和容器，如斧、环首刀、戈、镞、矛、鼎、爵、斝等器类，较仰韶龙山时代器类丰富多了。尤其是二里头遗址出土的鼎、爵、斝等容器，不仅表明中原地区的铜器铸造技术和水平达到了一个新的发展阶段，也反映了中原铜器的铸造已经成为一个与西方完全不同的独立的系统，从此中西青铜文化分道扬镳。中原地区的铜器是自仰韶、龙山时代至夏代独立发展起来的，其发展过程有很强的连续性，走过了原始合金铜—红铜—青铜的整个过程，中原式铜刀一直延续至夏代，铜容器、铜戈等兵器也具有自己的独有特征。因此，中国的核心区域中原地区的铜器是独立起源的。

三、关于中西铜器相似性的一点认识

据报道，在美国古代中国研究会1995年的年刊《古代中国》（第20卷），刊登了哈佛大学费正清东亚研究中心胡博的论文《齐家和二里头：关于远距离文化的接触问题》。文中，她列举两件伊朗沙赫达德出土的红铜制品：一件像爵而无足，一件外形像觚。两器照片的发表，引起中国学术界的关注[①]。

李学勤先生在《谈伊朗沙赫达德出土的红铜爵、觚形器》一文中称之为"爵形器""觚形器"，并认为这两件器与中国年代最早的青铜爵与觚很相似，尤其是铜爵，"形制非常复杂独特"，它与觚的相配形成的组合更有特定的文化指向，鉴于铜爵的重

---

① 转引自朱凤瀚：《中国青铜器综论》，上海古籍出版社，2009年，851页。

要性,李先生认为这是一个非常值得关注的现象[①]。朱凤瀚先生在《中国青铜器综论》一书中也指出:"以上所谓爵形器与二里头文化的平底、窄长流爵确有相近处。实际上,此形器在中亚地区也有出土。""沙赫达德这两件器并出,与商早期偏晚开始流行的爵斝相配的形式是否有关,也同样值得注意。"[②]

《古代中国》(第20卷)的中文提要说:《齐家和二里头》一文考察了甘青地区早期金属时代文化与中原地区二里头文化的关系,"作者认为中国早在青铜时代滥觞期即已受到异域文化的影响",那么像沙赫达德出土的"爵形器""斝形器"之类的器物有没有可能通过西北地区影响到中原的二里头文化呢?

我们先来看看刊载沙赫达德出土的"爵形器""斝形器"的那本书籍。书名是《沙赫达德:伊朗青铜时代中心的考古发现》[③],墓葬和铜器的年代为公元前2500~前1900年。带流器(Spouted vessels)3件(图0-1~图0-3),3件形制接近,颈部收缩,腹部鼓起,平底,口沿一侧有较长的流。不同在于口径大小、颈部收缩程度、腹部鼓起程度有别。高足杯两件(图0-4、图0-5),形制接近,都是大口,束腰,小圈足。

图0-1　No.0816带流器

图0-2　No.3975带流器

图0-3　No.3850带流器

图0-4　No.0799高足杯

图0-5　No.1744高足杯

从形制与同出情况来看,伊朗沙赫达德出土的红铜爵、斝形器和夏商出土的青铜爵、斝形器有相似之处,这是没问题的。但是,两者之间究竟有没有关联,还需要研

---

① 李学勤:《谈伊朗沙赫达德出土的红铜爵、斝形器》,《欧亚学刊》第1辑,中华书局,1999年;《重写学术史》,河北教育出版社,2002年,229~233页。

② 朱凤瀚:《中国青铜器综论》,上海古籍出版社,2009年,852页。

③ Ali Hakemi. Shahdad: Archaeological Excavations of a Bronze Age Center in Iran. IsMEO-ROME, 1997: 630.

究。二者尽管相似，但其实还是有很大的差别的。

伊朗的所谓觚形器，只是一种大口杯而已。这种大口杯，在陶器里很多，在铜器中也不少，属于常见的器物。既然是常见的器物，哪里都有，就很难说是谁影响了谁。二里头的觚很可能是由杯演变来的，但是与杯还有一定的区别。觚的特点是两头大、中间细，而且底部有假圈足，无论是形制还是制作工艺，都要比杯来得复杂，所以与伊朗的所谓觚形器还有很大差距。

伊朗的所谓"爵形器"，能否叫"爵形器"也值得考虑。

第一，伊朗的爵形器与二里头的铜爵最大的差别在器底。前者是平底，属于无足器，而二里头的青铜爵腹底是三足（或四足），属于有足器。在考古学上，有足与无足是两个概念，有相当大的差别，不可混淆。无论在陶器的发展史上，还是在青铜器的发展史上，都是先有平底器，过了很长时间才有有足器。有足器与平底器的功能相去甚远，前者可以煮食物或给食物加温，后者只能盛装食物或水。有足器的铸造技术要比平底器复杂，尤其是二里头的青铜爵，代表了当时金属工艺的最高水平，不是伊朗的爵形器可以望其项背的。

第二，伊朗的爵形器的流很长，与二里头的青铜爵的长流相似，设置这样长的流，目的显然为了便于灌注。但是，二里头的青铜爵除了长流，还在流口设置单柱或双柱。尽管它们的功能至今我们没有破解，但一定有一种别样的用途，这显然与伊朗的爵形器不同。

谈到伊朗的红铜爵、觚形器两件器并出，是否与中国商代早期开始流行的青铜觚与爵配置的形式有关，我们认为很难找出它们之间的关联来。很明显，伊朗的所谓红铜爵是一件灌注器，觚形器是一种收容器，无论是用于祭祀还是实用，有一件灌注器，就必定要有承受器，反之，有承受器，就有一件灌注器，这种组合形式似乎与商代早期的爵、觚组合相似，但实际上有本质不同。我们认为伊朗的这种金属器组合更多是一种实用①，而商代早期的爵、觚组合是一种礼器组合。这就是为什么中亚细亚的青铜器出现比中国早，但始终没有跳出实用的圈子，只有中国的青铜器才成就了世界上唯一的礼器系统。这就是中西文化的差异。

我们喜欢说，中亚细亚的文化通过西北地区与中原的二里头文化相互交流，但是反过来，作为东西方文化的中间地带，西北地区也无疑在一定程度上阻隔了两种不同性质的文化的交流。我们始终没有在西北地区发现像二里头出土的青铜容器，所以伊朗的铜容器要影响中原地区的铜容器，恐怕是很困难的。

诚然，包括伊朗在内的西亚铜器的产生年代早于中国早期铜器，我们并不否认甘

---

① 关于伊朗沙赫达德红铜爵、觚形器的功能，《沙赫达德：伊朗青铜时代中心的考古发现》一书并没有说明，我曾就这个问题请教许宏、张昌平等先生。许先生说他在某个外国的展陈上看到这种爵形器的说明书上写着：喂马用的器具。可惜无法提供具体资料。

肃中部地区甚至中原地区可能在冶炼与铸造技术方面受到西亚的影响，但是二里头铜礼容器作为夏王朝礼制的物化品，其中浸润的思想和文化，则完全是中国本土的产物，与"西来说"无关。

附注：本文系国家社科基金项目"夏商周青铜礼器的兴衰及其原因"（立项号：15BKG007）的阶段性研究成果。

目　　录

多卷本《中国古代青铜器整理与研究》编写缘起 ································ 张懋镕（i）

中西铜器差异论（代序）··· 张懋镕（iii）

第一章　绪论 ··（1）

　　第一节　时空框架的界定 ··（2）

　　第二节　中国早期铜器发现与研究简史 ·······································（3）

　　第三节　本书的研究思路 ···（11）

第二章　中国早期铜器的分区研究 ···（14）

　　第一节　黄河中下游地区的早期铜器 ··（14）

　　第二节　燕山地区的早期铜器 ···（33）

　　第三节　河套地区的早期铜器 ···（41）

　　第四节　河湟地区的早期铜器 ···（47）

　　第五节　河西走廊及哈密盆地的早期铜器 ····································（60）

　　第六节　新疆中西部地区的早期铜器 ··（70）

　　第七节　长江流域的早期铜器 ···（78）

第三章　中国早期冶铜技术的产生与发展 ··（80）

　　第一节　早期制铜技术的产生：仰韶、龙山时代 ···························（80）

　　第二节　冶铜技术的发展：二里头文化时期 ·································（86）

　　第三节　中国铜器的起源与发展 ···（102）

第四章　中国早期铜器的交流与传播 ··（105）

　　第一节　欧亚草原相关考古学文化 ··（105）

　　第二节　典型铜器源流分析 ···（121）

　　第三节　中外铜器文化的交流与传播 ···（133）

第五章　早期国家对铜矿的控制 ……………………………………………………（139）

第一节　中国铜、锡、铅矿资源的分布与开采 ………………………………（140）

第二节　中原政权对铜矿资源的控制 …………………………………………（147）

第六章　社会复杂化进程中冶铜业的起源发展 …………………………………（150）

第一节　冶金术与文明起源 ……………………………………………………（150）

第二节　中国冶铜业发展与国家形成 …………………………………………（153）

第七章　结语 ………………………………………………………………………（158）

附表 ……………………………………………………………………………………（161）

附表1　黄河中下游地区早期铜器统计表 ……………………………………（161）

附表2　燕山地区早期铜器统计表 ……………………………………………（178）

附表3　河套地区早期铜器统计表 ……………………………………………（184）

附表4　河湟地区早期铜器统计表 ……………………………………………（186）

附表5　河西走廊早期铜器统计表 ……………………………………………（193）

附表6　哈密盆地早期铜器统计表 ……………………………………………（205）

附表7　新疆中西部早期铜器统计表 …………………………………………（208）

附表8　长江流域早期铜器统计表 ……………………………………………（209）

参考文献 ………………………………………………………………………………（211）

第一章 绪 论

铜是人类认识的第一种金属，也是人类通过人工冶炼所使用的第一种金属。铜金属的使用使人类社会进入了一个新纪元，首先，铜器的产生和发展促进了人类社会生产力的发展；其次，因为仅有少数工匠能够熟练掌握铜器冶炼的合金配比等冶铸技术，冶金业的产生与发展进一步增强了社会分工和物品交换，进而促进了一系列社会关系重大变革的发生；再次，铜器最开始只掌握在拥有铜矿资源并垄断冶金技术和制造技术的部落手中，这种铜矿资源的当地化促使铜矿资源和铜制品远距离贸易的产生，社会财富不断积累，从而间接加速整个社会的阶级分化。因此，铜器的出现具有划时代的意义，考古学据此划分出了青铜时代，以区别石器时代和铁器时代。

从世界范围来看，人类最早使用金属铜可以追溯至公元前7000年左右的近东地区，当时人们利用的是天然的铜。公元前6000～前4000年，中近东地区普遍流行用红铜制作小件工具和装饰品，并出现了与铸造相关的坩埚、炼渣等遗物和冶炼遗迹。公元前4000年前后，地中海东岸的黎凡特（Levant）地区金属冶炼中心迅速形成，砷铜（或含锑）广泛取代红铜成为铜制品的主流材质。在伊朗叶海亚地区发现人工冶炼的含有少量砷的铜器。其后，公元前2800年前后，伊拉克地区开始出现含锡青铜器，这是中东地区最早的锡青铜。

我国商周时期青铜器制作工艺精湛，纹饰繁缛华丽，种类丰富，拥有独特形制的青铜礼器和兵器以及内容丰富的铭文记载，使得中国青铜器以自己独有的特色著称于世。青铜器与文字、城市和礼仪性建筑一起被作为文明形成的构成要素，青铜器的起源与发展一直以来都是探讨文明起源和国家形成与发展的重要环节。然而，我国光辉灿烂的青铜文明的渊源目前学界还没有定论，有本地起源和外来影响等多种观点。

与此同时，我国发现了很多仰韶时代、龙山时代和夏纪年时期的铜器。与商周时期发达的青铜器不同，仰韶时代至夏纪年时期发现的铜器无论冶铸技术还是器物造型都有较大差距，纹饰也非常少见，具有很强的原始性。因此，为了与成熟的商周青铜器相区别，考古学界通常将青铜器繁盛发展期之前在中国地区发现的铜器，即商代以前的铜器称为早期铜器。早期铜器集中体现了铜器产生至成熟的整个发展历程，它与商周青铜器间的关系是探讨中国青铜冶铸技术起源的关键，对探讨中国文明的起源与发展等重大学术课题具有极其重要的意义。

早期铜器的概念界定目前学界并非完全一致，部分学者认为早期铜器的年代下限应在二里头文化以前①，绝大多数学者认为早期铜器指商代之前的铜器。有些学者也将早期铜器称为"早期青铜"②，现有的早期铜器材质多样，有红铜（纯铜）、青铜（铜和锡或铅的合金）、黄铜（铜和锌的合金）和砷铜等，称为早期铜器较早期青铜器更为合适。

第一节　时空框架的界定

我国早期铜器的发现数量已近两千件，有容器、兵器、工具和装饰品等多种类型。由于器形不同和早期人类对铜金属物理性能认识的局限，早期铜器生产技术具有明显差异，这种差异在仰韶和龙山时代早期铜器上的表现尤为明显，如在材质上这一时期既有红铜，也有青铜和黄铜，比任何时期的铜器材质都要复杂得多。因此，要全面揭示中国早期铜器的起源与发展，就不能仅仅局限于早期铜器的器形与组合研究，也需要对铜器冶铸技术进行全面的梳理和探讨。除铜质遗物外，商代之前与冶铜相关的遗物（如炼渣、石范等）也是本书研究的对象。

我国古代文献中多有冶铸铜器的记载，《左传·宣公三年》："昔夏之方有德也，远方图物，贡金九牧，铸鼎象物，百物而为之备，使民知神奸。"③《史记·封禅书·第六》曰："黄帝作宝鼎三，象天、地、人也。禹收九牧之金，铸鼎象物。"④除此之外，文献中还有开采铜矿的记载，《史记·封禅书》载："黄帝采首山铜，铸鼎于荆山下。"⑤《墨子·耕柱篇》："昔者夏后开使蜚廉折金于山川，而陶铸之于昆吾，是使翁难乙卜于白若之龟。"⑥依据这些文献的记载，采铜矿、进贡铜料及铸造铜器的活动可早至夏代，甚至三皇五帝传说时代。然而，这些文献记载多为古史传说，其成书年代与夏代相去甚远，难免有作者道听途说和主观臆测的可能。因此，这些文献资料对于判定中国冶铜技术的起源时间虽有指示作用，但仅能作为辅证材料使用。

截至目前，我国考古发现的年代最早的铜器是姜寨遗址半坡类型的黄铜片和铜管状物，绝对年代在公元前 4700 年左右。此后的仰韶时代、龙山时代以及夏时期都发现有大量早期铜器，特别是进入夏代后早期铜器显现出突然繁荣的迹象，铜器数量、类型以及制作工艺有了显著提高。

---

① 杜迺松：《试谈我国原始社会的铜器》，《中原文物》1992 年第 2 期，92～96 页。
② 宋豫秦：《试析早期青铜的发明在中国文明诞生过程中的作用》，《郑州大学学报（哲学社会科学版）》1990 年第 3 期，78～84 页。
③ 杨伯峻：《春秋左传注》（二），中华书局，1981 年，669 页。
④ （汉）司马迁：《史记》（点校本二十四史修订本）（四），中华书局，2013 年，1664 页。
⑤ （汉）司马迁：《史记》（点校本二十四史修订本）（四），中华书局，2013 年，1666 页。
⑥ （清）毕沅校注，吴旭民校点：《墨子》，上海古籍出版社，2014 年，217 页。

本书研究的时间范围主要包括仰韶、龙山和夏纪年时期，大约为公元前5000~前1500年，即从已知金属的首次使用到中国青铜器和青铜文化的繁盛期（商代）之前，年代跨度长达3500年。

需要注意的是，新疆地区出土的铜器对探讨我国冶铜技术的中西交流问题意义重大，但是由于其文化特征复杂，发展谱系不甚清晰，发现和发表的考古资料也较为零散，如果按照上述年代区间来讨论这一问题有一定的难度。因此，本书涉及的新疆地区出土铜器的年代范围更大一些，其下限可晚至公元前一千纪初。

对早期铜器的研究实际是讨论早期冶铜和铸造技术的起源与发展过程，以及铜器的使用情况。早期铜器所处的时代放在青铜技术发展过程的大背景下考量，恰处于石器时代与青铜时代的过渡时期。以往学者提出了铜石并用时代或早期青铜时代[①]等概念，这些概念对了解社会发展历程具有积极意义，所研究的对象也基本为早期铜器和早期冶铜遗迹。

目前，中国发现早期铜器的遗址有100余处，共出土铜器1800余件，广泛发现于西起新疆阿勒泰，东达山东半岛，北至西辽河流域，南接长江的广大区域内。按目前的行政区划，新疆、甘肃、青海、陕西、山西、内蒙古、河北、河南、山东、辽宁、四川、重庆、湖北、安徽及上海等省、自治区、直辖市均有早期铜器发现，基本涵盖了长江及其以北地区。其中，河西走廊及哈密盆地地区、甘青地区、黄河中游、河套及燕山南北地区铜器出土数量较多，分布也比较集中，长江流域虽有铜器出土，但数量很少。

中国早期铜器，特别是西北地区的铜器，与欧亚草原流行的铜器有着密切的联系。为揭示中国铜器的来源与流向，有必要对境外欧亚草原铜器文化进行对比研究。因此，本书研究的空间范围以中国长江以北地区为中心，并涉及欧亚草原广阔的东部区域。

第二节　中国早期铜器发现与研究简史

早期铜器及与冶炼相关的遗存是探索中国冶金术起源和文明形成的重要资料，长期以来受到学界的广泛关注。特别是20世纪70年代以来，中国青铜器起源问题一度成为中国考古学研究的热点之一。随着我国早期铜器资料的不断丰富、史前考古学文化及境外青铜文化谱系的逐步确立，以及冶金技术分析的广泛开展，有关早期铜器的研究不断拓展和深入，取得了一系列重要成果。回顾过去近90年的研究历程，早期铜器的发现及研究工作大致可分为确认、激辩和反思三个阶段。

[①] 持此观点或相近观点的学者很多，以严文明先生为代表。严文明：《论中国的铜石并用时代》，《史前研究》1984年第1期，36~44页。

第一阶段：20 世纪 30～70 年代初

这一阶段为早期铜器的确认阶段。

20 世纪 50 年代以前就零星发现有少量早期铜器。1933 年，日本学者在大连羊头洼发现了 3 件残铜片[①]。1942 年，山西榆次源涡镇出土了一件附有铜渣的陶片，当时发掘者认为是晚期遗物混进了早期地层，后来根据其与彩陶、灰陶共存的事实而定为龙山时代早期[②]，其后，严文明先生又进一步确定了该陶片应属仰韶文化晚期山西地区的义井类型[③]。由于当时学界普遍认为中国铜器出现的年代早不到史前时期，因此这几件铜器的偶然发现并未引起学界的普遍重视，许多学者对其年代抱有怀疑态度，不自觉地将其年代后延。

20 世纪 50 年代后，随着各地考古工作的全面开展，我国北方地区早期铜器的发现数量迅速增加。在甘肃永靖大何庄、秦魏家[④]、山丹四坝滩[⑤]、武威皇娘娘台[⑥]、河北唐山小官庄[⑦]、大城山[⑧]、大厂大坨头[⑨]、河南洛阳东干沟[⑩]、内蒙古赤峰夏家店[⑪]、宁城小榆树林子[⑫]等地陆续发现了较多早期铜器。湖北石家河罗家柏岭也发现了石家河文化的铜

---

① 〔日〕金关丈夫、三宅宗悦、水野清一：《羊头洼》，东方考古学丛刊乙种第三册，东亚考古学会，1942 年，67 页（安志敏先生认为 3 件铜片年代较晚，不属于早期铜器范畴）。

② 〔日〕和岛诚一：《山西省源涡镇遗迹出土の铜渣について》，《资源科学研究所汇报》第 58～59 号，1962 年。转引自安志敏：《中国早期铜器的几个问题》，《考古学报》1981 年第 3 期，269～285 页。

③ 严文明：《论中国的铜石并用时代》，《史前研究》1984 年第 1 期，36～44 页。

④ 黄河水库考古队甘肃分队：《临夏大何庄、秦魏家两处齐家文化遗址发掘简报》，《考古》1960 年第 3 期，9～12 页。

⑤ 安志敏：《甘肃山丹四壩滩新石器时代遗址》，《考古学报》1959 年第 3 期，9～15 页。

⑥ 甘肃省博物馆：《甘肃武威皇娘娘台遗址发掘报告》，《考古学报》1960 年第 2 期，53～71 页。

⑦ 安志敏：《唐山石棺墓及其相关的遗物》，《考古学报》1954 年第 1 期。

⑧ 河北省文物管理委员会：《河北唐山市大城山遗址发掘报告》，《考古学报》1959 年第 3 期，17～35 页。

⑨ 天津市文化局考古发掘队：《河北大厂回族自治县大坨头遗址试掘简报》，《考古》1966 年第 1 期，8～13 页。

⑩ 考古研究所洛阳发掘队：《1958 年洛阳东干沟遗址发掘简报》，《考古》1959 年第 10 期。

⑪ 中国科学院考古研究所内蒙古发掘队：《内蒙古赤峰药王庙、夏家店遗址试掘简报》，《考古》1961 年第 2 期，77～81 页。

⑫ 内蒙古自治区文物工作队：《内蒙古宁城县小榆树林子遗址试掘简报》，《考古》1965 年第 12 期，619～621 页。

器①，这是长江流域第一次发现早期铜器。这些铜器的年代通过与其共存的陶器得以确认，证明了中国早期铜器存在，且年代比以往认为的年代要早得多的事实。不过，部分铜器的发现仅做了简要报道，详细资料相当长一段时间并未公布，直至下一阶段才得以发表。这一阶段确认了中国早期铜器的存在与年代，不过铜器的发现数量还十分有限，有关早期铜器的专题和系统研究也还未开展。

第二阶段：20世纪70年代至20世纪末

这一阶段为早期铜器的激辩阶段。

此阶段早期铜器发现数量显著增加，20世纪50~60年代发掘的一些资料也陆续在此时发表，为早期铜器研究工作的开展提供了必备的资料。与此同时，随着考古资料的不断积累和丰富，各地区考古学文化、时空框架和文化谱系也都得以建立，^{14}C测年技术开始应用于考古工作中，使大量早期铜器的性质和年代得到进一步确认。

20世纪50~60年代中原地区很少发现铜器，进入70年代后这一现象发生了明显变化，黄河中下游地区早期铜器的发现地点和数量明显增多，仰韶时代至夏纪年时期的早期铜器均有发现。这一阶段陆续在陕西临潼姜寨、西安半坡、渭南北刘等仰韶文化遗址，河南临汝煤山②、淮阳平粮台③、登封王城岗④，山东胶县三里河⑤、诸城呈子⑥等龙山时代遗址和河南偃师二里头⑦、淅川下王岗⑧、驻马店杨庄⑨、郑州洛达庙⑩，

---

① 湖北省文物考古研究所、中国社会科学院考古研究所：《湖北石家河罗家柏岭新石器时代遗址》，《考古学报》1994年第2期，191~229页。

② 中国社会科学院考古研究所河南二队：《河南临汝煤山遗址发掘报告》，《考古学报》1982年第4期，453页。

③ 河南省文物研究所、周口地区文化局文物科：《河南淮阳平粮台龙山文化城址试掘简报》，《文物》1983年第3期。

④ 河南省文物研究所、中国历史博物馆考古部：《登封王城岗与阳城》，文物出版社，1992年，99页。

⑤ 中国社会科学院考古研究所：《胶县三里河》，文物出版社，1988年，21页。

⑥ 昌潍地区文物管理组、诸城县博物馆：《山东诸城呈子遗址发掘报告》，《考古学报》1980年第3期，329~385页。

⑦ 中国社会科学院考古研究所：《偃师二里头——1959年~1978年考古发掘报告》，中国大百科全书出版社，1999年。

⑧ 河南省文物研究所、长江流域规划办公室考古队河南分队：《淅川下王岗》，文物出版社，1989年。

⑨ 北京大学考古学系、驻马店市文物保护管理所：《驻马店杨庄——中全新世淮河上游的文化遗存与环境信息》，科学出版社，1998年，183~187页。

⑩ 河南省文物研究所：《郑州洛达庙遗址发掘报告》，《华夏考古》1989年第4期，59页。

山西夏县东下冯①、襄汾陶寺，陕西华县南沙村②等二里头文化时期遗址中发现了许多铜器，这些早期铜器的发现为中原地区早期铜器的研究提供了广泛和丰富的材料。中原地区发现铜器的遗址数量虽然较多，但每个遗址出土铜器的数量十分有限。

这一时期另一个早期铜器的主要发现地是我国的西北地区，甘肃东乡林家、永登蒋家坪、丰乐高苜蓿地和照壁滩遗址早期铜器的发现，证明西北地区使用铜器的年代可早至马家窑文化和马厂类型时期。年代略晚的齐家文化、四坝文化和天山北路文化则普遍发现了大量早期铜器。甘肃武威皇娘娘台遗址这一阶段仍在继续发掘，发现有许多早期铜器，上一阶段发掘的永靖大何庄和秦魏家遗址的资料此时也得以发表。除此之外，在甘肃广河齐家坪、西坪、岷县杏林、积石山新庄坪，青海互助总寨、贵南尕马台等齐家文化遗址中也发现了大量铜器。青海同德宗日遗址是目前四坝文化唯一出土早期铜器的遗址，出土铜制品数量不多，器类和形制与齐家文化早期铜器十分相近。河西走廊地区的玉门火烧沟、民乐东灰山、丰乐干骨崖、安西鹰窝树等四坝文化遗址普遍出土大量铜器和冶铜遗物，其中仅火烧沟遗址出土铜器就超过210件，干骨崖遗址发现铜器也有46件，造型复杂的四羊首权杖头铸造工艺已十分发达。天山北路墓地是新疆地区早期铜器最重要的遗址，出土了1000余件铜器。从整体来看，这一时期西北地区发现的早期铜器数量最多，分布也最为集中，器形多样且工艺复杂，较之其他地区的早期铜器要发达得多，因此成为学界对中国铜器起源问题开始关注的重要契机。

我国北方长城沿线的河套地区及燕山南北地区这一阶段也发现了一定数量的早期铜器，主要遗址有内蒙古敖汉旗大甸子墓地和伊金霍洛旗朱开沟等遗址，出土早期铜器近百件，大大丰富了这一地区早期铜器的文化面貌。这些铜器的年代大多偏晚，绝大多数铜器绝对年代约为公元前2000～前1500年，主要属于夏家店下层文化和朱开沟文化。

这一阶段在长江流域发现的早期铜器数量有所增多，但与其他地区相比，其早期铜器的总量仍然稀少，仅在石家河文化、马桥文化和三星堆文化的少量遗址中发现零星几件铜器及与冶铜相关的遗物。

这些考古新发现遍布长江以北的广大地区，为早期铜器的全面研究提供了必要的资料，随着各区域考古学文化内涵的逐步建立，一些时代较早的铜器在年代上有了更高的可信性，大批量早期铜器的发现引起了学者的重视，有关早期铜器的系统研究迅速开展，学者纷纷提出自己的见解，甚至形成了针锋相对的意见，掀起了早期铜器研

---

① 中国社会科学院考古研究所、中国历史博物馆、山西省考古研究所：《夏县东下冯》，文物出版社，1988年。

② 北京大学考古教研室华县报告编写组：《华县、渭南古代遗址调查与试掘》，《考古学报》1980年第3期，314页。

究的热潮，其研究和探讨的内容主要集中在铜器起源、发展历程及冶铸工艺三个方面。

这一阶段有关铜器起源方面的研究数量最多，歧见也较多。1979年唐兰先生发表《中国青铜器的起源与发展》[①]，首次对早期铜器进行研究，依据当时的考古发现，提出"在我国是先发明冶炼青铜，一直到很晚才冶炼红铜，即纯铜的"，中国青铜文化是"土生土长，独立发展"的观点。该文的发表引起了学术界的广泛争论，并由之引发了一场关于早期铜器的大讨论。安志敏先生旗帜鲜明地对这一观点进行了反驳，在《试论中国的早期铜器》中对当时发现的早期铜器做了细致分析，认为在五六千年以前的新石器时代还没有青铜器，以前认为仰韶文化有白铜、黄铜，马家窑文化有青铜的观点证据不足，并认为中国铜器之源可能是通过史前时期的"丝绸之路"进入中国的。其依据是中国西北地区如齐家文化早期铜器的发展远盛于中原地区，可能是首先接触到铜器的缘故[②]。从此之后，中国铜器是否本地起源这一基本问题一直争论不休。认为中国铜器本地起源者人数较多，且多为国内学者。1987年，郑德坤先生对中原地区史前时期至商周时期铜器制作技术进行了分析，认为中国青铜器是独立起源的[③]。1996年，王志俊先生发表文章认为我国红铜起源于两个中心，即鲁豫中心和甘青中心，两者均起源于中原龙山文化早中期，在二里头文化时期，鲁豫中心的铜器制作技术已优于西部地区[④]。这些学者的依据是甘青地区和中原地区在仰韶龙山时代就发现有大量铜器、铜炼渣和陶范等遗物；各地区铜器的特征各有不同，呈现出各自的特点，同时又有相互交流的迹象。认为中国铜器受外来影响者也有一定数量，其中外国学者多持此意见，1992年，英国学者Tylecote提出，人类用铜大约开始于公元前6000年的安纳托利亚地区，在进入真正的锡青铜时代以前，曾有很长一段时间使用红铜和砷铜合金。后来，以安纳托利亚为中心的金属文明渐渐向世界各地传播。他认为在公元前2000年左右，金属冶炼技术通过高加索或伊朗地区传入中国[⑤]。

有关我国铜器发展历程的研究也很多，各家意见基本一致。严文明先生于1984年发表了《论中国的铜石并用时代》一文，系统梳理了早期铜器的发展过程，提出中国的铜石并用时代应从仰韶时代开始，至龙山时代结束。二里头文化时期开始，中国进入青铜时代，青铜文化的起源是多元性的，各个青铜文化之间又有相互联系，为早期铜器的研究确定了时空框架及研究基础[⑥]。同年，李先登先生也发表文章赞同严先生的观点，并进一步指出甘青地区早在马家窑文化时已经进入了铜石并用时代，而中原地

---

① 唐兰：《中国青铜器的起源与发展》，《故宫博物院院刊》1979年第1期，4~10、107页。
② 安志敏：《试论中国的早期铜器》，《考古》1993年第12期，1110~1119页。
③ 郑德坤著，白云翔译：《中国青铜器的起源》，《文博》1987年第2期，37~45、77页。
④ 王志俊：《中国早期铜器的起源及发展》，《文博》1996年第6期，30~37、55页。
⑤ Tylecote R F T. A history of metallurgy, 2nd ed. The institute of materials, 1992.
⑥ 严文明：《论中国的铜石并用时代》，《史前研究》1984年第1期，36~44页。

区自夏代奴隶制王朝开始,率先进入了青铜时代,是中国青铜文化的核心①。1995年,华泉先生通过对出土铜器的合金成分和铸造技术的对比分析,认为至少仰韶时代晚期中原地区已进入铜石并用时代,龙山时代仍处在红铜时代,但已遥望到青铜时代的曙光,夏代则已进入青铜时代早期②。1987年,郑德坤先生在《中国青铜器的起源》中对有关青铜器的文献和考古实物进行了分析,认为"中国青铜器的使用在黄河流域至少可上溯到公元前3000年"。中国青铜器经历了仰韶时代的萌芽阶段、龙山时代的发育阶段和二里头文化时期的成熟阶段③。各家意见虽有不同,但整体观点一致,均认为中国铜器经历了一个从萌芽到发展到繁盛的阶段,而且多认为中原地区在这一发展中居于最重要的地位。研究中所涉及的铜石并用时代或早期青铜时代等概念,在当时对了解社会发展历程具有积极意义,实质是对早于商代的铜器及文化的概括与分析,其所论述的铜器都属于早期铜器的范畴。

这一时期早期铜器冶铸工艺方面的研究成果显著,多数成果是由冶金学家通过实验和科技检测手段完成的,许多学者指出了中国早期铜器的冶铸工艺特点及发展概况,此方面的研究成果分歧极少。1981年,北京钢铁学院冶金史组对发现的部分早期铜器做了金属成分和冶铸工艺分析,并通过模拟实验证明用铜锌共生矿还原可以得到黄铜④。1987年,金正耀先生通过具体分析铜石并用时代中国出土的金属器物的材质资料,以及与红铜、原始青铜铸造有关的矿产资源、冶炼炉温等技术条件,证明世界金属文化史上并不存在一条普遍适用的"红铜—青铜"的发展规律,中国在由石器时代向青铜时代的过渡中,总体上并不存在一个"红铜时期"⑤。1989年滕铭予先生发表《中国早期铜器有关问题的再探讨》一文,从冶金学、矿藏学角度分析早期铜器的特征,提出甘青地区早期铜器经历了"红铜、原始合金铜→红铜→红铜、青铜→青铜"的发展序列,并推测晋豫地区经历了与甘青地区大致相同的发展道路,理清了人类对铜矿认识不断深入和冶铸技术不断发展的过程⑥。1997年,孙淑云和韩汝玢对甘青地区发现的早期铜器进行了系统的冶金学研究,公布了甘青地区早期铜器的鉴定结果,指出中国在冶炼和使用红铜和青铜以前存在着利用共生矿冶铜的探索阶段⑦。最终完全廓

---

① 李先登:《试论中国古代青铜器的起源》,《史学月刊》1984年第1期,3~10页。
② 华泉:《中国早期铜器的发现与研究》,《史学集刊》1985年第3期,72~78页。
③ 郑德坤著,白云翔译:《中国青铜器的起源》,《文博》1987年第2期,37~45、77页。
④ 北京钢铁学院冶金史组:《中国早期铜器的初步研究》,《考古学报》1981年第3期,287~302页。
⑤ 金正耀:《中国金属文化史上的"红铜时期"问题》,《中国社会科学院研究生院学报》1987年第1期,19~20页。
⑥ 滕铭予:《中国早期铜器有关问题的再探讨》,《北方文物》1989年第2期,8~18页。
⑦ 孙淑云、韩汝玢:《甘肃早期铜器的发现与冶炼、制作技术的研究》,《文物》1997年第7期,75~84页。

清了何以仰韶时代及龙山时代存有优于红铜的青铜器，同时基本完整的铜器发展脉络也为铜器本地起源论提供了证据。

第三阶段：21世纪初至今

这一阶段为早期铜器的反思阶段。

这一阶段早期铜器的资料进一步丰富，各个地区均有不少新发现。中原地区在二里头遗址和陶寺遗址的持续发掘过程中发现了大量早期铜器。甘肃临潭磨沟齐家文化墓地中发现了多件铜器，张掖西城驿遗址也发现了大量铜器和冶铜遗物，新疆罗布泊小河墓地也发现了红铜制品，这些发现使得我国西北地区早期铜器资料得到进一步丰富。陕西榆林石峁遗址发现了铜器和铸铜石范，重庆万州塘坊坪发现了数件铜器，这两处遗址的发现填补了该地区早期铜器资料的空白，具有十分重要的意义。

上一阶段发掘的许多早期铜器资料在此阶段得到系统整理和检测分析，并予以发表，河南偃师二里头、山西襄汾陶寺、青海同德宗日、青海贵南尕马台、甘肃酒泉干骨崖、内蒙古伊金霍洛旗朱开沟、辽宁凌源牛河梁等遗址的铜器资料相继刊布，为早期铜器研究提供了更加坚实的基础。

上一阶段仅将中国早期铜器作为整体探讨其内生发展的研究方式遇到了瓶颈，关于中国早期铜器的起源与发展多有不同观点，相持不下。这一阶段早期铜器的研究思路开始出现了宏观和微观的分化。微观研究的学者不再将中国出土的所有早期铜器作为一个整体来对待，开始着重细化到铜器的分区研究和特定文化因素的来源分析等方面。宏观研究的学者将中国早期铜器置于欧亚青铜冶金发展的历史大背景下综合考察，特别注重中国北方这一农牧文化过渡地带与欧亚草原青铜文化的联系。

早期铜器微观研究以白云翔、李水城等先生为代表，2002年白云翔先生运用分区研究的方法对我国早期铜器的发展特点进行了总结，认为可将发现的早期铜器分为西北、北方、中原、海岱、江汉五区，其中江汉地区发现零星，其他四区又可归并为西北—北方和中原—海岱两大区，并认为两大区铜器"都是独立起源的……两地间的空白地带没有发现联系两地铜器的线索"[①]。此后，以区系为本位，对不同区域的早期铜器进行更为细致的研究，从而探讨各区域早期铜器之间的相互关系，这种方式成为研究的主流。

同时在这种分区研究方法的引导下，对某一考古学文化的铜器进行细致研究的成果不断出现，李水城和水涛的《四坝文化铜器研究》，收录了许多未发表的四坝文化出土铜器，并对这些铜器分类进行介绍，同时重点讨论了四坝文化铜器砷铜发现数量较多的特色，推测这与早期铜器的西来有关[②]。陈国梁先生的《二里头文化铜器研究》对

---

① 白云翔：《中国的早期青铜器与青铜器的起源》，《东南文化》2002年第7期，25～37页。
② 李水城、水涛：《四坝文化铜器研究》，《文物》2000年第3期，36～44页。

二里头文化出土和收藏的早期铜器进行了类型学分析,并结合出土情况对各类铜器进行分期,在讨论二里头文化早期铜器起源和发展的基础上,兼顾探讨其周边文化早期铜器的关系[①]。笔者也曾撰文从齐家文化早期铜器的年代、特征及出土背景的基础分析出发,探讨了中国早期铜器各区域特征的不同和各区域发展演变的特点[②]。

  早期铜器的宏观研究以杨建华、梅建军等先生为代表。早期铜器宏观研究注重文化因素的分析,这方面研究此期迅速开展,一方面得益于我国早期铜器特别是西北地区铜器发现的增多,同时是研究上升到开阔视野和细化深入阶段的必然结果。通过这种文化因素分析,许多学者找到了中国甘青地区以及新疆地区许多早期铜器与欧亚草原同类器的联系。1995 年,美国学者胡柏提出了塞伊玛—图尔宾诺文化现象与甘青地区的齐家文化发生接触的问题。她详细分析了契尔耐赫的研究成果,将塞伊玛—图尔宾诺的年代向前推到公元前两千纪初,并指出齐家文化受到了塞伊玛—图尔宾诺现象的影响,例子包括竖銎斧、有柄弯背刀以及骨柄铜锥、铜刀[③]。美国学者 Bunker 在讨论西北地区四坝文化出土的四羊首权杖头的铸造技术和造型风格时认为,此物显示出中亚与近东早期铜器文化有某些联系。但是该学者所举遗址与火烧沟遗址的年代、地域都有很大差异,所讨论的器物和四羊首权杖头也不太相同,两者之间似乎没有明显的联系[④]。2003 年,梅建军和高滨秀发表《塞伊玛—图比诺现象和中国西北地区的早期青铜文化》一文,根据齐家文化铜器与塞伊玛—图比诺现象铜器形制的相似性,肯定了由美国学者胡柏提出的两者发生联系的可能性,并指出整个"中国西北地区早期青铜文化与欧亚草原的接触与联系是不同时期通过不同途径进行的"[⑤]。李水城在《西北与中原早期冶铜业的区域特征及交互作用》一文中,通过对新疆地区、甘青地区、中原地区早期铜器特点的概括,探讨中原和西北地区早期冶铜业的关系,并试图在"整个世界的大背景下,对中国早期冶铜业有一个比较清醒的定位"[⑥]。杨建华等先生著《欧亚草原东部的金属之路:丝绸之路与匈奴联盟的孕育过程》一书,将中国北方地区作为欧亚大草原东南部的重要组成部分,系统总结了自公元前两千纪至公元前后约 2000 年

[①] 陈国梁:《二里头文化铜器研究》,《中国早期青铜文化——二里头文化专题研究》,科学出版社,2008 年。

[②] 王振:《从齐家文化铜器分析看中国铜器的起源与发展》,《西部考古》第三辑,三秦出版社,2008 年,74~90 页。

[③] Louisa G. Fitzgerald-Huber. Qijia and Erlitou: the question of contacts with distant culture. Early China, 1995 (20): 17-67.

[④] 李水城、水涛:《四坝文化铜器研究》,《文物》2000 年第 3 期,36~44 页。

[⑤] 梅建军、高滨秀:《塞伊玛—图比诺现象和中国西北地区的早期青铜文化》,《新疆文物》2003 年第 1 期,47~57 页。

[⑥] 李水城:《西北与中原早期冶铜业的区域特征及交互作用》,《考古学报》2005 年第 3 期,239~275、278 页。

时间内，中国与欧亚草原青铜文化间的交流与关系，提出了"中国北方－蒙古高原冶金区"的概念，总结了欧亚大陆不同的铜器系统的特点。此书的前半部分探讨中国早期铜器与境外欧亚草原青铜文化间的联系、互动和影响路径等问题，还着重考察了公元前两千纪欧亚草原安德罗诺沃文化共同体和塞伊玛—图尔宾诺文化现象向东扩张对中国铜器产生的影响①，进一步开拓了中国早期铜器宏观分析的思路，推动了相关研究的深入开展。

经过近40年的激烈探讨，早期铜器的研究虽在某些细节问题上仍有不同意见，但在中国早期铜器的独特性、区域差异性和与欧亚草原联系的紧密性等诸方面已取得了共识，并取得了诸多重要研究成果。不过，中国早期铜器研究目前还存在着几个问题，主要有：① 中国早期铜器与欧亚草原铜器年代难以对应，虽然随着考古工作的开展，特别是 ^{14}C 测年数据的不断丰富，这一问题正在逐步得到解决，但目前欧亚草原许多青铜文化的年代仍难达成共识；② 我国早期铜器研究侧重于二里头文化时期铜器的综合分析，仰韶和龙山时代铜器研究则相对不够深入；③ 缺乏综合研究，在研究对象上每位学者对早期铜器各有偏重，研究的对象、范围并不一致，在研究方法上各位学者虽然在微观研究中也对铜器的起源与交流等宏观问题进行了分析，在宏观研究中也注重各个文化甚至个别早期铜器微观信息的探讨，但是限于论文篇幅，也各有侧重，目前还没有一部专门的中国早期铜器研究专著。因此，本书试图尽可能全面搜集中国早期铜器资料，为他人进行相关研究提供便利，同时提出自己的拙见，求教于方家。

第三节 本书的研究思路

本书拟在已有的考古资料和研究成果的基础上，从四个层面对中国早期铜器展开探索研究。

第一层面，系统梳理我国早期铜器发现概况与区域特征。

我国发现的早期铜器数量众多且分布广泛，几乎遍布中国长江以北的广大地区。各区域间由于地理环境及气候条件的差异，文化内涵各不相同，早期铜器特征的差异也十分明显。依据早期铜器的种类、数量、制作技术、合金工艺及出土背景的不同，可以将我国早期铜器分为黄河中下游地区（河南、山东和河北、山西、陕西南部）、燕山地区（河北北部、内蒙古东南部、辽宁和吉林等地）、河套地区（陕西北部、山西西北部和内蒙古中南部）、河湟地区（甘肃中东部和青海）、河西走廊及哈密盆地（甘肃西部和新疆东部）、新疆中西部、长江流域七个区域。本书首先将在各区域发现的早期铜器和冶炼遗物系统整理的基础上，通过对各区早期铜器特征的总结，理清各区域内

---

① 杨建华、邵会秋、潘玲：《欧亚草原东部的金属之路：丝绸之路与匈奴联盟的孕育过程》，上海古籍出版社，2016年。

部早期冶铜业的发展过程。

在此基础上，通过考察早期铜器出土的背景信息，深究其背后隐含的人（使用者）与社会含义，探讨中原与北方地区冶金业图景。不论金属器的冶金成分如何、形态如何，以及产地在哪儿，它们在当时社会中都是十分稀有的，因此金属器物在社会生活中会体现出社会、政治和经济等含义。铜器在我国古代十分稀有和珍贵，并非人人都可以拥有，更多的时候是被选择作为仪式化重器来使用，所以铜器与政治社会的关联信息在我们对铜器的阐释中显得尤为重要。通常我们认为刻意塑造的金属器物在这些区域性的社会中起着标志性的作用，无论是实用的青铜工具还是随身的饰品，其出土位置的差异（如出土于居址或是墓葬的差异）具有完全不同的社会信息，假如铜器出土于仪式化的墓葬场景中，就具有反映器物社会政治功能以及铜器拥有者身份和社会地位等信息的重要意义。由于各个地区经济、社会政治及思想文化的不同，地方性社会对铜器的认识也不尽相同，早期阶段铜器可能更多反映的是个人身份或宗亲族群的差异，社会或政治阶层的象征意义并不明显。

第二层面，动态考察中国冶铜技术的起源与发展过程，注重考察中国早期铜器在欧亚大陆冶金发展史中的地位，以及各时期与境外青铜文化的互动关系。

我国目前发现的铜器年代可早至仰韶时代，在冶铸业漫长的发展过程中，各区域根据自己的地理与文化环境选择了不同的技术路径。通过动态的考察各区域冶铜技术的发展，能够更清楚地理解中国青铜器的起源与发展。

现有的考古学资料显示，金属冶炼技术在亚洲内陆北方地区的不同地点几乎同时出现，我国早期铜器的发展也受到了境外欧亚草原铜器文化的强烈影响。欧亚大陆东部的阿尔泰地区考古文化［阿凡纳谢沃文化（Anfanasievo）约公元前2800～前2500年；奥库涅夫（Okunevo）约公元前2500～前1500年］，以及哈萨克斯坦地区铜器文化与我国新疆、甘肃及内蒙古等地早期铜器文化具有密切的联系。

我们将通过数量较多、形制演变及区域特征较明显的典型器形的对比研究，探寻其源流，尽可能全面揭示各类铜器的来源及流传、演变过程。通过对典型器形进行分析，依据中原铜器传统和欧亚草原铜器传统的不同特征理清各区域间早期冶铜技术传播与互动关系，并在此基础上对中国早期铜器的起源和发展问题得出初步结论。

第三层面，以早期铜器冶铸技术分析为基础，探讨铜矿资源的分布、占有和交换在史前和夏代社会中的意义。

人类对金属资源的利用，找矿和采矿是生产的第一个环节，冶金技术产生与矿产资源分布有直接的关系。其后随着文明的发展，远距离的矿产运输交换才成为可能。我们将从中国矿产资源的分布和早期矿冶遗址的发现两个角度，结合不同区域早期铜器的发展特点，探讨我国矿产资源的分布如何影响冶铜业的产生与发展。

第四层面，探讨铜器在社会复杂化和文明形成中的地位与作用。

中原地区的二里头文化已经进入了早期国家阶段，青铜器所具有的政治含义也在此时得以确立，此后商周时期青铜器成为三代礼制的基础、维持其政治统治的工具，张光直先生曾指出三代都城屡次迁徙就是为了获得铜矿这一政治资本。然而，铜器出现之初并不具有这一重要的政治含义，铜器象征意义的变化主要发生在龙山时代。龙山时代是中国史前社会复杂化的重要阶段，据刘莉先生的研究，人口结构的变化、长途贸易、手工艺的专业化、集体性宗教信仰和政治意识形态的出现，以及集中式资源分配均出现于这一中国早期政体与社会阶级复杂性的形成时期[①]。

近年来，随着一系列龙山时代及二里头文化早期铜器的发现，我们对中国铜器的起源与发展有了更深入的了解。青铜器并不简单被作为文明形成的要素看待，完全可以从社会考古的角度对青铜器在社会复杂化进程和文明起源过程中的作用予以探讨。

---

① 刘莉著，陈星灿、乔玉、马萧林等译：《中国新石器时代——迈向早期国家之路》，文物出版社，2007年，35页。

第二章　中国早期铜器的分区研究

我国发现的早期铜器数量多、分布广、时间跨度大，分属于众多的考古学文化。各区域间地理环境及气候条件的差异，导致区域文化的内涵各不相同，早期铜器的特征差异也十分明显。从目前的考古发现来看，早期铜器主要集中分布于黄河中下游地区、燕山地区、河套地区、河湟地区、河西走廊及哈密盆地、新疆中西部、长江流域七个区域，各区域发现的早期铜器在种类形制、制作技术、合金工艺等特征上多有不同。为全面清晰地介绍分属众多考古学文化的早期铜器发现及其特点，本章将就目前发现的铜器及相关遗物按区域进行系统梳理，并对各区域早期铜器的特征进行总结。

第一节　黄河中下游地区的早期铜器

地理学上黄河上游和中游的分界为内蒙古河口。本书黄河中下游地区则略有差异，主要是指黄河中游南段及下游地区，具体指黄河与汾河交汇处至入海口的河段及其支流地区。行政区划上主要包括河南省、山东省，以及山西、陕西、河北三省南部等地。黄河中下游仰韶文化至二里头文化时期发现了较多数量的铜器，这些铜器分属于仰韶文化、大汶口文化、龙山文化、陶寺文化、二里头文化、岳石文化等文化类型。

一、仰韶文化出土铜器

仰韶文化早期铜器发现数量较少，仅在陕西临潼姜寨、西安半坡、渭南北刘，山西榆次源涡镇遗址出土几件铜片、铜管、铜笄，铜器数量和种类都很少。

陕西临潼姜寨遗址发现铜片（F29∶15）和铜管状物（T259③∶39）各1件（图2-1，1、2）。铜片呈半圆形，厚1毫米；管状物由铜片卷成。经检验，两件铜器均为黄铜，其中铜片为铅黄铜，平均含铜66.54%、锌25.56%、铅5.92%，为单面范铸造而成；铜管状物含铜69%、锌32%及少量杂质硫[①]。两件铜器发现于姜寨遗址第一期文

[①] 半坡博物馆、陕西省考古研究所、临潼县博物馆：《姜寨——新石器时代遗址发掘报告》，文物出版社，1988年，148页。

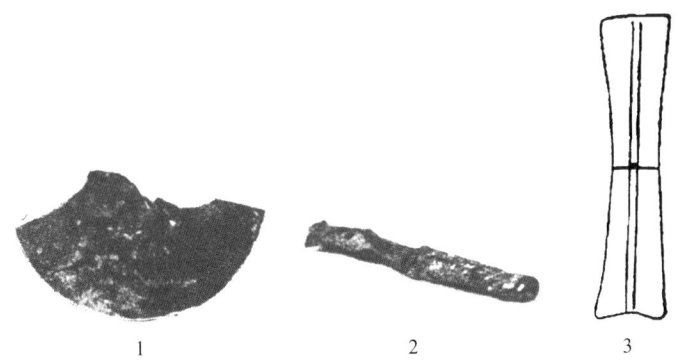

图2-1 姜寨、半坡遗址出土铜器
1、3. 铜片（F29∶15、M156扰土） 2. 铜管状物（T259③∶39）
（1、2. 姜寨出土 3. 半坡出土）

化遗存，属仰韶文化半坡类型，F29炭化木橡^{14}C测年数据经校正后为公元前4675年 ± 135年[①]。这两件铜器为我国目前发现最早的铜器。

陕西西安半坡遗址也发现1件铜片（图2-1，3），发掘者认为出自M156扰土中，为晚期遗物，因此未收录到发掘报告中。该铜片为含镍高达20%的白铜，铸造成形。安志敏先生依据冶炼白铜的技术条件，认为此件器物应与仰韶文化无关[②]。不过，随着早期铜器研究的深入，许多以往认为不可能如此之早出现的冶炼技术已经通过模拟实验证明了其存在的可能性，因此，半坡遗址出土的白铜片也有可能为早期铜器。

渭南北刘出土1件完整铜笄（T9∶15）[③]，经北京科技大学冶金及材料史研究所检验为黄铜，具有锻造组织[④]。该铜笄所在单位属仰韶文化庙底沟类型，年代约为公元前4000～前3500年。

山西榆次源涡镇曾发现有铜炼渣，含铜47.64%、硅26.81%、钙12.39%、铁8.00%，后经检测冶炼的应为红铜[⑤]。发掘者最初将其年代定为龙山文化早期[⑥]，严文明先生依据发表资料和出土陶片，指出该遗存应是仰韶文化晚期分布于晋中的地方类型，年代在公元前3000年左右[⑦]。

---

① 严文明：《论中国的铜石并用时代》，《史前研究》1984年第1期，36页。
② 安志敏：《中国早期铜器的几个问题》，《考古学报》1981年第3期，270页。
③ 西安半坡博物馆、渭南市博物馆、陕西省考古研究所：《渭南北刘遗址第二、三次发掘简报》，《史前研究》1986年第1、2期合刊，122页。
④ 孙淑云、韩汝玢：《甘肃早期铜器的发现与冶炼、制造技术的研究》，《文物》1997年第7期，81页。
⑤ 韩汝玢、柯俊：《中国科学技术史·矿冶卷》，科学出版社，2007年，177页。
⑥ 〔日〕和岛诚一：《山西省源涡镇遗迹出土の铜渣について》，《资源科学研究所滙报》第58～59号，1962年。转引自安志敏：《中国早期铜器的几个问题》，《考古学报》1981年第3期，269～285页。
⑦ 严文明：《论中国的铜石并用时代》，《史前研究》1984年第1期，37页。

二、大汶口文化出土铜器

山东泰安大汶口遗址墓葬（M1）随葬的1件骨凿被沁染成铜绿色，经中国科学院地质研究所化验，含铜量为9.9%，证明为铜质所污染[①]。M1属大汶口文化晚期，年代大致相当于公元前3000～前2500年。这些铜渣和铜锈的发现，说明龙山时代早期存在着利用铜矿石炼铜的活动。

三、龙山文化出土铜器

1. 河南龙山文化

中原地区龙山时代发现的铜器数量明显增加，在河南龙山文化、山东龙山文化中均发现一定数量的早期铜器及有关遗物。

目前为止，河南龙山文化中出土铜器及其相关遗存的遗址共有9处，分布较为广泛，每处遗址出土铜器或相关遗存数量十分有限。

出土早期铜器的遗址共有5处，出土铜器仅5件。登封王城岗在一灰坑中发现铜容器残片1件（图2-2，1），残高5.7、残宽6.5厘米，残留一小段铸缝，经检验为铸造，锡铅青铜质地[②]，有学者指出其可能是铜鬶的残片[③]。王城岗出土铜片的H617属王城岗龙山文化四期，年代相当于公元前2050～前1990年。郑州董砦发现1件指甲大小的方铜片[④]。杞县鹿台岗发现1件疑似小刀的残铜片（图2-2，4）以及一些冶炼遗迹[⑤]。郑州牛砦发现1件铜块，经北京钢铁学院检测为锡青铜[⑥]。鹿邑栾台出土1件直径1.5厘米的铜块[⑦]。

[①] 山东省文物管理处、济南市博物馆：《大汶口——新石器时代墓葬发掘报告》，文物出版社，1974年，124页。

[②] 河南省文物考古研究所、中国历史博物馆考古部：《登封王城岗与阳城》，文物出版社，1992年。

[③] 李先登：《王城岗遗址出土的铜器残片及其他》，《文物》1984年第11期，73～75页。

[④] 严文明：《论中国的铜石并用时代》，《史前研究》1984年第1期，38页。

[⑤] 郑州大学文博学院、开封市文物工作队：《豫东杞县发掘报告》，科学出版社，2000年，71页。

[⑥] 安金槐：《试论河南地区龙山文化的社会性质》，《中原文物》1989年第1期，23页。

[⑦] 河南省文物研究所：《河南鹿邑栾台遗址发掘简报》，《华夏考古》1989年第1期，7页。

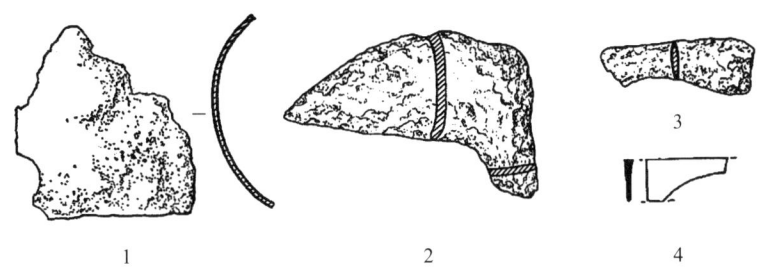

图2-2 河南龙山文化出土铜器

1、2. 容器残片（WT196H617∶14，2000T3⑤B∶1） 3、4. 刀（1999T1H40∶1，T28⑦∶1）
（1. 河南登封王城岗出土 2、3. 河南新密新砦出土 4. 河南杞县鹿台岗出土）

河南龙山文化中发现冶铜相关遗存数量相对较多。郑州牛砦发现1块残炉壁，经检测分析确认为熔化铅青铜的炉壁①。淮阳平粮台遗址一灰坑近底部发现1块长1.3厘米的小铜渣，该灰坑属平粮台三期遗存，年代在公元前2400年左右②。临汝煤山还发现2件熔铜炉残片，H28出土炉壁残片内残留6层炼铜液，每层厚约1毫米，H40出土的炉内壁也残留有炼铜液，经检测含铜95%的红铜③。安阳后冈发现铜炼渣④。新密古城寨发现1块炉壁残片⑤。

此外，新密新砦遗址发现1件铜容器残片（图2-2，2）、1件铜刀（图2-2，3）和1粒铜粒，铜容器残片可能是鬹或盉的流部，残片与铜刀经检验均为红铜铸造，3件铜器均属新砦期遗存，年代约为公元前1900～前1800年⑥。

2. 山东龙山文化

山东龙山文化发现的铜器和冶炼遗物数量也不多，每处遗址仅发现一两件相关遗

---

① 李京华：《关于中原地区早期冶铜技术及相关问题的几点看法》，《文物》1985年第12期，75页。

② 河南省文物研究所、周口地区文化局文物科：《河南淮阳平粮台龙山文化城址试掘简报》，《文物》1983年第3期，31页。

③ 简报称出土残片为坩埚（中国社会科学院考古研究所河南二队：《河南临汝煤山遗址发掘报告》，《考古学报》1982年第4期，427～476页），后有学者指出此为熔铜炉炉底残片（李京华：《关于中原地区早期冶铜技术及相关问题的几点看法》，《文物》1985年第12期，75页）或认为此为将燃料与铜原料一起置于其中熔炼的熔炼炉（任式楠：《中国史前铜器综论》，《中国史前考古学研究——祝贺石兴邦先生考古半世纪暨八秩华诞文集》，三秦出版社，2004年，384～393页）。

④ 华觉明：《世界冶金发展史》，科学技术文献出版社，1985年，464页。

⑤ 河南省文物考古研究所、新密市炎皇历史文化研究会：《河南新密市古城寨龙山文化城址发掘简报》，《华夏考古》2002年第2期，80页。

⑥ 北京大学震旦古代文明研究中心、郑州市文物考古研究院：《新密新砦——1999～2000年田野考古发掘报告》，文物出版社，2008年，223页。

物。胶县三里河发现管钻形铜器2件（图2-3），经检测为黄铜铸造，含锌量分别为23.4%～26.4%、20.2%～20.8%，此外还含有锡、铅、硫等杂质[1]。此外，诸城呈子出土铜片1件；长岛县北长岛店子发现残铜片1件；日照尧王城发现铜炼渣；栖霞杨家圈发现一些铜炼渣和炼铜原料[2]，并发现残铜锥1件[3]；临沂大范庄发现残铜器数件[4]。其中，长岛店子出土铜片经检测为含铜61.66%、含锌34.89%的黄铜。

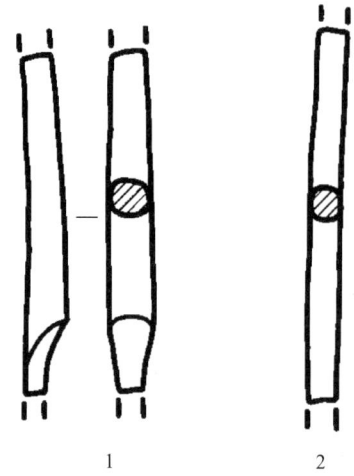

图2-3　胶县三里河出土管钻形铜器
 1. T110②：11　2. T21②：1

四、陶寺文化出土铜器

陶寺文化（曾称龙山文化陶寺类型）主要分布于临汾盆地和运城盆地北部，目前在山西襄汾陶寺、绛县周家庄、曲沃东白冢遗址出土多件早期铜器。

陶寺遗址共出土铜器4件，铜环（图2-4，2）、铜铃（图2-4，1）、齿轮形铜手镯（图2-4，5）、铜容器残片（图2-4，3）各1件[5]。其中铜环与铜容器残片属陶寺文化中期，年代相当于公元前2500～前2100年；铜铃与齿轮形铜手镯属陶寺文化晚期，年代相当于公元前2100～前1900年。陶寺遗址出土铜铃为铸造，红铜，含铜97.8%，表面粗糙、厚薄不均，有多处铸造缺陷。铜容器残片和铜环也为红铜铸造。齿轮形铜手镯与玉瑗黏合在一起，套在死者臂骨上，经检测为砷铜质地，是中原地区最早的砷铜。

周家庄遗址一灰坑内出土1件近长方形的铜片（图2-4，4）。依据光释光测年，结合考古学分期年代研究成果，确认该铜片应属陶寺文化早中期，年代约为公元前2500～前2100年。铜片为镍黄铜，含铜79.46%、锌14.01%、镍3.81%，整体热锻成

---

[1] 中国社会科学院考古研究所：《胶县三里河》，文物出版社，1988年。
[2] 严文明：《论中国的铜石并用时代》，《史前研究》1984年第1期，38页。
[3] 北京大学考古学系、烟台市博物馆：《栖霞杨家圈遗址发掘报告》，《胶东考古》，文物出版社，2000年，151～206页。
[4] 山东省文物考古研究所：《山东文物考古工作五十年》，《新中国考古五十年》，文物出版社，1999年，238页。
[5] 中国社会科学院考古研究所、山西省临汾市文物局：《襄汾陶寺——1978年～1985年考古发掘报告》，文物出版社，2015年，666、667页；中国社会科学院考古研究所山西队、山西省考古研究所、临汾市文物局：《山西襄汾县陶寺城址发现陶寺文化中期大型夯土建筑基址》，《考古》2008年第3期，6页；严志斌：《襄汾陶寺遗址》，《中国考古学年鉴（2001）》，文物出版社，2002年，118页；王晓毅、严志斌：《陶寺中期墓地被盗墓葬抢救性发掘纪要》，《中原文物》2006年第5期，5页。

形,之后局部进行了冷加工处理①。

东白冢遗址发现 1 件陶寺文化坩埚残片②(图 2-4,6),证明了陶寺文化铜器为本地铸造的可能性。

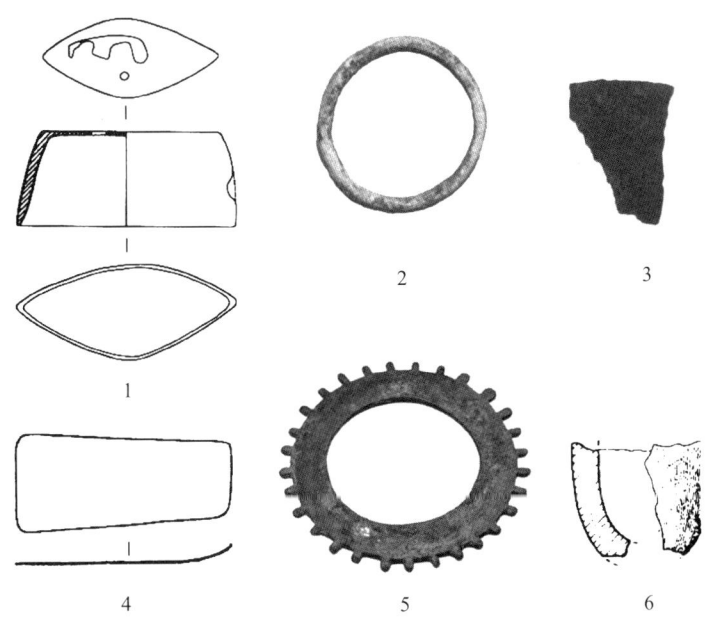

图 2-4 陶寺文化出土铜器

1. 铜铃(M3296∶1) 2. 铜环(Ⅱ7464③∶4) 3. 铜容器残片 4. 铜片(JX041120_K101-H∶1)
5. 齿轮形铜手镯(M11) 6. 坩埚残片(白∶38)
(1~3、5. 陶寺出土 4. 周家庄出土 6. 东白冢出土)

五、二里头文化出土铜器

二里头文化时期中原海岱地区流行的文化类型主要是二里头文化、岳石文化、下七垣文化等,这些文化中普遍出土较多铜器。

二里头文化以河南偃师二里头遗址命名,主要分布于今河南西部、陕西东部和山西南部,目前已发现遗址 300 余处。二里头文化的相对年代晚于王湾三期,早于二里冈文化。对于其分期和性质,自 20 世纪 60 年代开始,学者多有讨论。目前大多数学者认为,二里头文化可分为四期,其性质属于夏文化。夏商周断代工程采集了一系列含碳样品进行 ^{14}C 年代测定、拟合,并与考古学分期成果相整合,初步推定出二里头文

---

① 王建平、王力之:《山西周家庄遗址出土龙山时期铜片的初步研究》,《中国国家博物馆馆刊》2013 年第 8 期,145~154 页。

② 山西省考古研究所:《塔儿山南麓古遗址调查简报》,《文物季刊》1992 年第 3 期,21~22 页。

化各期年代范围：第一期为公元前1880～前1730年，第二期为公元前1740～前1600年，第三期为公元前1610～前1555年，第四期为公元前1564～前1521年①。

二里头文化因地区不同，可划分为若干文化类型，学术界目前对此有三种观点：①邹衡等学者认为应分为两个类型，即二里头类型和东下冯类型②。②赵芝荃等学者认为应分为四个类型，除二里头类型、东下冯类型外，还有下王岗和下七垣类型，以及豫东类型③。③《中国考古学·夏商卷》中则分为五个类型，即二里头类型、东下冯类型、牛角岗类型、杨庄类型、下王岗类型④。

二里头文化目前共发现铜器200余件、冶炼遗物100余件，其中绝大多数铜器出土于偃师二里头和夏县东下冯遗址。

1. 二里头遗址

二里头遗址位于河南省西部、洛阳盆地东部，西距洛阳市区17千米，东偏南距偃师市区约9千米、偃师商城约6千米，北距黄河约15千米。从1959年秋季开始，中国社会科学院考古研究所在二里头遗址进行了长达半个世纪的发掘。目前二里头遗址共揭露面积3万余平方米，发现宫城和城内的数座夯土基址，以及各类中小型房屋建筑50余座，祭祀性建筑不少于5座，铸铜作坊1处，墓葬400余座，灰坑、窖穴、水井近千个⑤。遗址内小件铜器或铜工具多出土于Ⅳ区的铸铜作坊和Ⅴ、Ⅸ区的工场式作坊⑥，而铜铃和较大型的兵器（如戈、钺等）及礼器则大多出土于墓葬。

二里头遗址的铸铜作坊主要发现于Ⅳ区，其中最大的一座面积在10000平方米以上。该铸铜遗址延续使用的时间有300年左右，从二里头遗址第二期到第四期一直存在。出土了陶范、坩埚、炼渣、熔炉壁、铜冶铸遗物，其中个别陶范上雕刻精致的纹饰。这是目前二里头遗址中唯一确定的铸铜遗址，也是我国迄今所知时代最早的大型铸铜遗址。在遗址的其他区域还发现了多座工场式的作坊，说明二里头遗址的冶铜业已经达到一定规模。

据学者统计，截至2006年二里头遗址已发表出土的铜器达131件⑦，后又有学者在

---

① 夏商周断代工程专家组：《夏商周断代工程1996—2000年阶段性成果报告》，世界图书出版公司，2000年，75、76页。
② 邹衡：《试论夏文化》，《夏商周考古学论文集》，科学出版社，2001年。
③ 赵芝荃：《关于二里头文化类型和分期的问题》，《中国考古学研究——夏鼐先生考古五十年纪念论文集》（二），科学出版社，1986年。
④ 中国社会科学院考古研究所：《中国考古学·夏商卷》，中国社会科学出版社，2003年。
⑤ 中国社会科学院考古研究所：《中国考古学·夏商卷》，中国社会科学出版社，2003年。
⑥ 郑光：《二里头遗址的发掘》，《夏文化研究论集》，中华书局，1996年。
⑦ 陈国梁：《二里头文化铜器研究》，《中国早期青铜文化——二里头文化专题研究》，科学出版社，2008年。

铜器铸造方法研究中报道了 5 件未曾发表的铜器[①],目前共计发表铜器 136 件,占二里头文化铜器总数的 60% 以上。二里头遗址出土铜器数量较多,类型多样,容器有爵、斝、盉、鼎,武器有戈、戚、钺、镞,生产工具有刀、锥、凿、锛、锯、纺轮,装饰品或礼仪性用具有牌饰、铜泡及乐器铃等(图 2-5~图 2-8)。除铜鬲、钻、钩外,包括二

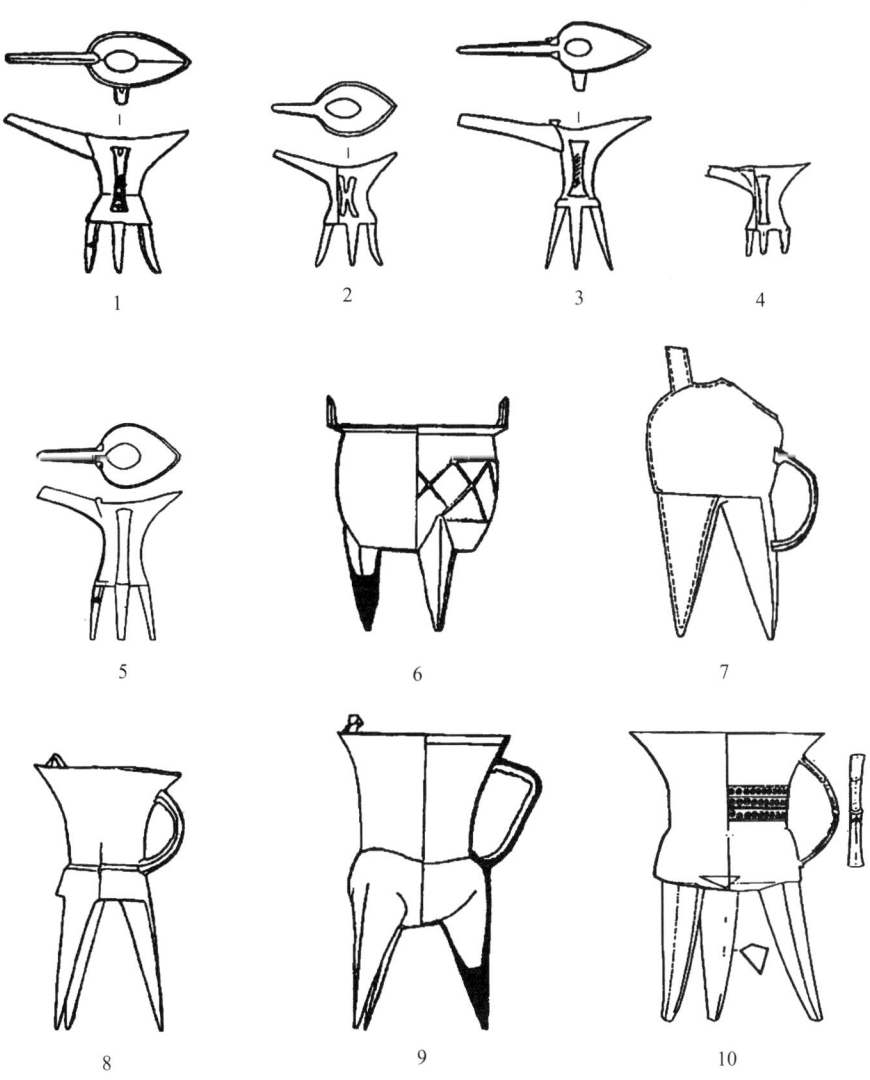

图 2-5 二里头遗址出土铜容器

1~5. 爵(1987YLVIM57:1、1975YLⅢKM6:1、1984YLⅣM11:1、1973YLⅧT22③:6、采:65) 6. 鼎(1987YLVM1:1) 7. 盉(1986YLⅡM2:1) 8~10. 斝(1984YLⅥM9:1、1987YLVM1:2、V 采 M:66)

---

① 廉海萍、谭德睿、郑光:《二里头遗址铸铜技术研究》,《考古学报》2011 年第 4 期,561~575 页。

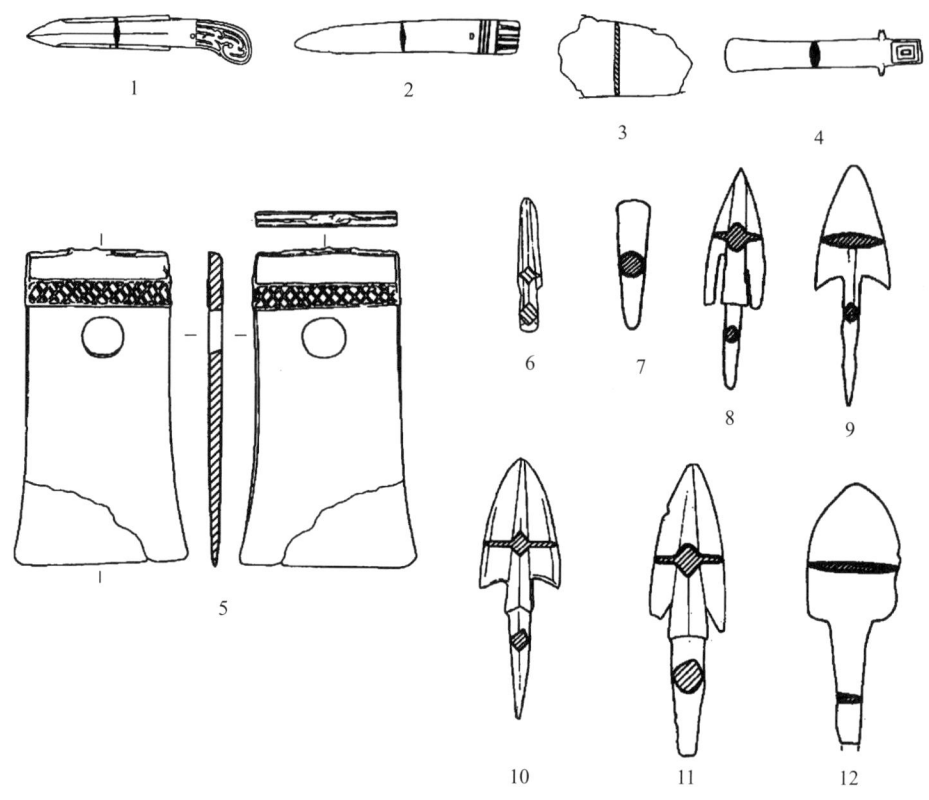

图2-6 二里头遗址出土铜兵器

1~3. 戈（1975LⅥKM3：2、1975YLⅢ采：60、2003ⅤT34④B：3） 4. 戚（1975YLⅥKM3：1） 5. 钺（2000Ⅲ采：1） 6~12. 镞（2002ⅤH147：12、1960YLⅡT122③：1、1962YLⅣT17B⑤：2、1963YLⅤT214③A：14、1962YLⅤH101：6、ⅤH20：1、ⅤT12B：1）

里头文化各遗址已经出土的所有器类。纹饰方面，早期多为素面，有纹饰的也很简单，后期纹饰有弦纹、乳钉纹、单线饕餮纹、圆圈纹或镂孔装饰等[①]。

二里头遗址目前有52件铜器进行了化学成分分析，另有1件铜渣和1件铅片也进行了检测。其中10件为红铜（包括2件锡、铅含量均低于2%的低铅锡青铜）；43件为青铜，包括锡青铜15件、铅青铜6件、铅锡青铜21件、砷青铜1件；另有铅制品1件。

铸造技术方面，二里头遗址铜器均系范铸法制作，而且是从单范铸造发展到多范铸造，并采用了复合陶范法。生产工具锛、凿、锥、刀、鱼钩和武器戈、戚、镞等多采用单范铸成；容器爵、斝、盉、鼎和乐器铃则采用组合范铸成；铜饰品制作工艺尤其复杂，采用了铸造与镶嵌工艺相结合的手法。一部分铜器还铸有花纹，从素面到花纹，表现了铸造技术的发展。

---

① 韩玉玲：《谈二里头文化时期的青铜冶铸业》，《中原文物》1992年第2期，101~103页。

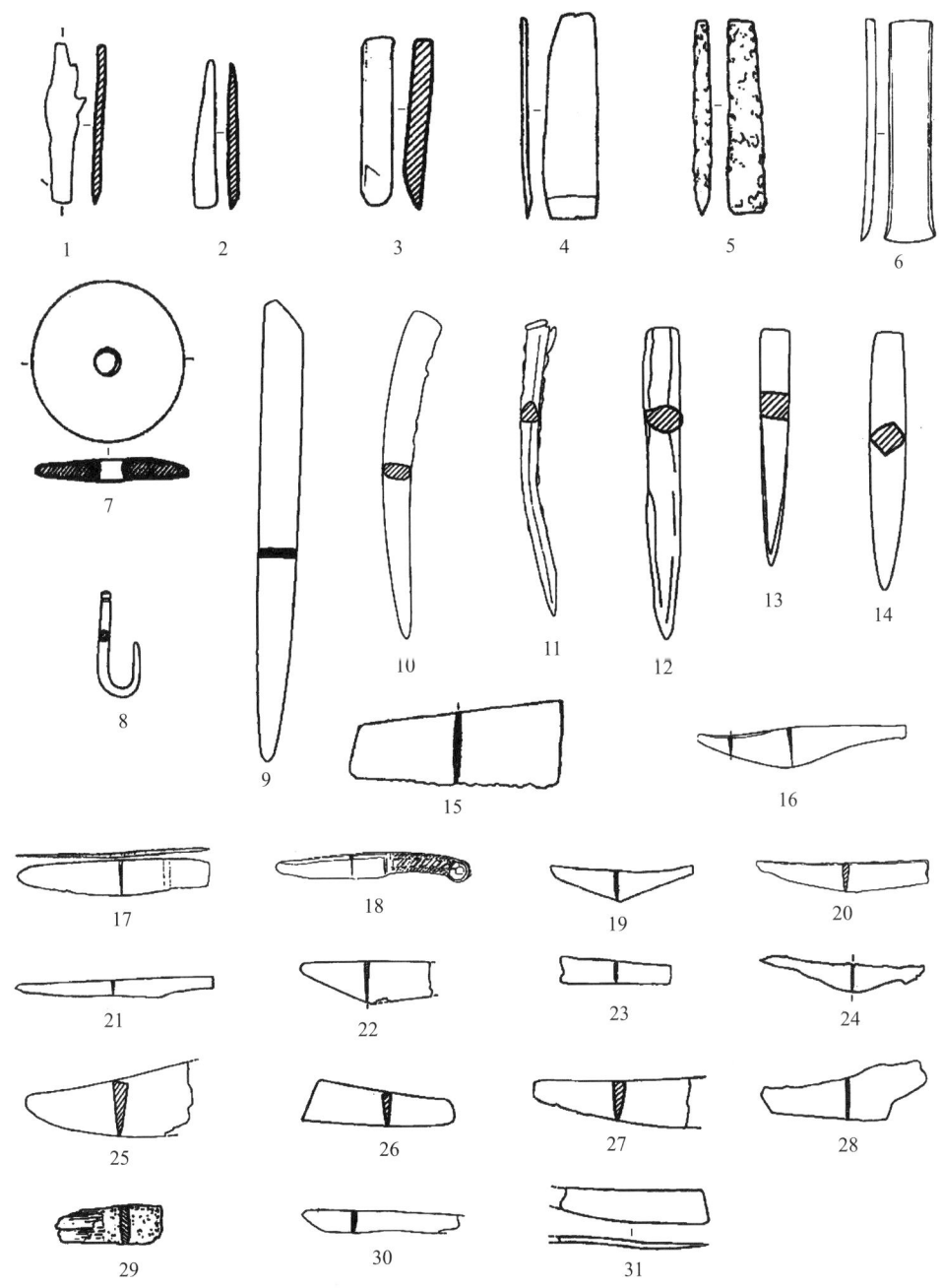

图2-7 二里头遗址出土铜工具

1～5. 凿（ⅣT24④B：116、ⅣT23④：47、1963YLⅤF3：11、1963YLⅣH57：27、1960YLⅣT2④：7） 6. 锛（1973YLⅢT212F2：10） 7. 纺轮（1963YLⅣH58：1） 8. 鱼钩（ⅤH82：9） 9～14. 锥（1963YLⅣT24④B：59、1972YLⅤH66：1、2000ⅢT1⑦：14、1960YLⅣT2⑤：4、1960YLⅡ·ⅤH158：12、1973YLⅤH103：3） 15. 锯（1963YLⅣH57：84） 16～31. 刀（1963YLⅤT203⑤：3、1980YLⅢM2：4、1989YLⅢM2：3、1963YLⅣT13②：33、2004ⅤT85④C：3、1987YLⅣM57：2、ⅣT31③：8、ⅣT6⑤：9、ⅣT7④：11、ⅤT26B⑤下：13、ⅤH51：2、ⅤT211③B：1、ⅣT24⑥B：9、ⅣH50：10、ⅤT26A⑥：7、ⅣT21⑤：6）

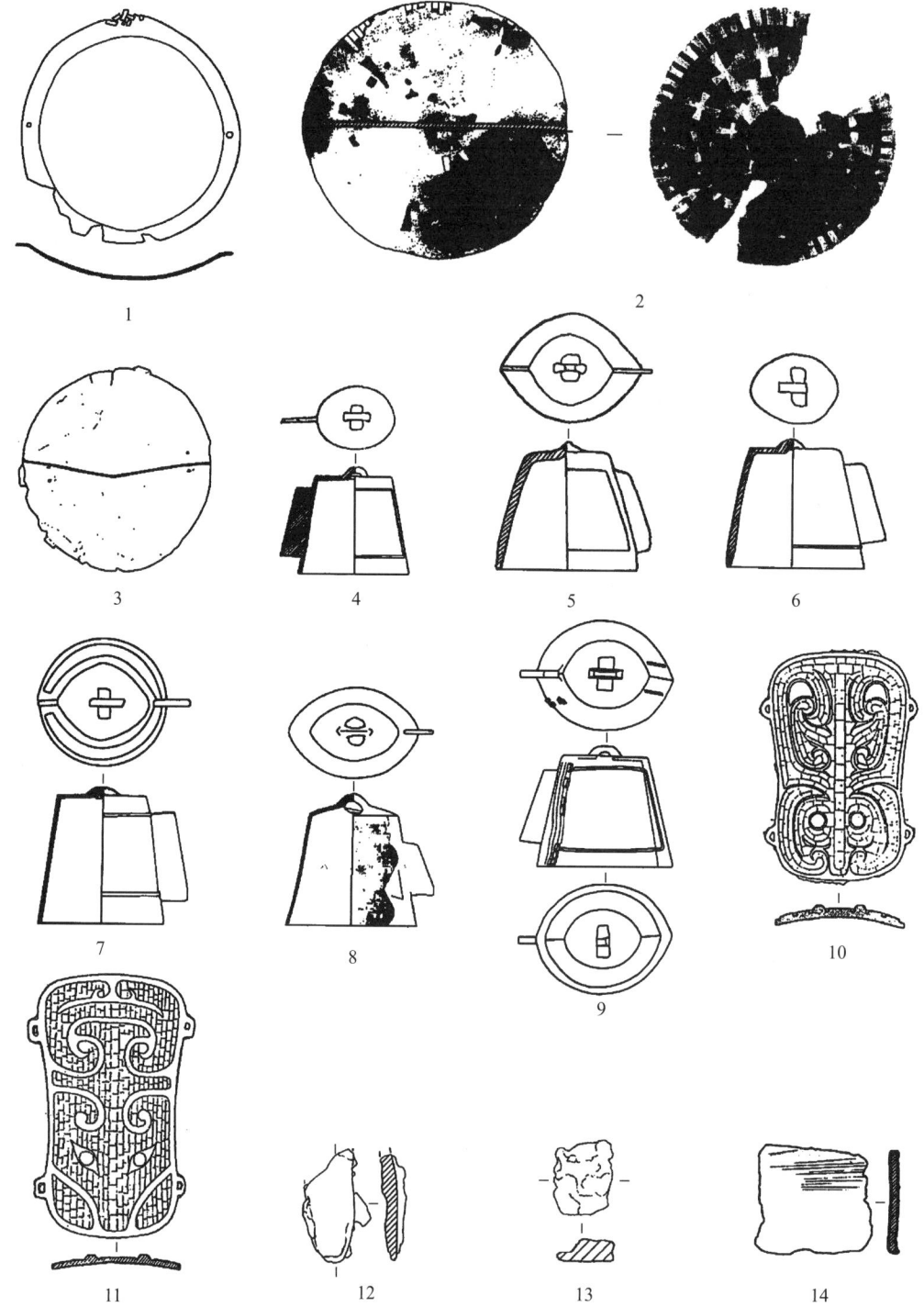

图2-8 二里头遗址出土其他类型铜器、铅器

1~3. 圆形铜牌（1975YLⅥKM3：9、1975YLⅥKM4：2、1975YLⅥKM3：16） 4~9. 铜铃（1987YLⅥM57：3、1984YLⅥM11：2、1982YLⅨM4：1、1981YLⅤM4：8、1962YLⅤM22：11、2002ⅤM3：22） 10、11. 铜牌饰（1981YLⅤM4：5、1987YLⅥM57：4） 12、13. 铜渣（2002ⅤH132：1、2004ⅤH323：12） 14. 铅片（ⅣH76：48）

2. 东下冯遗址

东下冯遗址位于夏县城北约17千米,涑水支流青龙河上游的东下冯村,东倚中条山,北枕鸣条冈,在山麓下的平原地带。1975年春至1977年、1980年秋,中国社会科学院考古研究所对遗址进行了两次发掘。总发掘面积1000余平方米,清理房址12座、灰坑35个、墓葬21座,出土有石器、骨器、陶器、铜器以及原始青瓷片等遗物。原报告遗址内的文化遗存分为五期,二里头文化时期的铜器多出土于东下冯文化的三、四期,大致对应二里头文化的三、四期。

该遗址共出土二里头文化时期的铜器14件,包括铜刀1件、铜镞8件、铜凿2件、铜片1件以及残铜器2件(图2-9)。冶金学者对这些铜器进行了成分检测,除一件镞为红铜质外,其余13件均为青铜质地,对其中两件镞做了进一步检测,为铅锡青铜[①]。

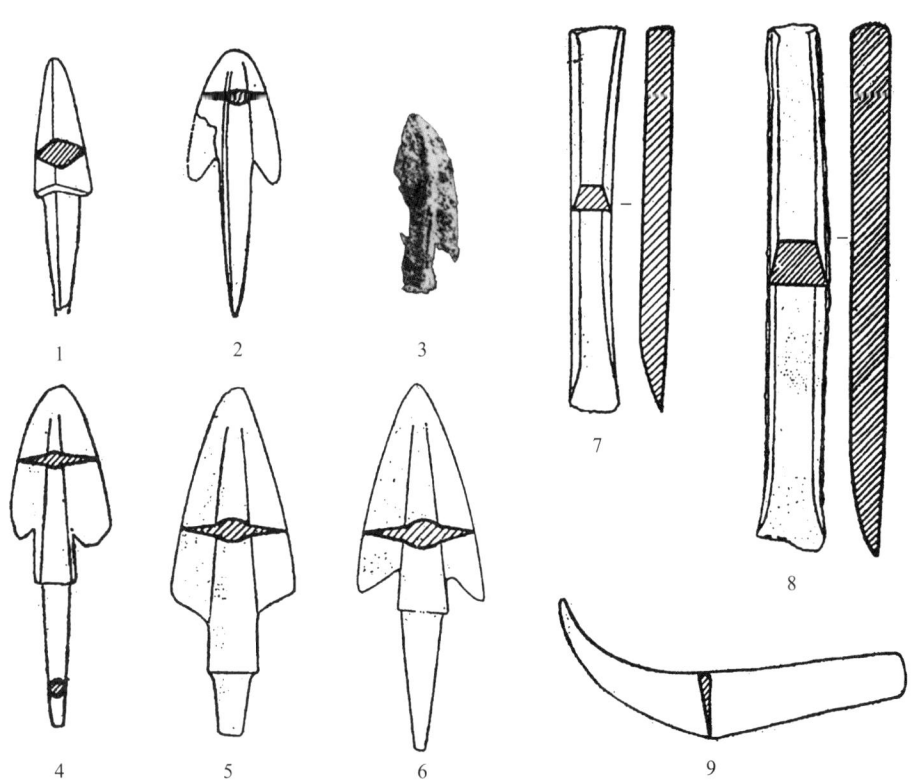

图2-9　东下冯遗址出土铜器

1~6. 镞(F525∶14、H531∶1、T6619③E∶3、F597∶17、T1022④∶12、T4423③C∶11)
7、8. 凿(T4423③C∶12、H9∶17)　9. 铜刀(T1022④∶19)

---

①　中国社会科学院考古研究所、中国历史博物馆、山西省考古研究所:《夏县东下冯》,文物出版社,1998年。

此外，其他一些二里头文化遗址也零散出土少量早期铜器，驻马店杨庄发现铜凿1件和锈蚀铜器1件，铜凿经检验为红铜铸造而成[①]；洛阳东干沟发现铜器4件，计铜刀2件、钻1件、铜残器1件[②]；登封王城岗发现有铜刀、铜钻、铜片各1件，铜片经检测为锡铅青铜铸造而成[③]；淅川下王岗出土铜钩和残铜器各1件[④]；郑州商城发现铜鬲、铜盂、铜戈、铜镞、铜块各1件[⑤]；郑州大师姑发现铜刀1件[⑥]；郑州洛达庙发现铜棍1件[⑦]；翼城苇沟发现铜刀1件[⑧]；偃师高崖发现铜刀1件[⑨]；新密曲梁发现铜刀1件[⑩]；荥阳竖河发现铜刀1件；荥阳西史村发现铜镞1件；垣曲商城发现铜镞1件[⑪]；陕县西崖发现铜片1件[⑫]；华县南沙村发现铜锥1件。在夏县东下冯、新安太涧、方城八里桥、偃师二里头、垣曲商城等遗址还发现有陶范、石范、坩埚碎片、浇道铜、铜渣、炼渣、铅片等冶炼遗物（图2-10）。

二里头文化出土的器物类型多样，主要有爵、角、斝、盉、鼎、鬲等容器，戈、戚、钺、镞等武器，牌饰、铜泡等装饰或礼仪性用具，铃等乐器以及刀、锥、凿、锛、锯、纺轮、鱼钩、钻等生活用品。除素面以外，还有弦纹、乳钉纹、单线饕餮纹、圆圈纹或镂孔等装饰。铜质为青铜，铸造为主，开始较多地使用复合范铸技术。虽然工具所占比重较大，但其用途多与铜器的加工生产相关，很少用于农业及其他经济生产中。可见自二里头时期开始，中原地区的铜器就主要为礼乐制度和军事征伐所用，而不是促进农业生产。

---

① 北京大学考古学系、驻马店市文物保护管理所：《驻马店杨庄——中全新世淮河上游的文化遗存与环境信息》，科学出版社，1988年，183～187页。

② 考古研究所洛阳发掘队：《1958年洛阳东干沟遗址发掘简报》，《考古》1959年第10期，537～540页。

③ 河南省文物考古研究所、中国历史博物馆考古部：《登封王城岗与阳城》，文物出版社，1992年。

④ 河南省文物研究所、长江流域规划办公室考古河南分队：《淅川下王岗》，文物出版社，1989年。

⑤ 河南省文物考古研究所：《郑州商城——1953—1985年考古发掘报告》，文物出版社，2001年；河南省文物考古研究所：《郑州商城新发现的几座商墓》，《文物》2003年第4期，4～20页。

⑥ 郑州市文物考古研究所：《郑州大师姑（2002—2003）》，科学出版社，2004年。

⑦ 河南省文物研究所：《郑州洛达庙遗址发掘报告》，《华夏考古》1989年第4期，48～77页。

⑧ 北京大学历史系考古专业山西实习组、山西省文物工作委员会、北京大学考古学系：《翼城曲沃考古勘察记》，《考古学研究》（一），文物出版社，1992年，203～204页。

⑨ 北京大学历史系洛阳考古实习队：《河南偃师伊河南岸考古调查试掘报告》，《考古》1964年第11期，543～549页。

⑩ 北京大学考古文博学院：《河南新密曲梁遗址1988年春发掘报告》，《考古学报》2003年第1期，45～88页。

⑪ 中国历史博物馆考古部、山西省考古研究所、垣曲县博物馆：《垣曲商城（1985—1986年度勘察报告）》，科学出版社，1996年。

⑫ 翟继才：《陕县西崖村遗址的发掘》，《华夏考古》1989年第1期，15～47页。

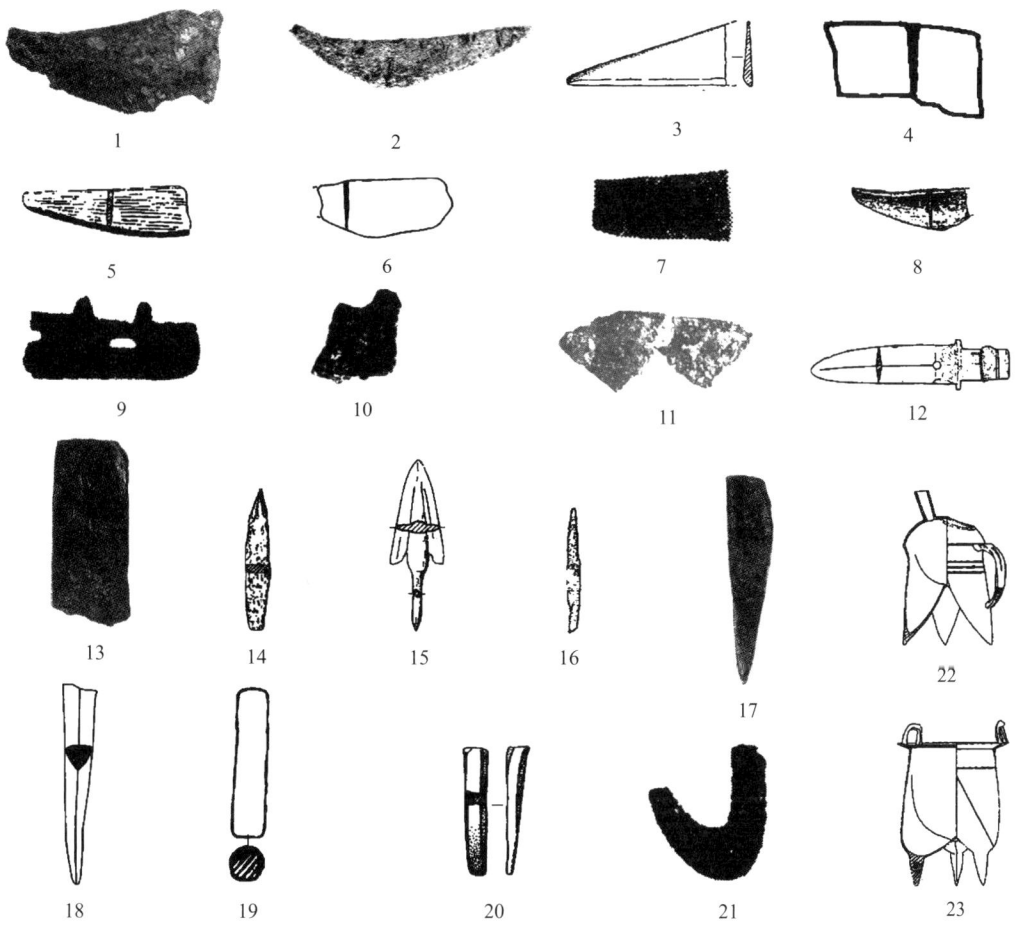

图2-10 二里头文化其他遗址出土铜器

1～8. 刀（T506④：4、H524：6、WT8H23：1、T4116⑥：6、T6H13：1、T11H88：1、2002XDT3④C：134、DⅢ：21） 9、13. 残铜器（T14②B：80、H517：1） 10、11. 铜片（WT260HT10：2、T2H4：148） 12. 戈（M6：3） 14、15. 镞（T9：20、H161：5） 16、17. 钻（WT48①：1、H561：1） 18. 锥（H3：20） 19. 棍（T58：1） 20. 凿（T4③：3） 21. 钩（T15②A：39） 22. 盉（C8T166M6：2） 23. 鬲（C8T166M6：1）

（1、2、13、17. 洛阳东干沟出土 3、10、16. 登封王城岗出土 4. 新密曲梁出土 5. 偃师高崖出土 6. 荥阳竖河出土 7. 荥阳大师姑出土 8. 翼城苇沟出土 9、21. 淅川下王岗出土 11. 陕县西崖出土 12、22、23. 郑州商城出土 14. 荥阳西史村出土 15. 垣曲商城出土 18. 华县南沙村出土 19. 郑州洛达庙出土 20. 驻马店杨庄出土）

六、岳石文化出土铜器

岳石文化主要分布于山东、河南地区，东至大海，南达江淮，西至鲁西南和豫东，北到辽东半岛南端，其年代约相当于二里头文化二期到二里冈文化早期[①]。目前岳石文

---

① 中国社会科学院考古研究所：《中国考古学·夏商卷》，中国社会科学出版社，2003年。

化共出土早期铜器 17 件，包括铜刀 6 件、铜锥 3 件、铜镞 2 件、铜环 1 件和铜片 5 件（图 2-11），出土铜器的重要遗址有以下几个。

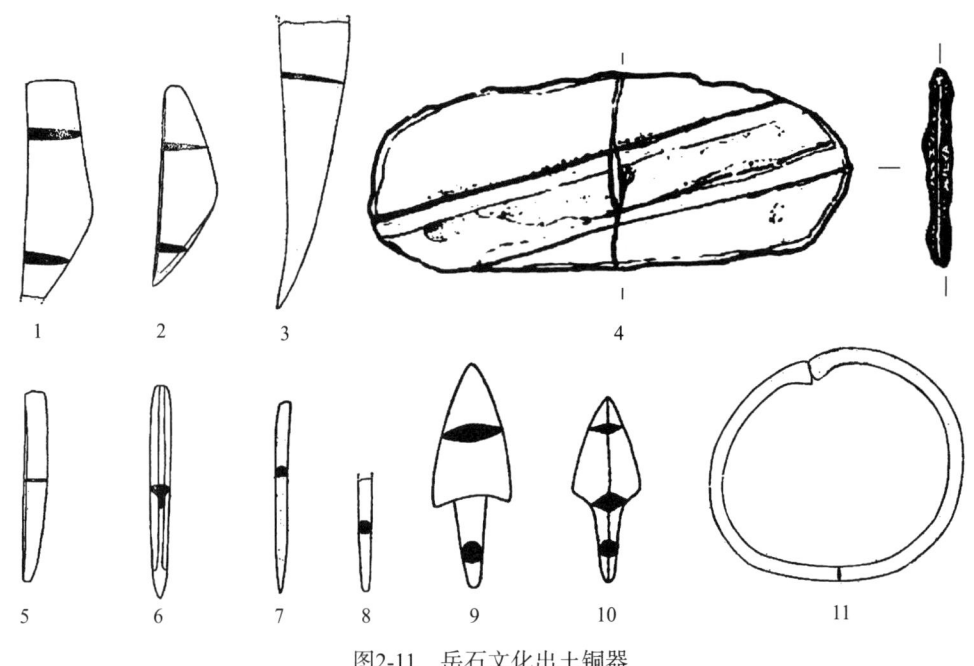

图2-11　岳石文化出土铜器

1~5. 刀（T198⑦：5、79H5：2、T221⑦：6、T28⑦：1、T222⑦：45）　6~8. 锥（T268⑦：1、H37：29、T258⑦：7）　9、10. 铜镞（H219⑦：30、T1⑥：47）　11. 铜环（T216⑦：27）

（1~3、5、6、8、9、11. 山东泗水尹家城　4. 河南杞县鹿台岗　7. 山东牟平照格庄　10. 河南夏邑清凉山）

1. 泗水尹家城

尹家城遗址位于泗水县城正西约 10 千米处的金庄乡。1963 年，中国科学院考古所山东考古队在调查中发现该遗址。1972 年、1979 年、1981 年、1985 年和 1986 年，山东大学考古队共在此进行了 5 次发掘。发现包括铜片在内的铜器 14 件，其中镞 1 件、刀 5 件、锥 2 件、环 1 件、铜片 5 件。铸造技术方面，2 件铜器铸造后又经锻打，4 件铜器为铸造。经成分分析的 9 件铜器中，红铜 3 件、锡青铜 3 件、铅青铜 2 件、铅锡青铜 1 件[①]。

根据地质资料，在泗水县城关东南有一处富含孔雀石等氧化矿的铜矿。县南部有铜矿床、铅矿床数处，泗水县东北部的莱芜、新泰两县也分布有铜矿和铅矿。其中新泰市发现老窿若干个。泗水县附近的蒙阴县在地质队勘测时曾发现铜矿和老窿，古代采矿遗址被埋在 1~3 米的冲积层中。有学者据此认为岳石文化铜器在当地制造的可能性较大[②]。另外在泗水县尚未发现锡矿，尹家城发现的高锡铜器，其锡的来源还需进一步研究。

---

① 山东大学历史系考古专业教研室：《泗水尹家城》，文物出版社，1990 年。
② 山东大学历史系考古专业教研室：《泗水尹家城》，文物出版社，1990 年。

2. 杞县鹿台岗

鹿台岗位于杞县东部的裴村店乡，西距县城约12千米，南距惠济河0.5千米。遗址东西宽约120米，南北长约150米，总面积约14000平方米。由于临近村庄，遗址破坏较为严重[①]。1989年郑州大学文博学院和开封市文物考古工作队联合对其进行了小规模试掘，1990年正式发掘。共发现岳石文化一、二期灰坑9座，发现岳石文化时期铜刀1件，位于岳石文化一期地层中，经检测材质为锡青铜。

3. 夏邑清凉山

清凉山遗址位于豫东平原东部夏邑县城西南30千米的魏庄西北。1977年，中国社科院考古所河南二队调查发现此处遗址。1988年秋，北京大学考古系联合商丘地区文管会进行发掘。发现岳石文化第二期铜镞1件，经检验材质为锡青铜[②]。

4. 牟平照格庄

照格庄遗址位于山东省烟台市牟平区东南，东距照格庄村0.5千米，向东2千米为沁水河，东南约2.5千米为皎山。遗址东西约220、南北约180米，总面积近4万平方米。照格庄遗址于1972年发现，1979年秋由中国社会科学院考古研究所山东队和烟台市文物管理委员会联合发掘。在岳石文化时期的灰坑中发现铜锥1件，经检测为锡青铜。尖锋利，剖面近三棱形，长6.2、径2.5厘米[③]。

岳石文化以工具为主，也有少量武器和装饰品。合金成分方面青铜比例较大，占总数的70%，红铜占30%。器物多为铸造而成，少数辅之以锻打。与二里头文化相比，岳石文化虽然器类较少，数量不多，但是除铜环以外，其余器形均见于二里头文化，且器物形制较为近似。通过以上分析，岳石文化的冶铜工艺可能受到二里头文化的较大影响。

此外，山西忻州游邀遗址发现游邀晚期遗存的铜刀1件，河北邯郸涧沟遗址发现下七垣文化铜刀2件。

七、黄河中下游地区早期铜器的特点

黄河中下游地区仰韶时代就有早期铜器发现，但数量极少，仅有4件。龙山时代

---

① 郑州大学文博学院、开封市文物考古工作队：《豫东杞县发掘报告》，科学出版社，2000年。
② 北京大学考古系、商丘地区文管会：《河南夏邑清凉山遗址发掘报告》，《考古学研究》(四)，科学出版社，2000年，443~519页。
③ 中国社科院考古研究所山东队、烟台市文物管理委员会：《山东牟平照格庄遗址》，《考古学报》1986年第4期，447、478页。

早期铜器数量有所增加,截至目前共发现早期铜器16件,与铜相关遗物9件。二里头文化时期铜器数量激增,共发现早期铜器200余件,其中多数铜器集中发现于二里头遗址。除二里头遗址外,目前发现的铜器多为刀、锥等小型工具或不可辨器形的铜片,铜器分布十分广泛且不集中,山东和河南各地均有发现,每处遗址仅发现少量铜器。与此同时,黄河中下游也发现了数量较多的铜渣和炼(或熔)铜炉炉壁等冶铸遗物,说明这些早期铜器应是当地制作的。

黄河中下游出土早期铜器种类多样,主要有铜容器、乐器、武器、工具、装饰品五大类。

1. 容器

铜容器的残片在王城岗、新砦和陶寺遗址龙山时代遗存中就有发现,但由于损坏较严重,难以准确判定铜器形制。器形完整的铜容器主要发现于二里头文化三、四期遗存中,主要出土于二里头和郑州商城两处遗址。现已发现的铜容器主要有爵、角、盉、鼎、斝、鬲等。大都薄胎素面,几乎不见有平底的器物,而且都留有铸造痕迹。这些铜容器均由多块陶范合铸而成,表明已有相当进步的制作工艺。铜爵是容器中出现最早、数量最多,最富有变化和特色的器物。

爵　共14件。口部多呈枣核形,尖尾,长槽状流,流和口交接处多数无柱,少数有柱,束腰,平底,三棱锥足,依腹部形状可分为假腹(图2-5,1)和真腹(图2-5,5)两类。铜爵在二里头文化三期开始出现,四期数量增多,流部开始出现柱。

盉　共2件。形制接近同期陶盉,管状流位于顶部,朝上,流口呈椭圆形,三足为空锥状,鋬位于流的正后方,与其中一足相接(图2-5,7)。于二里头文化四期开始出现。

鼎　1件。折沿,沿上立环状耳,一耳当足,腹微鼓,平底,空心四棱锥状足(图2-5,6)。二里头文化四期开始出现。

斝　共3件。敞口,长颈,束腰,平底或圜底,三棱或四棱锥状足,侧附一耳,多为素面(图2-5,8、9),一件腰部饰三周圆圈纹饰带(图2-5,10)。二里头文化四期开始出现。

鬲　折沿,沿上立耳,分档较高,袋足,高锥状实足跟,袋足和颈下均饰凸弦纹(图2-10,23)。

2. 乐器

乐器目前仅见铜铃一种,共发现9件,主要出土于陶寺和二里头两遗址。

铜铃形制基本一致,正视如覆钵形,顶部较平。陶寺遗址出土铜铃(图2-4,1),横截面近似合瓦形,顶部无纽,钻有一孔,与陶寺遗址出土的大量陶铃形制一致。二里头遗址出土铜铃纵剖面为合瓦形或椭圆形,外部一侧有扉棱,多饰凸弦纹,顶部有长方形孔,孔上有桥形纽(图2-8,4~9)。铜铃多出土于墓葬中,置于墓主人腰间。

3. 武器

主要有戈、戚、钺、镞等。

戈　5件。直援，短内，无阑，援身窄长，有直内（图2-6，2；图2-10，12）和曲内（图2-6，1）两类。曲内戈目前仅在二里头遗址发现一件，制作精美，内后铸有凸起的云纹，纹饰凹槽内可能镶嵌绿松石。

戚　1件。形似长条形斧，器身窄厚，长方形内，中部有一长方形穿，身与内间有锥形短阑（图2-6，4）。

钺　1件。近斧形，长方体，器身较薄，刃端增宽，肩部饰凸起的网格纹带，其下有一圆孔，顶部残断，原本可能有内（图2-6，5）。

镞　数量多，共发现32件。依据整体形态可分为三类。

第一类为无翼无铤镞，镞身前聚成锋，又可依镞身形状细分为扁条形（图2-10，14）和锥形（图2-6，7）两类。

第二类为双翼镞，铜镞的常见类型，两翼前聚成锋。又可依脊部分为无脊双翼镞和有脊双翼镞。无脊双翼镞，数量较少，镞体宽扁，中间厚两翼薄，铤部较长，圆铤（图2-6，9）或扁铤（图2-6，12）。有脊双翼镞，数量最多，镞身两翼前聚成锋，中间起脊，多具倒钩，镞身与铤部多有明显分界，铤部剖面有些为圆形（图2-6，8），有些为四棱形（图2-6，10）。

第三类为无翼有铤镞，仅发现1件（图2-9，1），镞身和铤部均为四棱锥状。

4. 工具

主要为铜刀、铜锥和铜凿，也有少量钻、钩、锯、纺轮等器。

刀　目前共发现57件。依据刀柄、刀背和刀刃等部位的形制特征可分五类。

第一类为短柄弧刃刀，数量最多，共20余件。依据背部形态又可划分为直背弧刃（图2-7，17、21）和弧背弧刃两种（图2-7，16、19；图2-9，9），前者刀背与刀柄分界不明显，在二里头一期就开始出现，数量较少。后者主要流行于二里头文化后期，数量较多。

第二类为斜背直刃刀（图2-7，23、26；2-10，3），有些可见有短柄（图2-7，28），数量不多，主要见于二里头文化时期。

第三类为竖刀（图2-7，29、31），器身为扁平长条状，数量少，主要流行于二里头文化三、四期。

第四类为直背双刃刀，整体呈等腰三角形，刀背平直，双刃（图2-11，1、2）。此类铜刀目前主要发现于岳石文化。

第五类为环首刀（图2-7，18），仅在二里头遗址三期的墓葬中出土1件，应为舶来品。

此外，还有大量铜刀由于残损严重，形制不明。中原地区目前发现的商代以前的铜刀多无柄或短柄，刀柄与刀身的分界不明显。

  锥 目前共发现 12 件。依据横截面形状不同，可分为圆形（图 2-11，8）、方形（图 2-7，13）、扁方形（图 2-7，9）以及三角形（图 2-7，11）四类。其中圆形、方形剖面锥出现的时代较早，扁方形和三角形剖面锥出现的时代较晚。

  凿 共 11 件。长条状，凿身剖面多为长方形或梯形，可分双面刃和单面刃两类。多为单面刃（图 2-7，3、4），双面刃仅见一例（图 2-7，5）。

  除铜刀、铜锥和铜凿外，其他铜质工具发现数量很少，主要见有钻（图 2-3；图 2-10，16、17）、锛（图 2-7，6）、纺轮（图 2-7，7）、管（图 2-1，2）、锯（图 2-7，15）、鱼钩（图 2-7，8）等。

5. 装饰品

  铜牌饰 共出土 4 件。均发现于二里头遗址，据学者统计国内外博物馆还收藏有 10 件此类铜器[①]。牌饰基本呈圆角长方形，中部略外弧，两侧各有两纽，底座上用绿松石镶嵌成动物纹样。依据动物纹样可分为两类：一类铜牌呈圆角近方形，兽面为圆形眼（图 2-8，10）。二类为圆角束腰方形，兽面多为梭形眼（图 2-8，11）。

  圆形铜牌 共 4 件。形制基本相同，仅剖面略有差异，扁圆形，边沿通常等距钻孔，绿松石常镶嵌于铜牌边缘或夹于两层铜牌之间（图 2-8，1~3）。

  中原地区早期铜器中装饰品数量非常少，仅在陕西渭南北刘遗址发现 1 件铜笄、山西襄汾陶寺遗址发现 1 件齿轮形铜手镯、山东泗水尹家城发现 1 件铜环（图 2-11，11）、河南偃师二里头遗址发现 1 件残断铜簪和 1 件铜笄。可见，在中原地区并不流行铜质装饰品。

  中原地区早期铜器材质多样，以青铜为主，其次为红铜和黄铜，也有少量砷铜，青铜中以铅锡青铜为主，其次为锡青铜。黄铜在仰韶和龙山时代的中原地区较为常见，红铜于龙山时代开始流行，进入二里头文化时期青铜材质成为主流，特别是以铅锡青铜为主（表 2-1）。与其他地区相比，中原地区较早阶段流行的黄铜，在其他区域基本不见，进入二里头文化时期流行铅锡青铜及高铅高锡的青铜，且一直不流行砷铜，这些特征与其他地区均不相同。

表2-1 中原地区铜器合金配比和铸造工艺统计表

出土遗址	红铜	青铜	砷铜	黄铜	白铜	铸造	锻打
陕西临潼姜寨				2		1	
陕西西安半坡					1	1	
陕西渭南北刘				1			
河南登封王城岗		锡1、锡铅1				2	

---

① 张天恩：《天水出土的兽面铜牌饰及有关问题》，《中原文物》2002 年第 1 期，43 页。

（续表）

出土遗址	红铜	青铜	砷铜	黄铜	白铜	铸造	锻打
河南郑州牛砦		锡青铜1					
河南新密新砦	2					2	
山东胶县三里河				2		2	
山东长岛店子				1			
山西襄汾陶寺	2		1				
山西绛县周家庄					1	1	
河南偃师二里头	13	铅锡24、锡16、铅7、锡铅砷1（48）	3			62	
河南驻马店杨庄	1					1	
河南杞县鹿台岗		锡1				1	
河南新密曲梁						1	
山西夏县东下冯	1	青铜9、铅锡青铜1（10）				11	
山东泗水尹家城	3	锡3、铅2、铅锡1（6）				8	1
山东牟平照格庄		锡1					
合计	22	69	4	7	1	93	1

在制作工艺方面，中原地区始终流行铸造工艺，几乎全部铜器为铸造而成，锻打成形的铜器极少。在铸造技术上有单面范、双面范及复合范等多种工艺，不仅器形复杂的铜容器采用复合范铸工艺，器形简单的铜刀等工具也常采用双面范铸造。

第二节 燕山地区的早期铜器

燕山地区，本书指以燕山为中心，南起永定河，北到辽河，西至大兴安岭，东到辽东半岛的广大区域，是蒙古高原向滨海和华北平原逐步过渡的区域。行政区划上主要包括辽宁省，内蒙古自治区东南部及北京、天津、河北北部地区。

燕山地区红山文化就有早期铜器发现，但数量极少。夏家店下层文化铜器数量明显增加，种类也十分丰富。而在红山文化与夏家店下层文化之间的长时段内，该地区目前还没有发现早期铜器。辽东半岛的双砣子一期、二期文化中也见有少量铜器。

一、红山文化出土铜器

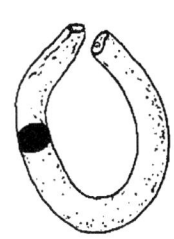

图2-12 牛河梁遗址出土铜耳环

辽宁凌源牛河梁遗址红山文化墓葬（M3）中随葬1件铜耳环（图2-12），由铜丝弯成近圆形，一端尖细，另一端稍扁平，经检测为红铜铸造而成，含铜量99%[①]。墓葬位于积石冢（Z4A）西部，开口于冢上地层的第2层下，墓主骨骼腐朽，仅头骨和盆骨保存较好，可能

---

① 韩汝玢：《近年来冶金考古的一些新进展》，《中国冶金史论文集》，北京科技大学，1994年。

为成年女性，铜耳环出土于墓主头骨左侧近于颈部①。

内蒙古敖汉旗西台遗址红山文化中期房址中出土 2 块浇铸金属钩形物的泥质陶范，均为长方体，分别长 2.5、3.6 厘米，体积不大，有经火烤过的痕迹②。

二、双砣子一期文化出土铜器

双砣子一期文化是分布于辽东半岛南端的一支考古学文化，主要遗址有大连市双砣子③和大嘴子④等。学界目前对双砣子一期文化的属性认识并不统一，主要有四种观点。一是双砣子一期文化和小珠山五期文化并存发展并相互交流，属于不同文化谱系⑤。二是双砣子一期文化是小珠山五期文化的地方类型⑥。三是双砣子一期文化承袭小珠山五期文化，发展为双砣子二期文化⑦。四是双砣子一期文化是山东龙山文化的地方类型⑧。虽然对双砣子一期文化的谱系关系认识不同，不过多数学者认为双砣子一期文化的年代大致相当于龙山文化晚期，并可能进入了夏纪年，有学者通过分期对比研究，并结合 ^{14}C 测年数据，指出双砣子一期文化的年代约在公元前 2100～前 1900 年⑨。

图2-13 大嘴子遗址出土铜戈

大嘴子遗址一期遗存（双砣子一期文化）发现铜戈 1 件，残断，仅剩援部，直援，中间起脊，脊棱不高，剖面呈圆形，报告认为该铜戈由合范铸造而成⑩（图2-13）。铜戈出土后发掘者仔细核对地层，依据同一层出土的第一期文化彩绘陶片，确认铜戈确系双砣子一期文化遗物。同时，大嘴子一期遗存中还发现有与铜戈形制接近的石戈，这进一步证明了铜戈的年代。

---

① 辽宁省文物考古研究所：《牛河梁——红山文化遗址发掘报告（1983—2003年度）》，文物出版社，2012年，207页。

② 王巍：《中国考古学大辞典》，上海辞书出版社，2014年，197页。

③ 中国社会科学院考古研究所：《双砣子与岗上——辽东史前文化的发现和研究》，科学出版社，1996年。

④ 大连市文物考古研究所：《大嘴子——青铜时代遗址1987年发掘报告》，大连出版社，2000年。

⑤ 中国社会科学院考古研究所：《双砣子与岗上——辽东史前文化的发现和研究》，科学出版社，1996年。

⑥ 王建华：《试论辽东半岛南部地区的史前文化》，《辽宁师范大学学报》2005年第4期，118～120页。

⑦ 栾丰实：《辽东半岛南部地区的原始文化》，《海岱地区考古研究》，山东大学出版社，1997年，375～407页；易航舟：《双砣子一期文化研究》，辽宁师范大学硕士学位论文，2013年，23～25页。

⑧ 王青：《再论龙山文化郭家村类型》，《北方文物》1998年第3期，8～21页。

⑨ 赵宾福：《中国东北地区夏至战国时期的考古学文化研究》，科学出版社，2009年，89～91页。

⑩ 大连市文物考古研究所：《大嘴子——青铜时代遗址1987年发掘报告》，大连出版社，2000年，108页。

三、夏家店下层文化出土铜器

夏家店下层文化主要分布在燕山山地和辽西及内蒙古东南部地区，其分布范围北至西拉木伦河，南临渤海，东到医巫闾山，西达太行山东麓。夏家店下层文化的绝对年代范围约在公元前2000～前1400年，约相当于二里头文化至二里冈下层文化时期[①]。

目前，夏家店文化共出土早期铜器近110件，并发现有炉壁、少量陶范和铜屑。发现早期铜器的遗址主要有内蒙古赤峰大甸子墓地、辽宁凌源牛河梁、天津蓟县张家园等。

1. 大甸子墓地

大甸子夏家店下层文化居址与墓地位于今内蒙古自治区赤峰市敖汉旗东南部。1974～1983年，中国社会科学院考古研究所内蒙古工作队共发掘墓葬804座，其中大型墓143座、中型墓434座、小型墓175座，另有破坏严重的残墓52座。墓地分为北、中、南三个区，北区属贵族墓地，其内6个亚区对应的更像执政公族。墓地共有26座墓葬出土铜器，总计57件，装饰品占绝大多数，包括杖首1件、钉2件、冒2件、镦1件、耳环26件、指环25件。其中有50件出自北区，4件出自中区，3件出自南区。8座大型墓葬出土铜器28件，占全部铜器的49%[②]。

出土铜器中有30件经过电镜成分分析，11件经过金相观测。所有经检测的铜器均为青铜合金，其中16件为锡青铜、14件为铅锡青铜。铸造技术方面，4件指环和1件钉为铸造产品，6件耳环为热锻产品。据此推断，大甸子墓地铜器依器形不同，成形工艺有别。所有21件耳环包括大、小及改制型的可能都经过热锻加工；而所有11件指环和2件钉可能是铸造的。检测的全部热锻铜器平均含锡10.5%、全部铸造铜器含锡15.8%。锻、铸铜器含锡量的差别在数量较多的圆耳环和指环之间表现得更为突出，13件耳环（2大、11小）平均含锡12%，8件指环平均含锡21%。上述事实表明大甸子墓地的工匠已经能够按锻、铸工艺的要求调配青铜的含锡量[③]。

2. 牛河梁遗址

牛河梁遗址位于辽宁省凌源市与建平县交界处。1987年辽宁省考古研究所对牛河

[①] 中国社会科学院考古研究所：《中国考古学·夏商卷》，科学出版社，2003年。本书持"大头坨类型"属于夏家店下层文化，为夏家店文化燕山以南地方类型的观点。

[②] 中国社会科学院考古研究所：《大甸子——夏家店下层文化遗址与墓地发掘报告》，科学出版社，1996年。

[③] 李延祥、贾新海、朱延平：《大甸子墓地出土铜器初步研究》，《文物》2003年第7期，78～84页。

梁一人工堆积而成的金字塔转山子顶部进行了发掘，发现大量炉壁残片。北京科技大学冶金与材料史研究所对这些残片进行了年代测定和成分检测，结果显示炉壁残片的年代为距今 3000 年 ±502 年～3500 年 ±574 年，要比原先认为所属红山文化的年代晚约 1000～1500 年，进入了夏家店下层文化的年代范围。炉壁残片的炉渣含镁量较高，冶金学者推测，其来源为牛河梁附近的矿石。据地质文献，牛河梁附近有多处铜矿点，这些矿点的氧化带都较浅，一般深 20～30 米，易于被古人开采利用。矿点产出品位较高的孔雀石、赤铜矿等氧化矿石，伴出的矿石脉石皆为蛇纹石、透闪石、透辉石等含镁矿物。含镁量较高的炉渣说明其矿石来源应该就是附近的这些矿藏。根据两排鼓风孔中心线交会处的位置，估计炉高约 35 厘米。鼓风孔内壁表面光滑，未见有磨损痕迹，表明鼓风器具并未通过鼓风孔与炼炉相连，推测其鼓风方式很可能是用人力吹管鼓风。吹管鼓风技术在古代一些地区曾使用过，如古埃及底比斯的墓葬壁画上就描绘了第十八王朝（约公元前 1500 年）炼金者用吹管鼓风熔炼的情形[1]。牛河梁遗址炼铜炉与古埃及炼金炉显得更为先进，但基本相似。人力通过吹管鼓出的气体含氧量比正常空气少约 30%，而且人力鼓风强度受肺活量等因素的限制，不可能达到较高的冶炼温度。据 J. E. Rehder 计算，人力吹管鼓风所能达到的冶炼温度约为 1200℃ [2]。在此温度下，液态炉渣虽已形成，但炉渣含铜较高，冶炼产生的铜液会沉降到炼炉的底部。因此冶炼结束后，须将炼炉下部砸碎取铜，炼炉只能一次性使用[3]。

3. 天津蓟县张家园

张家园遗址位于天津市蓟县邦均镇北约 4 千米的丘陵地区。遗址自 1957 年发现以来，先后于 1965 年、1979 年和 1987 年进行了三次发掘，发掘面积 440 余平方米，发现有以第 3 层和第 4 层为代表的两种青铜文化堆积，属夏家店下层文化大坨头类型。其中第 4 层出土铜刀 1 件、铜镞 2 件、铜耳环 1 件、小铜疙瘩 1 块，第 3 层出土铜镞 1 件[4]。

此外，在河北唐山小官庄石棺墓出土铜耳环 1 件[5]，经检测为锡青铜，含锡约为 10%[6]；唐山大城山出土 2 件穿孔铜片[7]，经检测均为冷锻制作的红铜，其中一件含铜率

---

[1] Scheel B. Egyption Metal Working and Tools. Aylesbury: Shire Egyptology, 1989.

[2] Rehder J E. Blowpipes versus bellows in ancient metallurgy. Journal of Field Archaeology, 1994 (2).

[3] 李延祥、朱延平、贾海信等：《辽西地区早期冶铜技术》，《广西民族学院学报（自然科学版）》2004 年第 2 期，11～20 页。

[4] 天津市文物管理处：《天津蓟县张家园遗址试掘简报》，《文物资料丛刊》1，文物出版社，1977 年，163～171 页。

[5] 安志敏：《唐山石棺墓及其相关的遗物》，《考古学报》1954 年第 1 期。

[6] 北京钢铁学院冶金史组：《中国早期铜器的初步研究》，《考古学报》1981 年第 3 期，287～302 页。

[7] 河北省文物管理委员会：《河北唐山大城山遗址发掘报告》，《考古学报》1959 年第 3 期，17～35 页；安志敏：《中国早期铜器的几个问题》，《考古学报》1981 年第 3 期，269～285 页。

是99.33%，并有少量的银、铅、镁和微量的铁、砷等杂质，另一件含铜97.97%、锡0.17%，并有少量的银和微量的砷①；蔚县三关出土铜耳环1件②，蔚县考古调查中还采集到铜耳饰、铜刀、铜镞等铜器，数量不详③；河北大厂回族自治县大坨头出土青铜镞1件④；河北宣化李大人庄出土有铜环，数量不详⑤；河北易县下岳各庄出土铜镞1件、铜耳环1件、铜笄1件⑥；北京昌平雪山遗址出土青铜刀1件、铜镞1件、铜耳环2件⑦；北京房山琉璃河夏家店下层文化墓葬出土青铜指环1件、绕圈状铜指环1件⑧；天津蓟县围坊出土铜刀2件、铜耳环1件⑨；唐山古冶出土铜针1件、铜刀1件、铜环1件⑩；内蒙古赤峰夏家店遗址发现铜屑4颗⑪；内蒙古宁城县小榆树林子遗址出土铜刀1件⑫；赤峰市喀喇沁旗大山前遗址出土遗物中有铜器，但发掘简报未做介绍；内蒙古哲里木盟（现通辽市）库伦旗南泡子崖夏家店下层文化遗址征集青铜刀1把⑬；辽宁兴城县仙灵寺遗址出土铜镞、铜耳环、铜刀等5件小型青铜器⑭；辽宁北票市康家屯夏家店下层文化城址出土青铜刀1件⑮；辽宁锦县（现凌海市）水手营子村夏家店下层文

---

① 安志敏：《中国早期铜器的几个问题》，《考古学报》1981年第3期，269~285页。

② 张家口考古队：《蔚县夏商时期考古的主要收获》，《考古与文物》1984年第1期，40~48页。

③ 张家口考古队：《蔚县考古纪略》，《考古与文物》1982年第4期，10~14页。

④ 天津市文化局考古发掘队：《河北大厂回族自治县大坨头遗址试掘简报》，《考古》1966年第1期，8~13页。

⑤ 张家口市文物事业管理所、宣化县文化馆：《河北宣化李大人庄遗址试掘报告》，《考古》1990年第5期，398~402页。

⑥ 拒马河考古队：《河北易县涞水古遗址试掘报告》，《考古学报》1988年第4期，421~454页。

⑦ 北京大学历史系考古教研室商周组：《商周考古》，文物出版社，1979年。

⑧ 北京市文物管理处琉璃河考古工作队、中国科学院考古研究所琉璃河考古工作队：《北京琉璃河夏家店下层文化墓葬》，《考古》1976年第1期，59~60页。

⑨ 天津市文物管理处考古队：《天津蓟县围坊遗址发掘报告》，《考古》1983年第10期，877~893页。

⑩ 郑德坤：《中国青铜器的起源》，《文博》1987年第2期，37~45页；严文明：《论中国的铜石并用时代》，《史前研究》1984年第1期，36~44页。

⑪ 中国社会科学院考古研究所内蒙古工作队：《赤峰药王庙、夏家店遗址试掘报告》，《考古学报》1974年第1期，111~144页。

⑫ 内蒙古自治区文物工作队：《内蒙古宁城县小榆树林子遗址试掘简报》，《考古》1965年第12期，619~621页。

⑬ 郝维彬：《内蒙古库伦旗南泡子崖夏家店下层文化遗址调查简报》，《北方文物》1996年第3期，11~14页。

⑭ 辽宁省文物考古研究所：《辽宁近十年来文物考古新发现》，《文物考古工作十年（1979—1989年）》，文物出版社，1991年。

⑮ 辽宁省文物考古研究所：《辽宁北票市康家屯城址发掘简报》，《考古》2001年第8期，31~44页。

化晚期墓葬中发现连柄青铜戈 1 件[①]；辽宁阜新平顶山夏家店下层文化石城址出土铜耳环 1 件[②]（图 2-14）。

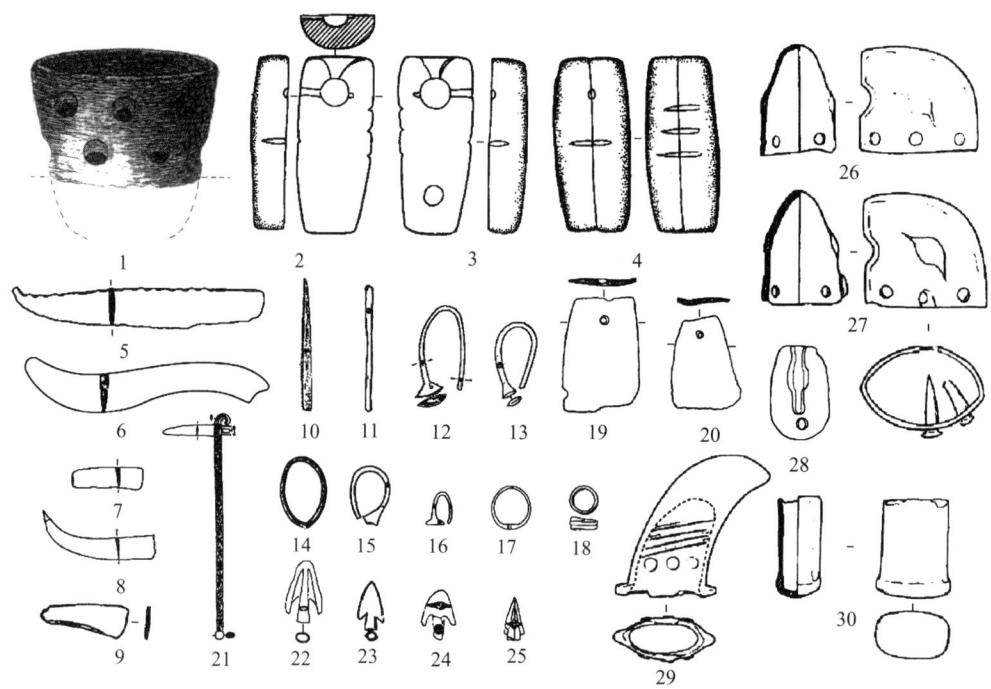

图 2-14　夏家店下层文化出土铜器及相关遗物

1. 冶铜炉壁　2～4、28. 陶范（T2404④：8、H7：1）　5～9. 铜刀（T2604④：32、T2④、T4③：1、T4③：2、H25：1）　10. 铜锥（T1：29）　11. 铜笄（H19：5）　12～16. 铜耳环（T1③：7、G104④：2、82YSGM2010：2、H5：13、F4）　17、18. 铜指环（M453：9、M2：2）　19、20. 铜牌（H10②：335、H10②：339）　21. 铜戈　22～25. 铜镞（不详、H5：10、T2④、F1）　26、27. 铜冒（M715：13、M683：7）　29. 铜杖首（M43：12）　30. 铜镦（M715：15）

（1. 辽宁凌源牛河梁　2～5. 辽宁北票康家屯　6、16、24、25. 天津蓟县张家园　7、8、12. 天津蓟县围坊　9. 辽宁朝阳罗锅地　10. 内蒙古宁城县小榆树林子　11、15、23. 河北易县下岳各庄　13. 辽宁阜新平顶山　14. 河北蔚县三关　17、26、27、29、30. 内蒙古敖汉大甸子　18. 北京房山琉璃河　19、20. 河北唐山大城山　21. 辽宁锦县水手营子　22. 河北大厂大坨头　28. 内蒙古赤峰市东山咀）

四、燕山地区早期铜器的特点

目前考古发掘出土的燕山地区早期铜器共 103 件，绝大多数属于夏家店下层文化。所见铜器主要有装饰品、工具、武器、礼仪用器四类。

---

① 齐亚珍、刘素华：《锦县水手营子早期青铜时代墓葬及铜柄戈》，《辽海文物学刊》1991 年第 1 期。
② 辽宁省文物考古研究所、吉林大学考古学系：《辽宁阜新平顶山石城址发掘报告》，《考古》1992 年第 5 期，399～417 页。

1. 装饰品

装饰品主要有铜耳环、铜指环、铜牌等。

铜耳环　共34件，形制可辨者22件。数量最多，从已发表资料看，耳环共有三类。

第一类：15件。近圆形，一端尖细，一端稍扁平（图2-12）。

第二类：5件。弯曲成椭圆形，一端做喇叭口状，另一端为圆锥状，两端略有间隙（图2-14，12、13、15、16）。

第三类：1件。弯曲成长椭圆形，耳环两端较圆钝（图2-14，14）。

大甸子墓地还发现1件金耳环（M515∶2），金丝围成椭圆形，一端扁平，一端圆钝，与第一类铜耳环形制一致。

铜指环　共27件。从已发表资料看，指环共有三类。

第一类：23件。单环，环的横截面为近半圆形或矩形，直径在1.4~1.5厘米（图2-14，17）。

第二类：3件。两环连铸在一起，均出土于大甸子墓地。

第三类：1件。螺旋状指环，目前仅在琉璃河夏家店下层文化墓葬中发现1件（图2-14，18）。

铜牌　2件。平面为梯形，上端有一对穿的孔，一件长5.9、宽4.2、厚0.1厘米，另一件略小，似为悬挂佩戴使用（图2-14，19、20）。

2. 工具

工具类数量不多，类型也比较有限，主要包括铜刀、铜锥、铜钉。

铜刀　10余件。是数量最多的工具，多有柄，但柄身分界不明显，刀尖多上翘，依据刀背可分两类。

第一类：数量较多，凹背，刀尖上翘明显，部分刀可见为曲柄（图2-14，6）。

第二类：数量较少，直背，刀尖略上翘，刀柄较长（图2-14，5、8）。

铜锥　1件。小榆树林子出土（T1∶29），通长6.7厘米，扁平长条形。一端两面出刃，一端尖细[①]（图2-14，10）。

铜钉　2件。铜冒（M683∶7）上保存两枚，四棱锥形，钉冒为半圆形，保存较好的一枚钉长逾2厘米，合范铸成。

3. 武器

武器类主要有铜镞、铜戈、斧柄铜装饰。

铜镞　共5件。多为銎孔镞，也有少量柱铤镞。

---

① 发掘报告认为是刀，但据其形制看应为铜锥。

銎孔镞　4件。双翼、銎孔，镞身形状差异较大。大坨头出土铜镞前锋较钝，双翼宽厚（图2-14，22）。下岳各庄出土铜镞中脊不明显，双翼较短（图2-14，23）。张家园遗址出土铜镞呈三角形，有圆形脊孔（图2-14，25）。

柱铤镞　1件，张家园出土（T2④），长脊，圆柱铤，双翼前聚成钝圆的前锋，向后成倒钩形（图2-14，24）。

铜戈　2件。

水手营子出土连柄戈1件，头与柲连体铸成，通长80.2厘米。戈为直内式，援部细长，薄刃锐尖，脊隆起。援长20、宽4、厚0.6厘米。内为长方形，周边起框，长3.8、宽3.2厘米。柲全长26.6厘米，断面呈扁圆形，长径2.4厘米，通体饰菱格联珠纹。柲首耸起一向外弯曲的卷钩，柲尾加铸一扁球形首，造型独特（图2-14，21）。

大嘴子遗址出土双砣子一期铜戈1件，直援，中间起脊，留有装木柲痕迹（图2-13）。

此外，还见有斧柄铜饰，主要有铜冒、铜镦等，均出土于大甸子墓地。

铜镦　1件。斧柄末端。长方筒形，通高4.1厘米。銎口长方形，长2.4、宽1.6厘米。镦底凸起一道0.4厘米的凸棱（图2-14，30）。

铜冒　2件。扁体，圆顶，空心，銎口呈椭圆形，两面铸凸起"目"纹。两件形状、纹饰基本相同（图2-14，26、27）。

4. 礼仪用器

礼仪用器仅发现1件铜杖首，出自大甸子墓地，形似羊角。通高5.4厘米。椭圆銎口，长径2.7、短径1.5厘米。銎外缘有一匝凸棱，沿棱边上每面横排3个凸起的乳钉和4条平行的棱线（图2-14，29）。

燕山地区发现有早至红山文化的铜耳环和陶范，但铜器整体数量十分有限。牛河梁遗址的铜耳环为目前红山文化发现的唯一铜器，敖汉西台的陶范资料还未发表，其年代并未得到学界的普遍承认。龙山时代仅在双砣子一期文化中发现1件残铜戈。总体来看，燕山地区龙山时代以前的冶铜业可能还处于萌芽状态。

进入夏纪年范畴内，北方地区的冶铜业开始迅速发展，铜产品开始大量用于随葬，仅在大甸子墓地就出土了57件铜器，其中有26件耳环和25件指环，这说明铜器使用已非常普遍。在铜器数量增长的同时，产品种类也十分丰富，不但有刀、锥、钉等小件工具，耳环、指环、铜牌等装饰品和戈、镞等小型武器，还有像连柄戈这样的大型武器。

制作技术方面，经过检测的14件铜器中，有6件为铸造、8件为热锻（表2-2），锻制略占优势，热锻技术出现并持续时间较长，锻制技术主要用于耳环制作，而大多数工具和指环常铸造而成。燕山地区发现铜器铸范均为陶范，内蒙古敖汉西台、赤峰东山咀、辽宁北票康家屯发现陶范4件，东山咀和康家屯发现的陶范（图2-14，2~4、

28）均为对称合范，顶端平齐，中心有一漏斗状浇口，中间有串珠状凹槽。从铸造的铜器器形来看，不仅有简单的小型工具，也有器形较为复杂的连柄戈和冒、镦等斧柄铜器，铸造这些铜器需要采用范芯、外范的对合铸法[①]，这说明燕山地区虽然未发现铜容器，但也具备采用复合范铸造复杂铜器的技术。

表2-2 燕山地区铜器合金配比与成形工艺统计表

出土遗址	合金成分			成形工艺	
	红铜	锡青铜	铅锡青铜	铸造	锻造
敖汉大甸子		16	13	5	6
唐山大城山	2				2
唐山小官庄		1			
大连羊头洼		1			
任丘哑叭庄		1		1	
合计	2	19	13	6	8
	34			14	

早期铜器在燕山地区一出现，青铜产品就占绝大多数，红铜产品仅占一小部分。从对大甸子墓地、小官庄和大城山等遗址的铜器检测结果来看，34件检测品中，青铜占逾90%，有32件，其中锡青铜19件、铅锡青铜13件，而红铜仅占10%，只有2件（表2-2）。北京科技大学在对大甸子使用不同工艺制造的铜器分别进行检测后发现，大甸子墓地铜器器形不同，成形工艺和合金配比也有区别[②]。这说明人们已能按锻、铸工艺的要求调配青铜的含锡量，体现了非常成熟的合金配比工艺。

总体来看，燕山地区的冶铜业在公元前二千纪前发展较为缓慢，进入夏家店下层文化时期突然发展起来，并已经具备了比较成熟的技术手段，器形种类较为丰富，基本没有经过纯铜冶炼的阶段，而是直接步入了锡青铜冶炼的行列，并且开始使用陶范，使制造过程大大简化，从而能够制作复杂如连柄戈这样的器物。

第三节 河套地区的早期铜器

河套地区主要指贺兰山、狼山、阴山、大青山和吕梁山环绕的河套平原、鄂尔多斯高原和毛乌素沙地，南至无定河和白于山，行政区划上主要包括陕西、山西的北部和内蒙古中南部。这一地区的石峁遗存和朱开沟文化均发现较多早期铜器。

[①] 中国社会科学院考古研究所：《大甸子——夏家店下层文化遗址与墓地发掘报告》，科学出版社，1996年，188页。

[②] 李延祥、贾海新、朱延平：《敖汉旗大甸子夏家店下层文化墓葬出土铜器初步研究》，《有色金属》2002年第4期，123~126页。

一、石峁遗存出土铜器

石峁遗址位于陕西省榆林市神木市高家堡镇石峁村的秃尾河北侧山峁上，地处陕北黄土高原北部边缘。石峁遗址主体为由"皇城台"、内城和外城三道砌石台基及石墙构成的石城，城内面积逾400万平方米，是中国目前史前时期最大的城址。发掘者依层位关系和出土遗物，确定石城修筑于龙山中期或略晚，在夏时期毁弃[①]。

历年考古调查和2016年发掘中发现了少量早期铜器。其中，皇城台下层文化层发现一件完整的铜锥，发掘者依据周边地层关系及同出陶器的年代，判定下层文化层属龙山时代，年代为公元前2100年左右[②]。

2016年在皇城台上层文化层发掘时，发现有铜刀（图2-15，4）、铜镞和石范（图2-15，1～3）等遗物。铜刀主要为直背刀，铜镞为双翼有銎镞。此外，在内城后阳

图2-15 北方长城沿线龙山时代器物
1～3. 石范 4、5. 铜刀
（1～4. 陕西榆林石峁出土 5. 陕西榆林火石梁出土）

---

① 陕西省考古研究院、榆林市文物考古勘探工作队、神木县文体局：《陕西神木县石峁遗址》，《考古》2013年第7期，15～24页。
② 孙周勇、邵晶、康宁武、赵益：《石峁遗址：2016年考古纪事》，《中国文物报》2017年6月30日第5版。

湾地点和韩家圪旦地点分别采集到一件小铜片和一件铜锥,小铜片呈正方形,铜锥截面略呈正方形,铜色均发红。从石范看,石峁遗址的铜器可能是本地铸造的,石范有"一范多器"和"一范一器"两类,可辨器形有环首刀、直背刀、锥。石峁遗址内城后阳湾地点和韩家圪旦地点发现遗存年代自龙山时代延续至夏时期,皇城台上层文化层共出的典型陶片年代似不晚于公元前1800年[1],可见这些铜器和石范的年代当不晚于夏纪年。

二、朱开沟文化出土铜器

朱开沟文化主要分布于内蒙古中南部,即鄂尔多斯高原的东部至内蒙古凉城县的岱海地区,以朱开沟遗址为代表。其二、三、四段的年代相当于二里头文化时期[2]。目前该文化的早期铜器主要出土于朱开沟遗址。

朱开沟遗址位于伊克昭盟(现鄂尔多斯市)金霍洛旗朱开沟,地处窟野河上游。1977~1984年,内蒙古自治区文物考古研究所等单位对遗址先后进行了四次发掘,揭露面积4000平方米,发现房址83座、灰坑206座、墓葬近330座,以及陶窑、灰沟、夯土墙等各类遗迹,出土石、骨、铜、陶等质料的各类遗物1050件。原报告将遗址中的各类遗存分为五段,其中二、三、四段相当于二里头文化时期[3]。其中第二段没有铜器出土,第三段出土有铜锥1件、针1件、臂钏2件、凿1件、镯7件;第四段出土有铜环1件、指环4件、镞1件,另外还采集有铜耳环5件,属于第四段遗物(图2-16)。

冶金学者对三、四段的13件铜器进行了材质检测,其中红铜器5件;青铜器8件,包括锡青铜5件、铅锡青铜3件。锥、臂钏、指环皆为红铜质地,其中锥含有1.6%的砷及微量的铋、锡、铅、锑;两件臂钏含有微量的砷、铋、锑、银、碲等元素。锡青铜为凿1件、耳环4件,含锡量在7.5%~9.3%。铅锡青铜为针、镞、耳环各1件,含铅量在2%~2.4%,含锡量在6.1%~12.5%。铸造工艺方面,铸造制成的器物4件,包括锥、臂钏、镞、凿各1件;1件指环为铸造后经过轻微冷加工;热冷加工制作的器物3件,包括针1件、耳环2件;热加工制成的3件器物均为耳环(图2-16)。

---

[1] 孙周勇、邵晶、康宁武、赵益:《石峁遗址:2016年考古纪事》,《中国文物报》2017年6月30日第5版。

[2] 目前学界对朱开沟文化的内涵和年代问题仍有争议,《朱开沟——青铜时代早期遗址发掘报告》作者将所发现的文化遗存划分了五段,其中一至四段相当于中原龙山文化晚期至二里头文化时期,五段相当于早商时期,并将它命名为"朱开沟文化"。崔璇先生又将朱开沟遗址的陶器划分了五组,并把以蛇纹鬲为代表的一类陶器称为"朱开沟文化"。本书为研究便利,使用原报告中的分期方式。

[3] 内蒙古自治区文物考古研究所、鄂尔多斯博物馆:《朱开沟——青铜时代早期遗址发掘报告》,文物出版社,2000年。

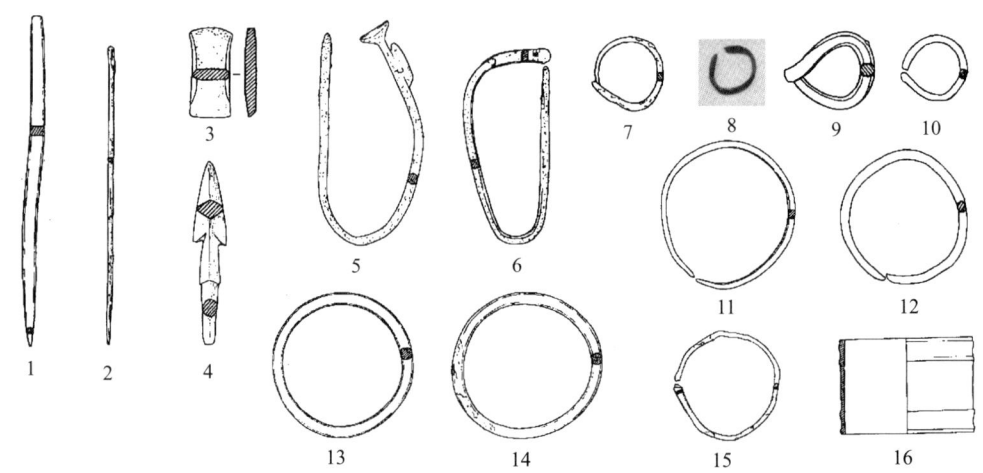

图2-16 朱开沟三、四段出土铜器

1. 锥（H1044：1） 2. 针（T238③：1） 3. 凿（T230③：1） 4. 镞（M4040：1） 5、6. 耳环（C：189、C：190） 7~10. 指环（M4003：1、M4003：2、M4060：6、M6011：4） 11~15. 镯（M3028：1、M4003：3、M4007：1、M3019：3、M4035：2） 16. 臂钏（M3028：2）

此外，内蒙古清水河县庄窝坪遗址曾出土铜锥1件，属朱开沟文化遗存[①]。

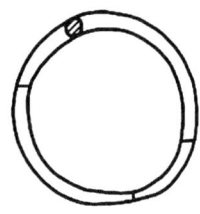

图2-17 二里半遗址出土铜手镯

除石峁遗存和朱开沟文化外，河套地区还零星发现少量早期铜器。内蒙古准格尔旗二里半遗址墓葬中发现铜手镯1件（图2-17），手镯出土于墓主右手腕部，似为红铜。发掘者依据层位关系和出土物，认为墓葬年代应属龙山文化早期偏晚阶段[②]。榆林火石梁遗址一座房址中发现一把铜刀（图2-15，5），短柄，环首残，刀身剖面呈三角形。该房址坐落在黑沙土上，并打破下面的黄沙土，年代应为夏时期[③]。

三、河套地区早期铜器的特点

目前考古发掘出土的河套地区铜器主要有装饰品、工具和武器，其中以装饰品为主，工具和武器次之。

---

① 乌兰察布博物馆、清水河县文物管理所：《清水河县庄窝坪遗址发掘简报》，《内蒙古文物考古文集》第二辑，中国大百科全书出版社，1997年，165~178页。

② 内蒙古文物考古研究所：《准格尔旗二里半遗址第一次发掘简报》，《内蒙古文物考古文集》，中国大百科全书出版社，1994年，258页。

③ 曹玮：《陕北出土青铜器》，巴蜀书社，2009年，464页。

1. 装饰品

装饰品有铜耳环、铜指环、铜镯和铜臂钏等。

铜耳环　共6件。全部发现于朱开沟遗址，可分三类。

第一类：一端做喇叭口，另一端为圆锥状，弯曲成椭圆形，两端略有间隙（图2-16，5）。

第二类：将铜丝弯曲为近椭圆形，一端较细呈圆柱状，另一端砸扁展宽（图2-16，6）。

第三类：将铜丝弯曲为圆形，两端稍尖，略有间隙。

铜指环　共5件。均为单环，锻造的铜条弯成环状，横截面多为圆形，直径在2厘米左右。部分两端略有间隙（图2-16，8、10），部分两端叠合（图2-16，7、9）。

铜镯　8件。分两类。

第一类：4件。铸造，闭口环形。朱开沟M4007：1，直径7.2厘米，横截面为圆角方形（图2-16，13）。朱开沟M3019：3，直径7.8厘米，横截面近圆形（图2-16，14）。二里半出土手镯（图2-17）亦属此类。

第二类：4件，为用锻造的铜条弯成环形，未合口，两端扁平或略尖细。朱开沟M3028：1，两端略尖细，直径7.4、壁径0.35厘米（图2-16，11）。朱开沟M4035：2，两端扁平，直径5.5、壁径0.25厘米（图2-16，15）。

臂钏　2件。铸造，略呈圆桶状，内壁直，外壁两端出棱，直径约7厘米，2件臂钏分别高1.5、6.7厘米（图2-16，16）。

2. 工具

工具类主要包括铜刀、铜锥、铜针、铜凿等。

铜刀　共3件，石峁遗址发现2件、火石梁遗址发现1件。石峁遗址出土铜刀，刀背较直，柄部残，应为环首刀（图2-15，4）。火石梁遗址出土环首刀，刀身较短，刀背略凹，刀尖上翘（图2-15，5）。此外，从石峁遗址出土石范看，此地还铸造凸背环首刀（图2-15，2、3）。

铜锥　4件，石峁遗址发现2件、朱开沟和庄窝坪遗址各发现1件。朱开沟H1044：1柄部横截面呈方形，圆尖锐利，锥长12.9厘米（图2-16，1）。庄窝坪H3：1铜锥上端扁尖，下端圆尖，中部横截面近方形，锥长5.2厘米。

铜针　1件。出土于朱开沟遗址（T238③：1），器身较光滑，细长，针尖锐利，长11.9厘米（图2-16，2）。

铜凿　1件。出土于朱开沟遗址（T230③：1），长条形，单面刃，长3.15、宽1.25厘米（图2-16，3）。

3. 武器

河套地区武器类铜器目前仅发现铜镞，仅1件（朱开沟M4040：1），柱铤镞，镞身较细长，铤部横剖面呈圆形，长5.7厘米（图2-16，4）。

石峁遗址出土有铸造双翼銎孔镞的石范，说明本地既铸造柱铤镞也铸造銎孔镞。

河套地区铜器的出现可早至龙山时代，在石峁遗址和庄窝坪遗址分别发现铜锥和手镯各1件，目前这两件铜器都未经科技检测，其合金配比和铸造工艺情况不详。从目前发现情况看，河套地区早期铜器出现时间略晚于其他地区，龙山时代的铜器数量也十分有限。

进入夏纪年时期后，河套地区的冶铜业迅速发展，铜制品数量增加，以装饰品为主，也有少量工具和武器。

河套地区早期铜器目前共发现30余件，其中以装饰品为主，占所有铜器数量的70%左右，而在装饰品中臂钏和手镯占比尤高，占所有铜器的30%强，这点与其他地区皆不相同。

制作技术方面，经过检测的12件铜器中，有6件为铸造、3件为热加工、3件为热加工后冷加工（表2-3），其中还有1件铜器为铸造后冷加工。铸造与热加工占比基本相当，铸造成形的器类主要为臂钏、刀、锥、凿和镞等工具和武器。石峁遗址发现多件石范，所铸器形主要有铜刀和铜镞等，与科技检测分析结果一致。同时，朱开沟遗址发现石质斧范1件，虽然其年代为朱开沟文化五段，稍晚于二里头文化，但其与石峁出土的多件石范似乎说明河套地区可能流行石质铸范，而非泥范。

表2-3 河套地区铜器合金配比与成形工艺统计表

出土遗址	合金成分			成形工艺	
	红铜	锡青铜	铅锡青铜	铸造	锻造
伊金霍洛旗朱开沟	5		3	5	6
清水河县庄窝坪				1	
准格尔旗二里半	1				
合计	6	5	3	6	6
	14			12	

合金工艺方面，河套地区早期铜器既有红铜也有铅或锡青铜，两者数量基本相当，青铜数量略多。红铜主要用于制作臂钏、指环和锥，锡青铜皆为耳环，铅锡青铜则分别用于制作凿、耳环、镞和针。河套地区青铜器多为高锡低铅青铜，铅的含量多低于3%。

总体来看，河套地区冶铜业的发展较晚，但是在出现伊始，就已经具备了比较成熟的技术手段，能够铸造臂钏、环首刀等造型复杂的铜器，铜器种类也较为丰富，并且开始使用石范。

第四节 河湟地区的早期铜器

河湟地区主要指青藏高原东北部，祁连山系的达坂山与积石山之间，黄河与湟水流域肥沃的三角地带。行政区划上主要包括青海省东部和甘肃省中南部。早期铜器在河湟地区发现数量很多，广泛发现于马家窑文化、马厂文化、齐家文化中。

一、马家窑文化出土铜器

马家窑文化分布于甘、宁、青境内的黄河及其支流泾河、渭河、洮河、湟水与西汉水、白龙江、岷江支流杂谷脑河等流域。其绝对年代约在公元前 3369～前 2882 年。马家窑文化早中期，目前仅见东乡林家出土铜器。马家窑文化晚期包括半山、马厂两类型遗存，半山类型至今未发现铜器，马厂类型经发掘出土的铜器有 3 件[①]。

林家遗址位于甘肃省东乡族自治县，坐落在大夏河东岸的黄土台地上。1977～1978 年甘肃省文物工作队对该遗址进行了二次发掘，发现有马家窑类型房址 27 座、陶窑 3 座、窖穴 98 个，齐家文化房址 3 座、墓葬 1 座。共出土马家窑文化早中期石、陶、骨、铜器等各类遗物 3000 余件[②]。林家遗址房址（F20）出土有铜刀 1 件（图 2-18），经激光微区光谱分析为锡青铜，其锡含量在 6%～10%。铜刀系铸造，刀口经轻微的冷锻或戗磨。这件铜刀是马家窑文化早期迄今为止唯一的一件铜器，也是中国最早的一件青铜器。

图 2-18 东乡林家遗址出土铜刀

此外，遗址灰坑中还出土数块铜块，经金相分析，为孔雀石组成、铜铁各半的金属，内含铁橄榄石，其核心部位残留部分不规则形状的金属铜。冶金学家认为，此铜块应为铜铁共生冶炼不完全的产物[③]。

二、马厂文化出土铜器

1975 年在甘肃永登县蒋家坪遗址发掘出土铜刀 1 件（图 2-19）。铜刀残存前半段，弧刃，经激光微区光谱分析，为锡青铜。

图 2-19 蒋家坪遗址出土铜刀

---

① 中国社会科学院考古研究所：《中国考古学·新石器时代卷》，中国社会科学出版社，2010 年。
② 甘肃省文物工作队、临夏回族自治州文化局、东乡族自治县文化馆：《甘肃东乡林家遗址发掘报告》，《考古学集刊》4，中国社会科学出版社，1984 年。
③ 孙淑云、韩汝玢：《甘肃早期铜器的发现与冶炼、制造技术的研究》，《文物》1997 年第 7 期，75～84 页。

三、齐家文化出土铜器

齐家文化以甘肃省广河县齐家坪命名。齐家文化的分布范围较广泛，在黄河上游及其支流渭河、洮河、大夏河、湟水与西汉水等流域均有分布，但其分布中心是渭河上游、洮河中下游与湟水中下游地区。以行政区划定位，东起甘肃省庆阳地区宁县，西至青海湖北岸沙柳河，北入内蒙古阿拉善左旗，南抵甘肃省文县，地跨甘、青、宁、内蒙古四个省（自治区），东西长800多千米[①]。

据甘肃永靖张家嘴、天水师赵村、青海柳湾、大通上孙家寨等遗址的层位关系，齐家文化的相对年代晚于马家窑文化，而早于辛店文化和卡约文化。齐家文化的绝对年代经 ^{14}C 年代测定已大体明确。经测定的样本共6个，灵台桥村、天水西山坪、永靖大何庄、乐都柳湾的测年数据大体落在公元前2183～前1630年。近年来随着考古资料的进一步丰富，特别是临潭磨沟墓地的发掘，有学者提出齐家文化的年代范围大致在公元前2100～前1450年[②]。

谢端琚先生依照地域不同和文化差异，将齐家文化分为东、中、西三区。东区包括泾、渭及西汉水上游，又可分为师赵村和七里墩两个类型。中区即甘肃中部地区，包括黄河上游以及其支流洮河大夏河流域。西区即甘肃西部和青海东部地区，包括青海境内的黄河上游及其支流湟水和河西走廊。西区又可分为皇娘娘台和柳湾两个类型[③]。

目前齐家文化早期铜器集中发现于齐家文化中区和西区，东区没有发现。目前，齐家文化出土铜器遗址共有15处，主要分布于黄河上游、大夏河、洮河、湟水流域以及石洋河上游地区，东部地区目前为止尚未发现铜器。据统计，齐家文化出土铜器已超过300件，已经发表逾百件，包括工具和装饰品两大类。其中工具44件，包括刀19件、锥17件、斧4件、钻2件、凿1件、匕1件。装饰品62件，包括指环10件、手镯6件、铜泡26件、臂钏2件、耳环2件、铜环11件以及其他铜饰5件。此外，还有铜镜、铜片、铜条形器等器物。

齐家文化出土的铜器在出土背景、种类形制、材质及制作工艺上具有极强的地域差别。王振曾撰文指出，依据这些差异可以将目前发现的齐家文化铜器分为A、B、C三组。A组铜器主要分布于甘肃武威及湟水流域北部，出土铜器以刀、锥、钻、凿等小型工具为主，多出土于居址之中，材质以红铜为主，多为简单锻造而成；B组铜器主要发现于青海省东部，以装饰品为主，多出土于墓葬，且多为青铜；C组铜器集中发现于洮河和大夏河中下游，多为较复杂的工具或装饰品，有红铜也有青铜，多为铸

---

① 谢端琚：《甘青地区史前考古》，文物出版社，2002年。
② 陈小三：《河西走廊及其邻近地区早期青铜时代遗存研究——以齐家、四坝文化为中心》，吉林大学博士学位论文，2012年。
③ 谢端琚：《甘青地区史前考古》，文物出版社，2002年。

造（表2-4）。A组铜器年代上要早于B组和C组铜器，A组铜器年代大致相当于龙山时代，B组和C组铜器年代大致相当于二里头文化时期[①]。下面我们分别介绍齐家文化A、B、C三组铜器的发现情况（图2-20、图2-21）。

表2-4 齐家文化铜器组别特征

区域	出土情况	器物组合	主要器形	材质	制作工艺
A组	遗址为主	工具为主	刀、锥、凿、钻	红铜	锻造为主制作粗糙
B组	墓葬为主	装饰品为主	指环、泡、镜	青铜	铸造技术较发达
C组	调查为主	工具	刀、斧、镰、匕	红铜、青铜	发达的铸造技术

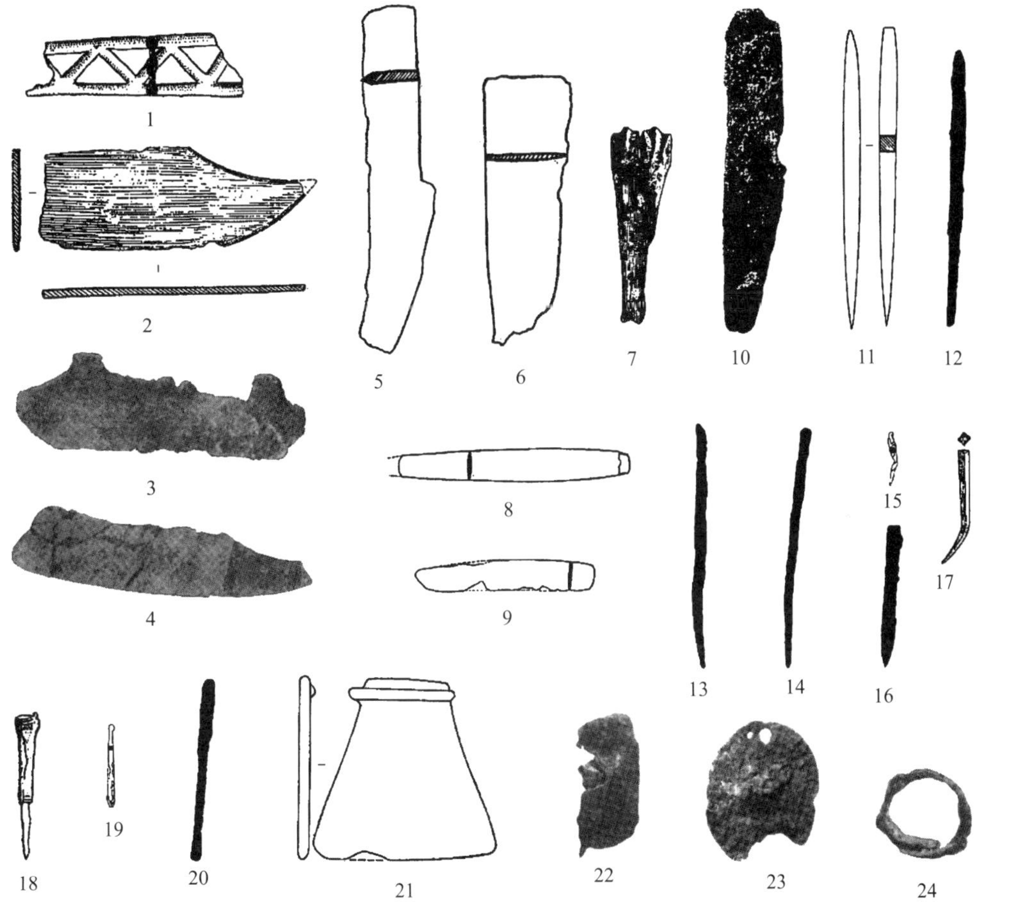

图2-20 齐家文化A组铜器

1~10. 刀（H9③、AT3②、采集、F2、T17:5、T18:6、M1:7、M7:4、M5:10、TF:7） 11~18. 锥（T6:2、T10③、H9③、H6、75WXT14:8、T6③、BT2②、采集） 19. 钻（75WXT3:7） 20. 凿（T19②） 21. 斧（H72:1） 22、23. 泡（M19:6、M4:1） 24. 指环（T18②）

（1~6、12~17、19、20、24. 甘肃武威皇娘娘台出土 7~9、18. 青海互助总寨 10. 永靖大何庄出土 11、21~23. 甘肃永靖秦魏家出土）

[①] 王振：《从齐家文化铜器分析看中国铜器的起源与发展》，《西部考古》第三辑，三秦出版社，2008年，74~90页。

1. 齐家文化 A 组铜器

（1）武威皇娘娘台遗址

皇娘娘台遗址位于甘肃省武威县城西北。1957~1975 年，甘肃省博物馆先后对遗址进行了四次发掘，共清理窖穴 65 个、房址 6 处、墓葬 86 座，出土铜器 30 件，除 1 件铜锥出土于墓葬外，其他全出土于房址、窖穴或地层中[①]。皇娘娘台遗址出土的铜器已发表 19 件，器形包括刀、锥、凿、钻、环、条形器等，以刀、锥为主[②]。

目前皇娘娘台遗址共有 19 件铜器经过合金成分分析，3 件经过金相检测。所有检测品材质均为红铜，铸造手法为锻制[③]。

（2）武威海藏寺遗址

1983~1985 年，甘肃武威海藏寺公园修建人工湖时发现了一批齐家文化铜器，其出土情况、铜器种类与形制都未介绍，仅知出土铜器 12 件。该遗址中，与这批铜器共出的遗物包含大批玉石器、毛坯和半成品，发掘者推测此处为"齐家文化一处玉石作坊遗址"[④]。海藏寺遗址距皇娘娘台遗址仅 1.5 千米，两者都是齐家文化出土铜器数量较多的遗址。

（3）永靖大何庄遗址

大何庄遗址位于甘肃临夏回族自治州永靖县大何庄村东南约 500 米的台地上。1959 年，中国社会科学院考古研究所对遗址进行了两次发掘，共发现房址 1 座，居住面遗迹 6 座，"石圆圈"遗迹 5 处，窖穴 15 个，墓葬 82 座。其中房址及地层中发现铜器 2 件，包括铜匕（F7[⑤]）和残铜片（T30：27）各 1 件[⑥]。铜片经北京科技大学冶金及材料史研究所检测，合金成分为红铜，主要成分为铜 96.96%、锡 0.02%，并包含微量的铅[⑦]。

（4）永靖秦魏家

秦魏家遗址位于甘肃临夏回族自治州永靖县大何庄村东，与大何庄遗址隔沟相距约 0.5 千米。1959 年和 1960 年，中国科学院考古研究所甘肃工作队先后对该遗址进行

[①] 甘肃省博物馆：《甘肃武威皇娘娘台遗址发掘报告》，《考古学报》1960 年第 2 期，53~71 页。

[②] 甘肃省博物馆：《武威皇娘娘台遗址第四次发掘》，《考古学报》1978 年第 4 期，421~448 页。

[③] 北京钢铁学院冶金史组：《中国早期铜器的初步研究》，《考古学报》1981 年第 3 期，287~302 页；孙淑云、韩汝玢：《甘肃早期铜器的发现与冶炼、制作技术的研究》，《文物》1997 年第 7 期，75~84 页。

[④] 梁晓英、刘茂德：《武威新石器时代晚期玉石作坊遗址》，《中国文物报》1993 年 5 月 30 日。

[⑤] 报告中该铜匕编号为 TF：7，但对 F7 介绍中称"在 F7 居住面东边与第七号柱洞之间发现铜匕一件"，该铜匕应出土于 F7。

[⑥] 中国科学院考古研究所甘肃工作队：《甘肃永靖大何庄遗址发掘报告》，《考古学报》1974 年第 2 期，29~62 页。

[⑦] 孙淑云、韩汝玢：《甘肃早期铜器的发现与冶炼、制作技术的研究》，《文物》1997 年第 7 期，75~84 页。

了两次发掘。共发掘窖穴 73 处，墓葬 138 座以及"石圆圈"遗迹 1 处。其中有 3 座墓葬出土铜器 3 件，居址中出土 3 件铜器，共 6 件，包括铜斧（H72∶1）1 件、铜锥（T6∶2）1 件、铜挂饰（H4∶1、M19∶6）2 件、铜环（M70∶2、M99∶6）2 件[①]。

秦魏家遗址出土的铜器有 5 件进行了合金成分分析，3 件经过金相观察。经鉴定，铜锥为铅锡青铜，铜环（M99∶6）为铅青铜，铜斧和 2 件铜挂饰均为红铜。制作方式方面，铜斧为铸造，铜锥与铜环为锻造成形[②]。

（5）互助总寨遗址

总寨遗址位于青海省互助土族自治县沙塘川公社北。1979 年 6 月至次年 4 月，青海省文物考古队在该遗址发掘马厂、齐家、辛店文化墓葬 20 座。其中 3 座齐家文化墓葬（M1、M5、M7）中随葬铜器 6 件，包括刀和锥两种器形，有 4 件安装了骨柄[③]。总寨遗址出土的铜器未经鉴定，种类比较单一，且多为骨柄复合工具。

2. 齐家文化 B 组铜器

齐家文化 B 组铜器见图 2-21。

（1）贵南尕马台墓地

尕马台墓地位于青海省贵南县昂索村南 500 米，是黄河上游共和盆地一处重要的齐家文化墓地。墓地共发掘墓葬 44 座，据发掘报告统计，墓地共计出土铜器 42 件，其中 39 件出自 9 座墓葬中，另有 4 座墓葬铜器锈蚀严重，仅在人骨局部残留少量铜锈。出土铜器除 1 件铜镜外，全部为小型装饰品，主要有铜手镯（1 件）、指环（7 件）和铜泡（25 件）等[④]。

尕马台墓地出土铜器前后进行了三次科技检测，共检测标本 22 件[⑤]。其中，以锡青铜（12 件）为主，其次为砷铜（4 件）和红铜（5 件），铅青铜（1 件）数量很少。砷

---

① 中国科学院考古研究所甘肃工作队：《甘肃永靖秦魏家齐家文化墓地》，《考古学报》1975 年第 2 期，57~96 页。

② 北京钢铁学院冶金史组：《中国早期铜器的初步研究》，《考古学报》1981 年第 3 期，287~302 页；孙淑云、韩汝玢：《甘肃早期铜器的发现与冶炼、制作技术的研究》，《文物》1997 年第 7 期，75~84 页。

③ 青海省文物考古队：《青海互助土族自治县总寨马厂、齐家、辛店文化墓葬》，《考古》1986 年第 4 期，306~317 页。

④ 青海省文物考古研究所、北京大学考古文博学院：《贵南尕马台》，科学出版社，2016 年，130~132 页。

⑤ 李虎侯：《齐家文化铜镜的非破坏性鉴定》，《考古》1980 年第 4 期，365~368 页；徐建炜、梅建军、孙淑云、许新国：《青海贵南尕马台墓地出土铜器的初步科学分析》，《贵南尕马台》，科学出版社，2016 年，179~186 页；罗武干、任晓燕、王倩倩、杨益民：《青海省贵南县尕马台墓地出土铜器的成分分析》，《贵南尕马台》，科学出版社，2016 年，187~192 页。

铜虽然只有4件,但是红铜中有2件类砷铜、2件含砷红铜,铅青铜中也含有砷,可见,砷铜(或含砷铜)在尕马台墓地铜器中占有重要地位。铜泡通常为锡青铜,不含砷,合金成分较为稳定。尕马台墓地铜器多种合金并存,可能说明已经能够依据不同器物的功能需要,选择不同的合金配比。

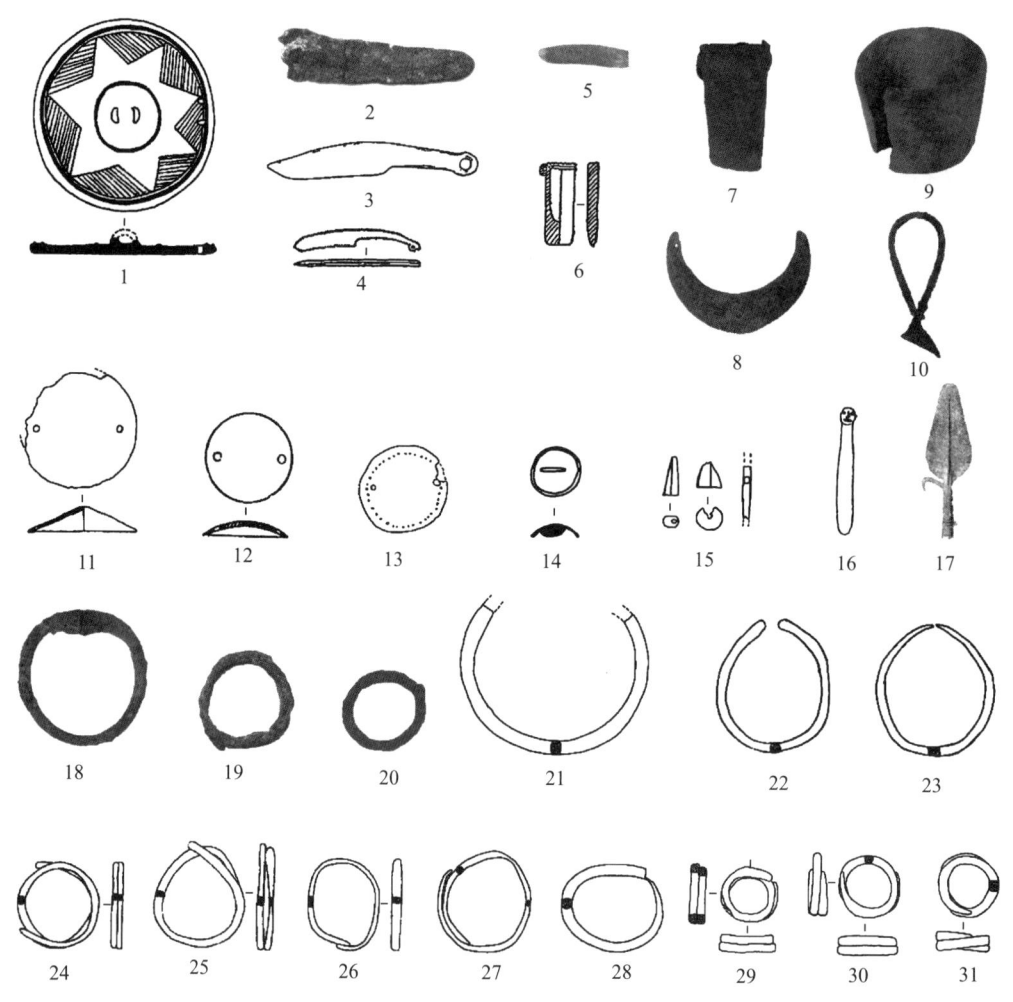

图2-21 齐家文化B、C组铜器

1. 镜(M25:6) 2. 戈形器(94TZM80:3) 3~5. 刀(采集、采集、M208:12) 6、7. 斧(采集、墓葬出土) 8. 项饰(墓葬出土) 9. 臂钏(墓葬出土) 10、18. 耳环(墓葬出土、M303:E17) 11~14. 泡(M27:3、采集、M27:27、M848:B1) 15. 耳饰(M886B4) 16. 匕(不详) 17. 矛(不详) 19、20、24~31. 指环(96TZM303:1、TZM319:4、95TZM122:2-2、95TZM122:2-1、95TZM122:2-3、W16:1、M27:4-2、M14:1、M31:2-1、M31:2-2) 21~23. 手镯(M37:1、采集、采集)

(1、11、13、21、27~31. 尕马台 2、19、20、24~26. 宗日 3. 商罐地 4、6. 杏林 5、7~10、14、15、18. 磨沟 12、22、23. 新庄坪 16. 齐家坪 17. 沈那)

尕马台墓地铜器的制作方法目前还没有太多分析研究，仅能确认铜镜和1件铜镯为铸造而成，1件铜泡热锻后经过了冷加工处理。

（2）西宁沈那遗址

沈那遗址位于西宁市马坊乡小桥村北川河西岸的二级台地上。目前该遗址尚无报告资料发表，据《中国考古学年鉴（1993）》报道，遗址发现有灰坑、房址、墓葬等各类遗迹，出土遗物主要有陶器、骨器、石器、铜器几大类，其中铜器有指环、矛等。铜矛长61.5、宽20厘米，经鉴定为青铜。指环的出土单位和形制均不清楚。对于铜矛的年代，目前存在一些争议。《中国考古学年鉴（1993）》中称该遗址以"齐家文化为主要内涵，另有汉代遗存……遗址发现有十三组叠压打破关系，有早晚期之分，铜矛出土于一座晚期灰坑内"[①]；而在《中国文物精华》等图录上，这件铜矛年代则被定为"齐家至卡约文化"[②]。沈那遗址出土的铜矛，骹柄上带有一小钩，这类"有柄叉形铜矛"在卡约文化的铜器中多有发现，且与塞伊玛—图尔宾诺现象的典型铜矛极为相似，是冶铜技术中心交流的重要证据，在以往的研究中多有提及，因此这件铜矛的时代确定是十分重要的。但是由于齐家文化出土这类铜矛仅此一件，且该铜矛的形体较大，铸造技术先进，而报道中没有提及沈那遗址有卡约文化类遗存，"晚期灰坑"的概念又不清楚，因此有学者对铜矛的年代多持保守态度，认为其文化性质还需要考证。笔者认为齐家文化已经出土了多件有銎铜器，并发现有铜镜等工艺复杂的器物，从制作技术角度看，已经具备了生产该铜矛的能力，因此本书仍按照《中国考古学年鉴（1993）》所称，将铜矛年代定为齐家文化时期。

（3）宗日遗址

宗日遗址位于青海省同德县城西北约40千米处，1994~1996年青海省文物管理处、海南州民族博物馆对该遗址进行了发掘，清理墓葬200余座，灰坑数十个，出土有舞蹈图案彩陶盆、二人抬物图案彩陶盆、骨叉、骨勺等重要遗物。宗日遗址包含有马家窑、宗日和齐家文化的遗存，铜器均出土于齐家文化以及单位中。

宗日遗址出土10余件铜器，其中7件出土于墓葬中。发现的铜器器形以铜指环和铜饰残片为主，还出土1件"戈形器"和1件疑似铜刀残片[③]。经检测"戈形器"为青铜，铜饰（T15②）、铜指环（T20②：7）为砷铜铸造而成，铜刀残片（T28②：2）为锡砷青铜。

宗日遗址出土铜器含有较高的砷是其特点，同时还含有较多的杂质元素，部分铜

---

① 王国道：《西宁市沈那齐家文化遗址》，《中国考古学年鉴（1993）》，文物出版社，1995年。
② 《中国文物精华》编辑委员会：《中国文物精华》，文物出版社，1997年。
③ 青海省文物管理处、海南州民族博物馆：《青海同德县宗日遗址发掘简报》，《考古》1998年第5期，1~14页；徐建炜、梅建军、格桑本、陈洪海：《青海同德宗日遗址出土铜器的初步科学分析》，《西域研究》2010年第2期，31~37页。

器锡含量也较高。

（4）积石山县新庄坪

新庄坪遗址位于甘肃省临夏回族自治州积石山县银川乡，距离大何庄和秦魏家两处遗址约 10 千米。1989 年甘肃省博物馆对该遗址进行了全面调查，采集铜器 12 件，包括铜刀 1 件、铜泡 6 件、铜镯 5 件[①]。其中 1 件铜泡和 2 件铜镯已经发表，铜镯分"截面圆形，两端圆头"和"截面方形，两端尖状"二式，铜泡为"圆形，上有两孔，截面呈弧形"，其他器物形制不清。该遗址出土铜器只有 1 件铜泡经 X 射线荧光分析为铜锡合金，其他未经检测。

3. 齐家文化 C 组铜器

齐家文化 C 组铜器见图 2-21。

（1）广河齐家坪遗址

齐家坪遗址位于甘肃省广河县排子坪乡园子坪村齐家坪社，洮河西岸第二台地上。该遗址发掘资料目前未全面发表，仅知发现房屋遗址 2 座、墓葬 117 座，出土上千件随葬器物。遗址出土有素面铜镜、铜斧和人面匕首各 1 件，其中铜镜（M41）出土于墓葬，竖銎铜斧（F1:1）出土于居址，人面匕首的出土情况不明。经合金材质分析，铜镜和人面匕首为青铜，铜斧为红铜[②]。

（2）岷县杏林遗址

杏林遗址位于岷县境内洮河以东 1 千米的二级台地上，东距杨家台村 2 千米。1982 年甘肃省岷县文化馆对该遗址进行了调查，采集到了大量齐家文化时期的陶器、骨器、石器和铜器，以及少量的马家窑文化和寺洼文化陶器。这处遗址包括马家窑文化—齐家文化—寺洼文化三个文化发展阶段，以齐家文化为主。此次调查采集到环手铜刀和斧各 1 件，铜刀"呈弧形，刃部有使用残迹"；铜斧口部有一小耳，两件铜器材质均为红铜，制作手法为铸造[③]。

（3）临潭磨沟遗址

2008～2012 年，甘肃省考古研究所、西北大学文化遗产与考古学研究中心联合展开工作，对甘肃省甘南藏族自治州临潭县磨沟遗址进行了 8 次发掘。遗址现存面积 8000 多平方米，共清理墓葬 1600 余座，其中以齐家文化墓葬为主，出土大量随葬陶器以及石器、骨器、铜器等。

[①] 甘肃省博物馆：《甘肃积石山县新庄坪齐家文化遗址调查》，《考古》1996 年第 11 期，46～52 页。

[②] 严文明：《论中国的铜石并用时代》，《史前研究》1984 年第 1 期，36～44 页；李水城：《西北与中原早期冶铜业的区域特征及交互作用》，《考古学报》2005 年第 3 期，239～275 页。

[③] 甘肃岷县文化馆：《甘肃岷县杏林齐家文化遗址调查》，《考古》1985 年第 11 期，977～979 页。

据发掘负责人钱耀鹏先生介绍，磨沟遗址出土齐家文化铜器有200余件，种类有削、泡饰、耳坠、月牙形项饰以及小型管、环等，另外还发现个别耳环类金器和复合型装饰品。以往发掘的齐家文化遗址最多不过出土数十件铜器，数量如此之多的齐家文化铜器还属首次发现。从已经发表的铜器来看，这批器物质量较好，体现出较高的冶金水平。

磨沟遗址出土的陶器可分为两大类：一类以泥质红陶的双大耳罐、腹耳罐、侈口细颈罐、夹砂罐、豆等为代表，具有齐家文化典型特征；另一类则以泥质灰陶双耳鼓腹罐、夹砂褐陶双耳罐为代表，且部分双耳罐已初具马鞍口形态。这两类陶器通常不随葬于同一墓葬中，年代应当有早晚差异。但分别随葬这两类陶器的墓葬常常相间排列，紧密有序，应属同一墓地①。因此，磨沟遗址齐家文化墓葬的时间可能与寺洼文化的年代上限相去不远，发掘者认为磨沟墓地属齐家文化晚期，年代估计可能在公元前1400年左右。

磨沟墓地还出土有金环2件，是中国西北地区目前已知最早的金器。

除上述出土地点外，在青海省乐都区柳湾遗址，出土铜镞1件。据发掘者介绍，该铜镞为红铜质锻造，长3.4、宽1.5厘米，体形扁薄，略起中脊，两翼稍长，铤部带三锋。铜镞出土自③A层，与之共存的同一探方内③A层的泥质陶中，可以辨认的马厂陶片65片、齐家陶片90片，因此这件铜镞可能属于齐家文化的遗物②。依据铜镞形制看，与中国现已发现的早期铜器中的柱铤镞差异明显，由于全面的发掘资料并未发表，我们暂且将该铜镞归于齐家文化，但也不排除其晚于齐家文化的可能。甘肃广河西坪遗址的齐家文化墓葬中出土铜刀1件，据严文明先生描述，该刀"通长18.3、柄长7厘米"，可见为一带柄铜刀，经检测，系红铜铸造而成③。甘肃省康乐商罐地出土1把环首刀④，经鉴定为青铜，但是出土情况不清楚。1976年，在文物普查过程中，于魏家台子东侧齐家文化遗址的灰层中采集到一把骨柄铜刀，刀柄略呈弧形，由动物肋骨磨制而成，柄侧开槽，铜刃镶嵌在槽内并加黏合⑤，经鉴定该铜刀为青铜。青海民和喇家遗址齐家文化房址（F45）居住面上发现一件铜器，锈蚀严重，器形已不可辨认⑥。

---

① 甘肃省考古研究所、西北大学文化遗产与考古学研究中心：《甘肃临潭县磨沟齐家文化墓地》，《考古》2009年第7期，10~17页。

② 肖永明：《乐都县柳湾新石器时代及青铜时代遗址》，《中国考古学年鉴（2002）》，文物出版社，2003年，394~395页。

③ 严文明：《论中国的铜石并用时代》，《史前研究》1984年第1期，36~44页。

④ 李水城：《西北与中原早期冶铜业的区域特征及交互作用》，《考古学报》2005年第3期，240~241页。

⑤ 田毓章：《甘肃临夏发现齐家文化的骨柄铜刃刀》，《文物》1983年第1期，76页。

⑥ 喇家遗址联合考古队：《青海民和喇家遗址2014年发掘收获》，《中国重要考古发现（2014）》，文物出版社，2015年，32页。

四、河湟地区早期铜器的特点

河湟地区出土早期铜器超300件，目前已发表近100件，器形以小件的工具和装饰品为主，也有少量武器。

1. 工具

主要包括刀、锥、钻、凿、斧、匕等。

铜刀　21件，其中形制清楚者14件。依据刀柄和刀背的不同可分三类。

第一类：无柄铜刀，7件。多见长条形，无柄，部分刀背有凸起，此类铜刀应为加装骨（木）柄使用。互助总寨发现有骨柄铜刀，铜刀成片状，双面开刃，一端镶在骨柄内（图2-20，7）。互助总寨M7：4，片状，两面开刃，一头平，一头卷曲成筒形，中孔可以穿绳系挂。长11.4、宽1.6、厚0.1厘米（图2-20，8）。

第二类：环首刀，5件。柄身一体，长直柄，柄端有环首，刀背多外弧。岷县杏林采集铜刀整体呈弧形，刃部有使用残迹，把端有1小耳系穿绳用，长22、刃宽3、把长9.5、厚0.7厘米（图2-21，4）。康乐商罐地铜刀，弧背，刀尖略上翘（图2-21，3）。

第三类：直柄无环首刀，2件。刀背与刀柄连成一线，无分界，直背弧刃。皇娘娘台T17：5，有柄，弧刃，前部略上翘，通长18厘米（图2-20，5）。

铜锥　17件。长条形，尖部锐利，根据中部截面的不同可分两类。一类截面为四方形，永靖秦魏家T6：2，器身细长，横剖面呈方形，一端平刃，一端尖刃，两头均可使用，长8.2厘米（图2-20，11）。一类为圆形，皇娘娘台H6，锥体略弯，工艺粗糙，横剖面为圆形，长约9厘米（图2-20，14）。部分铜锥是安装骨（木）柄使用的，如互助总寨铜锥，镶在兽骨作的柄内，锥头长6.7厘米（图2-20，18）。

铜钻　2件。出土于皇娘娘台遗址，长四棱体，头部呈圆锥形或三棱形，皇娘娘台75WXT3：7钻头呈三棱形，长7厘米（图2-20，19）。

铜凿　1件。黄娘娘台T19②，长四棱形，棱角分明，一端被锻打成扁平的薄刃，长7厘米（图2-20，20）。

铜斧　4件。有扁平斧和空首斧两类。扁平斧，1件，秦魏家H72：1，实心，梯形，宽刃，顶端有一周凸棱，残长4、刃宽4.2厘米（图2-20，21）。空首斧，3件，近长方形，首部有銎，多见单耳或双耳。杏林遗址采集铜斧，上端为銎孔，口部一侧附一小耳，刃部锋利，长13、宽5、厚11厘米（图2-21，6）。磨沟遗址出土铜斧，口部两侧各附一耳，近口部饰三角纹（图2-21，7）。

铜匕　1件。齐家坪出土，呈长舌形，柄首为人面浮雕，长14.3、宽2.2厘米（图2-21，16）。

2. 装饰品

主要包括铜耳饰、项饰、臂钏、手镯、指环、泡、管以及珠等小件饰物。

铜耳饰　4件（组）。可分三类。

第一类：喇叭形口耳环，1件。磨沟墓地出土（图2-21，10）。

第二类：扁口耳环，1件。磨沟M303：E17，铜条弯曲而成，闭合处两端略有间隙，并被砸扁宽，直径6厘米（图2-21，18）。

第三类：组合耳饰，由管状、柱状及喇叭状铜饰组成（图2-21，15）。

铜项饰　1件。磨沟墓地出土，新月形，两端各钻一孔（图2-21，8）。

铜臂钏　2件。均磨沟墓地出土，铜片弯曲而成，口不闭合，上口略大于下口（图2-21，9）。

铜手镯　6件。环状，截面呈圆形或方形，直径在6~8厘米。尕马台遗址1件，扁平铜条卷制而成，横截面呈椭圆形，残长7.6厘米（图2-21，21）。新庄坪遗址出土5件铜镯，截面为圆形或方形，直径约6.3厘米（图2-21，22、23）。

铜指环　多为铜丝弯曲而成，直径在2~3.5厘米，可分单圈和多圈两类。

单圈指环为将断面为圆形的铜丝弯成圆形，宗日遗址96TZM303：1、TZM319：4均用铜条或铜丝卷成，直径约2厘米（图2-21，19、20）。皇娘娘台T18②，宽0.5、环径2厘米（图2-20，24）。也有多个单圈指环共同使用的情形，宗日遗址95TZM122：2，共3件，直径3.3~4.3厘米，用铜条或铜片扭成（图2-21，24~26）。

多圈指环，呈螺旋状，铜条较第一类细，多层。尕马台M14：1，用铜条弯成两圈相叠的指环，环径2.3厘米（图2-21，29），尕马台M31：2-1，两端叠合，环径2.3厘米（图2-21，30）。

铜泡　36件，多发现于墓葬中，薄铜片制成，圆形，中部凸起，截面呈弧形或尖锥形，上有对称两孔，可能缝制在衣物上使用。积石山新庄坪，铜泡6件，其中一件截面呈圆弧形，上有两孔，直径2厘米（图2-21，12）。尕马台遗址出土25件，M27：3截面呈尖锥状，直径3.8、厚0.1厘米（图2-21，11），M27：27周边饰一周凸起的联珠纹（图2-21，13）。磨沟M848出土3件铜泡，圆丘状，内有一横向纽，直径2.3~2.6厘米（图2-21，14）。

此外，临潭磨沟还出土有铜管、铜珠等小件饰品，但是资料尚未发表，具体形制不明。

3. 武器

武器类器形较少，主要有铜矛和铜镞。

铜矛　仅1件。沈那遗址出土，柳叶形，矛柄有銎孔，柄部有一倒钩（图2-21，17）。

铜镞　仅1件。柳湾遗址出土，体形扁薄，略起中脊，两翼较长，铤后有三锋。

戈形器 1件。宗日遗址出土，残，平面呈三角形，中间起脊，长8.7厘米（图2-21，2）。

4. 其他

铜镜 目前出土2件，圆形，带纽和穿孔。一件出土于齐家坪墓葬墓主胸下，镜面微凸，镜背有桥形纽，素面，直径6.03、厚0.2厘米。一件出土于尕马台M25人骨胸前（M25∶6），镜背桥形纽残损，饰七角星纹，各角之间饰斜向直线纹，镜边缘有两个小孔，直径9、厚0.25厘米（图2-21，1）。此外，中国国家博物馆收藏一件铜镜[①]，背面带球状纽，饰三道凸弦纹夹折线组成的不规则三角纹，传出土于甘肃临夏，其形制与纹饰与尕马台出土铜镜十分相近，可能为齐家文化遗物。

河湟地区马家窑和马厂文化仅发现2件小型铜工具，均为青铜。东乡林家出土的铜刀，锡含量较高，在6%～10%，遗址灰坑中还出土有数件铜块，应为铜铁共生冶炼不完全的产物[②]。尽管出土有锡青铜的物品，但是总体来看马家窑和马厂文化时期的冶铜业仍处在较初级的阶段，铜器的出土数量和出土地点都不多，仅在居址中有所发现，不见随葬于墓葬。

随后大约公元前2000～前1600年，在齐家文化中，生产金属器的地点和数量明显增加，在每个地点所发现的金属器物数量也显著增多。以往多认为齐家文化虽相比较马家窑文化有一定的进步，但是仍处于冶铜业发展的初期阶段。理由是其大量器物形制较为简单，红铜仍占一定比例，并且器类仍以装饰品和工具为主，缺少远程消耗性武器铜镞。其实，如前所述，齐家文化铜器可以分成A、B、C三组，其冶铜业发展水平存在地域和阶段性的差异。

齐家文化冶铜业的发展大致以公元前两千纪前叶为界，可分为早晚两个阶段[③]。

早期阶段以武威皇娘娘台、互助总寨、永靖大何庄等遗址出土的A组铜器为代表。铜产品的数量不多，只有50余件。铜器种类也较单一，仅有刀、锥、斧、凿等小件工具，很少见装饰品，器形制作通常比较简单。制作技术以锻造为主，铸造的产品较少，并且只采用双范合铸法。合金工艺方面，经鉴定的铜器有21件，其中16件为红铜、5件为青铜，红铜占绝对多数（表2-5）。虽然这一阶段的墓葬发现很多，其中皇娘娘台遗址发现88座、大何庄遗址发现82座、总寨遗址发现10座、秦魏家遗址发现138座，但是出土铜器的墓葬仅7座，多数铜器出土于居址之中，说明铜器还属于

[①] 《中国青铜器全集》编辑委员会：《中国青铜器全集·铜镜》，文物出版社，1998年，图版二。

[②] 孙淑云、韩汝玢：《甘肃早期铜器的发现与冶炼、制造技术的研究》，《文物》1997年第7期，75～84页。

[③] 早期阶段约为张忠培先生所分的齐家文化第一期和二期1段，晚期约相当于二期2段和第三期。

比较珍贵的资源，没有完全普及。

晚期阶段出土铜器的遗址较多，包括贵南尕马台、同德宗日、临潭磨沟、岷县杏林、广河齐家坪等遗址出土的 B、C 组铜器。冶铜业在这一时期有了很大发展，产品数量明显增多，在 250 件以上。产品种类多元化，除了刀、斧、匕等多种工具，还有指环、铜泡、铜挂饰等装饰品，以及带纽铜镜、戈形器等。合金工艺方面，铜器材质以青铜为主，经鉴定的标本有 36 件，其中 20 件为青铜、10 件为红铜、6 件为砷铜，青铜数量明显占优势，青铜相较早期阶段比例有了明显提升，说明这一阶段纯铜工艺逐渐被合金铜工艺所取代。在制作技术上，人们已经能够制作环首刀、人面匕首、单耳竖銎斧、带纽铜镜等体现较高制作工艺水平的器物。其中单耳竖銎斧为多块范合铸而成，两边有合范的铸痕。带纽铜镜制作精美，背面有细致的花纹。晚期经过制作工艺检测的铜器很少，统计结果受样本数量影响可能存在较大误差，但仍能看出锻造的个体数量明显减少，铸造器物随时代发展比例不断增加的发展趋势应该是存在的（表2-5）。目前这一阶段所发现的铜器多出土于墓葬中，说明铜产品已经成为一种较为普遍的资源。值得注意的是，齐家文化武器数量极少，消耗性的铜镞目前仅发现 1 件。

表2-5　河套地区铜器合金配比与成形工艺统计表

分期	出土遗址	合金成分			成形工艺	
		红铜	青铜	砷铜	铸造	锻造
早期	东乡林家		1		1	
	永登蒋家坪		1			
	武威皇娘娘台	11			3	9
	永靖秦魏家	4	3		2	3
	永靖大何庄	1				
	合计	16	5	0	6	12
		21			18	
晚期	广河齐家坪	1	2			
	广河西坪	1				
	岷县杏林	2			2	
	康乐商罐地		1			
	临夏魏家台子		1			
	积石山新庄坪		1			
	贵南尕马台	5	13	4	2	1
	西宁沈那	1				
	同德宗日		2	2	2	1
	合计	10	20	6	6	2
		36			8	

整体观之，大致以公元前两千纪为界，河湟地区的冶铜业发展可以划分为两段。第一个阶段是由马家窑文化晚期到齐家文化早期，这一阶段，冶铜业仍处在较初级的

水平，铜产品的数量不多，种类单一，器形也都比较简单。合金配比方面，原始合金铜出现，并最终完成了向纯铜的转化。此时的制作技术以锻造为主，铸造的产品较少，并且只采用双范合铸法。铜器多出土于居址，随葬的很少，说明铜器还属于比较珍贵的资源，没有完全普及。第二个阶段是齐家文化晚期，此阶段冶铜业表现出较为成熟的特性，出土遗址较多，产品数量明显增多，种类多元化，青铜器相较早期阶段比例有了明显提升，说明这一阶段纯铜工艺逐渐被合金铜工艺所取代。在制作技术上，铸造技术有逐渐提升的趋势，人们已经能够使用多块范合铸像单耳竖銎斧这样的复杂器物，环首刀、人面匕首、带纽铜镜等器物的工艺水平也很高。铜器多出土于墓葬中，说明铜产品已经成为一种较为普遍的资源。

第五节　河西走廊及哈密盆地的早期铜器

一、河西走廊出土铜器

河西走廊地区龙山至夏纪年时期主要为马厂类型、过渡类型和四坝文化的分布区。早期铜器在这些文化中都有发现，其中属四坝文化者数量最多，有270余件。

（一）马厂文化出土铜器

河西走廊地区马厂类型发现早期铜器数量不多，仅在甘肃省酒泉高苜蓿地、照壁滩和张掖西城驿遗址发现少量铜器及与冶铜相关的遗物。高苜蓿地出土铜块1件（图2-22，2），经激光微区光谱分析为铸造红铜。照壁滩采集铜锥1件（图2-22，4），较完整，呈条形，经激光微区光谱分析，由红铜热锻成形，局部又进行冷加工[①]。发掘者认为这两处遗址属于马家窑文化马厂类型，是马家窑文化的晚期遗存，鉴于马家窑文化的绝对年代在公元前3369～前2882年[②]，这两件铜器的绝对年代应不晚于公元前2800年。

西城驿遗址位于甘肃省张掖市明永乡下崖村西北3千米处，黑河中游地区。2010～2013年甘肃省考古研究所等单位联合对其进行了四次发掘。西城驿遗址发现大量马厂类型晚期至四坝文化时期遗存，共分为三期：第一期为马厂文化晚期，年代为公元前2100～前2000；第二期为过渡类型遗存，年代为公元前2000～前1700年；第三期（四坝文化），年代为公元前1700～前1600年[③]。

---

① 孙淑云、韩汝玢：《甘肃早期铜器的发现与冶炼、制造技术的研究》，《文物》1997年第7期，75～84页。
② 中国社会科学院考古研究所：《中国考古学·新石器时代卷》，中国社会科学出版社，2010年。
③ 陈国科、李延祥、潜伟、王辉：《张掖西城驿遗址出土铜器的初步研究》，《考古与文物》2015年第2期，105～118页。

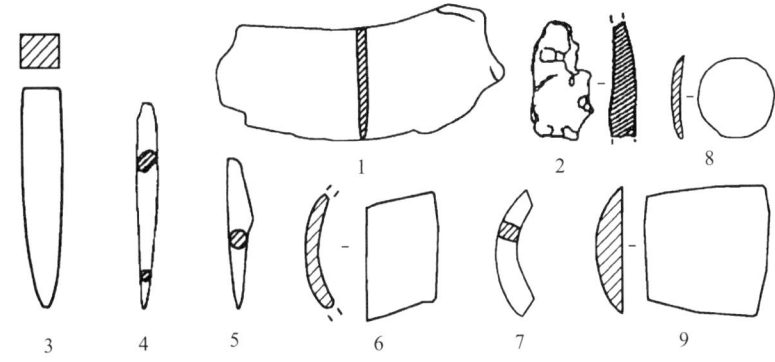

图2-22 河西走廊出土龙山时代铜器

1. 刀（T0301①:4） 2. 冶炼铜块（采集） 3~5. 锥（T0201⑥c:1、采集、T0201④b:20）
6、7. 环（H153:1、T0101④c:9） 8、9. 泡（T0101④d:01、T0301⑥c:17）
（1、3、5~9. 甘肃张掖西城驿出土 2. 酒泉高苜蓿地出土 4. 酒泉照壁滩出土）

西城驿第一期发现有铜锥、铜环、铜泡各1件，还发现有炉渣。第二期发现铜器31件，铜器以锥为主，共15件，此外还有铜环4件、铜泡2件、铜管2件、铜刀1件、铜条1件和器形不明者6件（图2-22，1、3、5~9）。所出土铜器以小型工具和装饰品为主。此外还出土有1件石镜范。

经科技检测，西城驿二期遗存中的铜器材质以红铜为主，也有少量的合金制品，合金成分多样，有砷青铜、锡青铜、冰铜等，在合金铜中砷铜所占比例较高。在加工技术上，主要以热锻为主，部分为铸造，检测的21件铜器中热锻12件、铸造8件、1件组织不明。2件铜管皆为铸造，3件铜环不论热锻还是铸造都进行了冷锻[①]。

（二）四坝文化出土铜器

继马家窑文化马厂类型之后河西走廊地区出现的是四坝文化，该文化因首次发现于甘肃省山丹县四坝滩遗址而得名，主要分布于甘肃河西走廊这一狭长地带。南起祁连山北路，北近巴丹吉林沙漠，西北达安西一带的疏勒河流域，东南或可至武威一带。据调查资料，其主要分布区仅限于东起山丹西至安西这一范围内，包括山丹、民乐、张掖、高台、金塔、酒泉、玉门、安西等县市。在酒泉下河清遗址曾发现四坝文化在上、马厂类型在下的地层叠压关系，干骨崖遗址的四坝文化墓葬填土中出土有马厂类型的陶片，据以上层位关系，四坝文化晚于马厂类型（图2-33）。

关于四坝文化的绝对年代，火烧沟、东灰山、干骨崖均有^{14}C测年数据，其年代范围大致在公元前1950~前1430年[②]。

---

① 陈国科、李延祥、潜伟、王辉：《张掖西城驿遗址出土铜器的初步研究》，《考古与文物》2015年第2期，105~118页。

② 谢端琚：《甘青地区史前考古》，文物出版社，2002年。

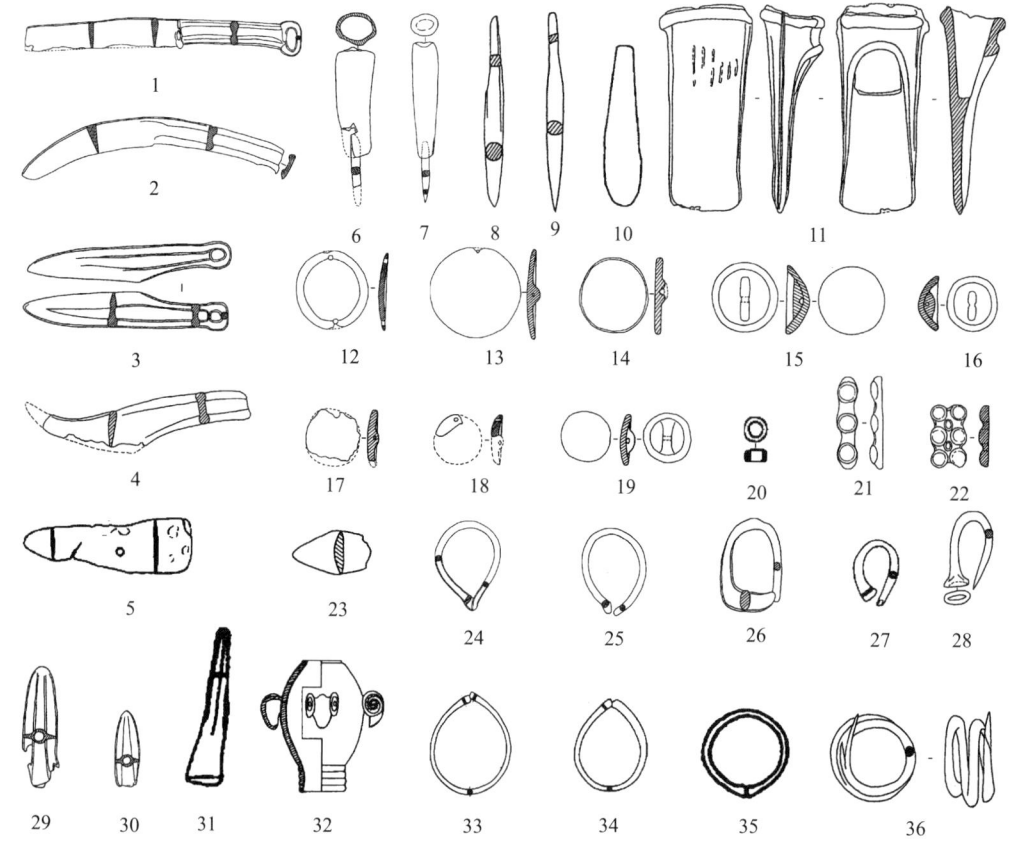

图2-23 四坝文化出土铜器

1~5、23. 刀 [M44:3、M26:7、M94(上):5、M74:3、M127:12、M103:4] 6~9. 锥 (M89:2、M100:3、M44:8、M3:8) 10. 匕首 (不明) 11. 斧 (M19:4) 12~19. 泡(或扣)[M44:4、M79:5、M24:1、M79:4、M27(下):1、M36:7、M36:6、M27(下):2] 20. 管饰 (M23:6) 21、22. 联珠饰 (M55:t1、M50:t14) 24~28. 耳环 (M50:t9、M50:t14、M14:t1、T12②:3、M7:34) 29、30. 镞 (M100:6、M100:5) 31. 矛 (不明) 32. 权杖头 (不明) 33、34. 手镯 (M21:1、T7③:4) 35. 鼻环 (不明) 36. 指环 (M74:11)
(1~4、6~9、11~19、21~26、28~30、36. 酒泉干骨崖 5、20、27、33、34. 民乐东灰山 10、31、32、35. 玉门火烧沟)

1. 火烧沟遗址

火烧沟遗址于1972年发现于玉门市清泉乡，1976年由甘肃省博物馆文物工作队正式发掘。目前共清理墓葬312座，出土文物2000余件。其中106座墓随葬有铜器，所出铜器210余件。虽然火烧沟出土铜器较多，但目前已发表的标本仅14件[①]。

---

① 李水城、水涛：《四坝文化铜器研究》，《文物》2000年第3期，36~44页；李水城：《四坝文化研究》，《考古学文化论集》（三），文物出版社，1993年，80~121页；Linduff Katheryn M. A Walk on the Wild Side: Late Shang Appropriation of Horse China. Cambridge: Cambridge University Press, 2000.

火烧沟遗址出土铜器进行过两次科技检测。20世纪70年代末有65件经过定性分析，红铜器和青铜器比例各占一半，其中红铜器34件、青铜器31件，青铜器中铅青铜10件、锡青铜15件、铅锡青铜6件。在29件经过原子发射光谱检测的铜器中，仅5件含有少量砷。

经鉴定的65件铜器中，61件为铸造、4件为锻造，可知铸造器占主要地位。锻件有铜匕1件、铜管1件和铜耳环2件。铸件中四羊首权杖头的主体部分和四个装饰性羊头是分铸的，这是我国目前发现最早的一件镶嵌铸件。

火烧沟遗址出土石范1件，为泥沙岩质，具有硬度适中、耐火度高的特点，适宜在上刻制铸件并能多次使用。石范上有使用痕迹，表明箭镞已在当地生产[①]。

2003年，北京科技大学冶金与材料史研究所对火烧沟遗址26件铜器重新检测，其中红铜10件、砷铜6件、锡青铜7件、锑青铜1件、锡砷青铜2件。金相检验表明，铸造成形者22件、热锻成形者4件，其中铜斧铸造成形后刃部经热锻处理[②]。

2. 东灰山遗址

1987甘肃省文物考古研究所和吉林大学考古系合作发掘了民乐东灰山遗址，共清理四坝文化墓葬249座，出土铜器16件及金耳环1件。其中13件随葬于墓葬中，2件发现于地层中，1件情况不明[③]。

东灰山遗址出土铜器的种类较少，器形简单。主要为小型工具刀和装饰品耳环。遗址有15件铜器经过材质鉴定，其中14件器物为砷铜，砷含量在2%～6%，另有1件器物为铜锡砷三元合金，锡含量为8%。11件经过制作技术分析的铜器均为热锻，其中6件为热锻后又进行冷锻[④]。

3. 干骨崖遗址

1987年北京大学考古文博学院与甘肃省文物考古研究所合作发掘了酒泉干骨崖遗

---

① 北京钢铁学院冶金史组：《中国早期铜器的初步研究》，《考古学报》1981年第3期，289页；孙淑云、韩汝玢：《甘肃早期铜器的发现与冶炼、制造技术的研究》，《文物》1997年第7期，75～84页。

② 北京科技大学冶金与材料史研究所等：《火烧沟四坝文化铜器成分分析及制作技术的研究》，《文物》2003年第8期，第86～96页。

③ 甘肃省文物考古研究所、吉林大学北方考古研究室：《民乐东灰山考古——四坝文化墓地的揭示与研究》，科学出版社，1998年。

④ 孙淑云：《东灰山遗址四坝文化铜器的鉴定与研究》，《民乐东灰山考古——四坝文化墓地的揭示与研究》，科学出版社，1998年，191～195页。干骨崖遗址铜器检测结果先期曾在《甘肃早期铜器的发现与冶炼、制造技术的研究》《四坝文化铜器研究》两文中发表，数据略有不同，本书以新发布的《东灰山遗址四坝文化铜器的鉴定与研究》一文为准。

址，清理四坝文化墓葬107座，墓葬（包括墓葬填土）共出土铜器43件，遗址采集铜器3件，共46件。铜器主要为斧、锥、刀等工具，耳环、指环、铜泡等装饰品，铜镞等武器[①]。

北京科技大学对干骨崖遗址出土的41件铜器进行了成分分析，并对30件铜器进行了金相分析[②]。从铜器成分分析看，41件铜器包括了红铜、铜锡、铜砷、铜锡砷、铜锡铅、铜铅砷（锡）6种类型。其中红铜3件，包括锥2件、其他1件；锡青铜24件，包括锥4件、刀5件、斧1件、镞2件、耳环6件、泡3件、联珠饰2件、其他1件；砷青铜10件，包括锥2件、刀1件、耳环3件、泡3件、其他1件；锡砷青铜1件，为铜刀；铅锡青铜器2件，均为刀；铅砷（锡）青铜1件，为联珠饰。青铜在干骨崖遗址中占绝对比例，合金成分多样，含砷铜器数量达15件，占三分之一左右。

从金相分析能够确定制作工艺的有28件，铸造和锻造器物各占半数左右。其中锻造的器物共10件，分别为锥3件、刀2件、耳环3、联珠饰1件、其他1件。铸造的器物共13件，分别为锥2件、刀3件、镞2件、耳环1件、泡2件、联珠饰2件、其他1件。铸造后进行冷加工的器物4件，分别为锥2件、刀2件。热锻后冷加工的器物1件，为铜锥。制作技术与器类相关性较强，耳环多为锻造，铜镞和铜泡均采用铸造方式，冷加工技术则仅用于刀、锥等工具。

4. 鹰窝树遗址

1986年，甘肃省文物考古研究所和北京大学考古文博学院合作在河西走廊进行考古调查，在瓜州县（原安西县）鹰窝树墓地清理墓葬3座，获铜器7件，另在地表采集铜器8件，共计15件。该墓地发现的铜器主要为工具、武器和装饰品，包括刀、锥、镞、耳环、泡、联珠饰等。此外，墓葬内还出土金耳环1件[③]。北京科技大学对鹰窝树墓地出土铜器进行了两次检测[④]，对10件样品进行了扫描电镜能谱分析，对6件样品进行了金相分析。结果显示所有可确认成分样本均为锡青铜，制作方法有铸造和热锻，且比例相当，其中3件为铸造、2件为热锻成形。

---

① 甘肃省文物考古研究所、北京大学考古文博学院：《酒泉干骨崖》，文物出版社，2016年。
② 孙淑云：《酒泉干骨崖墓地出土四坝文化铜器的分析与研究》，《酒泉干骨崖》，文物出版社，2016年，333~352页。干骨崖遗址铜器检测结果先期曾在《甘肃早期铜器的发现与冶炼、制造技术的研究》《四坝文化铜器研究》两文中发表，数据略有不同，本书以酒泉干骨崖发掘报告为准。
③ 甘肃省文物考古研究所、北京大学考古文博学院：《河西走廊史前考古调查报告》，文物出版社，2011年，351~376页。
④ 孙淑云：《瓜州（原安西）鹰窝树墓地采集及出土四坝文化铜器鉴定报告》，《河西走廊史前考古调查报告》，文物出版社，2011年，452~454页；孙淑云：《酒泉干骨崖墓地出土四坝文化铜器的分析与研究》，《酒泉干骨崖》，文物出版社，2016年，349~351页。

5. 西灰山遗址

1986年，甘肃省文物考古研究所和北京大学考古文博学院合作对河西走廊进行考古调查，在民乐六坝乡西灰山遗址发现2件铜削残片[①]。

6. 四坝滩遗址

1948年，山丹培黎学校在四坝滩农场修筑水渠时无意发现了四坝文化的遗物，1953年，校长路易·艾黎将此事告知中国社科院考古所的夏鼐先生，后甘肃省文管所对此地进行调查。据艾黎先生称，曾发现金耳环和青铜刀残片，但形制和成分均不明[②]。

目前为止，四坝文化出土铜器遗址共6处，此外据传在甘肃清水县西河滩遗址[③]、玉门市砂锅梁遗址等也有出土。最近，甘肃省文物考古研究所等单位在西城驿遗址的发掘，也出土了四坝文化的铜刀、铜锥等小件铜器和铜渣、铜矿石、炉壁碎块等冶炼遗物。

据统计四坝文化出土铜器已近280件，其中可知器形的有141件。铜器包括工具、装饰品和武器三类。工具共计59件，包括锥12件、刀39件、凿1件、镰1件、斧6件。装饰品共计60件，包括圆铜饰4件、管饰2件、条饰2件、镜1件、钏1件、泡（扣）17件、耳饰23件、鼻环3件、联珠饰4件和铜环3件。武器类共21件，包括镞15件、匕5件、矛1件。另外，有一种特殊器形——权杖头。

四坝文化目前经过合金成分检测的铜器约有80件，经过制作技术检测的铜器有70余件。各个遗址铜器的制作工艺和合金成分有所不同。制作工艺方面，火烧沟以铸造为主，仅有少量锻造。干骨崖铸造、锻造所占比例相当。东灰山的铜器则是全部为锻造。合金成分方面，火烧沟青铜、红铜各半，其中5件铜器含少量砷。东灰山、干骨崖青铜器比例较大，前者全部为砷铜，后者砷铜占总数的三分之一。

二、哈密盆地出土铜器

公元前两千纪中叶以前，哈密盆地地区的青铜时代文化为以天山北路文化为代表，目前该文化遗存主要发现于天山北路墓地，该墓地位于哈密市火车站南，雅满苏矿和哈密林场办事处院内，原名为哈密林场、雅矿办事处墓地[④]。1988~1997年，共发掘墓

[①] 甘肃省文物考古研究所、北京大学考古文博学院：《河西走廊史前考古调查报告》，文物出版社，2011年，169~179页。

[②] 安志敏：《甘肃山丹四坝滩新石器时代遗址》，《考古学报》1959年第3期，7~16页。

[③] 赵丛苍：《酒泉市西河滩早期青铜时代遗址》，《中国考古学年鉴（2004）》，文物出版社，2005年。

[④] 常喜恩：《哈密市雅满苏矿林场办事处墓地》，《中国考古学年鉴（1988）》，文物出版社，1989年。

葬700余座，出土文物3000多件，其中铜器在1000件以上，器类十分丰富，有刀、锥、斧、锛、矛、凿、镜、镰、别针、管、耳环、手镯、扣、泡、牌、联珠饰等①（图2-24）。

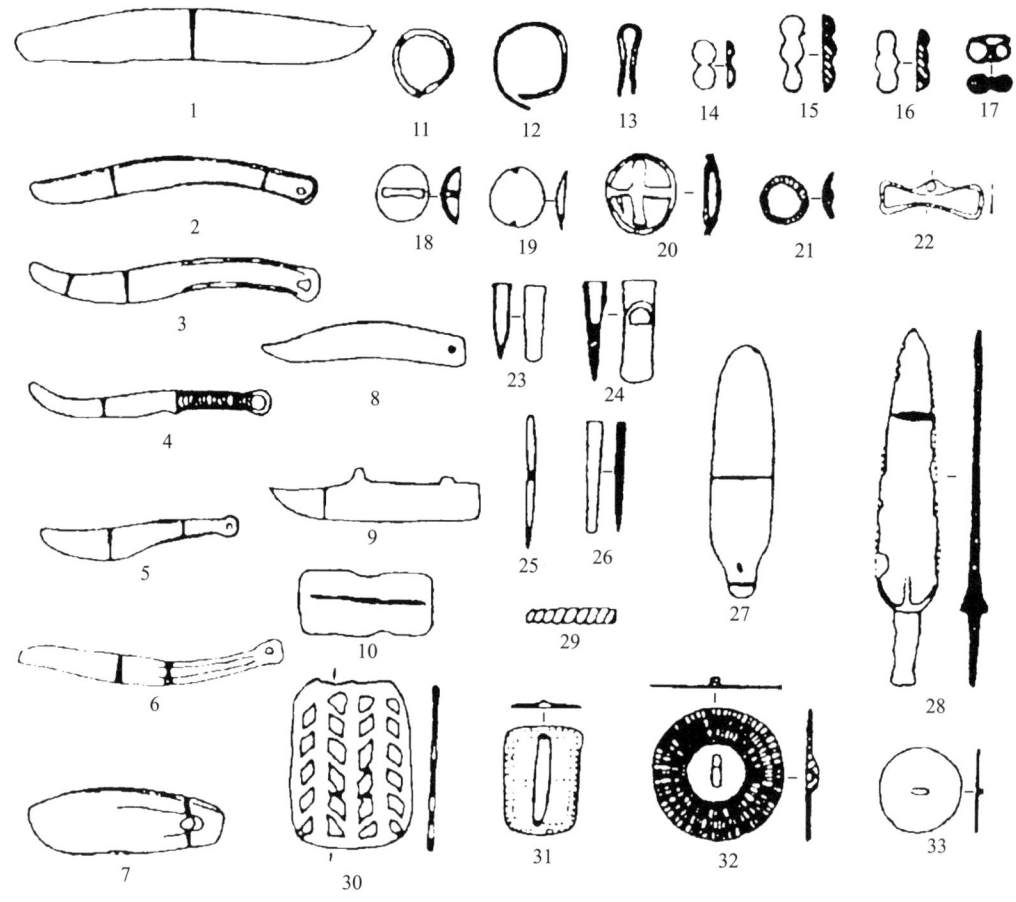

图2-24　天山北路墓地出土铜器

1~10. 刀　11、12. 指环　13. 别针　14~17. 联珠饰　18、20、21. 扣（泡）　19. 泡　22. 蝶形饰　23. 斧　24. 锛（透銎斧）　25. 锥　26. 凿　27. 匕（短剑）　28. 剑　29. 管　30、31. 牌饰　32、33. 镜

北京科技大学冶金与材料史研究所对其中的89件铜器进行了金相学研究和成分分析。加工方式方面，样品中有10件锈蚀严重无法进行判定，其余79件中，有30件为铸造、5件铸造成形后又经过冷锻加工、41件为热锻、3件热锻后又经过冷加工。按照器类分析，铜镯、铜珠、铜扣多为铸造，铜牌、铜刀部分为铸造，铜镞仅检测1件，为铸造；铜管、铜耳环、铜针、铜锥多为热锻，铜牌和铜刀部分是热锻的。合金成分方面，89件检测铜器中61件为锡青铜，占总数的七成；11件为红铜，占一成多；9件

---

① 吕恩国、常喜恩、王炳华：《新疆青铜时代考古文化浅论》，《新疆石器时代与青铜时代》，文物出版社，2008年。

为砷铜，占近一成；此外还有4件铜锡砷合金、2件铜锡铅合金、1件铜锡锑合金和1件铜砷铅合金。从器类来看，铜锥、铜针、铜镞全部为锡青铜，铜扣没有红铜制作的，铜管、铜刀不含铅元素，铜牌、铜珠、铜耳环、铜刀等器物与材质的关系不明显。综合器物类型与加工方面的关系看，红铜多为热锻成形；装饰品中锡青铜的铸造和热锻比例大体相当；工具和兵器中锡青铜热锻成形比例较大；含砷铜器主要为装饰品，铸造和热锻比例大体相当。铜锡砷合金以热锻为主，其他三元合金以铸造为主[①]。

关于天山北路墓地的年代，发掘者将整个墓地分为四期8段，并将墓地年代定在公元前19～前13世纪。但由于资料尚未发表，具体情况仍不清楚。李水城先生曾以陶器为准，通过对天山北路遗存、河西走廊地区的"过渡类型"以及四坝文化的比较分析，认为该墓地年代应该在公元前2000～前1500年，但可能存在更晚的遗存，此说可从。体质人类学研究表明，哈密是欧罗巴人种在中国分布的最东界，同时也是新疆蒙古人种所占比例最大的地区。对哈密盆地地区早期铜器进行研究，是解决中西文化技术交流的关键。

三、河西走廊及哈密盆地早期铜器的特点

公元前两千纪上半叶，哈密盆地与河西走廊地区出土的早期铜器，在种类、特征方面具有较多的相似性，出土的早期铜器以小件的工具和装饰品为主，并有少量武器。

1. 工具

主要包括铜刀、锥、削、斧、钻、凿、锛、铲等。

铜刀　分三类。

第一类：无柄或短柄。天山北路墓地出土，刀体为长条弧形，顶端为小钩状，略残（图2-24，1）。天山北路墓地出土，直背弧刃，背部有两个凸起，可能是为了安装木柄或骨柄制成符合工具（图2-24，9）。

第二类：长柄，柄端多为环首，依据背部和刃部形态，又可以分为直背弧刃、凹背弧刃和弧背凹刃（图2-23，1～3；图2-24，3、4）。

第三类：刀身为镰形，一端多有穿孔（图2-23，5；图2-24，7、8）。

铜锥　圆锥状，前段为使用的尖峰，根据后段截面不同可分两类：一类截面为四方形，一类为圆形。锥一般较小，长6～7厘米（图2-23，8、9；图2-24，25）。四坝文化还发现有带骨柄的铜锥（图2-23，6、7）。

铜凿　长条形，有双面刃，也有单面刃（图2-24，26）。

---

① 北京科技大学冶金与材料科学研究所、新疆文物考古研究所、哈密地区文物管理所：《新疆哈密天山北路墓地出土铜器的初步研究》，《文物》2001年第6期，79～89页。

2. 装饰品

主要包括铜耳环、指环、手镯、扣饰、联珠饰、泡、管、珠等小件饰物。

环 包括耳环、指环或鼻环。依照不同的制作方式，可以分为四类。

第一类：将断面呈圆形的铜丝弯成圆桃形，再将两端砸扁，相互连接或交错（图2-23，24、25）。

第二类：将铜丝弯曲为近椭圆形，一端较细呈圆柱状，另一端砸扁展宽，再将两端交错重叠（图2-23，26、27）。

第三类：一端做喇叭口，另一端为圆锥状，弯曲成长椭圆形，两端略有间隙（图2-23，28）。

第四类：螺旋状，铜条较第一类细，多层（图2-23，36）。

手镯 环状，截面呈圆形或方形，直径在5~7厘米（图2-23，33、34）。

扣饰 平面为圆形，略凸，背面有桥形纽，直径在1~2厘米（图2-23，17~19）。

联珠饰 分两类。

第一类：双排联珠，方形，镂空，两珠连成一排，一般为三排，较小（图2-23，22）。

第二类：单排联珠，无镂空，一般为单珠连成2~3排，较大（图2-23，21；图2-24，15~17）。

泡 分两类。

第一类：形体较大，平面为圆形，略凸，背面有桥形纽（图2-23，13；图2-24，18、20、21）。

第二类：形体较小，平面为圆形，较扁平，边缘有小孔（图2-24，19）。

牌 用于装饰，形式较为丰富，有的为蝶形，上端有一小孔。（图2-24，22）有的平面为方形，中部起脊，无孔；或平面近方形，有四排四边形镂孔（图2-24，30、31）。

3. 武器

武器主要有铜镞、斧、匕、矛、剑等。

铜镞 均为双翼，尾翼下端有尖峰，中部起脊，尾部出铤，铤孔一般为圆形，也有椭圆形（图2-23，29、30）。火烧沟遗址出土双镞石范1件，范的硬度适中、耐火度高，其上有使用痕迹，表明箭镞已在当地生产。

铜斧 分两类。

第一类：竖銎斧，长条形，刃部较首部略宽（图2-24，23）。

第二类：透銎斧，近长方形，横截面略呈凸弧状（图2-23，11）。

铜匕首 形体较小（图2-23，10）。

铜矛 矛身为柳叶形，管銎（图2-23，31）。

铜短剑　剑面平直，剑身近柳叶形，剑首简单无装饰（图2-24、27、28）。

在公元前两千纪上半叶的河西走廊及哈密盆地，早至公元前三千纪初的马家窑文化马厂类型就有少量铜器发现，至公元前三千纪末至公元前两千纪初，四坝文化和天山北路文化冶铜业发展都显示出较为成熟的特点。主要表现在以下几个方面。

1）铜器的使用比较普遍，在所有已发掘的遗址内均出土有铜器，且铜器全部随葬于墓葬中，可知铜器的使用已经较为普遍，而不是作为一种珍贵新奇的新产品存在。

2）铜产品的总量较大，迄今为止，四坝文化出土铜器已经有280余件，而天山北路墓地的铜器数量更为惊人，已有千件以上，这说明当时的冶铜业生产已有一定规模。器形种类也很复杂多样，主要有工具、武器和装饰品等，并且出现了一种象征权力的礼仪类用具——铜杖首。在发表的铜器中，锥、刀、凿、镰、斧等工具54件，圆铜饰、管饰、条饰、镜、钏、泡、耳饰、鼻环等装饰品52件，镞、匕和矛等武器21件。除工具外，装饰品和武器都占有较高比例，说明铜作为一种较为普及的材质，用途已较为广泛。

3）出现了相当数量的远程消耗性武器——铜镞。火烧沟遗址还出土铜镞石范1件，说明箭镞已在当地生产。

4）在合金成分配比方面，哈密盆地与河西走廊地区共检测铜器179件，其中锡青铜制品数量最多，共102件，占检测铜器总量的57%；砷铜制品共39件，占比22%；红铜制品24件，占比13%；三元合金制品13件，占比7%；锑青铜制品仅1件（表2-6）。这一地区红铜器数量明显偏少，青铜器占绝大多数，其中又以锡青铜和砷青铜为主，整体来看，合金配比工艺较为成熟。然而，这一地区不同遗址出土铜器的合金成分差异较大，东灰山遗址出土铜器全部为砷铜，干骨崖、火烧沟和天山北路遗址也发现有一定数量的砷铜，但锡青铜数量优于砷铜，鹰窝树遗址则全部为锡青铜。这种遗址间的铜器成分差异可能与遗址年代和矿料来源两个因素有关。根据李水城先生对四坝文化出土遗存的研究，火烧沟遗址年代较早，而干骨崖、东灰山等遗址年代较晚，本区域铜器似有随时间发展红铜数量逐渐减少，砷铜和锡青铜比例逐渐增大的趋势。从天山北路墓地铜器检测分析来看，铜锥、铜针、铜镞多为锡青铜制品，这些工具类铜器对硬度的要求较高。专门使用青铜合金制作工具类铜器，说明当时可能对铜合金配比与铜器物理性能之间的联系已有了较为深入的理解。

表2-6　哈密盆地与河西走廊地区合金成分与成形工艺统计表

出土遗址	合金成分					成形工艺	
	红铜	锡青铜	砷铜	锑青铜	三元合金铜	铸造	锻造
玉门火烧沟①	10	7	6	1	2	22	4

---

① 火烧沟遗址出土铜器的两次科技检测结果差异较大，本表仅以2003年检测的26件铜器为准。

（续表）

出土遗址	合金成分					成形工艺	
	红铜	锡青铜	砷铜	锑青铜	三元合金铜	铸造	锻造
民乐东灰山			14		1		11
酒泉干骨崖	3	24	10		4	17	11
安西鹰窝树		10				3	2
哈密天山北路	11	61	9		6	35	44
合计	24	102	39	1	13	77	72
	179					149	

5) 铸造技术运用更多，工艺也更加进步。天山北路墓地经检验的79件铜器锻造比例略高于铸造，其中有30件为铸造、5件铸造成形后又经过冷锻加工、41件为热锻、3件热锻后又经过冷加工。四坝文化目前经过制作技术检测的铜器有70余件。其中火烧沟出土铜器几乎全部为铸造。干骨崖铸造、锻造所占比例相当。东灰山的铜器虽然全部为锻造，但是总数只有11件，整体看铸造和锻造技术还是占优势的（表2-6）。较复杂的器物开始使用分范技术。尤其值得一提的是，四羊首权杖头采用合范、分铸及镶嵌等多种工艺，是中国最早使用镶嵌工艺的铜器，代表了当时铜器制作工艺的最高水平。

河西走廊及哈密盆地的一大特征是砷铜的流行。四坝文化诸遗址中，东灰山遗址有15件铜器经过材质鉴定，其中14件器物为砷铜，砷含量在2%~6%，平均达4%，另有1件器物为铜锡砷三元合金，锡含量为8%。干骨崖遗址砷铜和锡青铜比例各半，锡青铜似乎略优一些。火烧沟遗址虽然锡青铜数量较多，有22件，但是含砷铜器超过13件。这些遗址的差别可能是由于聚落等级的差异[①]，但砷铜在四坝文化中无疑还是较为普遍的。而天山北路墓地也发现有9件砷铜，其比例远大于北方和中原等地区。

第六节 新疆中西部地区的早期铜器

新疆中西部地区位于中国西北端，此区域内发现的早期铜器主要分属于克尔木齐早期遗存，小河墓地、古墓沟遗存，安德罗诺沃文化遗存，阿克塔拉类遗存。由于新疆地区与中原地区联系较弱，文化特征复杂，其时空框架和文化谱系至目前为止还未能确立，许多考古学文化和遗址的年代还有很大分歧。本书所涉及的部分遗存年代可晚至公元前一千纪以前，以期更好地反映此地区文化交流的本来面目。

---

① 火烧沟遗址相较于其他遗址，出土铜器的数量较多、种类更加丰富，铜器的制作技术也更加先进，这可能说明四坝文化时期，聚落和聚落之间可能有明显的贫富分化。

一、克尔木齐早期遗存出土铜器

克尔木齐早期遗存因克尔木齐墓地而得名，也有学者称其为克尔木齐类型①、克尔木齐文化②、切木尔切克文化③。这类遗存在新疆阿勒泰地区分布较广，阿勒泰、布尔津、哈巴河、吉木乃、富蕴和青河等县均有发现。由于该类型遗存时代跨度较长，文化面貌不清，学者对其文化归属和年代问题具有较大分歧。王明哲认为与卡拉苏克文化颇为相似，在公元前1200～前700年④。王博等学者认为这一类遗存延续时间较长，年代范围在公元前2000～前1200年⑤。林梅村先生则认为该类遗存年代应该与南西伯利亚的阿凡纳谢沃文化一致，在公元前2200～前1800年⑥。邵会秋先生综合上述观点，将克尔木齐古墓群分为早晚两期，早期遗存以坟院制或无坟院制石棺墓为代表，主要体现了阿凡纳谢沃文化传统，并融入了奥库涅夫文化因素，其年代应该在公元前三千纪末至两千纪中叶，个别墓葬可能晚至两千纪下半叶⑦。克尔木齐早期遗存目前经过科学发掘的仅克尔木齐墓地一处，下面对该墓地做一简单介绍。

克尔木齐古墓群位于新疆阿勒泰地区克尔木齐公社附近的草原上，1961年新疆社会科学院考古研究所对该墓地进行了初步的调查和勘测⑧，1963年又在此地进行了调查和发掘，共清理墓葬32座⑨。根据墓葬形制，克尔木齐古墓群的墓葬可分为两类，即坟院制或无坟院制石棺墓和封土竖穴土坑墓。第一类石棺墓即本书所述的克尔木齐早期遗存，其年代大体在公元前二千纪初至中叶，个别遗迹可能晚至公元前13世纪。第二类竖穴土坑墓中多有铁器出土，其年代较晚，因此我们仅对石棺墓中出土遗物进行介绍。

石棺墓中出土遗物较少，其中素面石质的罐、杯类容器数量较多而且较有特点，

---

① 陈戈：《关于新疆远古文化的几个问题》，《新疆文物》1985年第1期，27～38页。
② 陈光祖：《新疆金属时代》，《新疆文物》1995年第1期，86～87页。
③ 王博：《切木尔切克文化初探》，《考古文物研究——纪念西北大学考古专业成立四十周年文集》，三秦出版社，1996年，274～285页。
④ 穆舜英、王明哲：《论新疆古代民族考古文化》，《新疆古代民族文物》，文物出版社，1985年，4页；王明哲：《论克尔木齐文化和克尔木齐墓地的时代》，《西域研究》2013年第2期，69～80页。
⑤ 王博：《切木尔切克文化初探》，《考古文物研究》，三秦出版社，1996年。
⑥ 林梅村：《吐火罗人的起源与迁徙》，《西域研究》2003年第3期，9～23页。
⑦ 邵会秋：《新疆史前时期文化格局的演进及其与周邻文化的关系》，科学出版社，2018年，355～358页。
⑧ 李征：《阿勒泰地区石人墓调查简报》，《文物》1962年第22期，103～108页。
⑨ 新疆社会科学院考古研究所：《新疆克尔木齐古墓群发掘简报》，《文物》1981年第1期，23～36页。

在其他文化中也很少见，可能代表了该文化自身的特色。邵会秋认为石棺墓中出土的卵形陶豆（M16）、陶罐（M24），与阿凡纳谢沃近似，而平底陶器（M7）、石雕像（M21）、珍珠纹装饰（M16）则可能来自奥库涅夫文化[①]。这一观点证据充分，较有说服力。据简报介绍石棺墓中出土少量铜器，包括铜锥、铜矛、铜镞、铜环等器形。但目前仅发表了M17出土的铜刀和铜镞，以及铸造铜铲用的石范（图2-25）。铜刀尖端残缺，柄端圆头，有一穿孔。铜镞有三棱或扁平棱形等样式，后者体形较大且较薄，可能不是镞[②]。石范所铸铜铲为长方形、管銎，与安德罗诺沃文化晚期的典型器物较为一致，此类文化遗存在境外的七河地区和新疆的塔城地区均有分布，流行时间在公元前13～前9世纪[③]。

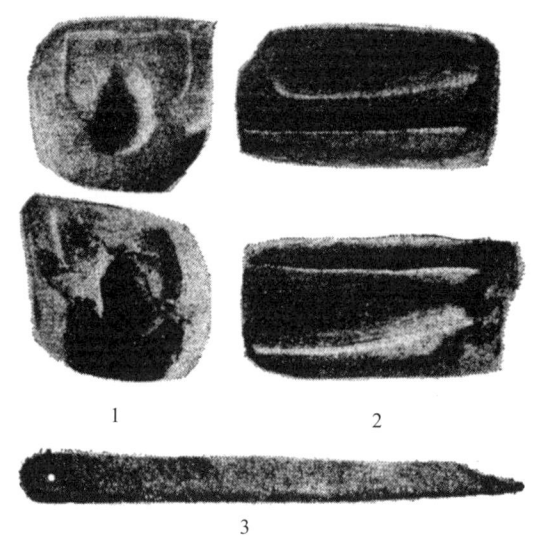

图2-25　克尔木齐早期遗存出土器物
1、2. 石范（M17∶1、M17∶2）　3. 铜刀（M2∶4）

二、小河墓地、古墓沟遗存出土铜器

1. 小河墓地

小河墓地位于罗布泊地区孔雀河下游的河谷南约60千米的荒漠之中，面积约

---

① 邵会秋：《试论新疆阿勒泰地区的两类青铜文化》，《西域研究》2008年第4期，59～65页。
② 新疆社会科学院考古研究所：《新疆克尔木齐古墓群发掘简报》，《文物》1981年第1期，23～36页。
③ 邵会秋：《新疆史前时期文化格局的演进及其与周邻文化的关系》，科学出版社，2018年，358～361页。

2500平方米。20世纪初由罗布猎人奥尔德克发现，1934年由瑞典考古学家贝格曼首次发掘并命名，2002~2005年，新疆考古研究所小河考古队等单位对该墓地进行了发掘，共清理墓葬167座，出土文物包括一些小的铜器残片（图2-26）、铜耳环，以及金器、衣物、草编篓、玉珠、皮囊和大量木器，不见陶器随葬①。其中草编篓以芨芨草为经，以一种沙漠植物的根茎纤维为地纬，以光洁的麦秸为纹纬，用绞编技法编结而成。草编篓外壁阶梯纹、折线纹等纹饰与安德罗诺沃文化的陶器装饰极为接近。

图2-26 小河墓地出土铜器残片

北京科技大学冶金与材料史研究所等，对小河墓地出土的3件铜器残片进行了金相显微观察，结果表明，3件铜器残片中，2件为锡青铜、1件为铅锡青铜，其中两件含有少量的砷。3件铜器残片均为冷锻制成，1件冷锻前经过退火处理，1件冷锻前进行过热锻②。

2. 古墓沟墓地

古墓沟墓地位于罗布泊北，孔雀河古河道下游北岸台地上，东距楼兰遗址70千米。1979年，新疆文物考古研究所对该墓地进行了发掘，共清理墓葬42座，发现有3件红铜小件装饰品③。墓地出土有大量草编篓，篓上所饰阶梯纹、之字纹等纹样，与小河墓地相近，也与安德罗诺沃文化的陶器装饰极为近似④。古墓沟墓地虽然测定了多个 ^{14}C 数据，但是差距较大，发掘者认为墓地年代应该在公元前2000~前1800年⑤。虽然该墓地铜器发现较少，仅见一些小件红铜饰品，但据发掘者推测，当时应该存在锐利的金属工具。在墓地发现的大量胡杨木制葬具上留有砍砸刻削的痕迹，由于胡杨木质地坚韧，而葬具上的加工痕迹又相当光洁，因此古墓沟人在建造墓地时应该使用了锐利而坚硬的金属工

---

① 新疆文物考古研究所：《2002年小河墓地考古调查与发掘报告》，《边疆考古研究》第3辑，科学出版社，2004年，338~398页；新疆文物考古研究所：《新疆罗布泊小河墓地2003年发掘简报》，《文物》2007年第10期，4~42页。

② 陈坤龙、凌勇、梅建军、伊弟利斯：《小河墓地出土三件铜片的初步分析》，《新疆文物》2007年第2期。

③ 王炳华：《孔雀河古墓沟发掘及初步研究》，《丝绸之路考古研究》，新疆人民出版社，1993年，183~201页；王炳华：《古墓沟人社会文化生活中的几个问题》，《丝绸之路考古研究》，新疆人民出版社，1993年，202~209页；王炳华：《新疆地区青铜时代考古文化试析》，《丝绸之路考古研究》，新疆人民出版社，1993年，148页。

④ 郭物：《新疆史前晚期社会的考古学研究》，上海古籍出版社，2012年。

⑤ 王炳华：《孔雀河古墓沟发掘及初步研究》，《丝绸之路考古研究》，新疆人民出版社，1993年。

具进行了加工①。韩康信认为，古墓沟墓地人种特征与俄罗斯南西伯利亚盆地米奴辛斯克及东哈萨克斯坦一带的阿凡纳谢沃、安德罗诺沃文化的居民体质特征近似②。邵会秋则认为小河文化是由东欧竖穴墓文化人群直接迁徙至罗布泊地区所形成的。这些人群均已开始普遍使用铜器，因此，推测古墓沟墓地居民已经使用金属工具也就合乎情理了③。

三、安德罗诺沃文化遗存出土铜器

安德罗诺沃文化是欧亚草原青铜时代最重要的考古学文化之一，该文化遗存在中亚、南西伯利亚和中国新疆等地都有发现，分布范围十分广泛，因此学者将这些相似的遗存称为安德罗诺沃文化共同体。我国境内的这一类型遗存主要分布在新疆西部地区，包括喀什的塔什库尔干地区、伊犁地区、博尔塔拉蒙古自治州和塔城地区，在乌鲁木齐、阜康、吉木萨尔等地也有发现。

自20世纪80年代以来，一些学者对我国新疆境内的安德罗诺沃文化遗存做过专门的研究，确定了该类型遗存的年代序列④。阮秋荣认为新疆境内的安德罗诺沃文化遗存可以划分为三大阶段，即以穷克科遗址为代表的第一阶段；以喀拉苏遗址、萨孜村古墓、阔克苏西2号墓地和汤巴勒萨伊墓地为代表的第二阶段；以下坂地2号墓地为代表的第三阶段⑤。邵会秋认为新疆境内的安德罗诺沃文化相关遗存可以分为早晚两期，早期约相当于境外安德罗诺沃文化的第二阶段（前1800～前1400年），晚期相当于境外安德罗诺沃文化的第三阶段（前1400～前800年）⑥。本书以邵会秋的分期标准

---

① 吕恩国、常喜恩、王炳华：《新疆青铜时代考古文化浅论》，《新疆石器时代与青铜时代》，文物出版社，2008年。

② 韩康信：《新疆孔雀河古墓沟墓地人骨研究》，《考古学报》1986年第3期，361～384页。

③ 邵会秋：《新疆史前时期文化格局的演进及其与周邻文化的关系》，科学出版社，2018年。

④ 王炳华：《新疆地区青铜时代考古文化试析》，《新疆社会科学》1985年第4期；王博：《新疆近些年发现的一些铜器》，《新疆文物》1987年第1期；李肖、党彤：《准噶尔盆地周缘地区出土铜器初探》，《新疆文物》1995年第2期；Mei J J, Colin S. The existence of Andronovo cultural influence in Xinjiang during the second millennium B.C. Antiquity, 1999；李溯源：《伊犁河谷阿尔尔森类型青铜器》，《边疆考古研究》第16辑，科学出版社，2014年；郭物：《新疆史前晚期社会的考古学研究》，上海古籍出版社，2012年；邵会秋：《新疆地区安德罗诺沃文化相关遗存探析》，《边疆考古研究》第8辑，科学出版社，2009年，81～97页；阮秋荣：《新疆发现的安德罗诺沃文化遗存研究》，《西部考古》第七辑，科学出版社，2014年。

⑤ 阮秋荣：《新疆发现的安德罗诺沃文化遗存研究》，《西部考古》第七辑，科学出版社，2014年。

⑥ 邵会秋：《新疆地区安德罗诺沃文化相关遗存探析》，《边疆考古研究》第8辑，科学出版社，2009年，81～97页；邵会秋：《〈印度—伊朗人的起源〉评介》，《边疆考古研究》第16辑，科学出版社，2014年。

为时间依据。安德罗诺沃文化遗存发现的铜器数量较多，但仅有塔城卫校和阿敦乔鲁出土的几件铜器属于早期，其他均为晚期出土。

塔城市卫生学校遗址位于塔城市西北角，地处乌拉斯台河西岸的台地上。1990年新疆文物考古研究所对其进行了抢救性发掘[①]。主要遗迹为扇状居住面，由卵石铺成的散水状条带和羊骨堆，以及墓葬群。发掘者依据墓葬结构将相关墓葬分为填石土圹墓、石棺墓、卵石石室墓、片石－块石平砌石室墓。葬俗主要为土葬，只有一座石棺墓和一座片石－块石平砌的石室墓实行火葬。遗址内发现大量陶器和石器，此外有少量的铜器和骨器。陶器有缸形器、折肩平底罐，陶质为火候低的夹砂灰褐陶。素面陶居多，少数陶器带有指甲纹、篦纹、刻划三角纹、麦粒纹等，与境外同时期安德罗诺沃文化陶器近似。石器主要有石磨盘、石磨棒、三角形有孔磨光石斧、石纺轮、锥状石核、近似石祖的石雕等。骨器有1件双侧磨光的羊距骨。墓葬内随葬金属器为2颗铜珠和1对铜丝耳环。遗址出土铜器为镶嵌在陶塑中的一根铜条，另有一块铜炼渣。铜器资料除采集于石棺墓旁的两件铜镰，其他均未发表[②]。其中的016刀身较平直，锋部较圆（图2-27，2）；017刀身略弯曲，刀背内凹，锋部较圆（图2-27，1），为安德罗诺沃文化的典型铜器。

阿敦乔鲁居址位于博尔塔拉蒙古自治州温泉县查干屯格乡吐日村，地处阿拉套山查干乌苏山口南部的山前浅山地带。2012年中国社会科学院考古研究所等单位在这里进行了发掘[③]。遗址中分布着至少11组石构建筑，与境外安德罗诺沃文化石构建筑的风格相同。墓葬主要为石围石棺墓，亦有少量石堆墓，墓葬的地表建筑和墓室结构，都符合安德罗诺沃文化典型墓葬的特征。葬俗分为土葬和火葬。前者为左侧屈肢葬，头西脚东面北；后者为经火化后拾碎骨而葬。遗址出土遗物主要有亚腰形石器、铜锥和刻划纹陶片。墓葬出土随葬品有陶器、铜耳环等，其中的喇叭形包金铜耳环为典型的安德罗诺沃文化遗物（图2-27，13）。

晚期安德罗诺沃文化类遗存发现铜器数量较多，种类丰富。包括塔城地区卫校墓地、托里县萨孜墓地、石河子水泥厂墓地、良种场墓地、木垒县四道沟遗址、伊犁巩留县阿尕尔森、塔什库尔干下坂地墓地、尼勒克县汤巴勒萨伊墓地、阿尤赛沟口遗址等。种类主要为各类工具、武器和少量装饰品，金属工具和武器多为采集品或发现于窖藏之中，墓葬中没有发现；装饰品则主要出土于墓葬中。工具包括半月形铜镰、镰形刀、透銎铜斧、单耳竖銎铜镢、有段扇刃铜斧、铜凿、铜锤，武器有管銎斧、铜矛、

[①] 李肖：《新疆塔城市考古的新发现》，《西域研究》1991年第1期，104页；李肖：《塔城市卫生学校古墓群及遗址》，《中国考古学年鉴（1991）》，文物出版社，1992年，328~329页。

[②] 李肖、党彤：《准噶尔盆地周缘地区出土铜器初探》，《新疆文物》1995年第2期，40~49页。

[③] 中国社会科学院考古研究所、博尔塔拉蒙古自治州博物馆、温泉县文物局：《新疆温泉县阿敦乔鲁遗址与墓地》，《考古》2013年第7期；丛德新、贾伟明、艾莉森·贝茨、贾笑冰、葆拉·都曼尼：《阿敦乔鲁：西天山地区青铜时代遗存新类型》，《西域研究》2007年第4期，15~28页。

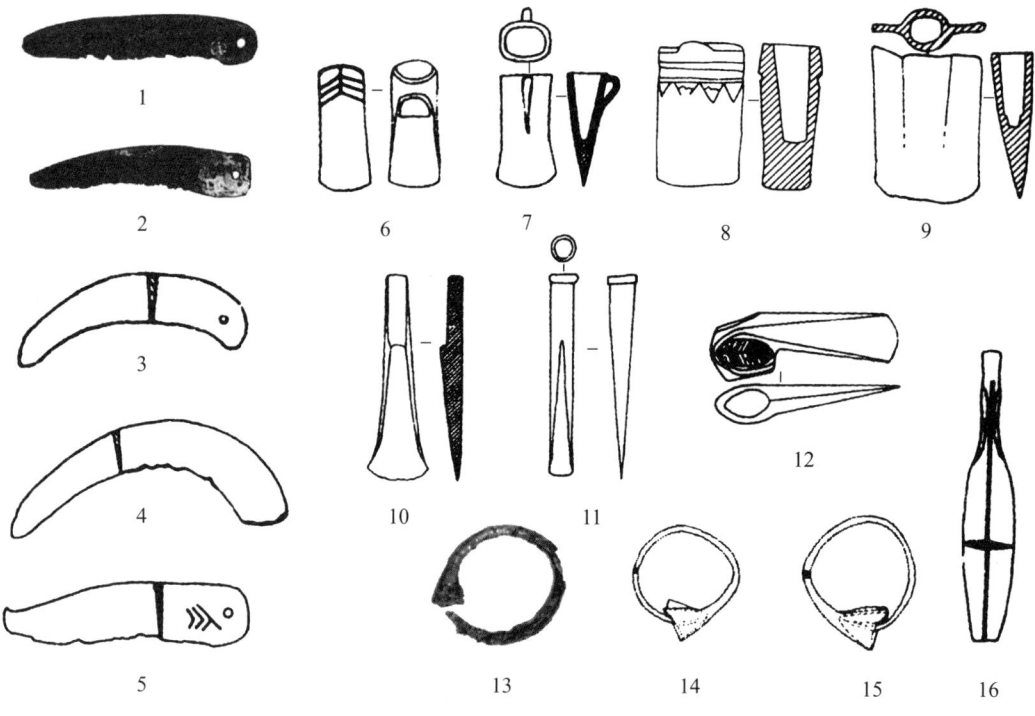

图 2-27 新疆地区出土安德罗诺沃文化铜器

1~5. 镰 6~8. 斧 9. 铲 10、11. 凿 12. 管銎斧 13~15. 喇叭形耳环 16. 短剑
（1、2、6、7、9、10、16. 塔城地区 3、4. 阜康 5、8、11、12. 巩留阿尕尔生 13. 阿敦乔鲁 14、15. 塔什库尔干下坂地墓地）

长銎铜戈、铜短剑、铜镞，装饰品有带扣、笄、耳环、项链，此外还有铜条、炼渣、铜卷和铜片等物出土[①]（图 2-27）。由于晚期遗存已超出本书讨论的时代范围，在这里只简单概述，不多做探讨。

四、阿克塔拉类遗存出土铜器

阿克塔拉类遗存是以阿克塔拉遗址命名的一类遗存，这类遗存主要发现于疏附县附近，在阿克苏、塔什库尔干等地区也有分布，目前已调查的有阿克塔拉遗址、康玄遗址、果吉勒拉遗址以及阿克苏市喀拉玉儿衮遗址、塔什库尔干下坂地墓地 M18 等。因为阿克塔拉类遗存至今还没有正式发掘的遗址，因此发现的铜器非常少，且多为小件铜器。1972 年新疆博物馆考古队在阿克塔拉遗址调查时，在遗址地表发现铜小件和残铜块若干，其中有小铜刀 1 件，直背弧刃，残长 6.7、宽 1.35、厚 0.3 厘米，经化验，

---

① 李肖、党彤：《准噶尔盆地周缘地区出土铜器初探》，《新疆文物》1995 年第 2 期，40~49 页。

含锡仅 1.2%，当是红铜①（图 2-28）。关于阿克塔拉类遗存的年代，存在一定争议，遗址的调查者认为与新塔拉类遗存年代相近，在距今 3500 年左右②，李水城则认为时代要早一些，与苏勒塘巴俄时代接近③。

图2-28　阿克塔拉出土小铜刀（SA0011）

此外，位于疏附县乌帕乡的苏勒塘巴俄遗址（公元前？~前 2000 年）也发现有铜器，该遗址出土有铜器 17 件，包括铜珠 1 件、铜条 4 件以及其他铜器残片或残段 12 件。发掘者认为，该遗址与中亚一带的克尔捷米纳尔文化类似，其年代应在公元前 2000 年或更早。这些铜器中有 3 件进行了检验，除一件因完全锈蚀无法判断制作技术外，余两件皆为铸造成形。3 件铜器中，1 件为含铋、银、锡的红铜，2 件为含铋或锑的锡青铜④。有学者认为该遗址检测的铜器以锡青铜和铸造为主，表现为较为先进的金属工艺特性，因此对待这批铜器的年代还应采取更为谨慎的态度⑤。但是在这　时期，毗邻新疆地区的阿尔泰地区已经开始了锡青铜的制作和铸造技术的运用，因此我们认为，这批铜器的年代还是较为可靠的。

五、新疆中西部地区早期铜器的特点

新疆中西部地区在公元前两千纪中叶之前发现的遗址较少，目前仅有苏勒塘巴俄遗址、克尔木齐的几处早期遗存和小河文化的两处墓地。由于发现的遗址较少，资料也多未公布，因此这一时期该地区的冶铜业发展情况目前还不甚明朗。

从现有资料看，该地区铜产品的数量较少，种类也比较简单，仅有少量的铜锥等小型工具和铜环、铜片等小件装饰品。但是铜产品在合金配比和铸造技术方面，体现

---

① 新疆维吾尔自治区博物馆考古队：《新疆疏附县阿克塔拉等新石器时代遗址的调查》，《考古》1977 年第 2 期，107~110 页。
② 吕恩国、常喜恩、王炳华：《新疆青铜时代考古文化浅论》，《新疆石器时代与青铜时代》，文物出版社，2008 年。
③ 李水城：《西北与中原早期冶铜业的区域特征及交互作用》，《考古学报》2005 年第 3 期，239~275 页。
④ 潜伟：《新疆哈密地区史前时期铜器及其与邻近地区文化的关系》，知识产权出版社，2006 年。
⑤ 邵会秋：《新疆史前时期文化格局的演进及其与周邻地区文化的关系》，吉林大学博士学位论文，2007 年。

出较为成熟的特性,砷合金铜的使用与中亚西伯利亚地区较为相似。经合金配比检测的6件铜制品中,锡青铜4件、含砷合金铜2件,没有红铜,似乎该地区冶铜业发展没有经历明显的纯铜阶段,而是直接开始砷合金铜和锡青铜的生产。经铸造技术检测的5件铜制品中,锻造的3件、铸造的2件,但是铸造的器物均为铜块,是冶炼的初级产物,因此该地区的制作应是以锻造为主的。

新疆中西部地区早期铜器的数量和种类较少,似乎与铜产品先进的制作工艺相矛盾,这种矛盾的特性是由以下两方面原因造成的:一方面,已有证据表明,该地区诸文化多受到中亚西伯利亚地区的阿凡纳谢沃文化和奥库涅夫文化的直接影响,小河文化的居民甚至可能是由东欧的竖穴墓文化人群组成的[①]。"周围先进文化的渗透,限制并打断了新疆原始文化的自然发展。"[②] 但是同时也带来了先进的铜器技术。另一方面,新疆中西部地区的气温低寒,无霜期短,不适宜人类定居,由于铜矿冶炼和铜产品制作比石器的制作要困难许多,需要更多的人力和物力,因此,当地的居民虽然有先进的技术,但可能由于气候条件所限制,不能投入过多资源发展冶铜业。而与该地区毗邻的哈密盆地地区,日照时间长、气温高,有高山融水的灌溉,适于人类发展农业和定居,因此更容易使用先进的铜器技术,冶铜业的发展也更为迅速。新疆所处特殊的地理环境、复杂的地形和气候直接导致了新疆地区早期文化多样性的特征[③],也使冶铜业发展呈现较大的地域性差异。当然,新疆中西部地区的考古工作开展不多,资料发表较少,研究工作无法深入,基本的时空框架还没有确立,因此我们不排除有更多数量或时代更早的铜器发现的可能。

第七节　长江流域的早期铜器

除以上六个区域外,长江流域也发现少量早期铜器。这些铜器数量不多,分布广泛,主要见于石家河文化、大城墩二期、马桥文化、三星堆文化和塘坊坪文化中。目前长江流域共发现早期铜器24件,以及少量铜矿石和铜渣等冶铸遗物。

长江流域目前发现的早期铜器可早至新石器时代末期的石家河文化,石家河文化遗址主要分布于江汉平原,尤其是在天门市石家河镇分布最为密集,形成了密集的石家河遗址群,目前发现的6件铜器均发现于此遗址群,罗家柏岭发现铜片5件,邓

---

① 邵会秋:《新疆史前时期文化格局的演进及其与周邻地区文化的关系》,吉林大学博士学位论文,2007年。

② 郭物:《新疆早期文化的打断现象》,《新疆文物》2006年第2期。

③ 羊毅勇:《新疆古代文化的多样性和复杂性及其相关问题的探讨》,《新疆文物》1999年第3、4期。

家湾发现铜片1件（图2-29，8），此外在肖家屋脊和罗家柏岭都发现了铜矿石和铜渣等冶铜遗物。二里头文化时期长江流域发现早期铜器的数量明显增多，安徽含山大城墩遗址发现铜刀1件①；四川广汉三星堆文化发现铜牌饰4件；重庆万州塘坊坪文化发现铜镞5件、铜锥1件；上海马桥文化发现铜刀4件、铜镞1件、铜斧1件（图2-29）。

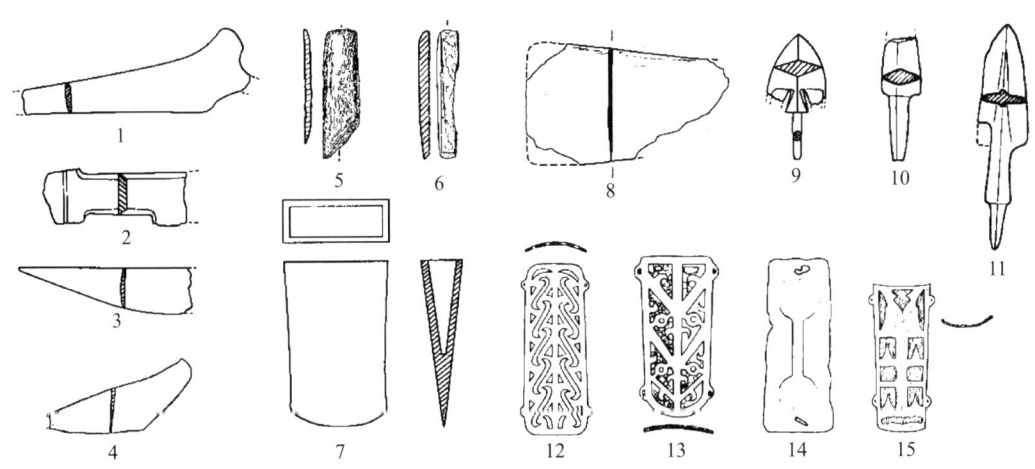

图2-29　长江流域出土早期铜器

1～6. 铜刀（IIT1032③D：7、IIT1032③A：2、IIT1032③B：5、T23⑭B：214、C11：16、T13：2）　7. 铜斧（IIT1032③A：1）　8. 铜片（T4②：11）　9～11. 铜镞（IIT1032③B：3、H8②：5、H1：2）　12～15. 铜牌饰（87GHZJ：16、87GHZJ：36、87GHZJ：17、采集）

（1～4、6、7、9. 上海闵行马桥出土　5. 安徽含山大城墩出土　8. 湖北天门山邓家湾出土　10、11. 重庆万州塘坊坪出土　12～14. 四川真武仓包包出土　15. 四川高骈）

目前长江流域发现的早期铜器以铜刀、锥、凿等工具为主，也有一定数量的铜牌饰等装饰品和铜镞等小型兵器。整体来看，器形较为简单，不同考古学文化所出土的铜器类型多有不同，差异明显。目前经科技检测的铜器数量十分有限，材质不明，发表可确认制作方法的铜刀、凿和牌饰均为铸造。

整体来看，长江流域发现的早期铜器数量少，制作工艺较为简单，分布也不够集中，且区域内各文化间的铜器种类和数量差异明显。可见，长江流域的早期铜器并不发达。

---

① 安徽省文物考古研究所、含山县文物管理所：《安徽含山大城墩遗址第四次发掘报告》，《考古》1989年第2期，108页。

第三章　中国早期冶铜技术的产生与发展

我国目前发现的最早铜器年代为公元前4700年左右，而中国特有的以青铜容器为典型特征的青铜礼器系统大约至公元前1500年才得以确立。早期铜器的发展经历了3000多年的漫长历程。在这一发展过程中，铜器的制作方法、使用方式和象征意义在不断地发生变化。同时，由于各个地区地理、文化和经济环境的不同，铜器也表现出很强的地区差异。因此，对中国早期铜器进行不同时段的动态区域对比研究，是全面揭示中国铜器冶铸技术的起源时间、地点及其传播路径等问题的重要途径。

第一节　早期制铜技术的产生：仰韶、龙山时代

一、仰韶时代铜器制作

我国仰韶时代的早期铜器发现数量很少，分布也十分分散。在仰韶文化和红山文化少数几处遗址中发现6件铜器和几件冶铜或铸铜相关遗物。每处遗址仅有零星几件铜器，所见铜器主要为简单的工具和小型装饰品，主要有铜片、短柄铜刀、铜片卷成的铜管、铜条弯成的耳环和铜笄，形制都十分简单。

经检测的5件铜器中铸造成形者4件、锻造者仅1件，铸造铜器占比极高。铸造用的陶范在红山文化西台遗址发现2件。虽然目前仰韶时代铜器数量十分有限，统计分析结果存在较大的偶然性，但铸造铜器占如此高比例，甚至一些形制简单的铜片和耳环也为铸造而成，说明铸造在仰韶时代铜器制作中占有十分重要的地位。

经科技检测，6件铜器的合金中黄铜3件，红铜、锡青铜和白铜各1件，黄铜占比达50%。在合金铜器中，合金元素占比都较高，铜锡合金中锡含量6%~10%，铜锌合金中锌含量25%~32%，铜镍合金中镍含量达20%，姜寨黄铜片中还含高达5.92%的铅。可见，目前发现的仰韶时代早期铜器多种合金成分共存，合金元素占比极高。

目前发现的铜器及其相关遗物绝大多数出土于居址之中，仅红山文化牛河梁遗址1件铜耳环出土于墓葬，可能为墓主生前佩戴的私人物品，该墓葬的规模及随葬品数量与牛河梁其他红山文化墓葬差异不大。可见，此时的铜器通常用作实用物品，与绝大

多数的石、木、陶器地位大致相同，不具有财富和身份地位的象征含义，应当不属于很稀有珍贵的物品。

二、龙山时代铜器制作

龙山时代的早期铜器分布范围广，几乎遍布整个黄河流域，在河西走廊东部、长江中游和辽东半岛也有发现。马厂文化、齐家文化（A组铜器）、石峁遗存、陶寺文化、王湾三期文化、后冈二期文化、王油坊类型、山东龙山文化、双砣子一期文化及石家河文化中都发现有早期铜器。

龙山时代铜器数量明显增加，目前已发现逾120件。其中单个遗址出土铜器数量也有所增多，皇娘娘台遗址出土铜器30件之多。从铜产品的数量上来看，河湟和河西走廊地区铜产品明显更为丰富，共90余件，占龙山时代铜器总量的70%强。

这一时期的早期铜器仍以工具为主，占铜器总量的60%，装饰品占比也较高，达12%（图3-1）。数量较多的器形主要有刀、锥、凿、斧、钻等小型工具和耳环、手镯、指环、泡等装饰品，其中锥、凿、斧、钻、手镯、指环和铜泡不见于仰韶时代铜器。此外，铜铃、容器残片和铜戈在龙山时代末期的黄河中下游地区开始出现，但数量很少。整体来看，龙山时代铜产品种类较为单一，各区域均以刀、锥、钻、凿等小型工具为主，并有少量装饰品。

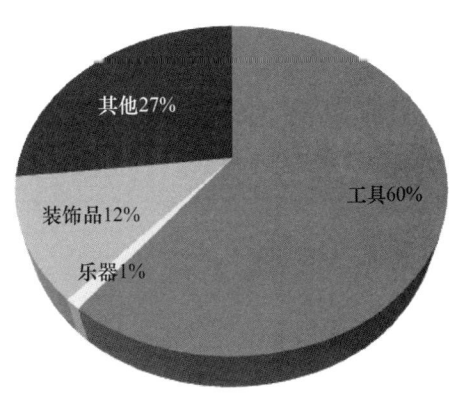

图3-1 龙山时代铜器器类统计图

龙山文化时期铜器材质多样，其中红铜数量最多（43件），其次为青铜（9件），也有少量砷铜（4件）、黄铜（4件）和冰铜（3件）（图3-2）。与仰韶时期相比，龙山时代红铜器的数量增长明显，青铜数量也有所增加，黄铜所占比例下降，并新出现了砷铜。

从器类合金统计来看，数量最多的工具和装饰品均以红铜为主，并伴有青铜、砷铜及黄铜等多种合金，器类与合金间并没有密切的联系。陶寺墓葬出土的铜铃为红铜铸造而成，由于红铜流动性较差，所以铜铃表面粗糙，厚薄不均，铃顶端残留有明显的空洞。同时，这一时期的绝大多数铜工具由硬度较差的红铜制作而成。可见，这一时期铜器的制作，对合金的物理性能还未有深入的认识，不能依据铜器功能和制作需求的不同来选择合适的合金配比。

龙山时代铜器的制作既有铸造也有锻造，二者所占比例大致相当。工具和装饰品中锻造略多于铸造（图3-3）。从目前的科技检测结果看，锻造铜器时以热锻为主（13

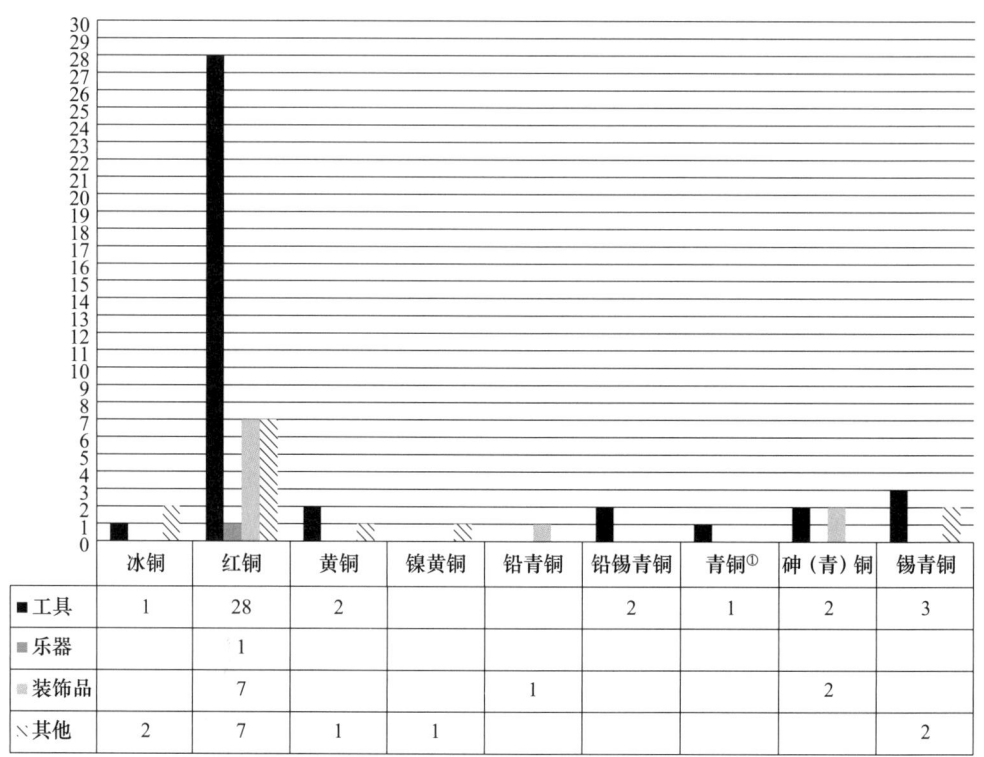

图3-2　龙山时代铜器材质统计表

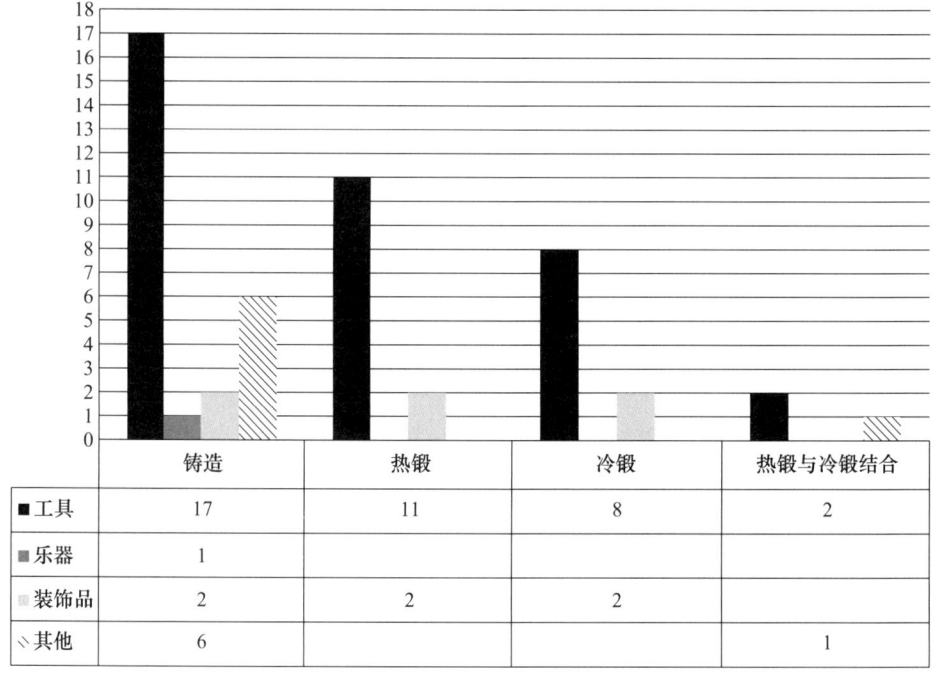

图3-3　龙山时代铜器制作工艺统计表

---

① 指在原报告中被指明为青铜合金制品，但未披露详细合金配比的青铜器。以下皆同，不再标注。

件），冷锻也占一定比例（10件），也有部分铜器采用热锻与冷锻结合的方式制作而成。从铜器特征观察，铸造铜器以单范铸造为主。从陶寺遗址发现的铜铃来看，这一时期应该已经具备了复合范铸造技术。目前这一时期的铸范仅发现1件，西城驿遗址二期遗存发现石质镜范1件①。这一时期虽没发现陶范，石范数量也发现不多，但考虑到仰韶时代陶范就已出现，龙山时代又存在大量铸造成形的铜器，可以推测在龙山时代陶范和石范均已出现，且并存发展。

龙山时代铜器大部分仍然出土于居址中，不过随葬铜器的现象逐渐开始流行，燕山地区红山文化中就有随葬装饰品的现象，龙山时代内蒙古准格尔旗二里半遗址墓葬中也随葬铜手镯，河湟地区永靖秦魏家齐家文化墓地中有随葬铜饰和指环等装饰品，互助总寨齐家文化墓葬中随葬少量铜锥等工具，黄河中下游地区的陶寺遗址墓葬中随葬铃、手镯等铜器。可见，龙山时代墓葬中随葬铜器的现象开始增多，主要随葬铜器仍以装饰品为主，也开始随葬少量工具，仅陶寺遗址随葬有礼乐器。用于随葬的工具可能与墓主生前所从事的生产活动相关。无论是工具还是装饰品，这些铜器应当是作为"私人物品"埋葬在死者身边的，一定程度上能够反映墓主生前财富的多寡，但这并不具有社会或政治地位的象征意义。

三、仰韶、龙山时代制铜技术的发展

综观仰韶和龙山时代的早期铜器，材质主要为红铜，也有少量青铜或黄铜制品，特别是仰韶时代黄铜的比例明显偏高，在渭河流域的临潼姜寨、渭南北刘遗址，运城盆地绛县周家庄遗址，山东半岛的胶县三里河遗址共发现黄铜（或含镍黄铜）6件，其出现比例在史前时期各类合金铜中非常高。这些铜器的年代自公元前4700年左右至公元前二千纪，特别是临潼姜寨出土2件黄铜片是目前中国最早的早期铜器。

这些黄铜制品的年代目前在学界还存在一定的争议。有学者认为，由于考古工作的局限性和仰韶时代的技术水平的限制，这些铜器可能不属于仰韶时代，而是晚期遗物混入了早期地层中的结果②，含锌量较高的黄铜是金属铜与金属锌的合金，而金属锌的冶炼技术要求极高，有意识地用金属锌制造黄铜时代较晚，最早也应在11世纪前后才有可能③。

虽然目前还没有直接的证据能够证明这些黄铜制品均是当地制作的，但考虑到在中国史前时期早期铜器数量不多的情况下，黄河中下游地区却发现多件黄铜制品，

---

① 目前中国铜镜最早发现于下一阶段（二里头文化时期）的河湟地区，在这一时期还未发现，此石镜范的年代可能还需要重新厘定。

② 安志敏：《中国早期铜器的几个问题》，《考古学报》1981年第3期，270页。

③ 安志敏：《试论中国的早期铜器》，《考古》1993年第12期，1111页。

这一现象应当不是偶然的，中国史前时期黄河流域存在冶炼黄铜的技术的可能性是很高的。

北京钢铁学院冶金史组的专家经过反复实验，已经证明铜锌共生矿通过原始冶炼（可能通过重熔）是可以得到黄铜的[①]，近期凡小盼研究指出姜寨遗址出土黄铜片可能是用固体还原法制成的[②]，这说明从冶金技术角度看，中国史前时期冶炼出黄铜制品是完全有可能的。

因此，仰韶时代黄铜、白铜和青铜等合金制品的出现，并非冶铜技术高度发达的表现，而是冶铜技术初始阶段的特征。滕铭予先生从冶金学和矿床学的角度对中国早期铜器，特别是早期合金铜制品进行了详细研究，认为这是铜器冶炼之初，利用铜与锌、锡或铅等金属的伴生矿冶炼而来的，是一种"原始合金铜"[③]，这一认识无疑是正确的。中国史前居民最初可能只是无意识地对矿石进行加热，从而冶炼出了原始合金铜，还未对铜矿进行有意识的甄别和加工利用，也不能从铜矿石中有效去除杂质，得到纯铜。

红铜器的出现，说明原始先民已经脱离了原始合金铜的冶炼阶段，开始尝试冶炼纯铜。中国龙山时代早期铜器中红铜数量激增，说明这一时期先民已经具有了一定冶铜水平，能够有意识地冶炼纯铜，并制造一些简单的工具和装饰品。

有研究者指出龙山时代红铜制品中可能还包含有部分自然铜制品。甘肃武威皇娘娘台遗址出土的20件铜器和河北唐山大城山遗址出土的2件铜牌饰可能为自然铜直接锻打而成[④]。其依据是，自然铜中的微量元素杂质（单个元素）通常为 ppm 或亚 ppm 级，其铜含量在99%以上，然而古人冶炼所得到的铜杂质较多，通常情况下纯度要低于自然铜，铜含量达不到99%。这些早期的铜制品中，部分样品铜含量非常高，铜含量超过96%，杂质甚少，且检测样品全部为锻造成形，与自然铜制品的特征十分吻合。

自然铜由于纯度高、硬度低、延展性好，直接开采就可获得，不需通过冶炼，直接锻打就可以制作成铜器，因此自然铜相对来说可能更容易被古人所认识。不过，目前我国自然铜制品发现数量仍十分有限，与红铜制品的区分标准及其出现和使用年代等问题尚不明确。因此，中国应当不存在一个大规模单纯使用自然铜制作铜器的阶段。

整体来看，仰韶、龙山时代出土铜器的数量有限，合金类型多样，质量较低，出土铜器的遗址数量也不是很多，此时中国的冶铜业仍处于初级发展阶段。

[①] 北京钢铁学院冶金史组：《中国早期铜器的初步研究》，《考古学报》1981年第3期，287～302页。

[②] Fan X P, Harbottle G, Gao Q, et al. Brass before bronze? Early copper-alloy metallurgy in China. Journal or Analytical Atomic Spectrometry, 2012, 27(5): 821-826.

[③] 滕铭予：《中国早期铜器有关问题的再探讨》，《北方文物》1989年第2期，8～18页。

[④] 汪常明：《考古学意义的北美自然铜地球化学示踪研究》，中国科学技术大学博士学位论文，2009年，4页。

史前时期的铜器铸造技术较为简单，多数用单面范，或用两合范铸造，如东乡林家的铜刀、皇娘娘台采集的铜刀等。史前时期的铸范目前发现极少，仅在敖汉西台红山文化遗址中发现2块泥范，在西城驿遗址二期遗存发现石范1件。

然而，龙山时代末期黄河中下游地区铜器制作技术率先取得了突破。陶寺、王城岗等遗址发现的铜容器残片或铜铃，都是当时较为复杂的铜器，其特点是薄壁、中空、曲腹，此特点给铸造带来一系列的难题。首先，铸造造型如此复杂的器物，必须使用多块内外范组合的复合范技术，而且由于范芯曲弧多变，使用的范肯定为陶范而不能是石范。其次，为保证铸造出均匀的薄壁铜器，需要在复杂的多块内外范之间设置合理的榫卯和增加芯座的长度，以保证铸范套合不错位、减少误差和保证铸范芯位的准确。再次，为了防止如此薄的铸件在铜水凝固时开裂，还须解决范芯的退让性问题。最后，铸造薄壁容器时，要使铜水在狭窄缝隙中畅通并充满范腔，除需要在熔铜时提高温度，使铜水具有良好的流动性外，还要考虑范的预热问题。陶寺铜铃有浇铸不足的缺陷，可能是烘烤温度偏低所致。龙山时代末期铜铃和铜容器的成功生产，不仅说明前述一系列的铸造技术难题基本得以解决，还创造了薄壁铸件铸造的新技术，这也表明中原地区龙山时代先民的铸铜技术已经脱离了原始阶段，有了一定的发展。

综上所述，仰韶至龙山时代中国铜器制作经历了由原始合金铜向红铜转化的阶段，同时部分铜器可能通过自然铜直接锻打而成。中国的冶铜业从肇始阶段进入了初步发展阶段，部分先进的冶铸技术在局部地区开始出现，但还未普及。

从铜器的社会功能看，仰韶、龙山时代铜器发展缓慢，铜器仅作为一种新的材质用于生产和生活，铜器的出现没有明显促进生产力的发展，这一时期主要的工具仍为石器和骨器等传统材质器具。铜器在社会生活中也并不具有身份地位象征的意义，铜装饰品作为个人附属品，一定程度上具有个人财富象征的意义，但并不具有彰显身份地位的含义。这一时期政治或社会地位的主要象征物为玉器。早期铜器的器形与冶铸工艺各个地区差异不大，中原及其周边地区均有发现，铜器特征也十分相近，早期铜器最西发现于河西走廊地区，再向西的新疆地区目前还没有发现。这一时期的铜器主要用于生产、生活的实用品，很少用于随葬，铜器生产也不具有规模化，社会生产的分工也不明显。

还要指出的一点是，由于铜器具有重熔的特性，在铜较难获得的情况下，铜器一般会重熔后重新利用，很难遗留下来成为考古遗存。因此，基于这一因素，可以认为现今发现的中国史前时期铜器的数量多寡并不能完全反映当时铜器使用的普遍性程度。而且，虽然铜器同当时大量使用的石器相比是非常少的，但这并不能说明中国史前时期铜器在社会生产、生活中所占的实际地位不高。实际上，由于铜器良好的延展性、锋利性和重熔性，一经人们发现就会在社会生产、生活中发挥出重要的作用。

整体上看，夏代之前的早期铜器具有很强的原始性。这一时期铜器的制作工艺较为简单，铜器类型有限，发现数量也不是很多，各地区发现的铜产品种类与制作方式差异不大。但在这一阶段的末期，不同区域的特征差异已经初露端倪，铜器的制作开始发生分野，走上了不同的发展道路。

第二节　冶铜技术的发展：二里头文化时期

二里头文化时期，铜器的分布更加广阔，中国西北地区的齐家文化、四坝文化、天山北路墓地，河套地区的朱开沟三、四期遗存，燕山南北地区的夏家店下层文化，中原地区的二里头文化，山东半岛的岳石文化及长江流域同时期文化中都发现了很多早期铜器。这一时期与仰韶、龙山时代不同，中国早期铜器开始表现出极强的地域特征，各地铜器的器类组合、冶铸方式和出土背景均表现出明显的差异。

童恩正先生早已指出中国自东北至西南存在着一条"边地半月形文化传播带"，大致以大兴安岭南段开始，沿长城经河套、河湟地区再折向南方，沿青藏高原东部达云南西北部，这条边地文化传播带范围内生态环境相近，一直是畜牧或半农半牧民族的生息地，是中国农业与牧业经济的分界线，同时也是中国华夏文明的边缘地带[①]。从现有早期铜器表现出的显著地域特征来看，边地半月形文化传播带在二里头文化时期已经存在，以此边地传播带为界可将中国二里头文化时期的早期铜器分为三个区域。其东为中原早期王朝的核心区（以下称中原地区），创建了一套以容器和乐器为核心的独特青铜礼制文化。其西为中国西北边地（以下称西北地区），面向欧亚草原，与中原王朝核心区相距甚远，文化联系较弱，流行的铜器与欧亚草原铜器十分相近。边地半月形文化传播带（以下称边缘地带）恰处于二者之间，是两种不同铜器文化的过渡地带。三个铜器文化区的形成与各自地域的地理环境、生业方式及文化传统都密切相关。

一、中原地区制铜技术的发展

除中原早期国家的核心区外，本书的中原地区还包括其东部边缘这一完全受中原铜器文化影响的地区（即海岱和长江中下游地区）。在行政区划上包括陕西省及山西省南部、河南省、山东省、湖北省、安徽省和上海市。

中原地区在二里头文化时期，随着国家级社会的出现和新技术（如复合范法）的广泛应用，冶铜业开始了迅猛的发展。中原地区早期铜器仅从数量上看是目前三大区

---

① 童恩正：《试论我国从东北至西南的边地半月形文化传播带》，《文物与考古论集》，文物出版社，1986年，17~43页。

域中最少的，仅有不到 300 件，但是考虑到该区有近 30 件大型铜容器发现，其铜产品的生产总量还是非常可观的。

中原地区二里头文化时期铜器器类大为丰富，纹饰渐趋复杂。铜器器类有 20 余种，不但有小型工具和装饰品，武器的种类也很丰富，并且开始出现了铜容器和乐器。中原地区二里头时期早期铜器仍以工具为主，占铜器总量的 45%，其次为武器和容器，装饰品数量极少，仅占铜器总量的 2%（图 3-4）。同时，铜器纹饰开始流行，从素面演变为弦纹、乳钉纹、单线饕餮纹、圆圈纹或镂孔装饰等多种装饰。

合金工艺方面，青铜器占大多数，达到八成左右，红铜器仅占两成左右。不同器类之间，金属成分存在着差异，工具和武器以青铜

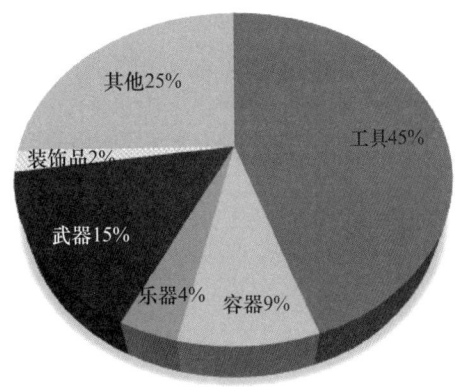

图3-4 中原地区早期铜器器类统计表

为主，红铜均仅占两成左右，装饰品以红铜为主，而容器则全部为青铜（图 3-5），可见人们对铜金属的属性有了更深刻的认识，能够依据不同铜器的性能需求选择合适的合金配比。此外，中原地区也发现有极少量的砷铜制品。

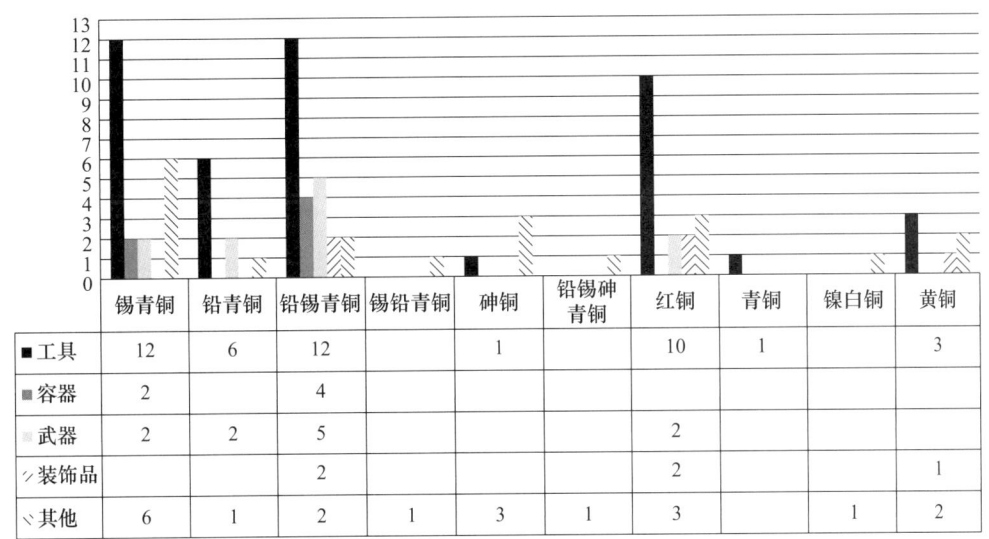

	锡青铜	铅青铜	铅锡青铜	锡铅青铜	砷铜	铅锡砷青铜	红铜	青铜	镍白铜	黄铜
工具	12	6	12		1		10	1		3
容器	2		4							
武器	2	2	5				2			
装饰品			2				2			1
其他	6	1	2	1	3	1	3		1	2

图3-5 中原地区早期铜器材质统计

在制作技术方面，中原地区以铸造为主，开始广泛使用泥范铸造技术，并能根据不同器类选择单范、多范或复合范，已能铸造器形较为复杂的铃和爵、斝、盉等器物。目前经检测的铜器，工具、武器、容器和装饰品均主要为铸造成形，少量的工具和武

器经过退火处理，少量装饰品为锻制而成（图 3-6），说明这一时期能够依据铜器功能需要选择合适的制作方式。同时，中原地区铜器制作技术呈现多元化趋势。除铸造外，二里头文化时期中原地区还出现了镶嵌、补铸、鎏金等手法，镶嵌绿松石的铜牌饰工艺精湛，为同时期铜器装饰品中的佼佼者，在二里头遗址就出土了一件背部有鎏金痕迹的铜刀[①]。

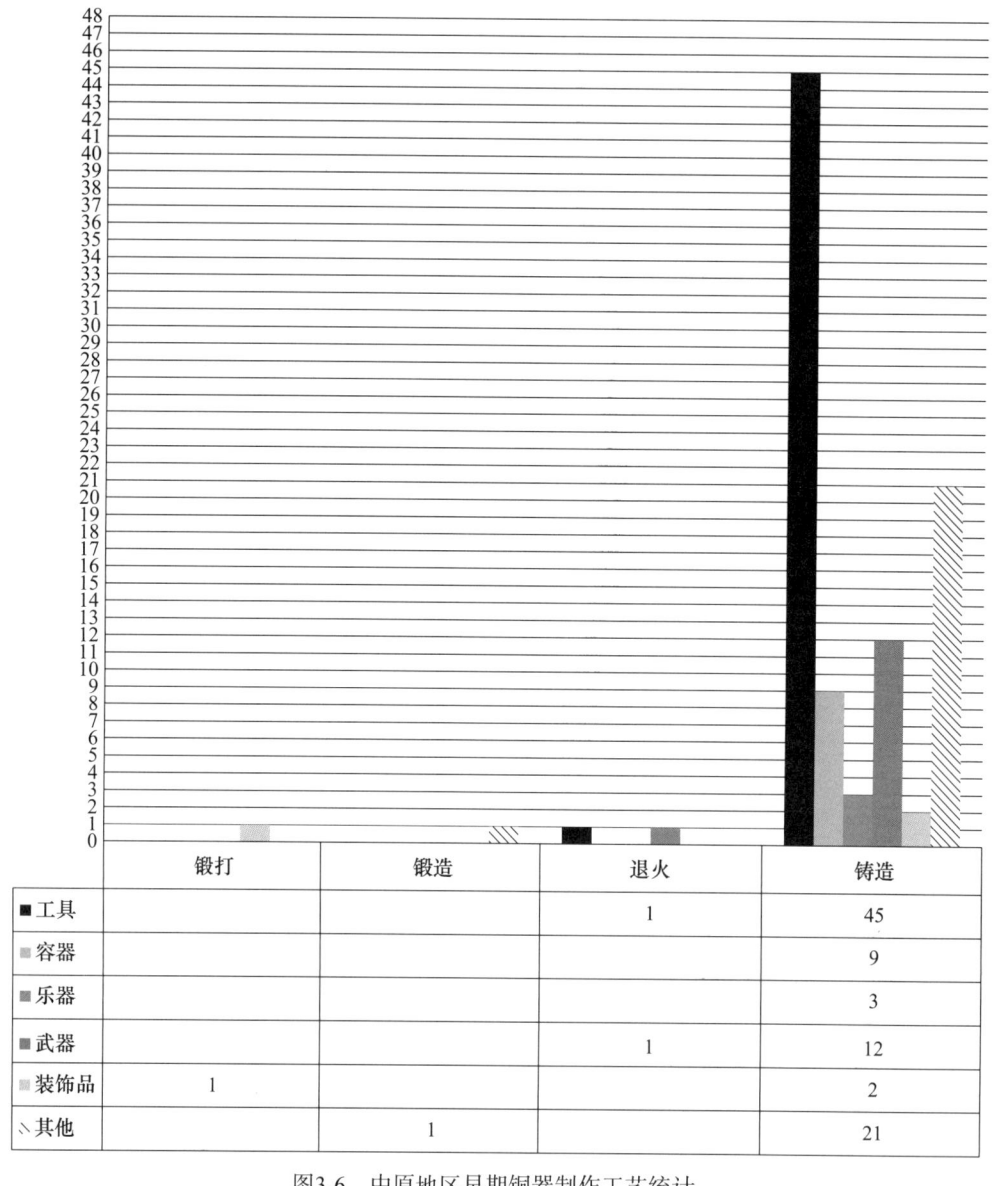

	锻打	锻造	退火	铸造
■工具			1	45
■容器				9
■乐器				3
■武器			1	12
■装饰品	1			2
■其他		1		21

图3-6　中原地区早期铜器制作工艺统计

---

① 郑光：《二里头遗址与中国早期青铜文明》，《中国考古学论丛——中国社科院考古研究所建所 40 周年纪念》，科学出版社，1993 年，191 页。

金正耀先生对二里头文化二至四期的13件铜器进行了成分分析，第四期所测的4件铜容器中，有3件铅含量在20%以上，"高铅含量的合金配比，铜液流动性好，器物容易浇注成形。对于器壁较薄，而形制和种类又较为复杂的容器铸造来说，这一技术是十分必要的"①，说明铅金属的性质也被有意识地利用。至迟在二里头文化二期，就已经形成较稳定的青铜熔铸规范，并懂得根据器物类别性质配置青铜合金的技术。

铸造流程和管理方面，能够将铜器制作的一整套程序如淘洗、制范、阴干、浇注、打磨等协调起来，并做到有序进行。铜器生产过程在相应机构组织下实现了规模化和专业化。

不过，目前对于二里头文化的冶铜业发展水平，学者仍存在分歧：一些学者认为，二里头文化时期仍处于青铜铸造业的初级发展阶段，其铸造技术仍带有一定的原始性，青铜合金配比尚不稳定，铜器器形创新者少，多仿造同时期的陶、石器形态，铸造铜器中精致者甚少，特别是这一时期有不少小件工具如刀、镞、锥等模仿早期的石、丹、蚌类器物。而礼乐器等技术含量较高的器皿不仅普遍出现年代偏晚，而且仅见于个别中心聚落遗址。因此，这一时期尚未进入真正发达的青铜时代，只不过刚刚跨出了铜石并用时代的门槛②。另一种意见认为，以二里头为代表的青铜制作技术已经达到一定的发展高度。对青铜合金的几种主要金属元素已有较多的认识。二里头早中期的锡青铜铸造、稍晚的铅锡青铜的发明，都是夏代青铜工艺取得的重要成就。可以说，青铜时代主要合金类型的锡青铜和铅锡青铜的配置技术，在夏代已经基本形成，并为商代青铜文明的高度发达奠定了基础③。

二里头文化发达的铜器冶铸工艺经历了一个明显的发展过程。龙山时代末期的陶寺遗址和王城岗遗址已经发现了铜铃和铜容器残片，说明当时已经初步具备了复合范冶铸工艺，二里头文化的同类工艺应当继承于中原地区龙山时代的技术。在二里头文化第一、二期，铜器仍多为刀、凿、锥等小件工具和兵器镞，虽然也有像复合范制作的铜铃和运用镶嵌工艺制成的铜牌饰这些较复杂铜器出现，但数量很少，铜牌饰（1981YLⅤM4：5）和铜铃（1982YLⅨM4：80）都只发现了1件④。自第三期开始，二里头文化的冶铜业迅速发展起来，表现出独有的文化内涵和特色。不仅铜牌饰和铜铃等复杂器物比前期数量有了很大增加，并且新出现了戈这样的大型武器。其中二里头遗址出土的一件曲内戈（1975YLⅦM3：2），内后铸有凸起的云纹，纹饰凹槽内可能镶嵌有绿松石，器物线条流畅，制作精美，达到了很高的工艺水平。第三期新出现的器

---

① 金正耀：《中国铅同位素考古》，中国科技大学出版社，2008年。
② 严文明：《论中国的铜石并用时代》，《史前研究》1984年第1期，36~44页。
③ 金正耀：《二里头青铜器的自然科学研究与夏文明探索》，《文物》2000年第1期，56~64页。
④ 陈国梁：《二里头文化铜器研究》，《中国早期青铜文化——二里头文化专题研究》，科学出版社，2008年。

物中最引人瞩目的应属铜爵的出现，铸造铜爵等容器，会消耗更多的铜原料，而且需要采用内外范结合的复合范技术，铜容器的出现代表了二里头文化铜器铸造的最高水平，反映出二里头文化早晚阶段的冶铜产业有一个巨大的转变。从整体上看，中原地区铸造的铜器经历了刀、锥等小型工具—铜铃等小型乐器—铜爵、角等小型容器—斝、鼎、盉等大型容器发展过程，铜器尺寸每增大一倍，冶铸难度会增加数倍，复合范铸和合金配比技术在二里头文化时期迅速成熟。

除了早晚的差异，中原地区的冶铜业存在着明显的空间差异。虽然二里头遗址出土铜器的水平较高，其他遗址的铜器制造仍然停留在较初级的阶段。以山西夏县东下冯遗址和泗水尹家城遗址为例，前者从第三期才开始出现少量铜器，器类仅有凿、镞等小件工具或武器；后者出土铜器的数量较少，而且仅见刀、锥、镞、环等小件工具、武器或装饰品。这似乎暗示了这些非中心性的遗址尚不具备制作复杂铜器的实力，其冶铜工业的规模也比较有限。这也说明当时作为重要手工业部门的铸铜业可能已经被国家所垄断，这也是国家王权政体出现后的一个必然结果。出现这一现象的原因有两种：一种可能是二里头文化铜礼器是新产生的礼仪制度的物化，还没有得到周边地区文化的广泛承认和接受；一种可能是二里头文化的统治者控制了周边地区铜矿资源、铜容器和大型兵器的生产，甚至铜器的分配。从目前考古学文化的分布看，第二种可能似乎更符合实际。

中原地区墓葬中随葬铜器的现象开始出现，但数量仍十分有限，仅在二里头遗址和郑州商城有发现，且二里头遗址共400余座墓葬中，仅约20座墓葬随葬有铜器。用于随葬的铜器主要有爵、盉、斝等铜容器，铜铃等乐器，铜牌饰等礼仪类器和极少量铜刀等工具。这些铜爵、铜盉、铜斝及铜铃等器物均是仿照同文化中的陶爵、陶盉等同类陶质器物铸造而成。

铜器墓主要发现于二里头遗址，形成了较为固定的铜器组合。二里头文化二期的铜器墓中随葬铜铃和铜牌饰，同时也随葬玉器、陶盉或陶爵。二里头文化三期墓葬中爵、盉、鬹和觚成为主要组合，部分爵开始由铜铸而成，也随葬有铜铃、铜牌饰。二里头文化四期爵通常为铜质，铜斝、盉、鼎等器形开始出现在随葬品组合中，铜铃与铜牌饰仍然流行。铜器墓中通常伴随出土数量较多的玉器，其中2002VM3位于宫殿区院落内，墓主身体上方随葬一件由2000余块绿松石和玉器组成的龙形器，这件器物的发现以及墓葬所在的位置都说明该墓主具有很高的身份地位。铜器墓与其他墓葬相比，墓葬规模差异不大，而在随葬品上差异明显，铜器墓往往随葬大量玉器、陶器、贝，且明显比其他墓葬随葬品精致华丽。同时，还见有人和狗被殉葬，人骨表现出暴力伤害迹象等特征，这些都说明铜器墓主身份地位的特殊，也暗示出这一时期的随葬铜器应是彰显墓主身份的重要标识物。

除墓葬出土的铜器外，中原地区发现的其他早期铜器主要为各类工具和小型兵器（铜镞），这些工具广泛发现于居址的各类遗迹单位中。在二里头遗址，铜工具主要发现于第Ⅱ、Ⅳ区，这是二里头遗址的铸铜作坊区，说明青铜工具可能与铜器的制造活动有关。

二里头遗址植物遗存分析表明，二里头遗址具有发达的农业经济，农作物包括粟、黍、稻、谷、大豆等品种①，这与二里头遗址陶器残留物分析反映的食物结构正相符合，二里头居民食物中兼有 C_3（稻谷）和 C_4（粟）类植物，而且 C_4 类植物比例更高②。然而，在铜工具中目前还未发现铜质农具，说明铜器可能并未直接用于农业生产，农业生产工具仍为石、木器。

与其他区域截然不同，中原地区始终不流行个人装饰品。尽管二里头文化青铜冶铸技术已经十分发达，但在居址或墓葬中基本不见耳环、手镯等个人装饰品，这应该是由这一地区文化传统决定的。

海岱地区岳石文化发现了少量铜器，主要为小型工具和武器（镞），这些铜器与二里头遗址居址中出土的铜器特征十分接近，形制比较简单，金属制造技术的要求并不高。目前来看，出土铜器在数量上或技术成熟度上都不能证明海岱地区铜的冶铸生产达到了发达程度，而应当被看作一种可能由个别家族掌控的试验性的工艺。

岳石文化中还发现一件装饰品（铜环），这并不是中原地区典型的铜器，应是其他地区文化的影响，这一定程度上说明海岱地区与中原地区有一定的差异，与其北方的文化存在一定的联系，这也可能是海岱地区很快被商文化控制的一个原因。

岳石文化的生业方式也以农业为主，从龙山文化到岳石文化的许多遗址中，农业工具（铲、镰、锛、刀）在所有工具中呈比例增长，表明农业在日常经济中的作用不断增加。同时，山东临淄桐林和牟平照格庄等遗址显示粟作农业比例不断加大，稻作比例逐渐降低③。虽然农业经济发达，海岱地区与中原地区一样不见铜质的农业生产工具。

岳石文化在山东龙山文化基础上发展而来，遗址数量却较龙山文化明显减少，说明岳石文化人口密度降低了。由于目前岳石文化遗址发掘数量有限，其聚落形态并不十分清晰。有些学者指出岳石文化聚落有分化的现象，城子崖城址为中心聚落，史家遗址发现有祭祀坑④。不过整体看来，岳石文化的聚落特征还不甚明晰，特别是墓葬资料还较为缺乏，目前还未发现有随葬铜器的现象。

综合来看，二里头文化时期中原地区铜器具有以下特点。

---

① 赵志军：《公元前 2500 年～公元前 1500 年中原地区农业经济》，《科技考古》第二辑，科学出版社，2007 年，1～11 页。

② 中国社会科学院考古研究所：《二里头（1999～2006）》，文物出版社，2014 年，1315、1316 页。

③ 农业研究课题组：《中华文明形成时期的农业经济特点》，《科技考古》第三辑，科学出版社，2011 年，1～35 页。

④ 韩建业：《早期中国：中国文化圈的形成和发展》，上海古籍出版社，2015 年。

1. 器类组合

中原地区二里头文化时期铜器以工具为主,基本不流行装饰品,工具主要发现于居址中,应该是手工业生产工具。中原地区高等级贵族墓中开始流行随葬铜器,通常为铜爵、盉、斝、鼎等容器,铜戈、钺等兵器和铜铃、牌饰等礼仪器的组合,这是中原地区独有的文化特征,与其他地区皆不相同。

2. 铸造工艺发达

中原地区特别是二里头遗址,锡青铜、铅青铜、铅锡青铜这种二元或三元合金数量最多,人们对锡和铅作为合金元素的特性已经十分熟悉。在青铜的合金配比、复合范的铸造工艺及纹饰铸造上各项技术均已成熟,基本能够依据不同器类不同器形选择不同合金配比和制作方式。虽然在铜器数量上中原地区较河湟和河西走廊地区少得多,但在铜器冶铸技术上明显要更胜一筹。

3. 聚落差异悬殊

中原地区二里头文化时期已经进入早期国家阶段,聚落等级差异明显,铜器的生产和分配被牢牢控制在以二里头遗址为代表的政权中心城址中,普通的中小型聚落铜器并不发达。

二、边缘地带制铜技术的发展

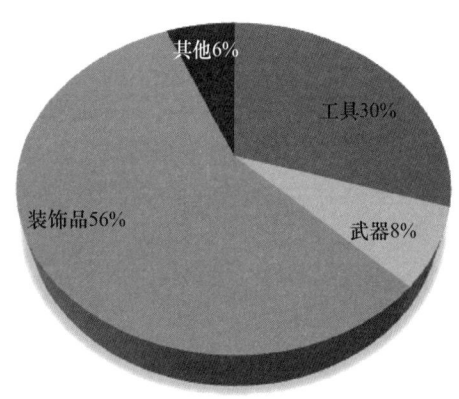

图3-7 边缘地带早期铜器器类统计

本书的边缘地带主要指燕山、河套、河湟地区和四川盆地,在行政区划上主要包括辽宁省、内蒙古自治区中东部、河北省北部、山西省北部、陕西省北部、甘肃省、宁夏回族自治区、青海省东部、四川省和重庆市等地。

边缘地带二里头文化时期铜器出土地点明显增多,每个地点发现的铜器数量也有显著增加。出土铜器器类简单,以装饰品为主,占铜器总量的56%,工具和武器仅占不足40%(图3-7)。装饰品主要有指环、耳环等,工具以刀、锥为主,武器主要为镞。少量铜器上有简单的凸弦纹、乳钉纹和三角纹。

目前经检测的铜器,材质以锡青铜为主,其次为红铜和铅锡青铜,也有少量砷铜。武器全部为青铜制品,装饰品多为青铜制品,工具中红铜制品略多。可见,这一时期的边缘地区在制造过程中已有选择取向，基本能够依据不同器形采用不同的材质。

铜器的制作方法铸造和锻造皆有，两者所占比例相当。武器和工具基本为铸造，装饰品锻造比例较高。铸造工艺发达，能够铸造出铜杖首、空首斧等形制较为复杂的铜器。

与中原地区相比，边缘地带虽也以青铜为主要材质，但红铜也占有较大比例，制作方式上锻造比例也较高，说明边缘地带青铜冶铸水平整体上要低于中原地区（图3-8）。

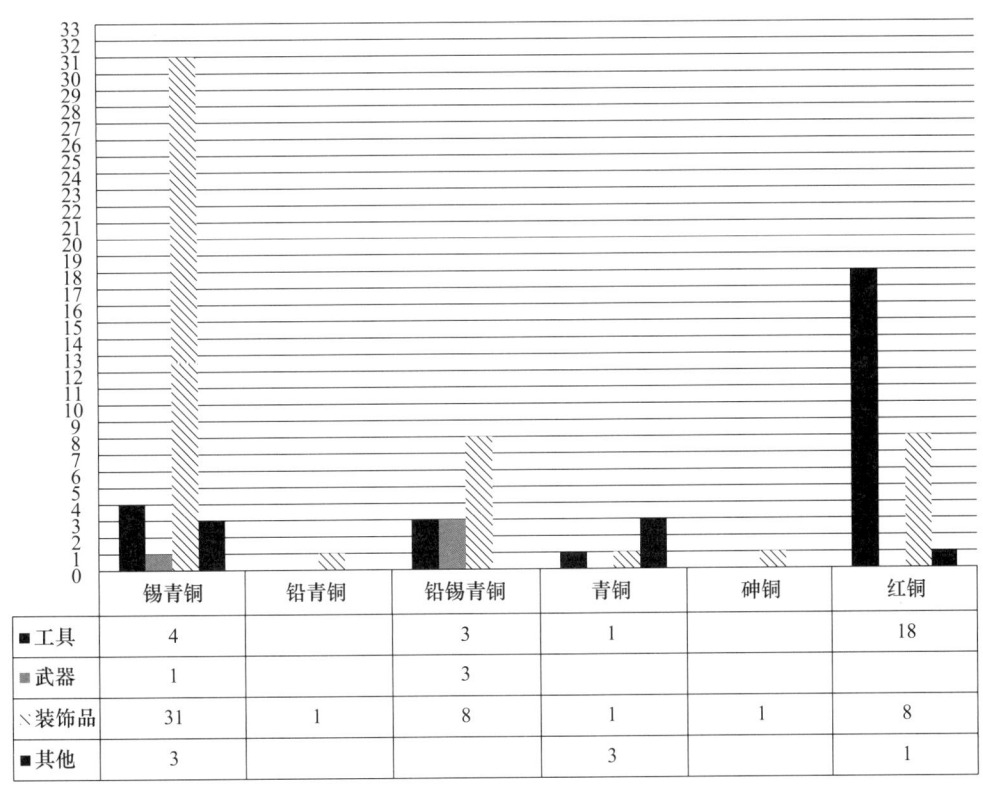

	锡青铜	铅青铜	铅锡青铜	青铜	砷铜	红铜
■工具	4		3	1		18
■武器	1		3			
╲装饰品	31	1	8	1	1	8
■其他	3			3		1

图3-8　边缘地带早期铜器材质统计

边缘地带内的各区域铜器冶铸技术并不完全一致，燕山南北地区的夏家店下层文化中普遍发现有柱铤镞、刀、凿、连柄戈等中原式铜器，在辽宁康家屯遗址和内蒙古赤峰出土的铸铜范均为陶质。而内蒙古中南部和甘青地区的铜器中极少有中原式铜器，目前所见的铸范均为石质（图3-9）。

目前的考古发现显示边缘地区的生业方式也主要为农业经济，辅以少量的牧业。虽然其铜器所代表的文化特征与中原地区多有不同，但也存在着较为广泛的交流。

齐家文化的聚落多位于河流两岸的台地上，离水源较近且没有外部防御工事，聚落面积在1万~12.5万平方米。齐家文化有着先进的农耕，以粟为主要种植作物，在大何庄遗址的房屋、墓葬及陶罐内都发现有炭化的粟粒或粟粒朽痕。从各遗址出土的动物

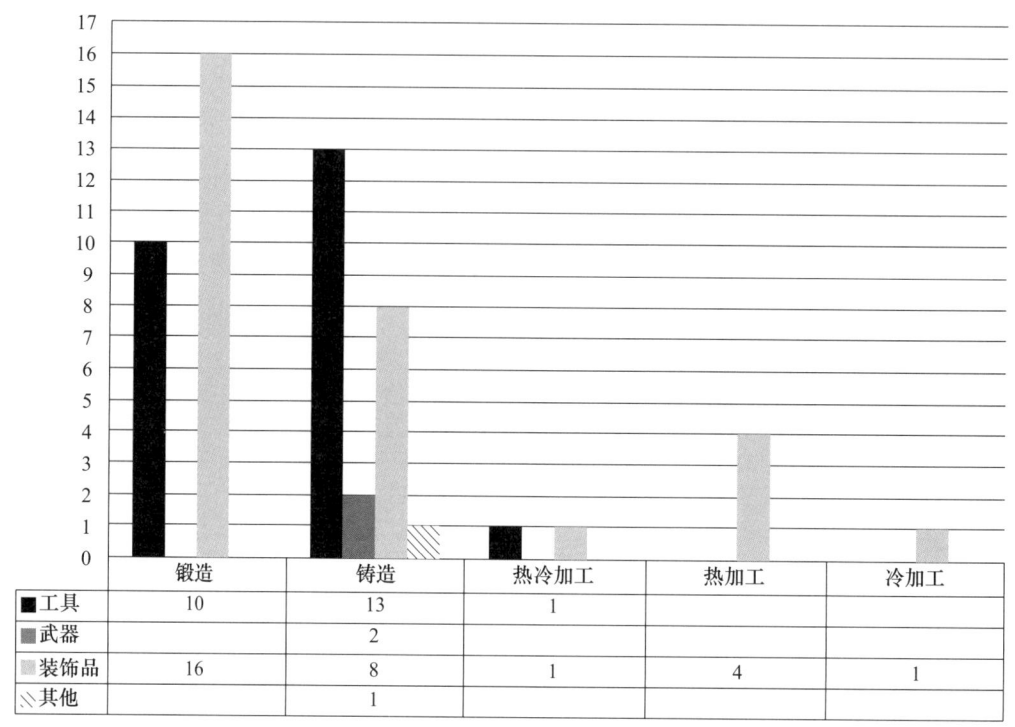

图3-9　边缘地带早期铜器制作工艺统计

骨骼看，齐家文化也有较为发达的饲养业，饲养动物主要是猪，其次为羊和牛等，大何庄、师赵村和西山坪等多处遗址中猪骨在所有兽骨中所占的比例均超70%。大量的动物殉葬祭祀遗存"石圆圈"遗迹和卜骨说明齐家文化祭祀活动也较为频繁。

齐家文化一些墓葬中随葬有大量的猪和羊，彩陶的形制尤其是制作手法也与中原地区相近，表明了当地与其东部中原文化的关联，至少体现了间接的联系交流。最为明显的文化联系是与分布在陕西地区的客省庄二期文化面貌多有相同之处[①]，二者分布地域毗邻，彼此间有比较频繁的文化交流，齐家文化的双大耳罐、高领双耳罐和侈口罐等典型陶器均可在客省庄二期文化中找到相同或相似的器物。

齐家文化墓葬展现出相当大的规模差异以及随葬品数量差异，体现了较强的社会分化或劳动分工。但是不同于中原地区的二里头文化的墓葬，齐家文化将殉葬动物（部分骨骼）或随葬玉器作为墓主地位高低的重要标志，并非金属器物。例如，秦魏家有等级较高墓葬随葬猪下颌骨68块，皇娘娘台有的墓葬随葬玉石器83件之多。齐家文化出土的大量红铜和青铜制品，主要为刀、斧、匕、指环等小型工具和装饰品，这些金属物件多为满足日常生产和生活活动的实用器物，一定程度上能够显示社会角色或职业，但不具有彰显社会地位的功能。

---

① 梁星彭：《试论客省庄二期文化》，《考古学报》1994年第4期，397～412页。

河套地区目前在陕西石峁、火石梁和内蒙古朱开沟遗址发现有刀、锥、镞、耳环和臂钏等铜器，并出土有铸造刀和锥的石范，说明这些铜器极有可能是本地铸造生产的。

石峁遗址是河套地区龙山时代晚期至二里头文化时期的重要石城聚落，具有三重城墙，总面积400多万平方米，其雄伟的皇城台、复杂的城门和城墙机构，讲究的城墙垒砌技术，精美的玉器和铜器，都表明石峁遗址是龙山及夏时期河套地区的中心聚落。从现有调查资料看，陕北地区的聚落有石城和无城聚落两类。石城多处于黄土地貌的梁峁顶部，形成封闭的聚落，防御能力强。无城聚落多分布于平缓的沙漠边缘地带。除石峁遗址外，其他聚落面积多在30万平方米以下。

河套地区植物遗存分析表明，农业较为发达，农作物以粟和黍为主。同时，兼有一定的畜牧业，饲养动物主要为羊、牛和猪，羊骨在所有动物骨骼中占比超50%，这种以农业为主，兼有畜牧的生业方式是适应当地农牧交错带脆弱气候条件的体现。

河套地区此时期的墓葬在规模、随葬品和特殊葬俗上具有较为明显的等级差异。高等级墓葬，规模较大，通常有陶器和玉器等随葬品，部分墓葬有成年女性陪葬。而一般墓葬，数量多、规模小，一般无随葬品。这种明显的墓葬差异，表明在当时社会中存在着财富和地位较大差异，但这一差异在铜器上反映并不明显。

朱开沟遗址第三期和第四期遗存，其年代在公元前二千纪的早中期，比二里头文化早期略早或相当。朱开沟遗址这一阶段出土铜制品16件，是二里头文化时期河套地区出土铜器最多的一处遗址，铜器类型有针、凿、镞和耳环等。朱开沟遗址第五期遗存当地铸造的大型青铜器（爵和鼎）以及武器（戈）显示出该地区与商代早期的二里冈文化的直接联系，表明当地居民在铸造属于自己的青铜器物。

总体来看，河套地区目前发现的铜器主要为小型工具、武器和装饰品，其器类、形制和制作工艺与齐家文化十分接近。林嘉琳指出在朱开沟遗址地层发现的齐家文化类型的单耳小陶杯表明朱开沟遗址的青铜技术是从其西南方传播来的[1]。这种观点无疑是正确的，河套地区的早期铜器都与其西南方的齐家文化具有密切的关系。与齐家文化相同，河套地区铜工具主要发现于遗址，装饰品作为个人私属物品用于随葬，铜器可以显示个人的财富多寡，不具有社会地位的象征意义。此外，石峁遗址还发现有齿轮形铜手镯，这种手镯在陶寺遗址也有发现，当是受到中原地区铜器文化影响的结果。

夏家店下层文化在燕山南北两地聚落形态明显不同。燕山以北地区多为石城遗址，石城多分布于河流两岸的山冈上，且多有成群或成组分布的特点。内蒙古赤峰市阴河至英金河的100多千米地带就集中发现42处石城址[2]。各城址规模大小有别，一座大型或中型城址处于石城群的核心位置，周围多分布着10余座小型城址，这一聚落特点反映出当时聚落间已经出现了等级分化，可能已经形成了较为稳定的、地缘性的集中化

---

[1] Linduff Katheryn M. Zhukaigou, Thesteppe and early Chinese civilization. Antiquity, 1995.
[2] 徐光冀：《赤峰英金河、阴河流域石城遗址》，《中国考古学研究》，文物出版社，1986年。

领导。燕山以南地区不见石城，聚落集中分布于丘陵或山前岗地，聚落等级差异和分布规律目前仍不甚清晰。

夏家店下层文化墓地规模不等，大甸子墓地是其中规模最大，且保存最为完整的一处。大甸子墓地共清理墓葬804座，墓葬墓向相同，分布密集，间隔均匀，说明墓地是有规划且有管理地使用了较长一段时期。整个墓地被两条空白地带分隔成北区、中区和南区三部分，每个区内又可以细分为若干小区，不同小区内随葬各自特有形制的陶鬲，且随葬品数量和规格也与其他小区不同，这应是当时实行聚族而居、聚族而葬的结果。所有墓葬按规模可分为大型、中型和小型三个等级，不同等级墓葬间随葬品多寡差异明显。随葬品以陶器为主，玉石器次之，也有少量铜器、骨角器和漆器等。约1/5的墓葬填土中殉葬猪和狗的骨架。此外，玉（石）钺和纺轮通常分别随葬于男性和女性墓葬中，这应是生前男女社会分工不同的结果，说明当时社会存在明确的按性别进行社会分工的现象。

夏家店下层文化多处遗址发现炭化谷物，辽宁建平水泉遗址发现三座直径2米的窖穴，底部沉积炭化谷物厚度达0.8米[①]，辽宁北票丰下[②]、内蒙古赤峰大甸子[③]和东山咀[④]遗址也发现有粟黍类谷物遗存，显示了夏家店下层文化农业的发达。同时，夏家店下层文化出土了大量石锄、石铲（耜）、石镰、石臼和石杵等农业工具，特别是石铲（耜）及骨铲在多个遗址的高比例存在，进一步佐证了该文化农业经济的发达。大甸子墓葬中常见用猪和狗骨架殉葬，其他遗址中牛和绵羊的骨骼也占有较大比例。

大甸子墓地中13座高等级墓葬随葬了制作精美的陶爵、陶鬶或陶盉，这些二里头文化的典型酒器具有礼器的性质，不仅说明二里头文化与夏家店文化存在着直接的文化交流，也暗示着中原地区礼制对夏家店下层文化产生了强烈影响。

夏家店下层文化铜制品大部分为红铜，也有含量约10%锡的青铜，既有冷锻技术，也有热锻技术，还发现有铸铜斧的陶范，说明具有较为发达的铜器冶铸工艺。夏家店下层文化出土铜器的整体特征及主要器类与齐家文化相近，同时又有许多中原地区早期铜器的典型器，说明夏家店下层文化与西方和南方存在着交流与联系，而且这种联系可能是单向而非双向的。小型工具类铜器主要出土于居址中，耳环和指环等装饰品作为私人物品随葬于墓葬中，还有一些铜戈、铜杖首和铜镞等兵器或附件也随葬于墓葬中。从大

[①] 李恭笃、高美璇：《夏家店下层文化若干问题研究》，《辽宁大学学报》1984年第5期，50~56页。

[②] 辽宁省干部培训班：《辽宁北票县丰下遗址1972年春发掘简报》，《考古》1976年第3期，197~210页。

[③] 中国社会科学院考古研究所：《大甸子——夏家店下层文化遗址与墓地发掘报告》，科学出版社，1996年，327页。

[④] 辽宁省博物馆、昭乌达盟文物工作站、赤峰县文化馆：《内蒙古赤峰县四分地东山咀遗址试掘简报》，《考古》1983年第5期，420~429页。

甸子墓地看，装饰品在三级墓葬中均有发现，铜兵器虽然数量较少，但都发现于一、二级墓葬，不见于三级小型墓中。夏家店下层文化石城发达，说明当时战争威胁较大，军事权力的象征物玉斧（钺）和铜兵器更容易成为社会贵族身份地位的象征。而除兵器之外的大多数铜器则不同，没有得到社会贵族的重视，一直没有承载起礼仪的功能。可能具有地位象征意义的是仅随葬于高等级墓葬中的彩绘陶器、陶爵等酒器和玉（石）钺等器物。

二里头文化时期的边缘地带包含了多个考古学文化，各地区的地理和文化环境并不完全相同，反映到铜器上也有诸多不同的特征。然而整体观之，二里头文化时期边缘地带铜器在器类组合、制作工艺及其社会功能等方面均有以下共同特征。

1）器类组合。边缘地带二里头文化时期铜器以装饰品为主，也有一定数量的小型工具和铜镞等武器，基本不见铜容器和大型兵器。指环、手环、臂钏、耳环等环状装饰品及铜镜是本区的特色铜器。同类铜器多种形制通常并存发展，如铜镞既有銎孔镞也有柱铤镞。

2）铸造工艺发达。材质以锡青铜和铅锡青铜为主，其次为红铜，也有少量砷铜，在制造过程中基本能够依据不同器形采用不同的材质。铜器的制作方法上铸造和锻造并举。

3）这一地区的铜器主要见于墓葬之中。

4）聚落差异不明显。边缘地带二里头文化时期聚落等级差异不明显，各遗址出土铜器数量与聚落等级高低无明显联系，同一墓地内是否随葬铜器与墓葬规格也无对应关系。

三、西北地区制铜技术的发展

西北地区包括前文的河西走廊地区、哈密盆地地区和新疆中西部地区，从行政区划上来讲，即新疆维吾尔自治区和甘肃省的武威、张掖、金昌、酒泉和嘉峪关五市。

西北地区早期铜器出土地点较多，以河西走廊及哈密盆地分布最为密集，每个遗址出土铜器数量都很多。出土铜器器类简单，以装饰品为主，占铜器总量的55%，其次为工具，占铜器总数的26%，此外还有少量武器（图3-10）。装饰品主要有指环、耳环、臂钏和铜泡等，工具以刀、锥、斧为主，武器主要为镞。

目前西北地区检测的早期铜器数量最多，材质以锡青铜为主，红铜次之，也有一定数量的砷铜。武器多为锡青铜或红铜，装饰品和工具材质多样，砷铜只见于制作工具和装饰品（图3-11）。

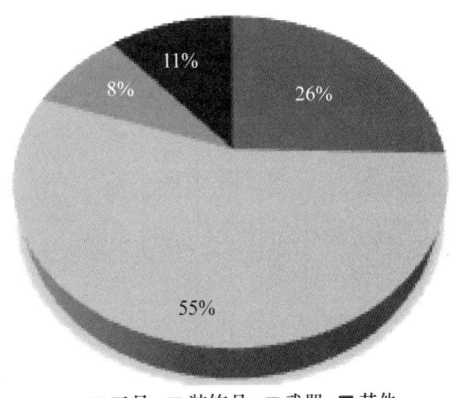

图3-10 西北地区早期铜器器类统计

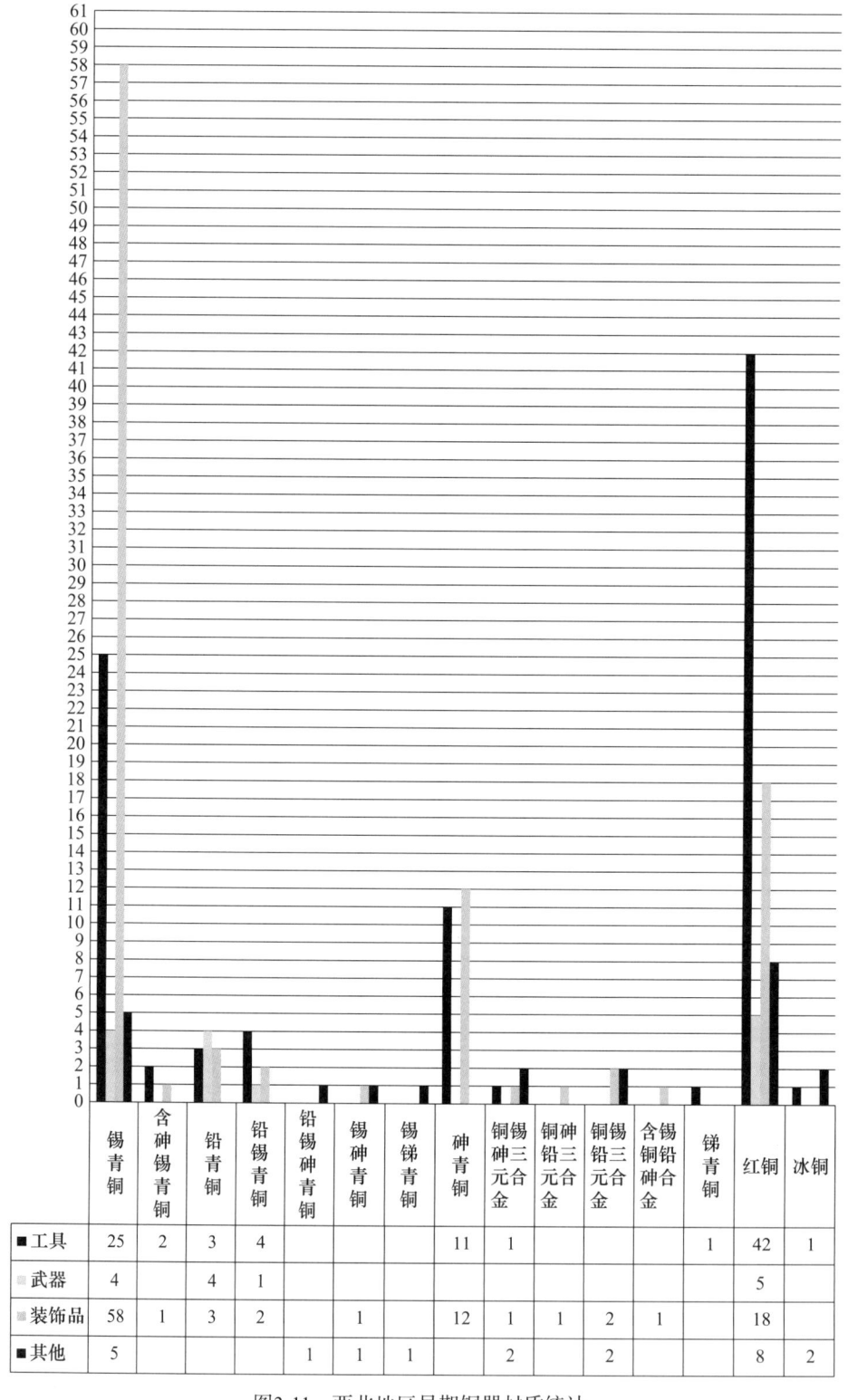

图3-11 西北地区早期铜器材质统计

西北地区铜器以铸造为主，也有一定数量铜器锻制而成。武器全部为铸造，工具和装饰品制作方式多样，装饰品锻造多于铸造，工具铸造多于锻造（图3-12）。

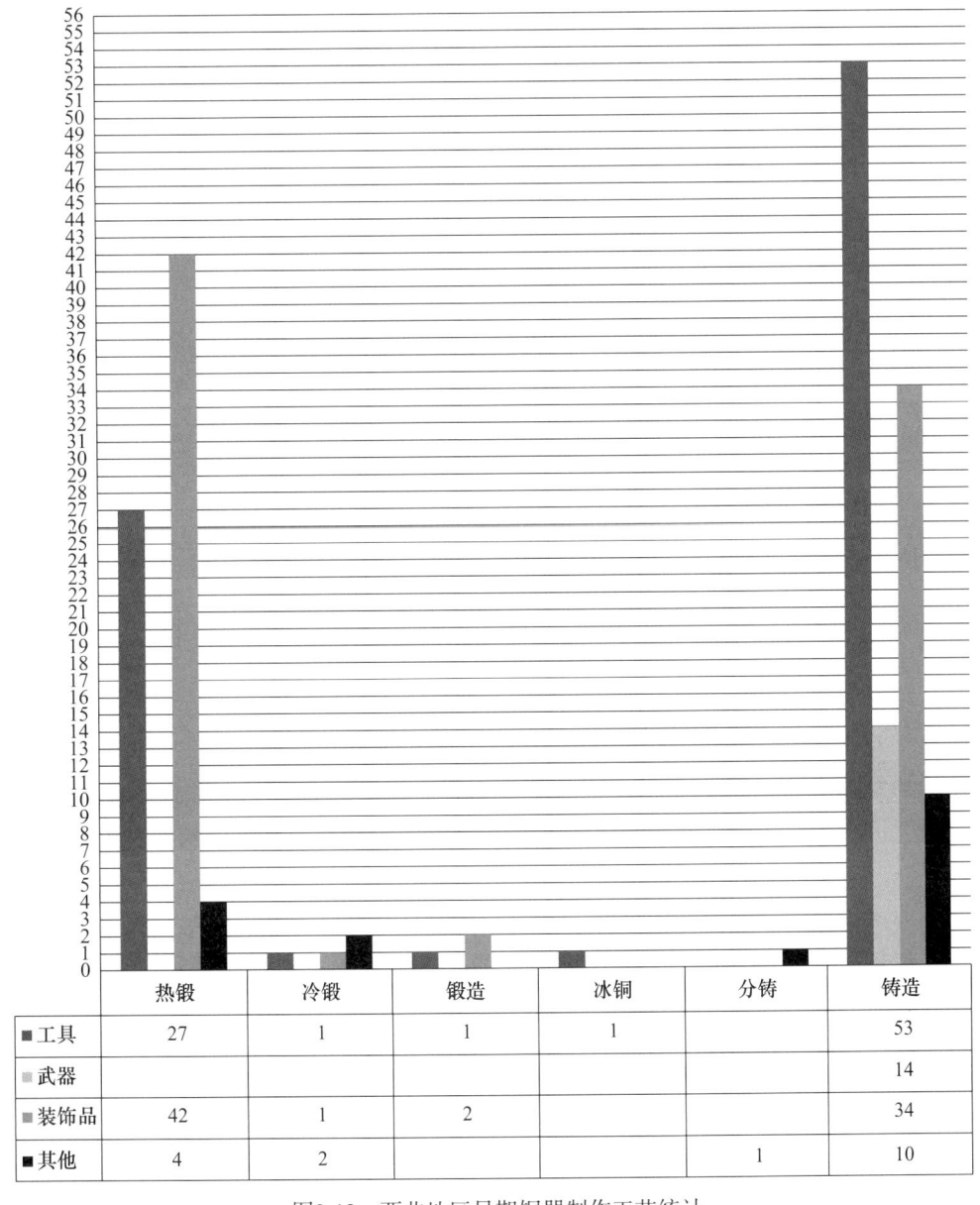

	热锻	冷锻	锻造	冰铜	分铸	铸造
■ 工具	27	1	1	1		53
■ 武器						14
■ 装饰品	42	1	2			34
■ 其他	4	2			1	10

图3-12 西北地区早期铜器制作工艺统计

西北地区铜器的冶铸特征与边缘地带相近，都以装饰品为主，工具和武器占有较大比例。不同之处在于西北地区工具所占比例略高，砷铜数量较多。对于这一地区的砷铜是本地起源还是外来技术的传播，学术界观点有所不同。潜伟先生通过对各地矿产资源调查和冶炼方法的研究，认为哈密地区和甘肃四坝文化具备发展砷铜技术的可能性，他推测，起源于河西走廊四坝文化早期的砷铜技术，在公元前1800年左右向哈密地区传播。公元前1400年左右可能影响到了南西伯利亚的卡拉苏克文化[①]。而李水城学者则通过对早期铜器的区域文化分析，并结合对冶炼方法的研究，认为本区是通过新疆地区受到中亚西伯利亚地区砷铜冶炼技术的影响[②]。前者观点主要依据于各文化的绝对年代，但是，除了年代学依据，各文化出土铜器的类型学比较也是较为重要的，本区的一些器物如透銎斧、喇叭口形耳环，与中亚和西伯利亚地区的安德罗诺沃风格完全一致，而境外地区此类器物的发展序列完整，数量也较多，从这方面来说，后者的观点更加具有说服力。

四坝文化的金属制品数量多、种类丰富、特征明显，在干骨崖、东灰山和火烧沟等遗址都有大量发现，表明当时冶金业已经十分发达，特别是砷铜和青铜等合金金属的生产技术已趋成熟。火烧沟遗址清理墓葬312座，其中106座墓葬随葬铜器超210件，铜器墓的比例超过了1/3。

四坝文化的金属制品表明这个地区铜器技术存在着较强的复杂性和可变性。火烧沟遗址2003年检测的26件铜器中，以红铜为主，也有一定数量的砷铜和锡青铜，制造工艺上以铸造为主。西城驿遗址铜器以砷铜和红铜为主，砷铜占鉴定铜器总数的40%，铸造与热锻大致相当。东灰山遗址出土的15件铜器中80%为砷铜，其他合金中也含一定的砷，全部为热锻成形。干骨崖遗址铜器以砷铜和锡青铜为主，约占鉴定器物的80%强，制作工艺上热锻和铸造比例相当。鹰窝树遗址出土的7件铜器全部为锡青铜，铸造和热锻铜器均为2件。各遗址铜器在合金工艺和制作技术上差异十分明显，产生这种差别的原因目前还不能确定，一种可能是年代早晚的差异，四坝文化铜器由早至晚可能经历了红铜—砷铜—锡青铜逐渐流行的发展历程。另一种可能是地域差异，位置偏东的东灰山、干骨崖和西城驿遗址砷铜比例明显偏高，偏西的遗址锡青铜比例较高[③]。此外，各遗址在冶铜产业的分工不同可能也是造成这一差异的原因，西城驿遗址不仅发现了铜器，也发现了矿石、冶铜炉壁、炼渣和石范等冶铸遗物，火烧沟遗址发现了铜器和石范，其他遗址则仅出土有铜器，没有其他冶铜或铸铜的相关遗物，这说明这些遗址在四坝文化的铜器制造工业中所起的作用是不同的，直接从事冶炼和铸造的遗址由于与铜器制作密切相关，所拥有的铜器数量和种类很有可能多于其他遗址。

从整体上看，四坝文化、天山北路墓地和新疆中西部地区发现的早期铜制品大致经历了由红铜—砷铜—锡青铜转变的发展过程，这与近东地区的铜器发展过程相一致。砷铜具有固溶强化、加工硬化、延展性好等多种优秀的机械性能，使得其能够取代红

---

① 潜伟：《新疆哈密地区史前时期铜器及其与邻近地区文化的关系》，知识产权出版社，2006年。
② 李水城：《四坝文化研究》，《考古学文化论集》（三），文物出版社，1993年，80～121页。
③ 李水城、水涛：《四坝文化铜器研究》，《文物》2000年第3期，43页。

铜成为重要的铜合金为人类所使用。但是由于砷铜冶炼过程中会产生有毒气体损害人体健康，因而最终被机械性能同样良好但是无毒的锡青铜所代替。欧亚大陆的许多文明都经过了红铜—砷铜—锡青铜的冶金技术发展历程，早在公元前 4000 年以前，伊朗 SUSA 遗址就已经发现大量的砷铜器，在遗址的 A 期（公元前 4100~前 3900 年）出土的 11 件铜器中有 6 件砷含量超过 1%[①]。公元前 4000 年以后，砷铜得到迅速广泛的使用，在很多地方逐渐取代了红铜而成为最重要的金属。切尔耐赫先生曾对环黑海地区的数千件铜器进行分析，发现除了喀尔巴阡—巴尔干地区以外，在早期青铜时代和中期青铜时代砷铜是占有绝对优势的，分别占有 60% 和 70% 的比例[②]。在与中国西北地区毗邻的米奴辛克盆地和阿尔泰地区，砷铜的使用开始于竖穴墓文化晚期（公元前 2900~前 2100 年），至公元前 2000 年前后，逐渐被锡青铜所取代，此后该地区的安德罗诺沃文化、塞伊玛—图尔宾诺现象出土铜器，都以锡青铜为主，但是晚期青铜时代南西伯利亚的卡拉苏克文化仍大量使用着砷铜。因此，西北地区砷铜的流行，无疑是受到中亚西伯利亚地区砷铜冶炼技术的影响。

在铸造工艺方面，铜产品的锻造比例略高于铸造，较复杂的器物如铜斧、四羊首权杖头开始使用多范铸造技术和镶嵌工艺，冶铸水平并不逊于同时期中原地区。与中原地区不同，西北地区的范模多为石质，这一特点也与中亚西伯利亚地区相似。

火烧沟墓地墓葬间随葬品的多寡差异，明显表明当时社会的等级分化。在小型的墓葬中只发现了一到两件陶罐，而在富有人的墓葬中，有 12 或 13 件陶罐，还有玉石、绿松石、玛瑙珠、当地贝壳、海贝壳、青铜器、金器和银器（仅 1 件）。此外，在 20 座墓葬中存在着人殉或殉牲现象，这也体现出墓主人身份和财富的不同，在殉葬的动物中，羊的数量是最多的，也有猪、牛和马。

综合来看，二里头文化时期西北地区铜器具有以下特点。

1）器类组合。西北地区二里头文化时期铜器以装饰品为主，也有一定数量的小型工具，铜质武器种类和数量相对来说偏多，基本不见铜容器。以环首刀、套管式锛等工具，联珠形饰、蝶形饰等饰品，剑、矛等武器为特色。

2）铸造工艺发达。中原地区特别是二里头遗址，锡青铜、铅青铜、铅锡青铜这种二元或三元合金数量最多，人们对锡和铅作为合金元素的特性已经十分熟悉。在青铜的合金配比、复合范的铸造工艺及纹饰铸造上各项技术均已成熟，基本能够依据不同器类不同器形选择不同合金配比和制作方式。

3）西北地区铜器主要发现于墓葬中。

4）聚落差异不明显。边缘地带二里头文化时期聚落等级差异不明显，各遗址出土

---

① Muhly J D. The beginning of metallurgy in the old world. The Beginning of the Use of Metals and Alloys. Cambridge: MIT Press, 1988.

② Chernykh E N. Ancient Metallurgy in the USSR. Cambridge: Cambridge University Press, 1992.

铜器数量与聚落等级高低无明显联系，同一墓地内是否随葬铜器与墓葬规格也无对应关系。

第三节　中国铜器的起源与发展

中国铜器最早起源于何时何地一直是学界关注的热点问题之一，目前对此问题的认识仍存在两种针锋相对的观点：西来说和本土说。西来说认为中国冶铜技术来自西亚或欧亚草原地区，经新疆和河西走廊传入中国；本土说认为中国古代冶铜技术是本地独立起源的，冶铜术在中原地区首先产生，并向周边地区传播，偏晚阶段与欧亚草原冶金技术互有影响。

综观中国早期铜器的发现与发展，中国早期冶铜技术至少在仰韶时代就已经出现，经过仰韶和龙山时代缓慢发展阶段，黄河流域大体都已认识和开始使用铜器，这一时期中国冶铜技术传统还比较原始，器形以刀、锥等小型工具为主，形制接近，基本都为锻造的简单工具，这成为整个黄河流域铜器统一的特征。这一时期中国冶铜技术大致完成了由原始合金铜向红铜制品的过渡，对金属铜的认识逐渐成熟。

从龙山时代末期开始，在中原地区的中心聚落（如陶寺、王城岗遗址）中铜器制作技术发生了重大突破，复合范铸技术出现使冶铸铜容器和乐器成为可能。其后的二里头文化时期早期王朝的政治中心地（二里头遗址）将这一技术发扬光大，中国铜器传统为之一变，形成了以铸造大型的铜容器和兵器为主要特色的铜器新传统，但这些新器物和新技术主要集中在中原地区的高等级聚落中。

中原地区的边缘区铜器制作技术此时发生了分野，东南方向的海岱地区和长江中下游地区，面向海洋，受到中原地区铜器的影响较深，除没有中原早期王朝中心遗址的铜容器、大型兵器和乐器等铜器外，其他类型的铜工具和装饰品与中原地区仰韶以来的铜器特征十分一致，因此同属于中原-海岱铜器文化区。北方地区面向欧亚草原，在一定程度上保留中原小型工具铜器文化传统的同时，开始流行各类小型的装饰品，部分工具（如刀、斧）的制法、形制也发生了变化，与中原铜器走上了不同的发展道路，形成了中国北方系青铜器的雏形。而更西的西北地区是中原王朝的外围区，受到中原地区铜器文化的影响微乎其微，仰韶和龙山时代这一地区发现铜器数量极少，大致自公元前二千纪开始，突然出现了大量铜器，这些铜器种类多样，形制复杂，制作工艺精湛，很多铜器的形制与欧亚草原青铜文化同类器十分接近，而与中原地区和河湟地区具有较大差异，形成了独特的铜器特征。

铜器是否用于随葬具有深层次的社会含义。仰韶、龙山时代长城沿线的河套和燕山地区就流行随葬铜耳环和手环等装饰品的习俗，这一文化传统为河湟—北方边缘地带后续文化（夏家店下层、朱开沟、齐家文化）所继承，随葬铜器以装饰品为主，后来出现了随葬铜质工具的现象。同时期的西北地区也表现出同样的随葬铜器习俗。铜器在上述两个区内是作为生前贴身佩戴的饰品或日常使用的工具来使用的，基本不具备凸显财富和身份地位的意义。中原地区仰韶龙山时代不流行随葬铜器，龙山时代末期的陶寺文化才开始出现少数随葬铜铃和铜环的现象，二里头文化时期中原地区开始仿制本地的陶铃、陶容器、玉器发展出一套铜乐器、容器和兵器，并用于随葬。从此，铜器开始成为一种身份与地位的象征，在中原地区至少在二里头文化二期铜器已经具有了身份象征的意义，到二里头文化三期铜器作为礼器用于随葬的礼制已经基本形成。

根据以上分析的中国早期铜器的发展特征，我们认为中国的铜器应该起源于仰韶时代的黄河流域。仰韶和龙山时代我国各地早期铜器的特征十分一致，在公元前二千纪左右开始出现了分野，中原地区发展出以大型的铜容器和兵器为特征的铜器文化，西北地区受到来自欧亚草原铜器文化的强烈影响，迅速发展成为中国早期铜器的重要分布区。河湟—北方边缘地带在已有铜器传统的发展基础上，融合了来自中原与河西走廊地区铜器文化的因素，并促成了一个新冶金区的诞生，奠定了中国北方系青铜器的雏形。

进入二里头文化时期，中原地区与其他两个铜器区的早期铜器除了铜器组合上的不同之外，在铜器的分布上也有很大不同。中原地区的早期铜器大多集中在二里头遗址，其他遗址不见有二里头遗址的铜容器和大型兵器，仅在居址中发现少量的工具和装饰品。其他两个冶金区铜器分布广泛却又各具特点，即使同一文化内部各遗址之间铜器的发达程度、冶铸技术上差别也很大，如东灰山遗址无论铜器的数量还是质量与火烧沟遗址出土的铜器都有很大差距，在铜器的冶铸技术方面，四坝文化内部也同样存在很大差别，同样的器形材质多样，制造方法多样，并不能根据铜器的用途选择最合适的合金配比和制作方法[1]。而造成这种差别的原因在于中原地区与其边缘和周边地区的社会组织不同，王明珂在其著作中指出，游牧经济要求有特别的社会组织原则，就是"分裂与平等自主"，一个社会群体随时会因环境资源的改变分裂成更小的群体，社会内部实行平等自主的原则，"决策权散在每一个牧团中，甚至在每一个游牧家庭中"[2]。这个原则使得这种社会往往呈现出一种离散的状态，在公元前2000年前后中国西北地区农业经济受到严重打击，开始了其游牧化进程，其铜器分布特点正好反映出此时西北地区社会组织的分裂性。中原地区二里头文化时期，早期国家已逐渐形成[3]，对青铜器的生产和分配都有了严格的控制，二里头遗址是中原地区的政权中心，青铜

---

[1] 孙淑云、韩汝玢：《甘肃早期铜器的发现与冶炼、制造技术的研究》，《文物》1997年第7期，75～84页。

[2] 王明珂：《华夏边缘——历史记忆与族群认同》，社会科学文献出版社，2006年。

[3] 刘莉、陈星灿：《中国早期国家的形成——从二里头和二里冈时期的中心和边缘之间的关系谈起》，《古代文明》第1卷，文物出版社，2002年。

资源都要经过二里头遗址进行生产和再分配，所以中原的铜器集中分布在二里头遗址和东下冯遗址这样的一、二级政权中心。

可见，中原地区与其边缘和外围区域在二里头文化时期由于生业方式的不同，以及两地社会组织的不同，导致了三个地区铜器发展的分野。中原地区社会组织集中，等级制度严格，讲求"国之大事在祀与戎"，因此以大型的容器和兵器为自己特色。而边缘地区的西北边疆地区社会组织离散，讲究"以金饰身"，流行装饰品和小型工具。

第四章　中国早期铜器的交流与传播

第一节　欧亚草原相关考古学文化

世界范围内冶金术的起源，最早可以追溯至公元前7000年左右的近东地区。在安纳托利亚的查约扭曲遗址（土耳其境内）发现有纯铜的钻、别针和孔雀石珠，这些铜器是自然铜经过捶打制成的[①]。至公元前五千纪，金属器和冶金技术在欧亚大陆北部草原地区迅速发展，铜器最发达的地区是喀尔巴阡山—巴尔干冶金区，器物以纯铜锻造制成，器形多为小型工具和装饰品。在公元前3500年，欧亚草原地区进入了青铜时代，形成环黑海冶金区，以使用砷铜为主，铜器仍以锻造为主，并出现极具特征的合范铸造的管銎斧。至公元前三千纪后半叶，使用金属铜的文化达到了最大的地理范围，向东越过乌拉尔山，出现在西西伯利亚的萨彦—阿尔泰地区。随后在公元前二千纪中叶，环黑海冶金区被以空首斧、矛和短剑为代表的欧亚冶金区所取代，这是铜器时代的顶点，也是这一时代的结束。自公元前一千纪左右，早期铁器时代开始[②]。

本节主要探讨与中国早期铜器地理位置和时代相近的地区发现的铜器，因为地理和年代的逻辑上的联系，文化间才具备相互传播和影响的可能。已有的考古证据显示，与我国早期冶铜技术互动较多的文化主要集中在阿尔泰地区和米努辛斯克盆地，包括该地区青铜时代早期的阿凡纳谢沃文化和奥库涅夫文化，以及青铜时代中期的安德罗诺沃文化和塞伊玛—图尔宾诺现象。

一、青铜时代早期

（一）阿凡纳谢沃文化

1. 阿凡纳谢沃文化概况

阿凡纳谢沃文化是20世纪20年代由苏联考古学家 C.A. 捷普劳霍夫根据米努辛斯克盆地巴捷尼村墓地所在的阿凡纳谢沃山而定名。该文化遗址主要分布在叶尼塞河

---

① 华觉明：《世界冶金发展史》，科学技术文献出版社，1985年。

② Chernykh E N. Ancient Metallurgy in the USSR. Cambridge: Cambridge University Press, 1992.

流域,在图瓦共和国、蒙古国、阿尔泰和哈萨克斯坦也有类似的遗存发现。该文化介于本地新石器时代文化与奥库涅夫文化之间,一般认为其年代在公元前第三千纪下半叶至公元前二千纪初期,但是根据测得 27 个 ^{14}C 数据,其年代范围可能在公元前四千纪初至公元前三千纪末[①]。

一些学者认为阿凡纳谢沃文化属于铜石并用时代,该文化发现的铜器数量较少,不足 100 件。其中装饰品数量最多,包括铜泡、螺旋形指环、镯、串珠等;也有一定数量的工具,主要为刀(图 4-1,7)、锥(图 4-1,11)、铲、扁斧(图 4-1,12)、环(图 4-1,13)和加固木容器的部件;武器极少,包括形制简单的短剑(图 4-1,5、6、8~10)和 4 件采集的管銎斧,这些管銎斧形态与阿凡纳谢沃的石斧接近,可能属于该文化(图 4-1,1~4)。小件的铜器多为锻造而成,短剑等少数大型铜器为铸造制成。铜器大多为纯铜制品,此外还有少量的银器(6 件)和金器(4 件)[②]。最近的 X 射线荧

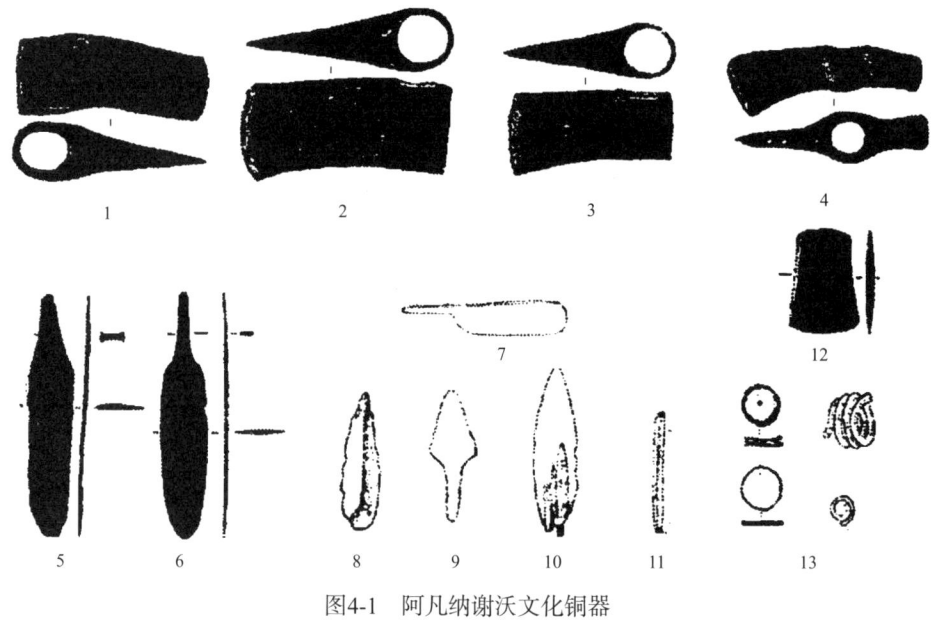

图4-1 阿凡纳谢沃文化铜器

1~4、12. 斧　5、6、8~10. 短剑　7. 刀　11. 锥　13. 环[③]

---

① Chernykh E N. "Ancient Metallurgy of Northeast Asia: from the Ural to the Saiano-Altai", In Linduff Katheryn M. Metallurgy in the Ancient Eastern Eurasia from the Ural to the Yellow River. New York: Edwin Mellen Press, 2004: 19-22.

② 最近的一些考古发现显示,阿凡纳谢沃文化可能有少量青铜制品,在米努辛斯克盆地 Tuby 河谷、叶尼塞河流域的 Malinovyj Log 墓地、卡通河流域的 Sal'diar 墓地和巴彦乌列盖省的 Kurgak Govi 墓地发现的铜器中,发掘者认为一些铜器是青铜质地,但是目前没有科学分析资料发表,需要经过检测才能够确定。

③ Chernykh E N. Ancient Metallurgy in the USSR. Cambridge: Cambridge University Press, 1992: 458-459.

光光谱仪检测结果显示,部分铜器含有1%~6%的砷,这可能是由于铜矿本身含有很高的砷,而不是砷铜合金①。从分布范围上看,阿凡纳谢沃文化处于的米努辛斯克盆地和阿尔泰地区,矿产资源丰富,因此很有可能这些铜矿在这个文化时期就已经被开发了。在阿尔泰地区的弗拉基米罗夫卡(Vladimirovka)采矿遗址②,曾发现有阿凡纳谢沃文化的石锤,同时^{14}C数据也证明了矿产的开采时间早至这一时期。

阿凡纳谢沃文化遗址主要为墓地,也有少数聚落遗址,但是保存较差。因此铜器主要出土在墓葬之中,居址内基本没有发现。墓葬均为竖穴墓,穴上以原木或石板覆盖,上堆土或石块。有些墓葬周围有石垣,高度在1米,宽5~8米。墓葬多单人葬,也有3~8人同穴的合葬墓,少数为双人合葬。墓主头向东南,多仰身屈肢,也有少数侧身的。在墓穴与垣壁之间,还建造有儿童墓葬。随葬品很少,一般只有1件陶器,有些还有金属器,尚无明显的贫富分化现象。

目前多数学者认为阿凡纳谢沃文化是东欧竖穴墓文化的后裔。根据体质人类学鉴定,阿凡纳谢沃文化的居民属于长颅型的欧罗巴人种,他们体质上接近竖穴墓文化的人群,是亚欧大陆欧罗巴人种的最东支③。其埋葬习俗、陶器种类和特征,以及个别铜器也与竖穴墓文化有较多相似性。库兹米娜认为由于人口增长的压力和气候的变化,使得竖穴墓文化人群分化迁徙,到达南西伯利亚、阿尔泰和图瓦地区,形成了阿凡纳谢沃文化④。

2. 阿凡纳谢沃文化与境内早期铜器的关系

阿凡纳谢沃文化发现的铜器较少,与中国境内铜器形制相近者多为制作简单的小件装饰品和工具,包括螺旋状指环,以及骨柄铜锥与骨柄铜刀等。

螺旋形指环在欧亚草原的流传范围很广,在伊朗地区以及中亚西伯利亚地区都有发现,在竖穴墓文化时期开始出现后,直至卡拉苏克文化时期,米努辛克盆地和阿尔泰山仍然能够见到这种饰品。在我国境内,哈密盆地地区的天山北路文化、河西走廊的四坝文化、河湟地区的齐家文化以及北方地区的朱开沟文化的遗址中都发现过这类指环。

骨柄铜刀和铜锥也是中亚西伯利亚地区铜器发展各阶段普遍存在的器物,但是阿

---

① Khavrin S V. Drevneĭshiĭ metall Saiano-Altaia, Izvestiia Altaĭskogo Gosudarstvennogo Universiteta, Seriia: Istoriia,Vyp.4\2(60), Barnaul, 2008.

② Aazhenov A I. Borodaev V B, Malolerko A M. Vladimirovka na Altae-drevne ĭ shi ĭ medny ĭ rudnik Sibiri, Tomsk: Tomski ĭ gosudarstvenny ĭ universitet, 2002.

③ David W Anthony. The Opening of the Eurasian Steppe at 2000 BCE, In The Bronze Age and Early Iron Age Peoples of Eastern Central Asia, edited by Victor H.Mair, 1998.

④ Kuzmina E E. Cultural Connections of the Tarim Basin People and Pastoralists of the Asian Steppes in the Bronze Age. In: The Bronze Age and Early Iron Age Peoples of Eastern Central Asia, edited by Victor. H.Mair, 1998.

凡纳谢沃文化发现的骨柄铜刀，柄与刀是垂直的，而我国境内发现的骨柄铜刀，柄是平行安在刀背上的，两者的安柄方式不同，造成铜刀形制也有所差异，因此，并不能作为两地铜器存在联系的有力证据。

除铜指环等金属器外，新疆地区出土的其他一些器物也能证明该文化与我国新疆地区存在交流和互动。在罗布泊地区，小河墓地和古墓沟出土了大量草编篓等器物，器身为圆筒形，器底为圜底，上饰阶梯纹、弦纹、折线纹等纹饰。同样形制的陶器，在竖穴墓文化和阿凡纳谢沃文化发现较为普遍，根据体质人类学家的检测，这两个墓地的人种特征也与古欧洲人种特征类似[①]。在公元前两千纪左右，小河墓地和古墓沟墓地是罗布泊地区文化特征较鲜明的两处墓地，可能在这一时期该地区受到了阿凡纳谢沃文化的直接影响。在准噶尔盆地北缘的克尔木齐古墓群，曾发现一批圜底罐，表面饰有戳刺的几何形纹饰，其形制与阿凡纳谢沃文化的橄榄形圜底罐较为近似，两者有较明显的联系。从地缘上看，以上两个区域与阿凡纳谢沃文化的分布区阿尔泰山系毗邻，因此我国新疆的中西部地区与阿凡那谢沃文化存在交流是完全可能的，虽然目前冶铜技术方面的交流证据还比较少，但是我们期待更多资料的发现和发表，以期能对这一问题有更深入的探讨。

（二）奥库涅夫文化

1. 奥库涅夫文化概况

1928 年，该文化最早由苏联学者捷普劳霍夫在威巴特河畔的奥库涅夫村墓地发现，但早期的研究者将这个墓地的材料归入了安德罗诺沃文化中[②]，直到 20 世纪 60 年代，G. A. 马克西缅科夫才将其作为独立的文化命名。该文化遗存主要分布于今俄罗斯叶尼塞河中游的米努辛斯克盆地，在阿尔泰和图瓦地区也有发现。奥库涅夫文化可以用来确定绝对年代的资料不多，一般认为该文化晚于阿凡纳谢沃文化，早于安德罗诺沃文化和卡拉苏克文化，根据已有的 ^{14}C 数据，其绝对年代在公元前 2500～前 1500 年[③]。

奥库涅夫文化目前大约发现有 70 件铜器，以工具和武器为主，也有少量装饰品，包括短剑、矛（仅 1 件）、刀、锥、鱼钩（图 4-2，7）、针和指（耳）环（图 4-2，8、9）等。短剑既有有柄的，也有无柄的（图 4-2，2～5）。在该文化晚期墓葬中还出土了

---

① 韩康信：《孔雀河古墓沟墓地人种研究》，《丝绸之路古代居民人种学研究》，新疆人民出版社，1993 年。

② 吉谢列夫：《南西伯利亚古代史》，新疆社会科学院民族研究所编译，1981 年，35 页。

③ Chernykh E N. "Ancient Metallurgy of Northeast Asia: from the Ural to the Saiano-Altai", In Linduff Katheryn M. Metallurgy in the Ancient Eastern Eurasia from the Ural to the Yellow River. New York: Edwin Mellen Press, 2004: 19-22.

一件铸造的青铜矛（图4-2，1），銎孔为锻打而成①，这是亚洲草原地区发现的最早的一件。刀的短柄有竖插于骨柄中的，也有横插在骨柄中的，个体较小，表面宽平（图4-2，

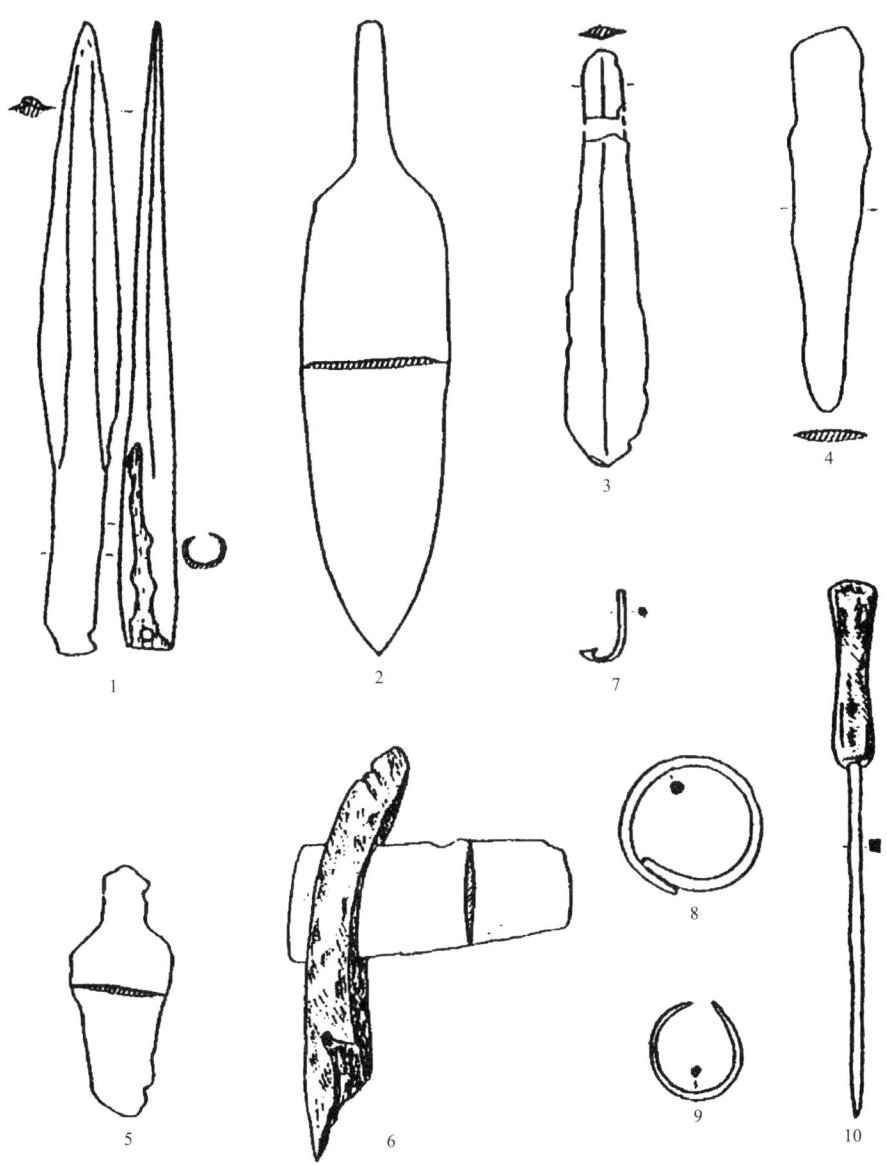

图4-2 奥库涅夫铜器②

1. 矛　2～5. 短剑　6. 骨柄铜刀　7. 鱼钩　8、9. 环　10. 骨柄铜锥
（7. 库尔干 MOISEIKHA，余均出土自东哈萨克斯坦 CHERNOYAYA）

---

① Chernykh E N. Ancient Metallurgy in the USSR. Cambridge: Cambridge University Press, 1992: 458-459.

② Chernykh E N. Ancient Metallurgy in the USSR. Cambridge: Cambridge University Press, 1992: 458-459.

6)。铜锥的横截面都呈长方形,一般都有骨制的柄(图4-2,10)。指(耳)环为铜丝拧成,有尖头。光谱分析表明,除纯铜外,该文化还发现50%的锡青铜和少量的砷铜、铅青铜[①],但是目前发现的本地铜渣和铜锭中不含锡,该文化分布区的锡矿也很少,因此锡可能是外来的。

奥库涅夫文化的遗址大多为墓地,也有少数聚落遗址,包括山头上的堡垒,但是没有房屋发现。墓葬的埋葬习俗与阿凡纳谢沃文化不同,一个冢内常容纳多座墓葬,墓主属于不同年龄和性别,可能为同一家庭。墓室由石板组成,石棺间堆砌石块。随葬品数量较少,多为数件陶器,也有少量金属器,有些墓葬中空无一物,但是没有明显的贫富分化现象。其中陶器多为平底,基本不见圜底和尖底器。值得注意的是,在墓葬中还出土有石质或骨质的动物和人的雕像或岩画,人物雕刻一般在头部及头上戴有华丽的装饰,具有较高的艺术价值,这些雕像可能是女性萨满崇拜的体现。

2. 奥库涅夫文化与境内发现铜器的关系

奥库涅夫文化与中国西北地区形制相近的铜器有柳叶形长矛、骨柄铜锥与骨柄铜刀。河西走廊的四坝文化火烧沟遗址曾发现一件柳叶形的矛,管銎为锻造弯曲而成,矛身细长,与奥库涅夫文化的铜矛的形制和制作方式较为相似。新疆中西部的克尔木齐古墓群曾发现有一些平底罐,其特征与奥库涅夫的典型器物较为近似。这些相似的特征说明奥库涅夫文化的冶铜技术可能是经由新疆传入我国,并逐步影响至河西走廊地区的。至于骨柄铜刀、铜锥,前文已述,这类复合柄式工具由于器形过于简单,在欧亚大陆的分布也很广,即使形制相近也很难作为两地铜器存在联系的有力证据。总体来说,奥库涅夫文化与中国的新疆及河西走廊地区,应存在着一定的交流与互动,但是由于奥库涅夫文化出土铜器的数量不多,特征也不明显,因此,探讨该文化与境内各文化早期冶铜技术的互动问题,还需要更多证据。

二、青铜时代晚期

(一)塞伊玛—图尔宾诺现象

1. 塞伊玛—图尔宾诺现象概况

塞伊玛—图尔宾诺现象是欧亚草原青铜时代考古最重要的问题之一,这类遗存因

---

① Khavrin S V. Drevneĭshiĭ metall Saiano-Altaia, Izvestiia Altaĭskogo Gosudarstvennogo Universiteta, Seriia: Istoriia, Vyp. 4\2(60), Barnaul, 2008; Chernykh E N. Ancient Metallurgy in the USSR. Cambridge: Cambridge University Press, 1992.

俄罗斯两座大型墓地——塞伊玛墓地及图尔宾诺墓地而得名,因其发达的金属制作工艺,以及辨识度极高的金属工具和兵器而被学界所关注。早在1912年,与塞伊玛—图尔宾诺现象相关的铜器发现于奥卡河下游的塞伊玛墓地和苏联最西南端的博罗季诺窖藏。此后的近一个世纪里,很多学者对该类型遗存提出自己的见解。由于早先的发掘是非专业的,对墓地本身破坏严重,随葬品都失去了出土位置等详细信息,而后来的发现也多为零星采集,少有完整的墓地资料发表,因此长期以来,塞伊玛—图尔宾诺现象的相关研究一直不能够深入。直到20世纪80年代切尔内赫和库兹明内赫才对塞伊玛—图尔宾诺类型遗存进行了较为全面的总结和分析,由于无法解释塞伊玛—图尔宾诺类型铜器在欧亚大陆不同考古学文化中出现的原因,他们提出了"塞伊玛—图尔宾诺跨文化现象"的概念[1]。

塞伊玛—图尔宾诺现象遗存资料主要来自5座大型的墓地——塞伊玛、图尔宾诺、列什诺耶、萨特加和罗斯托夫卡,以及卡宁山洞(卡宁祭祀遗迹)。此外,还有大约17处小型或非典型的墓地或墓葬,共发现超过500件金属制品和40件铸造模具。已经发现的塞伊玛—图尔宾诺现象遗存跨越的地区是非常巨大的,大约有300万平方千米。根据切尔内赫的研究,大至可将塞伊玛—图尔宾诺现象分为6个冶金中心和金属加工基地,由东到西分别为萨彦—阿尔泰、额尔齐斯河和鄂毕河中游、卡马河中游、卡马河下游、奥卡河下游及伏尔加河上游。其中萨彦—阿尔泰地区以及额尔齐斯河和鄂毕河中游属于东区,其他4个区域属于西区。

对于塞伊玛—图尔宾诺现象的年代,学者们存在着不同的观点,直到近年来仍存在争议。早期的研究者如苏联的奇列诺娃根据其与东方卡拉苏克文化的相似性,将其年代定在公元前11～前8世纪[2]。德国学者M.金布斯塔则结合西方巴尔干-迈锡尼文明和东方的年代序列,将塞伊玛—图尔宾诺文化的主体年代定在公元前1450～前1350年[3]。最近切尔内赫根据新发布的 ^{14}C 数据,认为塞伊玛—图尔宾诺现象和辛塔什塔的年代应该是基本同时的,两者的年代范围在公元前2200～前1800年或1700年[4]。这种说法很快在西方学界达成了共识,胡博(Louisa G. Fitzgerald-Huber)、汉克斯(B. K.

---

[1] 切尔内赫、库兹明内赫著,王博、李明华译:《欧亚大陆北部的古代冶金:塞伊玛—图尔宾诺现象》,中华书局,2010年。

[2] Chlenova. The Karasuk Sites Chronology. Mosco: Hayka, 1972: 318. 转引自切尔内赫、库兹明内赫著,王博、李明华译:《欧亚大陆北部的古代冶金:塞伊玛—图尔宾诺现象》,中华书局,2010年。

[3] 切尔内赫、库兹明内赫著,王博、李明华译:《欧亚大陆北部的古代冶金:塞伊玛—图尔宾诺现象》,中华书局,2010年。

[4] Chernykh E N. "Ancient Metallurgy of Northeast Asia: from the Ural to the Saiano-Altai". In Linduff Katheryn M. Metallurgy in the Ancient Eastern Eurasia from the Ural to the Yellow River, New York: Edwin Mellen Press, 2004: 25-30.

Hanks)和伦福儒（A. C. Renfrew）①等学者均支持这一观点。但是，杨建华和邵会秋先生对此持谨慎态度，他们认为这一年代判定过早，俄罗斯早期学者的研究相比之下更为可信，塞伊玛—图尔宾诺现象主要流行时期的绝对年代可能在公元前1800～前1400年，而形成期要稍早一些②。目前将塞伊玛—图尔宾诺现象年代提前的数据，都是出自阿巴舍沃、辛塔什塔文化。据林梅村先生报道，近年来又发现了新的塞伊玛—图尔宾诺遗址，其年代在公元前1900～前1800年，但是详细资料目前未发表③。因此，公元前2200～前1800年或1700年这一结论还需要更多数据和材料来进一步细化，这里我们同意杨建华和邵会秋先生的观点。

关于塞伊玛—图尔宾诺遗存的起源，最初A. M. 塔尔格伦认为其与东欧的法齐杨诺文化有关。其后，B. A. 戈罗佐夫则认为来源于西伯利亚。此后，多数学者都认为该文化起源于东方，也就是西伯利亚地区，目前的争论主要集中在具体为阿尔泰、西西伯利亚还是东南西伯利亚起源④。近年来，也有学者提出不同意见，如德国学者帕尔青格认为塞伊玛—图尔宾诺与中亚南部的巴克特利亚地区存在着紧密的联系⑤，俄罗斯学者S. P. Grushin根据该文化铜器一些纹饰可能是模仿南乌拉尔地区早期青铜器上捆绑的皮革绳索，认为塞伊玛—图尔宾诺现象来源于南乌拉尔地区⑥。

对于塞伊玛—图尔宾诺现象墓地的归属以及它们与其他欧亚大陆文化的关系，也是一个争议较多的问题。B. A. 戈罗佐夫首先提出来"塞伊玛"文化这个概念，图尔宾诺墓地发掘后，H. A. 科罗科舍夫和O. H. 巴德尔又提出了图尔宾诺文化的概念。之后的争论主要集中在塞伊玛—图尔宾诺现象的各代表墓葬的文化归属上。切尔内赫在20世纪80年代，将这些典型墓葬作为一个欧亚大陆的跨文化现象进行研究，并把该现象描绘为一支横穿欧亚大陆的草原民族，从阿尔泰地区起源，一直影响到了现在的东欧平原。但是，我们应该注意到的是，铜器的相似可能只意味着聚落间技术的传播和产品的交换，并不能等同于一个民族。虽然各个墓地出土的陶器并不多，但是其风格还

---

① Louisa G. Fitzigerald-Huber. Qijia and Erlitou: the question of contacts with distant culture. Early China, 1995 (20): 17-67; Hanks B K, Epimakhov A V. Renfrew A C. Towards a Refined Choronology for the Bronze Ageof the Southern Urals, Rassia, *Antiquity*, 2007(81): 353-367.

② 邵会秋、杨建华：《塞伊玛—图尔宾诺遗存与空首斧的传布》，《边疆考古研究》第10辑，科学出版社，2001年，78～79页。

③ 林梅村：《欧亚草原文化与史前丝绸之路》，《丝绸之路天山廊道》，文物出版社，2014年。

④ 切尔内赫、库兹明内赫著，王博、李明华译：《欧亚大陆北部的古代冶金：塞伊玛—图尔宾诺现象》，中华书局，2010年。

⑤ 帕尔青格：《塞伊玛—图尔宾诺现象和西伯利亚动物纹饰的起源》，《新疆文物》2003年第1期。

⑥ Grushin S P. Origins of Various Design Elements in Seima-Turbino Bronze Artifacts, Archaeology. Ethnology & Anthropology of Erasia, 2006，2(26): 61-67.

是有明显的区别，应该归属于不同的文化，而由于资料的限制目前还很难对其文化性质和所属人群等一系列问题得出充分的认识。

塞伊玛—图尔宾诺现象的铜器主要有武器和工具两大类，约占全部金属器的七成多，装饰品数量较少，仅占一成多。典型的器物包括横銎斧、竖銎斧、矛（或标枪）、刀、匕首、宽体锥、镈（图4-3，23）、凿、针和窄体锥、鱼钩、手镯、指环等。切尔内赫将塞伊玛—图尔宾诺的铜器分为两组，第一组为塞伊玛—图尔宾诺现象所特有的器物，为欧亚大陆的其他文化区域所不见。包括叉形柄銎孔矛、竖銎斧、有动物纹装饰的青铜刀和特殊类型的匕首。其中，叉形柄銎孔矛是塞伊玛—图尔宾诺现象最具特征的器物（图4-3，10、11），这类矛在刃部下端带有一个小叉，柄部一般有孔或小环用于固定。根据长度，又可以分为短矛（155～234毫米）、长矛（255～297毫米）、特长矛（350～421毫米）三大类①。大型铸造的竖銎斧是塞伊玛—图尔宾诺遗存中发现数量最多的器物（图4-3，1～5）。其基本特征为平面呈梯形，刃比銎宽，刨面为楔形，正侧面以粗壮的棱线分隔开来，多装饰有花纹，其中最有特色的是凸弦纹配以三角纹或菱纹，少量有系耳。有动物纹装饰的青铜刀显示出塞伊玛—图尔宾诺青铜制造技术的成熟和极高的艺术创造力，这种刀发现的数量不多，但是每件器物的造型都是独一无二的。刀的柄端往往装饰有马、羊等写实性的动物纹（图4-3，16～19），相较于斧和矛，这类刀的佩戴者可能具有更高的社会地位。双刃匕首和锯齿匕首是塞伊玛—图尔宾诺青铜器中另外一些特殊的类型，双刃匕首刀体扁平，两边带刃（图4-3，8、13、14），锯齿匕首一端有锯齿，作用类似于锯（图4-3，6、7）。这些匕首多为一种复合工具，需要另外安柄使用。第二组器物在周围其他文化中分布也非常广泛，这些器物包括横銎斧、环首刀（图4-3，15）、有柄的匕首、不分叉的銎孔矛（图4-3，9、12）、锥、凿和耳环（图4-3，20～22）、手镯等器物，这些青铜器在塞伊玛—图尔宾诺遗存中有少量发现，但是在其周边的木椁墓文化和安德罗诺沃文化中更为常见。

塞伊玛—图尔宾诺现象遗存中的331件金属制品以及22件冶炼遗物和铜器碎片进行了光谱分析。其中近一半的样品（169件）为锡青铜和铜锡砷三元合金，砷铜器数量相对较少，铜砷合金（85件）和铜砷锑合金（40件），总共约占三成半多②。此外，还有近一成的纯铜器（30件）、约半成的银铜制品（22件）和少量金制品（7件）。铜锡合金较为普遍，在整个塞伊玛—图尔宾诺现象范围内均有分布。而铜砷合金、铜银合金和纯铜等则基本全部分布于上文所提到的西部地区③。从金属成分上看，塞伊玛—图

---

① 齐家文化发现的长矛与特长矛类形制基本相同，大小相似，应是塞伊玛—图尔宾诺现象的输出品。

② 切尔内赫、库兹明内赫著，王博、李明华译：《欧亚大陆北部的古代冶金：塞伊玛—图尔宾诺现象》，中华书局，2010年。

③ 切尔内赫、库兹明内赫著，王博、李明华译：《欧亚大陆北部的古代冶金：塞伊玛—图尔宾诺现象》，中华书局，2010年。

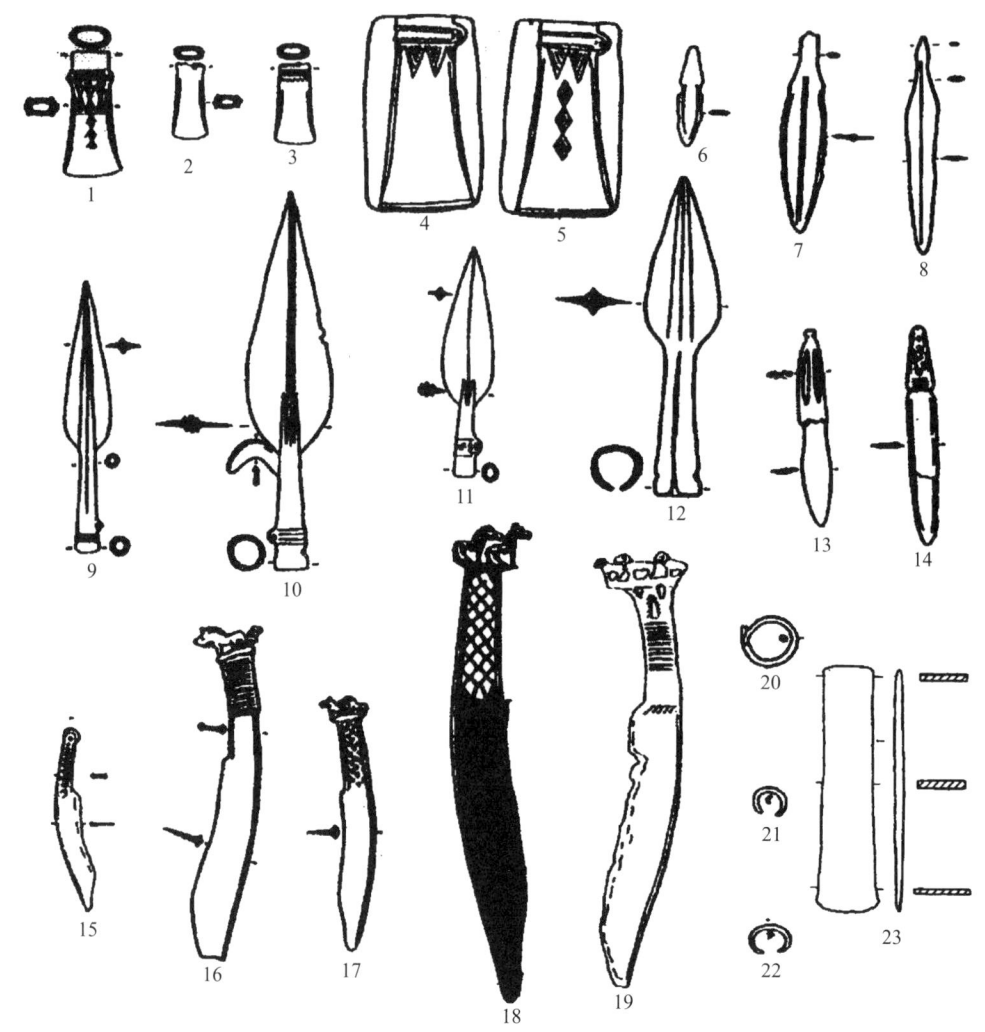

图4-3 塞伊玛—图尔宾诺现象铜器

1~5. 斧 6~8、13、14. 匕首 9~12. 矛 15~19. 刀 20~22. 环 23. 锛

(1、10、11、18、20. 出自塞伊玛墓地 2、3、6、13、19、21~23. 出自图尔宾诺墓地 其余出自茹思托夫卡墓地)

尔宾诺现象的东区和西区有较大差异，这或许与它们的铜原料来源有关。西区中的砷铜和纯铜器很可能与内乌拉尔地区的塔什卡兹干矿产地有密切关系，这一区的铜器与阿巴舍沃和木椁墓文化，不仅铜器成分类似，器物形态上也存在很大的相似性。而东区的大量的锡矿原料则可能来自阿尔泰地区，在那里的卡尔巴山和内雷姆山，早就发现了很多古老的锡矿井，古铜矿虽然没有系统调查，但是也有发现。此外，在西西伯利亚和乌拉尔地区至今也没有发现锡矿资源，因此东区的原料可能主要来自阿尔泰山区。除了铜器材质差异，东西两区的器形也有差异，东区多见装饰三角形和菱形线纹的宽刃竖銎斧，而且东部地区的叉形柄銎孔矛数量也较多；西区则以无装饰的竖銎斧或仅有简单线条纹的竖銎斧为主。据此，切尔耐赫将整个文化分为东西两区。

2. 塞伊玛—图尔宾诺与中国境内发现铜器的关系

对于塞伊玛—图尔宾诺和我国铜器的关系，最早探讨这一问题的是美国学者罗越。他认为我国北系铜器中所见的铜矛和竖銎斧（商代），可能来自西伯利亚或南俄草原，与塞伊玛墓地（文化）的原始类型有关[①]。20世纪80年代以来，林沄、梅建军、林梅村、杨建华与邵会秋、胡博、帕尔青格（H. Parzinger）、莫洛金（V. I. Molodin）、科瓦列夫（A. A. Kovalev）、高滨秀、松本圭太等诸多学者纷纷就塞伊玛—图尔宾诺和中国青铜时代考古学文化之间的关系进行探讨。林沄先生在讨论北方青铜文化与商文化的关系时，对这一问题有过评论，他认为塞伊玛文化实际是卡拉苏克文化、安德罗诺沃和竖穴墓文化因素的结合，因此，商文化应是受到卡拉苏克文化而不是塞伊玛文化的影响[②]。胡博探讨了塞伊玛—图尔宾诺遗存与甘青地区的齐家文化发生接触的问题，她详细分析了切尔内赫的研究成果，将塞伊玛—图尔宾诺的年代向前推到公元前二千纪初，并指出齐家文化受到了塞伊玛—图尔宾诺类型的影响，例子包括竖銎斧、有柄弯背刀以及骨柄铜锥和铜刀等[③]。近年来，梅建军等中国学者也同意这一观点，并进一步阐述塞伊玛—图尔宾诺遗存与中国西北地区早期青铜文化的关系[④]。认为塞伊玛—图尔宾诺现象的冶铜技术是从新疆地区经河西走廊至齐家文化渐进式地影响了整个西北地区，因此西北地区既有自己的特性，又能够发现一些明显的外来产物。

从目前的考古发现来看，塞伊玛—图尔宾诺现象的冶铜业和西北地区的冶铜业间曾有过交流是肯定的。齐家文化出土的带耳竖銎斧（岷县杏林、永登齐家坪）和叉形直銎铜矛（西宁沈那），都是塞伊玛—图尔宾诺文化最为典型的器物。齐家文化竖銎斧较细长，平面为长方形，刃部平直，表面无花纹。塞伊玛—图尔宾诺现象的同类器平面为梯形，刃比銎宽，多装饰有三角纹或菱纹等纹饰。分叉铜矛目前发表的仅有一件，但是据笔者在青海参观时所见，湟中博物馆和也有类似的矛，只不过形体要小得多，不超过20厘米，这样看来铜矛的存在也不是孤证。塞伊玛—图尔宾诺现象的同类矛，最小的为15厘米，最大近50厘米，形体大小变化较大。这样看，两者的形体大小范围也是差不多的，沈那的铜矛有61厘米，还要更大一些，后者可能是由前者的发展演

[①] Max Loehr. Chinese Bronze Age weapons: the Werner Jannings Collection in the Chinese National Palace Museum, Peking. Ann Arbor: University of Michigan Press; London: Geoffrey Cumberledge, Oxford University Press, 1956.

[②] Lin Yun. A reexamination of the relationship between bronzes of the Shang culture and of the Northern Zone, in Chang K C. Studies of Shang Archaeology. Yale University Press, 1986.

[③] Louisa G. Fitzgerald-Huber. Qijia and Erlitou: the question of contacts with distant culture. Early China, 1995(20):17-67.

[④] 梅建军、高滨秀：《塞伊玛—图尔宾诺现象和中国西北地区的早期青铜文化》，《新疆文物》2003年第1期。

变而来的。除此之外，临夏魏家台子出土的骨柄铜刀也与塞伊玛墓地出土的骨柄铜刀相似，但是这类铜刀在其他文化中也存在，因此不具有很强的代表性。

除了器形方面有相似之处，在铸造方式和合金成分上塞伊玛—图尔宾诺现象与中国西北地区也有共同点，四坝文化和天山北路墓地以锡青铜和含砷铜器为主，采用了分范铸造的方式，齐家文化目前没有砷铜发现，但竖銎斧和銎孔矛也是分范铸造成的，这与塞伊玛—图尔宾诺现象的东区较为类似，而与欧亚大陆西侧的情况迥异。分范铸造的武器，如竖銎斧、銎孔矛等，相较于锻造的武器，制作更为精美和锋利，也更易固定，而锡青铜的出现无疑也是更进步的表现。有学者认为，塞伊玛—图尔宾诺正是凭借着以上两种技术制作的先进武器，完成了穿越欧亚草原的壮举[1]。通过以上分析，塞伊玛—图尔宾诺现象与西北地区的铜器无疑有一些共同点，他们之间应该存在直接或间接的交往和互动。

（二）安德罗诺沃文化

1. 安德罗诺沃文化概况

安德罗诺沃文化是由苏联考古学家 S. A. 捷普劳霍夫根据在阿钦斯克州附近安德罗诺沃村旁的墓地而定名。该文化遗址广泛发现于西起南乌拉尔地区，东抵叶尼塞河中游，南至中亚，北至西伯利亚森林带南缘的辽阔土地上。如前文所述，在中国的新疆地区也有发现。库兹米娜认为安德罗诺沃文化分为三个阶段：早期的彼得罗夫卡类型（前2200～前1800/1700年）承袭辛塔什塔文化，主要分布在南乌拉尔、哈萨克斯坦北部及中部；中期以阿拉库类型（前1500～前1300年）和费德罗沃类型（前1500～前1300年）为代表，阿拉库类型主要分布在托博河流域、车里雅宾斯克、北哈萨克斯坦和西哈萨克斯坦等地区；费德罗沃类型及其变体主要分布在乌拉尔地区、哈萨克斯坦中部和东部、额尔齐斯河沿岸、鄂毕河上游、叶尼塞河中游、天山地区、帕米尔高原和中亚南部等地区。晚期以哈萨克斯坦的阿列克谢耶夫卡类型（前1300～前1000年）和七河类型（前1400～前1000年）为代表，此时其分布范围已大为缩小，在西边的东欧草原逐渐被木椁墓文化所取代，在东边的米努辛斯克盆地逐渐被卡拉苏克文化所取代[2]。最近的 ^{14}C 数据显示安德罗诺沃文化的年代可能略早，一些欧美学者提出其起始年代可能在公元前2200年[3]。邵会秋也同意这些学者的观点，认为安德罗诺

---

[1] Chernykh E N. Ancient metallurgy in the USSR. Cambridge: Cambrige University Press, 1992.

[2] 爱莱娜·E. 库孜弥娜著，刘文锁译：《青铜时代的中亚草原：安德罗诺沃文化》，《新疆文物》1996年第2期，112～118页。

[3] Chernykh E. "Ancient Metallurgy of Northeast Asia: from the Ural to the Saiano-Altai". In Linduff Katheryn M. Metallurgy in the Ancient Eastern Eurasia from the Ural to the Yellow River, New York: Edwin Mellen Press, 2004: 25-30.

沃形成期与辛塔什塔文化年代一致,在公元前22世纪至公元前18、17世纪,以费德罗沃类型为代表的繁荣期在公元前1800~前1400年,而衰落期可能与卡拉苏克文化基本同时,在公元前1400~前800年[①]。

安德罗诺沃文化冶金业十分发达,铜器种类较多,包括武器管銎斧、矛、短剑,工具刀、锥、凿、平板斧和装饰品喇叭形耳环、指环、串珠、垂饰、手镯、泡等(图4-4)。对于该文化冶金业发展特征的研究较为详尽,目前在南乌拉尔、哈萨克斯坦、中亚、西西伯利亚和南西伯利亚有超过400个样品经过科学检测,包括铜器、矿石、炉壁和铜块等。铜器主要为高质量的锡青铜铸造的产品,锡含量平均为5%~6%,高者10%~15%。纯铜产品也占一定比例,砷铜和锑青铜较少,仅占总数的10%[②]。

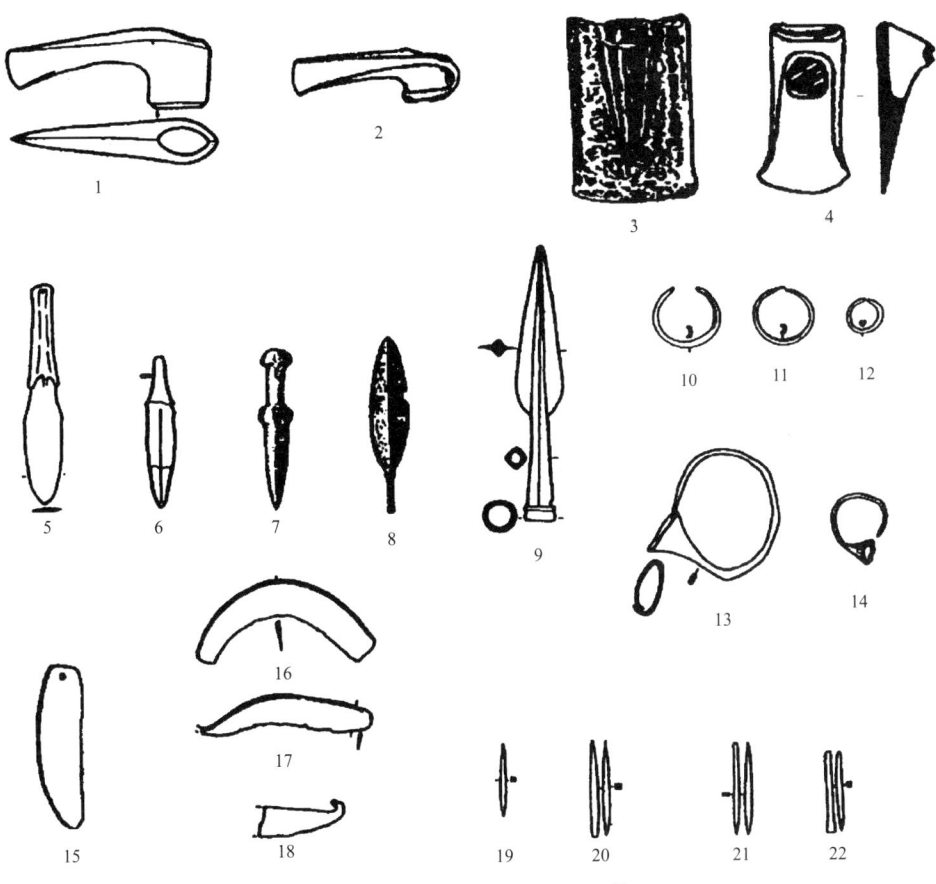

图4-4 安德罗诺沃文化器物[③]

1、2. 横銎斧 3. 直銎铲 4. 透銎斧 5~7. 短剑 8、9. 矛 10~14. 耳环 15~18. 刀 19. 针 20~22. 锥
(13、14. 为金,其余为铜)

---

① 邵会秋:《〈印度—伊朗人的起源〉评介》,《边疆考古研究》第16辑,科学出版社,2014年。
② Chernykh E N. Ancient Metallurgy in the USSR, Cambridge: Cambridge University Press, 1992.
③ Chernykh E N. Ancient Metallurgy in the USSR. Cambridge: Cambridge University Press, 1992.

武器的锡含量较高，目的为增加强度和硬度，而装饰品的含量则较低以确保其可塑性，显示安德罗诺沃人群已经比较熟悉铜锡等金属配比与材质的关系。各区域的青铜器成分本地特征明显，表明可能来源于各自的矿源。同时冶铜技术的一致性，说明了人群的大规模迁徙促进了冶铜技术的交流和统一。

安德罗诺沃分布区内的铜矿资源十分丰富，为该文化冶金业的发展提供了条件。在南乌拉尔地区的卡拉加里铜矿发现有大量的采矿和冶炼工具，表明当时铜矿开采已经相当发达[1]。在哈萨克斯坦的阿塔苏遗址也发现了熔炉、矿石和炉渣，说明安德罗诺沃的金属冶炼至少包括焙烧矿石、粗炼铜和精炼铜三个步骤。一些接近矿产地的人群可能从事冶金生产和金属贸易。

安德罗诺沃文化的金属器主要出土于居址中，墓葬随葬金属器以装饰品为主，数量较少。该文化聚落遗址发现不多，而墓地有大量发现，区域特征和共同特征都非常明显。墓葬一般沿河分布，墓葬以冢墓（有封土墓）和地面墓（无封土墓）为主，地表多以圆形的石垣为标志。多为长方形竖穴土坑墓，内有石棺或木棺。墓主头向多为西南，流行单人侧身屈肢葬，也有双人合葬和少量多人合葬，合葬一般为成人和儿童合葬。大多数墓地为土葬，但费德罗沃类型的一些墓地火葬数量较多。随葬品主要为陶器、木器和金属器等。流行殉牲，主要有牛、马、羊，未见殉猪[2]。此外，在许多墓地还发现无人骨但有随葬品的墓葬（衣冠冢）。

安德罗诺沃文化的陶器以平底缸形器为主，与辛塔什塔陶器相似，陶胎含砂，也有含滑石的，多为灰褐色。彼得罗夫卡类型陶器的纹饰流行波浪式折线纹和联体三角纹；阿拉库类型、费德罗沃类型以折线为基本构成要素，通过不同方式排列而成的几何图案，如杉叶纹、叶脉纹、内充平行斜线三角纹等，而且同一件陶器上的纹饰往往包含多种图案，代表了欧亚大陆制陶技术的巅峰；至后期阿列克谢耶夫卡类型、七河类型，素面陶器悄然兴起，制陶技术逐渐走向衰落。

安德罗诺沃文化的经济形态以畜牧业为主，农业为辅[3]。遗迹中普遍发现有炭化麦粒，以及青铜镰刀、石锄等生产工具，说明农业占有一定比例。同时大量牛、马、羊等家畜的骨骼出土显示畜牧业也非常发达。该文化主要属于欧罗巴人种，但是具有蒙古人种的特征。其主体人群在语言上可能属于印欧语系印度—伊朗语族[4]。

---

[1] Chernykh E N. Ancient Metallurgy in the USSR, Cambridge: Cambridge University Press, 1992.

[2] Ludmila Koryakova, Andrej Epimakhov. The Urals and Western Siberia in the Bronze and Iron Ages. Cambridge: Cambridge University Press [Cambridge World Archaeology], 2007.

[3] 爱莱娜·E. 库孜弥娜著，刘文锁译：《青铜时代的中亚草原：安德罗诺沃文化》，《新疆文物》1996年第2期，112～118页。

[4] David W Anthony. The Horse the Wheel the Language—How Bronze-Age Riders from the Eurasian Steppes Shaped the Oldern World. Princeton: Princeton University Press, 2007.

2. 安德罗诺沃文化与境内发现铜器的关系

安德罗诺沃文化对我国早期铜器的影响是较为清楚的，学者们曾对这一问题做过专门的研究。梅建军认为在伊犁和塔城采集到的一些青铜器是安德罗诺沃文化东向扩张的结果，新疆东部地区一些青铜器是安德罗诺沃文化由新疆西北部向东部传播的结果[①]。邵会秋通过对新疆的典型安德罗诺沃文化遗存以及含有安德罗诺沃文化因素的相关遗存的研究，分析安德罗诺沃文化在新疆地区的扩展过程，并指出三条可能的文化传播途径[②]。郭物概述新疆境内安德罗诺沃文化遗存与境外相关遗存的关系，并通过对小河墓地和古墓沟墓地草编篓纹饰与哈萨克斯坦的彼得罗夫卡类型和费德罗沃类型的陶器纹饰做对比，提出公元前17～前15世纪安德罗诺沃文化共同体已经对塔里木盆地腹地产生了影响[③]。此外，李水城、林沄、阮秋荣、郭物、申轩丞等学者也对我国境内的安德罗诺沃文化进行过探讨[④]。这些研究都注意到了新疆西部安德罗诺沃文化遗存的年代、特征、分布范围及其与中国境外安德罗诺沃文化的关系，并探讨了安德罗诺沃文化在我国境内的传播过程。

我国境内的安德罗诺沃文化遗存分布在新疆西部地区，这类遗存发现的铜器数量较多，但仅有塔城卫校和阿敦乔鲁出土的几件铜器属于早期铜器，其他时代较晚。其中塔城市卫生学校遗址采集到的两件铜镰[⑤]为安德罗诺沃文化的典型铜器（图2-27，1、2）。阿敦乔鲁遗址墓葬出土的喇叭形包金铜耳环（图2-27，13）与安德罗诺沃文化流行的喇叭口插孔式的金耳环（图4-4，13、14）相似。

新疆地区安德罗诺沃文化晚期遗存发现铜器数量较多，种类丰富。主要为各类工具、武器和少量装饰品，工具包括半月形铜镰、透銎斧、管銎斧（弯头斧）、单耳竖銎铜锛、有段扇刃斧、铜凿、铜锤，武器有矛、长銎铜戈、短剑、镞，装饰品有带扣、笄、耳环、项链，此外还有铜条、炼渣、铜卷和铜片等物出土[⑥]。相同种类的武器、工具及装饰品发现于境外地区，它们在形制上是一致的。

---

① Mei J J, Colin S. The existence of Andronovo Cultural Influence in Xinjiang during the Second Millennium B. C. Antiquity, 1999.

② 邵会秋：《新疆地区安德罗诺沃文化相关遗存探析》，《边疆考古研究》第8辑，科学出版社，2009年，81～97页。

③ 郭物：《新疆史前晚期社会的考古学研究》，上海古籍出版社，2012年。

④ 李水城：《西北与中原早期冶铜业的区域特征及交互作用》，《考古学报》2005年第3期，239～275页；林沄：《夏代的中国北方系青铜器》，《边疆考古学研究》第1集，科学出版社，2002年；阮秋荣：《新疆发现的安德罗诺沃文化遗存研究》，《西部考古》第七辑，科学出版社，2013年，125～154页；郭物：《新疆史前晚期社会的考古学研究》，上海古籍出版社，2012年；申轩丞：《新疆安德罗诺沃文化遗存》，吉林大学硕士学位论文，2016年。

⑤ 李肖、党彤：《准噶尔盆地周缘地区出土铜器初探》，《新疆文物》1995年第2期，40～49页。

⑥ 李肖、党彤：《准噶尔盆地周缘地区出土铜器初探》，《新疆文物》1995年第2期，40～49页。

除新疆西部地区存在典型的安德罗诺沃文化遗存外，安德罗诺沃文化的管銎斧、镰形刀、喇叭形口耳环在我国的西北地区都见有出土，一些器类如喇叭形口耳环甚至一直影响到燕山南北地区夏家店下层文化。值得注意的是，安德罗诺沃文化发现的喇叭口形耳环既有管状口的，也有圆形口或扁形口的，其中圆形口的较为流行。我国北方地区和甘青地区出土的喇叭口形耳环，多为扁形口的，有学者曾据此推测，在喇叭形口耳环出现初期，其喇叭口并没有一定的固定形制，我国甘青地区和北方地区主要学习了制作技术，多制作成扁形口，而安德罗诺沃文化在继续发展的过程中，则逐渐青睐于制造喇叭口为圆形的耳环[1]。

三、小　结

阿凡纳谢沃文化和奥库涅夫文化年代略早于中国大多数早期铜器的发现年代，据有些学者研究，阿凡纳谢沃文化和奥库涅夫文化都有可能与中国西北地区早期铜器发生过接触和联系[2]。阿凡纳谢沃文化仅出土少量小型红铜器物，奥库涅夫文化铜器皆出土于墓葬中，器形有铜刀、矛、锥、环、鱼钩等，这两个文化中出土的铜器与中国早期铜器形制相近的仅有骨柄铜锥、骨柄铜刀及螺旋状指环[3]，这些器物形制简单，并不能作为两地铜器存在联系的有力证据，他们之间的联系还有待新考古资料的发现。不过，从小河文化出土草编器物和克尔木齐的圜底陶器特征的观察，说明至少中国新疆的中西部地区的一些文化与阿凡纳谢沃文化和奥库涅夫文化的交流与互动，甚至是人群的迁徙，可能一直存在。但是由于这两类文化的铜器发现数量较少，器形也比较简单，因此在冶铜技术层面的互动问题，还需要更多证据才能有更深入的探讨。

塞伊玛—图尔宾诺现象和安德罗诺沃文化对我国冶铜技术的影响是较为清楚的，塞伊玛—图尔宾诺文化最为典型的器物如带耳竖銎斧和叉形直銎铜矛，以及安德罗诺沃文化横銎斧、弯头斧、镰形刀、喇叭形口耳环，在我国的西北地区都见有出土，一些器类如喇叭口形耳环甚至一直传播到燕山南北地区夏家店下层文化。

总体观之，中亚西伯利亚地区先进的冶铜技术，通过新疆和河西走廊地区，对我国中原以北和以西地区产生了较多影响。而中原海岱地区由于以定居农业经济形态为主，具有自身鲜明的特点。在下一节，我们将对一些典型器物的源流和发展演变过程

---

[1] 邵会秋：《新疆地区安德罗诺沃文化相关遗存探析》，《边疆考古研究》第8辑，科学出版社，2009年，81～97页。

[2] 梅建军、高滨秀：《塞伊玛—图尔诺现象和中国西北地区的早期青铜文化》，《新疆文物》2003年第1期，47～57页。

[3] 此类螺旋形铜环在整个欧亚大陆冶金区都较为常见。

进行分析，总结中原农业文化传统和欧亚大陆草原文化传统这两种不同的文化传统在铜器种类、形制等方面表现出的不同特征。

第二节　典型铜器源流分析

早期铜器类型多样，大致可分为工具与武器、装饰品、容器和其他四类。由于早期铜器的数量不是很多，对其进行全面的类型学分析的条件还不具备，因此，本书择数量较多、形制演变以及区域特征较明显的典型器形进行分析，尽可能探究其来源、流传和演变过程。

一、工具与武器

工具与武器的数量最多，主要包括刀、锥、钻、斧、铲、镞、戈、矛和管銎斧等。刀和锥的使用范围非常广泛，也是最早出现的铜器种类，斧、镞、戈和矛等工具武器多具有明显的地域特征。工具与武器类器物中，刀、斧、铲、镞、戈和矛等器形的发展序列较为清晰，从中可以总结出各区域文化间的交流与互动。

1. 刀

铜刀是出现时间最早的早期铜器，形制较为简单但类型多样，整体可分为复合式铜刀和连柄刀两大类。

（1）复合式铜刀

复合式铜刀多短柄或无柄，需要安装木柄或骨柄使用，有些安装于刀背之上，有些则明显需要安装在刀柄末端。为便于安装，此类铜刀的刀身普遍较环首刀要宽。

目前发现最早的短柄刀为东乡林家马家窑文化出土的青铜刀（图4-5，3），刀柄甚短。此类短柄刀在二里头文化（图4-5，7~9）和岳石文化（图4-5，10）中十分普遍，夏家店下层文化康家屯遗址也有发现（图4-5，6）。

临夏魏家台子齐家文化骨柄铜刀（图4-5，4）的发现使铜刀安柄使用的方式得到确认，皇娘娘台遗址（图4-5，5）和天山北路（图4-5，2）出土的无柄、刀背有两凸起的铜刀应是采用此类在刀背安装骨柄（或木柄）的方式来使用的，皇娘娘台出土铜刀年代可早到龙山时代。

短柄刀和无柄刀出现年代较早，仰韶时代和龙山时代均已出现，在黄河流域齐家文化、王湾三期、山东龙山文化中多有铜刀残片出土，大多属于此类器形。在阿凡纳谢沃文化和奥库涅夫文化，也发现有这类短柄刀（图4-5，1），需要安装骨柄（或木柄）来使用，曾有外国学者据此推测中国的这类复合柄工具是受到了以上两个文化的

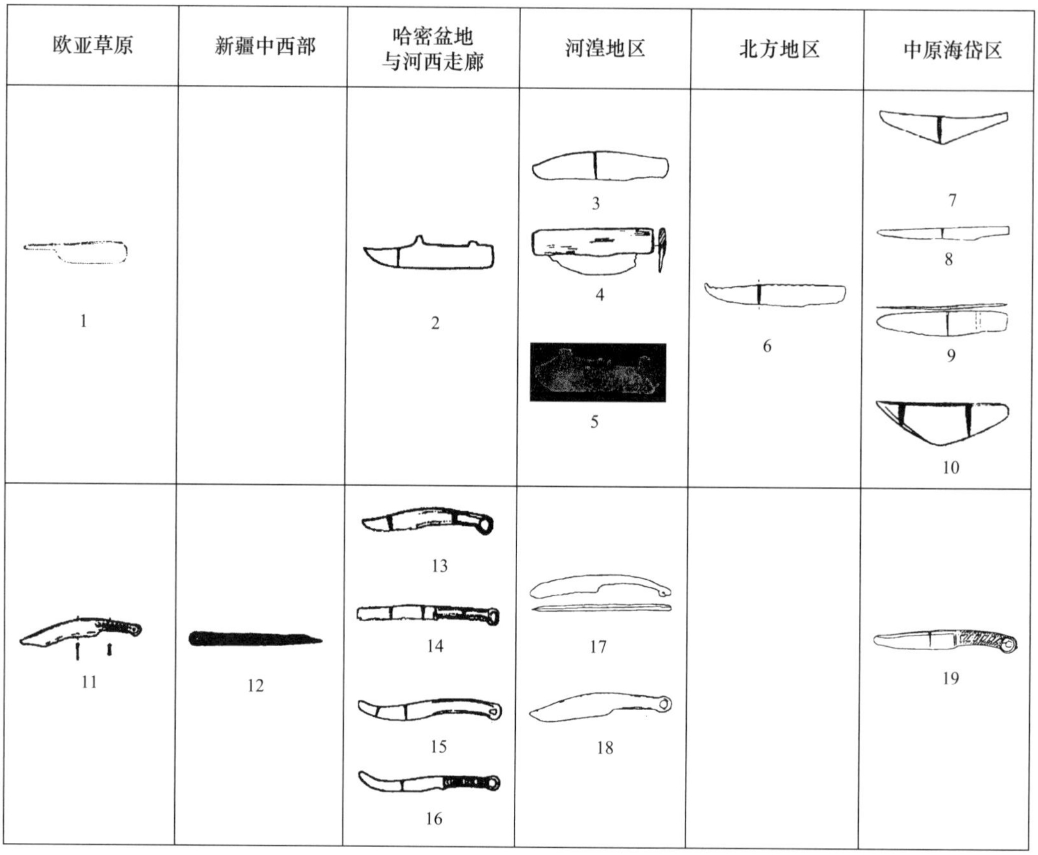

欧亚草原	新疆中西部	哈密盆地与河西走廊	河湟地区	北方地区	中原海岱区
1		2	3 4 5	6	7 8 9 10
11	12	13 14 15 16	17 18		19

图4-5 铜刀对比图

1. 阿凡纳谢沃文化 2. 天山北路 3. 东乡林家 4. 魏家台子 5. 皇娘娘台 6. 康家屯 7~9、19. 二里头 10. 尹家城 11. 塞伊玛—图尔宾诺现象 12. 克尔木齐 13、14. 干骨崖 15、16. 天山北路 17. 杏林 18. 商罐地

影响[①]。也有学者依据欧亚大陆早期铜刀的发展规律指出齐家文化的多种类型铜刀，经历了单刃刀、单刃有背刀、短柄刀和刀首有装饰的连柄刀四个时期[②]，这一规律也应当适用于中国各地区广泛发现的早期铜刀。综合来看，此类复合式铜刀形制简单，在冶铜技术发展的最初阶段，依靠简单的锻制加工就很容易制作，而且东乡林家马家窑文化出土的青铜刀，时代要比阿凡纳谢沃文化和奥库涅夫文化早一些，因此这类刀应是黄河流域在冶铜业发展初期进行本地冶金尝试的产物。

（2）连柄刀

连柄刀柄身连铸，刀身完整，无须安装木柄或骨柄使用，早期铜器中的连柄刀几乎全部为环首刀。环首刀为欧亚草原文化因素应无异议，塞伊玛—图尔宾诺现象就

---

① Louisa G. Fitzgerald-Huber. Qijia and Erlitou: the question of contacts with distant culture. Early China, 1995(20):17-67.

② 杨建华等：《欧亚草原东部的金属之路》，上海古籍出版社，2016年，37页。

流行此类铜刀（图4-5，11）。我国目前发现最早的环首刀为新疆中西部地区克尔木齐墓地发现的环首刀（图4-5，12），这件刀具有较强的原始性，刀柄和刀身不分，末端钻有一小孔。此后，在齐家文化、四坝文化和天山北路墓地都有大量发现（图4-5，13~18），形制也更加复杂。二里头遗址也曾出土有一件环首刀（1980 Ⅲ M2：3）（图4-5，19），环首，柄部镂空，略弯曲，刀背平直。刀柄凹槽及环首内的内范泥芯尚存，年代为二里头文化三期。林沄先生在1982年发表的《商文化青铜器与北方地区青铜器关系之再研究》中就指出此类环首刀有"北方特色"[①]。这把环首刀形制和纹饰都保留有浓厚的北方文化色彩，但柄部还留有泥范芯，应为中原地区仿造欧亚草原同类器制成的。此外，石峁遗址也发现有铸造环首刀的石范，说明中国境内环首刀很可能是本地制作而成，而非舶来品。

2. 斧

形制多样，依据装柄方式和斧身形状可分为扁斧、空首斧、透銎斧和管銎斧四类，分别具有不同的来源与发展路径。

（1）扁斧

扁斧一般认为属于木工工具[②]，陈振中、朱凤瀚认为先秦时期的斧也是农具[③]，林梅村进一步将斧的功能定为造车工具[④]。

齐家文化秦魏家遗址出土铜扁斧1件（图4-6，2），斧身宽厚，刃部较钝，斧肩有一条凸棱。其形制与二里头采集铜钺（2000YL Ⅲ C：1）形制接近（图4-6，3），刃部略宽，肩部有一周凸起网格纹，其下有一孔。秦魏家出土扁斧肩身凸棱作用类似于栏，可能是装柄用的，应属于中原系。二里头遗址出土铜戚（YL75 Ⅵ K3：1）1件（图4-6，4），器身较窄，较薄，刃部略宽，其后有内，内与戚身间有阑。年代为二里头文化三期。林沄先生指出此器不应称为戚，应称为斧，此类斧身与北方系战斧斧身相近，斧的尖齿状栏与北方系刀子的尖齿状栏相同，推论这种器物应是受北方系铜器的影响。但是我们看到，此类器并非北方系铜斧典型形制，其栏和内的结构说明其安柄方式与北方系流行的横銎斧和竖銎斧有着根本区别，我们认为此类器属中原铜器系统。

---

① 林沄：《商文化青铜器与北方地区青铜器关系之再研究》，《考古学文化论集》（一），文物出版社，1987年，129~155页。

② 杨建华等：《欧亚草原东部的金属之路》，上海古籍出版社，2016年。

③ 陈振中：《青铜生产工具与中国奴隶制社会经济》，中国社会科学出版社，2007年，99页；朱凤瀚：《中国青铜器综述》，上海古籍出版社，2009年，498页。

④ 林梅村：《古道西风——考古新发现所见中西文化交流》，生活·读书·新知三联书店，2000年，50页。

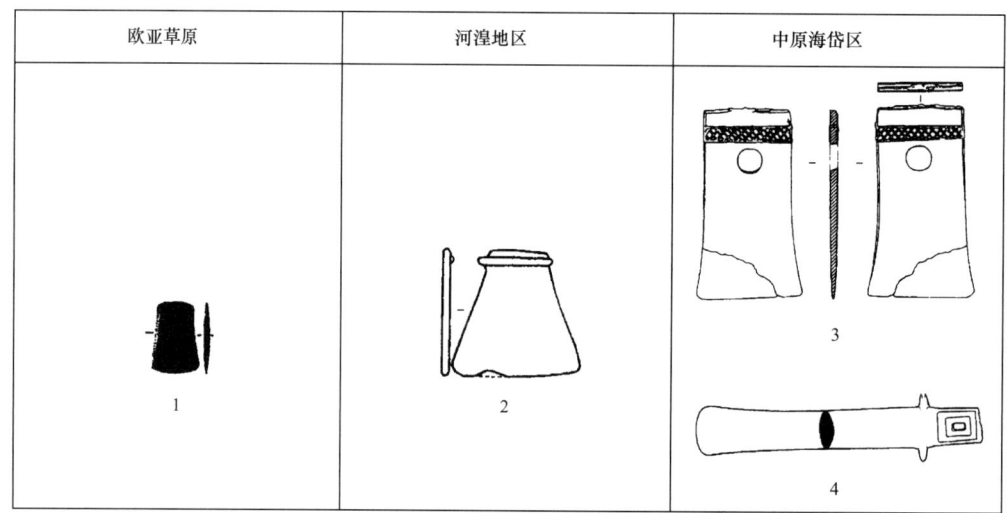

图4-6 扁斧、钺和戚对比图
1. 阿凡纳谢沃文化 2. 秦魏家 3、4. 二里头

在欧亚草原地区，扁斧也有发现，如阿凡纳谢沃文化就出土有扁斧（图4-6，1），这类扁斧的形态较原始，没有用来固定斧柄的栏或穿孔，与中原地区的钺和齐家文化的扁斧形制完全不同。综合来看，中国境内铜扁斧应是本土铜器发展而来，而非受草原文化的影响。

（2）空首斧

带耳宽刃的竖銎斧是塞伊玛—图尔宾诺现象的典型器物①，斧身上饰三角纹、菱格纹和网格纹等纹饰（图4-7，1）。在我国的齐家文化（图4-7，5、6）、四坝文化（图4-7，4）、天山北路墓地（图4-7，3）均出土有一定数量的空首斧。虽然同时期的新疆中西部地区目前还未发现此类器物，但是在公元前两千纪后半叶的新塔拉（图4-7，2）、阿尔尔生、特克斯、塔城以及尼雅遗址等地也发现有大量空首斧。从器物形制上看，新疆中西部地区的竖銎斧（空首斧）与塞伊玛—图尔宾诺现象是最为接近的，均为宽刃，首部带小耳。河西走廊及哈密盆地地区发现的竖銎斧（空首斧）虽也为宽刃，但制作已较为粗糙。而河湟地区的这类铜斧，已演变成为刃部和首部等宽的形式了。中国境内的空首斧是在塞伊玛—图尔宾诺现象同类器影响下产生的，但其纹饰、器壁厚度及斧身形状，与塞伊玛—图尔宾诺现象空首斧多有不同，应是本地仿造的结果。

（3）透銎斧

透銎斧也是境内发现与欧亚草原相近的一类器物，在塔城地区②（图4-7，8）、四坝

---

① Louisa G. Fitzgerald-Huber. Qijia and Erlitou: the question of contacts with distant culture. Early China, 1995(20):17-67; 梅建军、高滨秀：《塞伊玛—图比诺现象和中国西北地区的早期青铜文化》，《新疆文物》2003年第1期，47～57页。

② 龚国强：《新疆地区早期铜器略论》，《考古》1997年第9期，7～20页。

文化（图4-7，9）和天山北路墓地（图4-7，10）有少量发现。这类铜斧主要发现于西北地区，河湟地区目前还未见到，在鄂尔多斯发现1件年代更晚的同类器。据林沄先生研究，透銎斧应来自安德罗诺沃文化（图4-7，7），由额敏河谷传入中国，经新疆北部传入河西走廊，再传至中国北方长城地带[①]。

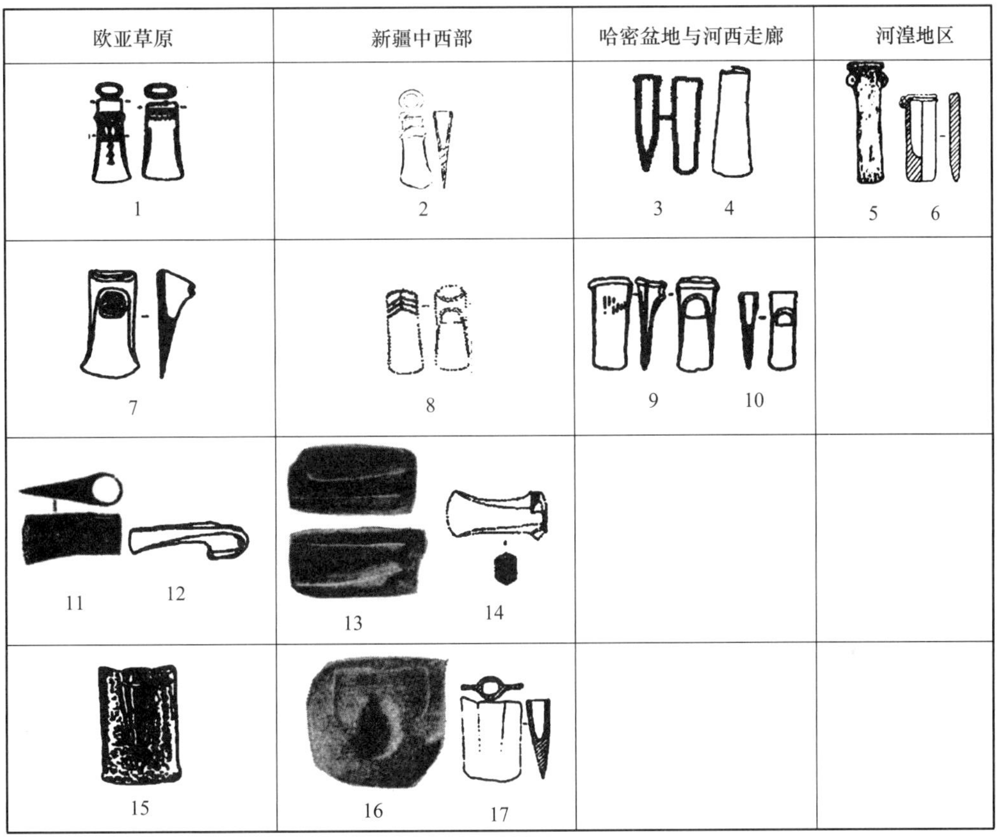

欧亚草原	新疆中西部	哈密盆地与河西走廊	河湟地区
1	2	3　4	5　6
7	8	9　10	
11　12	13　14		
15	16　17		

图4-7 空首斧、透銎斧、管銎斧、竖銎铲对比图

1～6. 空首斧（塞伊玛—图尔宾诺现象、新塔拉、天山北路、火烧沟、齐家坪、杏林） 7～10. 透銎斧（安德罗诺沃文化、塔城、干骨崖、天山北路） 11～14. 管銎斧（阿凡纳谢沃文化、安德罗诺沃文化、克尔木齐、塔城）15～17. 竖銎铲（安德罗诺沃文化、克尔木齐、塔城）

（4）管銎斧

管銎斧是欧亚草原分布最为广泛的一类器物，阿凡纳谢沃文化曾采集发现4件管銎斧（图4-7，11），形态与该文化的石斧接近，可能是本地生产的。安德罗诺沃文化（图4-7，12）中管銎斧十分流行。商代以前管銎斧仅见于新疆的中西部地区，克尔木齐出土1件有銎战斧的石范（图4-7，13），塔城地区也发现有1件外形接近，但无銎

---

① 林沄：《丝路开通以前新疆的交通路线》，《草原文物》2011年第1期，59页。

孔的斧（图 4-7，14），年代略晚。由此可见，管銎斧在中国境内发现的数量很少，此类文化因素的影响在商代以前仅仅到达新疆中西部地区。晚商时期开始，管銎斧在边缘地区和中原地区迅速发展。

3. 竖銎铲

竖銎铲也是安德罗诺沃文化的常见器形（图 4-7，15），我国商代以前遗存中目前还未见到此类铜铲，但是在稍晚时期的新疆中西部塔城（图 4-7，17）和特克斯等地发现有较多这类铜铲，克尔木齐也出土有铜铲石范 1 件（图 4-7，16），新疆中西部应是这类铜铲影响范围的最东界。

4. 镞

早期铜器中的镞可分柱铤镞和有銎镞两类。

（1）柱铤镞

柱铤镞多发现于中原海岱地区，在二里头文化（图 2-6，8~11）和岳石文化（图 2-11，9、10）中十分常见，在北方地区夏家店下层文化（图 2-14，24）、朱开沟文化（图 2-16，4）也有少量发现。此类圆柱铤、带后锋的镞应为中原文化因素。

（2）有銎镞

有銎镞，无铤，直接将箭杆插入管銎中使用。有銎镞在四坝文化（图 2-23，29、30）中多见，镞身多呈柳叶形，无后锋。

在夏家店下层文化中也见有一定数量的有銎镞（图 2-14，22、23、25），都带有后锋，应是此地综合中原式镞和西北有銎镞各自优点而制作的一种融合产物。

此外，柳湾出土铜镞，形制特殊，报告虽认为属齐家文化，但其年代可能较晚，表现出中原和欧亚草原因素共存的特征，镞身规整，后锋明显，与中原镞特征接近，但是扁铤十分独特，与中原铜镞又有较大差别。由于在此前齐家文化没有发现过铜镞，在齐家文化之后的河湟地区也没有见到类似的器物，这件镞是齐家文化的独有特征，还是外来因素的影响，目前还没有充分的证据来论述这一问题。

5. 戈

戈为中国特有的武器，属中原系统。除二里头文化出土三件铜戈外（图 4-8，1~3），在锦县水手营子夏家店下层文化中出土一件连柄戈（图 4-8，4），与中原地区的直内戈相似，但是戈柄为铜制，又有自身的特征。

6. 矛

铜矛发现数量较少，目前出土环境较为清楚，年代可早至商代以前的仅有青海西宁沈那遗址和甘肃河西走廊火烧沟遗址出土的 2 件。

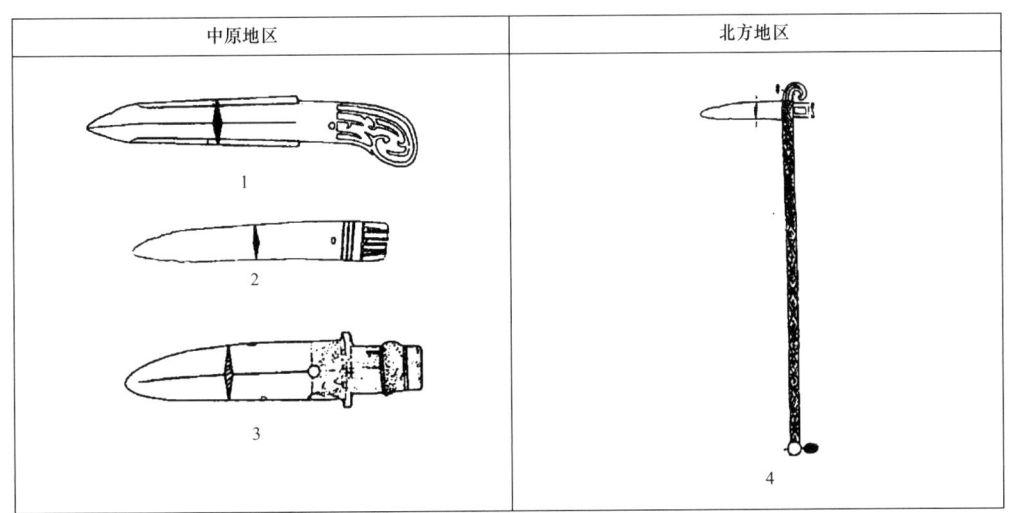

图4-8 铜戈对比图

1～3. 戈（二里头 1975LVIKM3：2、二里头 1975YLIII 采：60、郑州 C8T166M36：3） 4. 连柄戈（水手营子）

沈那遗址出土的铜矛，阔叶，叶、骹相接处有三道凸棱，骹口外壁饰有三周凸弦纹，骹管上端带有一倒钩（图4-9，4）。其形制与塞伊玛—图尔宾诺现象的直銎分叉铜矛整体形制十分相似（图4-9，2），但尺寸很大，矛叶宽圆，单耳与倒钩位于两侧，与塞伊玛—图尔宾诺现象典型的柳叶形叶身，耳与倒钩同侧的矛形制存在较大差异，应该是齐家文化的仿制品。此种类型的夹叶阔叶铜矛在青海、陕西、山西、河南等地还有发现，数量至少有15件[①]，这些矛多数为博物馆藏品，仅西宁沈那和淅川下王岗的铜矛

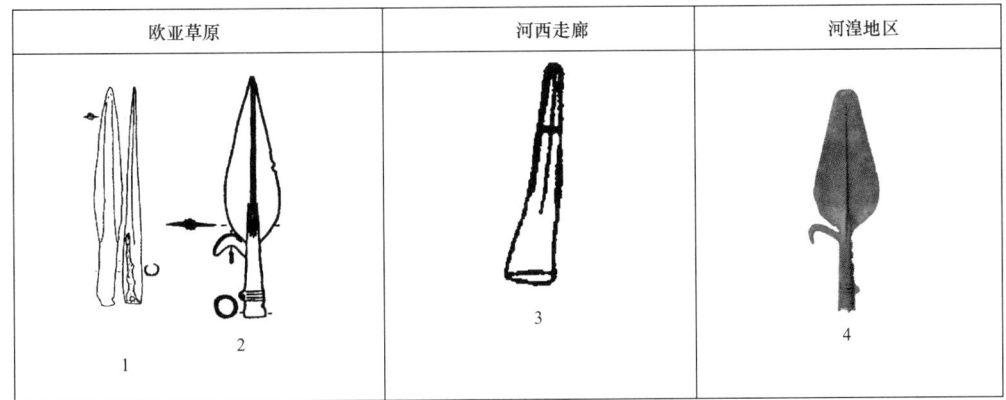

图4-9 铜矛对比图

1. 奥库涅夫文化 2. 塞伊玛—图尔宾诺文化 3. 火烧沟 4. 沈那

---

① 胡保华：《试论中国境内散见夹叶阔叶铜矛的年代、性质与相关问题》，《江汉考古》2015年第6期，55～68页。

为考古发掘所得。学者注意到这些铜矛和塞伊玛—图尔宾诺现象存在着密切联系，但由于塞伊玛—图尔宾诺现象的年代学界意见并不一致，中国境内发现的铜矛出土层位不够明晰，关于其年代有多种观点[①]，是否能早至商代之前尚不能确认。

四坝文化也发现 1 件铜矛（图 4-9，3），矛身呈柳叶形，管銎为锻制卷曲而成，与奥库涅夫文化出土的铜矛（图 4-9，1）较为接近。中原地区流行戈作兵器，矛很少见，河湟和河西走廊地区出土的铜矛都应是欧亚草原文化影响的结果。

二、装　饰　品

装饰品在我国早期铜器中数量最为丰富，类型也很多样。在中原海岱地区发现的装饰品较少，而西北地区和边缘地区的装饰品非常多见，种类包括耳环、指环、鼻环、手镯、臂钏、项饰、联珠形饰以及蝶形饰等，这些装饰品与欧亚草原同类器十分相近，特别是形制鲜明的喇叭形口耳环、螺旋形指环、项饰和兽面牌饰等。

1. 喇叭形口耳环

耳环一端尖细，一端作喇叭形口，喇叭口也有圆形和椭圆形之分。关于喇叭形口耳环的来源，林沄先生早已提出其来自哈萨克草原的安德罗诺沃文化（图 4-10，1、2）文化，由新疆东传至四坝文化（图 4-10，3），然后影响到燕山南北的夏家店下层文化的传播路线[②]（图 4-10，4~8）。库兹米娜先生持相反意见，认为流行此类耳环的安德罗诺沃文化费德罗沃类型年代晚于中国境内同类器出现的年代[③]。目前，中国境内发现的喇叭形口耳环在夏时期的齐家文化、朱开沟文化和夏家店下层文化中开始出现，数量明显少于安德罗诺沃文化，并且没有清晰的发展演变序列，因此我们认为这类耳环和安德罗诺沃人群有关。

中国境内流行的喇叭形口耳环多为扁口，整体呈倒钩形。安德罗诺沃文化中虽也有扁口耳环，但数量少，更流行横截面为圆形的喇叭形口耳环。邵会秋推测可能扁口的样式传入北方地区，而中亚和新疆地区的安德罗诺沃人群则更青睐圆口样式[④]。此类耳环从早至晚喇叭形口逐渐变大，与安德罗诺沃文化同类器的演变趋势基本一致。从

---

① 沈那遗址出土的铜矛存在着属齐家文化和卡约文化的争论，下王岗遗址出土的铜矛也存在着年代为商代和夏代两种不同观点，其他非考古发掘的铜矛年代更加难以准确判定。

② 林沄：《夏代的中国北方系青铜器》，《边疆考古研究》第 1 辑，科学出版社，2002 年，1~12 页。

③ Kuzimina E E. "Relation of the Andronovans with the Population of XinJiang and Oher Regions of China in the Bronze Age"，《欧亚学刊》第七辑，中华书局，2007 年，1~28 页。

④ 杨建华、邵会秋、潘玲：《欧亚草原东部的金属之路》，上海古籍出版社，2016 年，97 页。

安德罗诺沃文化
河西走廊
北方地区
1
2
3
4
5
6
7
8

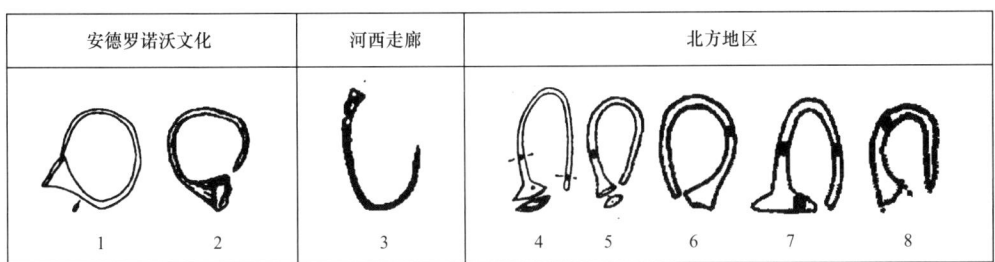

图4-10　喇叭形口耳环对比图

1、2. 安德罗诺沃文化　3. 干骨崖 M7：34　4. 围坊 T1 ③：7　5. 平顶山 G104 ④：2　6. 下岳各庄 H5：13　7. 张家园 F4　8. 刘李店 M2

目前资料来看，新疆、河西走廊和齐家文化发现的喇叭形口耳环数量较少，而在夏家店下层文化中发现数量却较多，呈现出东多西少的局面，与耳环由西向东传播的路线不甚符合，因此喇叭形口耳环的具体传播路线还有待考古资料的继续积累。

2. 螺旋形指环

螺旋形指环在阿凡纳谢沃文化（图 4-11，1）中就有发现，此类指环在欧亚草原各铜器文化中十分普遍，持续时间也长。中国境内目前在四坝文化（图 4-11，2）、齐家文化（图 4-11，3）、夏家店下层文化（图 4-11，4、5）中也有发现，其流传范围和路线可能与喇叭形口耳环是一致的。

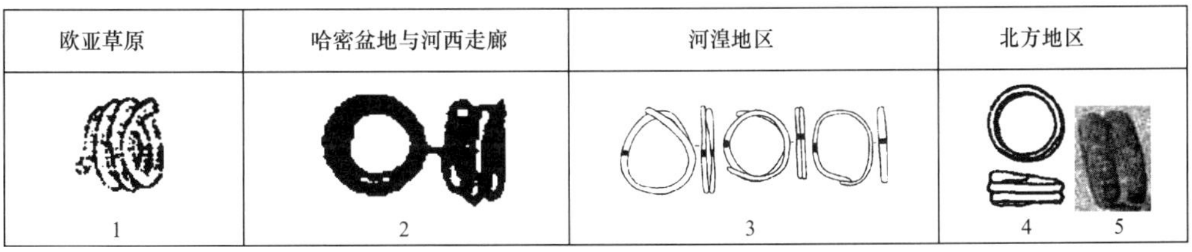

欧亚草原
哈密盆地与河西走廊
河湟地区
北方地区
1
2
3
4
5

图4-11　螺旋形指环对比图

1. 阿凡纳谢沃文化　2. 干骨崖 M74：11　3. 宗日 M122：2　4. 琉璃河　5. 大甸子

3. 项饰

朱开沟遗址出土一件项饰，由铜片螺旋卷成铜管状项圈（图 4-12，1），此类项饰形制特殊，与欧亚草原同类器十分接近，在 Balanovo 墓地中就见有此类项饰（图 4-12，2）。

4. 兽面牌饰

目前二里头遗址共出土兽面纹青铜牌饰 4 件，此外还有收藏品 8 件。这类牌饰是中原与西部地区人群互动和接触的物质证据，除二里头文化外，天水博物馆藏有 1 件

图4-12　铜项饰对比图

1. 朱开沟 M1070∶2　2. Balanovo 墓地

铜牌饰（图4-13，3），四川广汉三星堆文化发现铜牌饰4件（图2-29，12～15）。据张天恩先生研究，天水发现的牌饰应属齐家文化，眉目以下图案与中原地区二里头文化接近，是二里头文化向西传播的结果[①]。中原地区的铜牌饰（图4-13，1、2）制作精美，数量多，镶嵌绿松石的技术被广泛应用于铜牌饰、曲内铜戈和龙形器等器物。而齐家文化的铜牌饰制作较粗陋，外轮廓不甚规整，且绿松石镶嵌工艺在齐家文化并不流行。因此，齐家文化的铜牌饰，可能是当地吸收中原文化因素仿造而成。

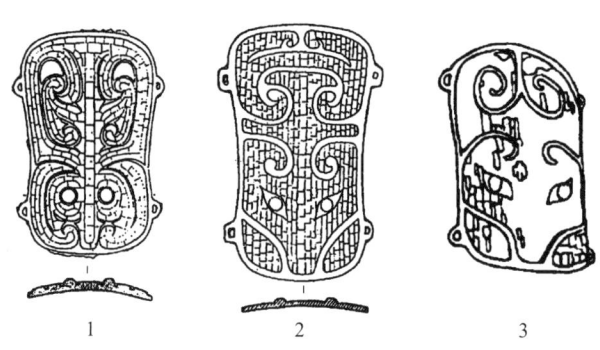

图4-13　铜兽面牌饰

1. 二里头遗址 1981YLⅤM4∶5　2. 二里头遗址 1987YLⅥM57∶4　3. 甘肃天水博物馆藏

三、容　器

铜容器仅在二里头遗址发现，数量不多，器类有鼎、爵、角、斝。是依据二头文化同类陶器冶铸成形的。不仅在中原海岱区以外的地区没有发现铜容器，在除二里头遗址之外的中原地区也很少有发现。这应与铜容器作为礼器的地位有关，遗址要达到一定等级之上，才有权利制造和使用铜礼器。

---

① 张天恩：《天水出土的兽面铜牌饰及有关问题》，《中原文物》2002年第1期，43～46页。

四、其 他

铜镜

数量较多，目前发现的铜镜主要集中在哈密盆地、河西走廊和河湟地区。天山北路墓地（图 2-24，32、33）、齐家文化（图 2-21，1）都发现有较多铜镜。这些铜镜的年代大体相当，均大致属于夏纪年范围内。其后铜镜的分布范围扩大，在新疆中西部尼雅遗址北部发现有铜镜。从目前发现来看，铜镜在河西走廊及其邻近地区出现时间较早，且数量较多，可能是当地自身的文化因素。

五、小 结

中国发现的早期铜器类型多样，来源复杂，依据目前的考古发现已经能对部分铜器的来源做出合理推断，但仍有许多铜器的来源、发展脉络及传播路线难以确定。整体来看，在我国早期铜器中装饰品和小型工具多发现于新疆、河西走廊、河湟以及北方地区，受境外安德罗诺沃文化、塞伊玛—图尔宾诺文化现象同类器影响明显。铜容器和一部分工具、武器如铜鼎、爵、扁斧、戈、牌饰等，则明确属于中原文化系统，具有明显的中国特色。依据目前的考古发现，中国早期铜器主要有中原文化、境外草原文化及当地文化仿制三种类型，而当地文化仿制的铜器也是在中原或草原文化铜器的基础上做出的仿制或创新。因此，中国早期铜器归根结底主要来自中原和草原两大铜器系统。

中原铜器系统的铜器类型主要为容器、武器和乐器，也有少量工具和装饰品，这是中原文明秉承"国之大事在祀与戎"理念的体现。其中使用块范法铸造的铜容器、乐器以及铜戈等武器都是有别于世界其他铜器系统独有的器物。

从目前考古发现看，中原铜器系统在二里头时期形成雏形，但这一技术系统的肇始却可以追溯到仰韶时代。中国仰韶和龙山时代在广阔的黄河流域零星发现了近 20 件早期铜器，主要为刀、锥、钻、凿、斧、管等简单铜工具和不可辨器形的铜片。这些铜器虽然器形简单，多数为锻打成形，但少量铜器在合金配比和范铸技术上却表现出罕见的先进性。半坡类型的姜寨遗址、山东龙山文化的三里河遗址都发现有黄铜制品，马家窑文化的林家遗址发现的刀为高锡青铜制品，这些合金铜器可能是冶铜初期利用铜伴生矿冶炼出来的合金铜[①]。此外，东乡林家的青铜刀为铸造成形，而非简单锻打而成。这些证据表明，虽然我国黄河流域发现的公元前二千纪前铜器数量不多，形制也较简单，但是这一时期居民对金属铜已经有了一定的认识，对铜的物理性能也有所了

---

① 滕铭予：《中国早期铜器有关问题的再探讨》，《北方文物》1989 年第 2 期，8～18 页。

解，在冶铸工艺上也已开展了长时间的尝试。而之所以这一时段的早期铜器发现数量非常少，可能是由于铜器具有回收利用的特点，损坏的铜器往往重熔再得到利用，而这一时期的铜器又以实用的铜工具为主，所以居址中很少能留下这些铜器。

目前可确认的中原系统最为典型的青铜容器，最早发现于二里头遗址三期遗存中，年代可早到大约公元前1700年。其实，龙山时代中原核心地区就有疑似铜容器残片发现。王城岗遗址曾发现铜容器残片，经检验为铸造，锡铅青铜质地。新密新砦发现1件铜容器残片，经检验为铸造而成。有学者认为王城岗遗址出土铜片是铜鬶的残片[①]，但也有学者认为从铜器技术的发展规律来看，这一时期不具备生产铜鬶这样复杂器物的能力，该残片的时代不可能为龙山文化时期。其实无论青铜容器的出现时间早到何时，在中国早期铜器发展过程中都将表现出极强的突然性，因为公元前二千纪前的铜器以小型实用工具为主，似不具备生产如此复杂器物的技术能力。然而，放眼欧亚大陆，除中国中原地区外冶铸铜容器数量很少，出现时间也要晚很多，更不具备器物和块范合铸技术的传播基础。因此，中国冶铸铜器的技术储备可能就来自本地仰韶和龙山时代的技术经验的积累，而非由其他地区传播而来。正如前文所述，就冶铸技术而言，二里头时期以前的中原地区已能生产出黄铜、青铜等合金铜，也具备了一定的铸造技术。

中原系统铜器始终不流行装饰品，这是有别于欧亚大陆其他青铜文化的重要特征。铜工具在中原铜器中占有一定比例，虽然仰韶和龙山时代铜工具数量少，且分布零散，但也能从中看到制作技术一脉相承的线索。以铜刀为例，中原流行安装木柄的复合铜刀，此类无柄或短柄刀形制多样，整体来看刀面宽短者多，窄长者少，大致经历了单刃刀、单刃有背刀、短柄刀三个承袭发展阶段，这一发展规律与欧亚草原早期铜刀发展规律基本一致。

仰韶、龙山时代是中原铜器系统发展的萌芽期，主要制作小件工具等实用器。二里头时期中原铜器系统初步形成，铜主要用来铸造青铜礼器和兵器，少量用于生产青铜工具。这一铜器系统的特点至商代时更趋繁荣，一直持续到战国时期。因此，在目前缺乏境外青铜文化对中原铜器直接影响的证据情况下，将中原系统铜器认为自成体系，独立起源发展是合理的。

欧亚草原铜器文化系统始终以工具、武器和装饰品为主，制作方式从锻造自然发展到铸造。公元前5000年左右，欧亚大陆北部普遍进入了铜器时代，铜器以纯铜为主，锻造而成，器形多是小型工具和饰品。公元前3500年，这一地区进入了青铜时代早期，最具代表性的铜器是合范铸造的管銎斧，而大多数铜器仍然是锻造成形，砷铜开始流行。从公元前2500年开始进入了青铜时代中期，向东越过了乌拉尔山，出现在萨彦岭和阿尔泰地区。约公元前16世纪开始，青铜文化继续向东扩展，流行空首斧、

---

① 李先登：《王城岗出土的铜器残片及其他》，《文物》1984年第11期，73~75页。

矛和短剑，取代了原来的管銎斧。

中国北方地区与欧亚草原相连，是欧亚大草原东南部的组成部分。中国早期铜器不可避免地受到欧亚草原青铜文化系统的强烈影响，在中国发现的竖銎斧（空首斧）、透銎斧、环首刀、矛、剑、喇叭形口耳环、螺旋形指环、项饰、权杖头等早期铜器与境外青铜文化同类器形制基本相同，组合也十分相近。这些铜器主要发现于西北地区，在边缘地带也有少量发现，主要发现于天山北路墓地、四坝文化、齐家文化晚期遗存、朱开沟文化、夏家店下层文化中，其年代均基本属于公元前二千纪前半段左右。公元前2000年可能是草原系统铜器文化影响到中国的时间。这些地区中影响最大的是西北地区，这一地区砷铜的比例也明显高于其他地区，与欧亚草原文化保持着较密切的联系。

塞伊玛—图尔宾诺文化现象、安德罗诺沃文化对中国早期铜器的影响尤为明显。公元前二千纪前中国境内早期铜器虽也可能与草原文化年代更早的阿凡纳谢沃文化、奥库涅夫文化有着一些联系，但以自己独立发展为主，因为在中国西北地区与中原地区一样，以实用小型工具的制作为主，且黄铜和青铜的合金比例较高，而基本不见草原地区流行的管銎斧等铜器。

中国早期铜器中，除中原和草原两大铜器系统的典型器物外，也还见有少量可能是本地仿制或创新出来的新器形，如在河湟和河西走廊地区流行的铜镜、蝶形牌饰和融合了中原和欧亚草原两种铜镞而创造的带翼有銎镞。这些器物主要发现于边缘地带的齐家文化、朱开沟文化和夏家店下层文化中，在西北地区也有少量发现。边缘地带是中原与草原两大铜器系统交界的过渡地带，受到了两大铜器系统的共同影响，并在此基础上融合创新出了许多器形，这些铜器就是后来北方系铜器的雏形。

早期铜器文化因素来源的分析，是我们揭开铜器起源的钥匙，只有将所有铜器的来源及流变过程理清，才能真正弄清铜器的起源问题。由于资料有限，以上分析还不够充分，有些还带有很强的推测成分，不过也为我们探讨铜器起源与发展问题提供了重要基础。

第三节 中外铜器文化的交流与传播

公元前二千纪前的中国冶铜技术在传统的道路上稳步发展，冶铸的铜器以实用的小型工具为主，各区域间的早期铜器特征基本一致。龙山时代末期至二里头文化时期，这一稳定的格局产生了重大变化，中原、欧亚草原及各地铜器文化因素激增，各地的早期铜器呈现出明显的地区差异。在生业方式、社会组织等多重力量影响下，欧亚草原文化不断向东扩展到达中国西北地区，中原铜器也迅猛发展形成了独特繁荣的青铜文化体系，初步确立了我国青铜时代的文化格局。

一、欧亚草原文化的向东扩展

公元前二千纪前后，对中国特别是中国西北地区产生重要影响的欧亚草原文化主要有两支：一支是塞伊玛—图尔宾诺现象，以空首斧、倒钩矛、立兽刀和匕首为特色；一支是安德罗诺沃文化，以管銎斧、单板斧和銎孔矛为特色。在分布地域上二者毗邻，甚至有重合区域，塞伊玛—图尔宾诺遗存主要分布于更靠北的森林草原地带，安德罗诺沃文化则分布于南部广袤的草原。两支青铜文化也有着较长的共存时间，塞伊玛—图尔宾诺遗存流行时间相当于安德罗诺沃文化的繁荣期，因此两者存在着部分形制相似的青铜制品。

在我国新疆地区发现有安德罗诺沃系统的文化遗存，集中分布于塔城、伊犁、博尔塔拉蒙古自治州和喀什的塔什库尔干地区，在乌鲁木齐、阜康和吉木萨尔等地也有零星发现。这些遗存在铜器、陶器及墓葬形制和葬俗上与安德罗诺沃文化十分接近，说明安德罗诺沃文化对中国新疆西部地区产生了直接的深远影响，并继续向东渗透[①]，这种渗透一直影响至边缘地带。喇叭形口耳环是安德罗诺沃文化的典型铜器，在河西走廊的四坝文化、河湟地区的齐家文化、燕山地区的夏家店下层文化中都有发现。这些耳环喇叭形口普遍较小，环中部较细，年代在同类器中属偏早者，这说明安德罗诺沃文化在约公元前二千纪前叶就影响到中国边缘地带。不过，这仅是单个器物的零星出现，不能排除贸易、馈赠或战争掠夺的可能，这只能说明这些地区与安德罗诺沃文化有接触，对于二者文化联系的程度还不得而知。

以往，大部分学者认为塞伊玛—图尔宾诺现象的年代在公元前16～前13世纪。近年来，随着辛塔什塔和阿巴舍沃文化 ^{14}C 数据的公布，许多学者把草原青铜文化的绝对年代大大提前，胡博在1995年将塞伊玛—图尔宾诺现象的年代上限提前至公元前二千纪初[②]，切尔内赫依据新公布的 ^{14}C 数据将其年代定在公元前22～前18、17世纪[③]。同时，也有学者依据铜器特别是管銎斧的形制特征，以及塞伊玛—图尔宾诺现象与相关青铜文化的宏观对比，指出塞伊玛—图尔宾诺遗存主要流行年代与安德罗诺沃文化共同体的繁荣期相当，可能在公元前1800～前1400年。塞伊玛—图尔宾诺现象绝对年代的确认还有待更详细的 ^{14}C 数据，不过其与中国早期铜器有一段并行发展时期是目前可以确定的。

四坝文化和齐家文化发现的空首斧应与塞伊玛—图尔宾诺现象有关，河西走廊和

[①] 邵会秋：《新疆地区安德罗诺沃文化相关遗存探析》，《边疆考古研究》第8辑，科学出版社，2009年，81～97页。

[②] Louisa G. Fitzgerald-Huber. Qijia and Erlitou: the question of contacts with distant culture. Early China, 1995(20):17-67.

[③] 切尔内赫：《欧洲大陆草原带畜牧文化的形成过程》，《欧亚大陆北部的古代冶金：塞伊玛—图尔宾诺现象》，中华书局，2010年，251～268页。

河湟地区发现的空首斧，除磨沟遗址出土的一件与塞伊玛—图尔宾诺现象空首斧形制相近且饰三角纹外，其他几件形制各有不同，可能是本地仿制的结果。此类空首斧最早出现于中国的西北地区，可能也是由新疆经河西走廊传播而来的。

中国境内发现的带倒钩的铜矛，学界基本都认为与塞伊玛—图尔宾诺现象有关，但对于这些铜矛的年代还存在争议。青海沈那出土的铜矛最初被认为属于齐家文化，后有学者指出其可能属于卡约文化。河南淅川下王岗遗址也出土4件形制相似的铜矛，朱乃诚先生经过分析认为这些铜矛与沈那铜矛的年代都可能晚于二里头文化而早于西周，大约相当于商代[①]。鉴于现在齐家文化的下限在下延，所以即使沈那的矛是齐家文化的，也是齐家文化晚期的，与塞伊玛—图尔宾诺现象主要流行年代在公元前1800～前1400年的结论并不矛盾。塞伊玛—图尔宾诺式铜矛传到中国的时间仍然不能太早。另外需要注意的是，国内发现的此类铜矛与典型的塞伊玛—图尔宾诺式铜矛还存在着一定的差别，因此这些铜矛都是当地的仿造品，而非直接以成品的形式传入的。虽然在新疆地区尚未发现这种铜矛，但塞伊玛—图尔宾诺铜矛很可能是通过额尔齐斯河谷这一天然通道进入中国的[②]。

新疆中西部早期铜器的出现时间较早，已经能够使用石范模具来铸造铜器，铅青铜、锡青铜和砷青铜等多种合金并用，说明新疆铜器冶铸技术达到了较高水平。这些与早期铜器相关的遗址集中分布在铜矿资源附近，表现出当地金属制造的可能性。与甘肃地区发现的相类似的最早的器物类型，是在断代为公元前1800～前1400年的遗址中发现的，并在约公元前1000年逐渐普及。最早时期的证据资料寥寥，但依然显示出新疆中西部地区正如其东部的区域一样进行着有关金属的试验。尽管如此，新疆西北部地区可能一直在新疆与安德罗诺沃邻邦（即现今的哈萨克斯坦和吉尔吉斯斯坦）之间的交流中处于关键的位置[③]。依据目前现有的信息、器物类型以及器物冶金成分对比的显著类似，这一地区极有可能成为我们了解哈密盆地和河西走廊冶金知识的切入点之一。

欧亚草原青铜文化在这一时期向东扩张主要是由于环境恶化及追寻铜资源的动力两方面原因。公元前2200年前后，由于气候变化，植物开始适应更加干燥的生态环境。河谷地带的落叶林减少，取而代之的是干燥的草原地貌，畜牧业作为新的生业方式发展起来[④]，这就使得拓展土地的需求日益强烈。与此同时，金属器的产生转而注重其身份象征意义，冶金业不再仅仅生产实用器，金属器开始成为不同社会阶层和个人追逐权力的媒介。因此，控制重要金属资源和贸易通道就成为头等大事，乌拉尔山脉

---

① 高江涛：《河南淅川下王岗遗址出土铜矛观摩座谈会纪要》，《中国文物报》2009年3月6日。

② 林沄：《丝路开通以前新疆的交通路线》，《草原文物》2011年第1期，55～64页。

③ Mei J J, Colin S. The existence of Andronovo cultural influence in Xinjiang during the second millennium B C. Antiquity, 1999, 73(281): 570-578.

④ 刘莉、陈星灿：《中国考古学：旧石器时代晚期到早期青铜时代》，生活·读书·新知三联书店，2017年，360页。

东部金属矿藏的发现促进了草原文化的东扩。此外，马和马车的出现，极大地提高了草原人群的移动能力，为草原文化的东扩提供了重要保障。

据学者研究，除新疆的交流通道外，可能还存在着另外一条草原青铜文化影响中国北方地区的线路，即由北向南从蒙古国南部进入山西和陕西北部的通道，而且这条通道最早可能开始于阿凡纳谢沃文化时期，范围也更广。从黄铜工具在蒙古国和中国早期铜器中均有发现，以及二者年代都在公元前3000～前2000年看，这种文化的联系可能性确实存在，但是目前蒙古国和中国史前时期的考古资料都比较少，这一结论仍需更多的考古资料予以证明。

西北地区是中国早期铜器与草原文化铜器交流的前沿地区，这一区域目前发现的铜器以装饰品、工具和武器为基本组合，铜器形制大多与草原文化铜器一致，且天山北路墓地和火烧沟遗址均集中出土了大量成组铜器，说明这一地区居民普遍接受了草原文化的实用工具和审美装饰。甚至在四坝文化中还出土有四羊首权杖头这种礼仪性器物，说明草原铜器文化对四坝文化的社会和文化根基产生了一定影响。边缘地带的齐家文化、朱开沟文化早期及夏家店下层等文化中也见有诸多带有草原文化因素的铜器，但这些铜器数量不多，且在形制上与草原文化同类器多有不同，如喇叭形口耳环，喇叭口多为狭长形，空首斧多直长，也很少见纹饰，多是当地仿制的铜器。这些说明草原青铜文化对这一区域存在一定的影响，当地文化对草原青铜文化因素的吸收是有选择和改变的。二里头遗址出土的环首刀也是草原文化因素，这应是边缘地带吸收草原文化因素后继而中转传播到中原地区的结果。也有学者指出，二里头出土的铜钺和铜鼎上的细凸线网格纹也是融合了的长城地带的青铜文化因素[1]。

草原青铜文化对中国早期铜器的影响由西向东逐渐减弱，呈现出明显的层次性。草原青铜文化东扩过程中对新疆及河西走廊影响深入，而对边缘地带影响则明显减弱，中原地区基本未受到其影响。

各个地区对草原青铜文化接受程度的不同主要是由不同的文化认同决定的。四坝文化是由马家窑文化—马厂文化—过渡类型发展而来[2]，有着自己独特的文化传统，与中原地区各文化有较大差别，四坝文化及其以西的天山北路墓地遗存都属于非中原文化系统。而齐家文化、夏家店下层文化和朱开沟等文化都属中原文化系统，普遍接受中原文化的玉礼制传统，属于中原文化的边缘区。因此，在草原青铜文化向东的扩展过程中，中原文化核心区、边缘区和外围区对草原文化采取了不同的态度，形成了不同的铜器文化区。草原青铜文化对中原铜器文化的直接影响止步于中原文化外围区，即河西走廊一带，对中原文化的边缘区和核心区都是间接渗透式的。

---

[1] 陈小三：《河西走廊及其邻近地区早期青铜时代遗存研究——以齐家、四坝文化为中心》，吉林大学博士学位论文，2012年。

[2] 李水城：《四坝文化研究》，《考古学文化论集》（三），文物出版社，1993年，80～121页。

二、边缘地带铜器文化的形成

中原铜器系统以铜容器，乐器，戈、钺等特殊兵器为独特特征。这一铜器系统肇始于龙山时代末期，确立于二里头文化时期，使用金属铜仿制已有的陶容器（主要为酒器）、陶铃和玉石器。在象征君权和神权的礼乐器和象征军权的兵器铜器化这一现象背后，暗示着二里头文化出现了明显的社会分化和中央集权的事实。从目前的考古发现看，二里头时期中原地区的早期铜器集中发现于二里头、东下冯等几处较高等级遗址中，中小聚落遗址不见铜器。而且，青铜容器仅发现于二里头遗址，在二里头周围的规模较大的东下冯等聚落遗址，虽也发现有铜器生产，但仅生产工具和武器，从未见铜容器。这说明二里头的统治者不仅垄断了铜矿资源和青铜礼器的生产，而且完全控制着青铜礼器的分配。中原地区二里头文化时期，早期国家逐渐形成[1]，对青铜器的生产和分配都有严格的控制，二里头遗址是中原地区的政权中心，青铜资源都要经过二里头遗址进行生产和再分配，所以中原的铜器集中分布在二里头遗址和东下冯遗址这样的一、二级政权中心。

边缘地带二里头时期的齐家文化、朱开沟文化及夏家店下层文化出土铜工具与中原地区一致，但也开始流行小型金属装饰品，这明显受到了草原文化因素的影响。虽然在铜器方面边缘地带与中原铜器差异明显，但这一地区实际仍为中原政权的控制范围，在夏家店下层文化大甸子墓地发现有仿照二里头陶爵和陶鬶制作的同类器，齐家文化中发现有二里头文化的白陶盉，同时，这些地区的玉器也十分发达。铜礼器和玉器是中原文化象征身份和地位的礼器，它们的出现说明这些地区接受的是中原礼制文化。

二里头文化对边缘地带的扩张或控制，在物质文化上主要体现在高等级遗址间点对点式的远距离文化传播，而非两个文化间漫延式或浸染式的近距离扩展，是双方高层当权者的臣服或联合关系。其扩张的动力主要是获得制造青铜器和玉器的原材料，对原材料的追求刺激了这些早期政权与拥有资源的偏远地区文化间的交流[2]，而其控制范围并未超出夏家店下层文化、朱开沟文化和齐家文化的分布区。

二里头文化也吸收了北方边缘地带的许多因素。比如，燕山地区卜骨的使用要早于二里头文化的卜骨使用，所以有可能是从那里传入的。青铜弯刀和小型石器工具不是这一时期中原地区的典型器具组合，却在河南临汝的煤山遗址中发现，这表明该地区与边缘地带族群的交流互动可能为新兴的精英权贵阶层提供了稀有和外来的物品。

---

[1] 刘莉、陈星灿:《中国早期国家的形成——从二里头和二里冈时期的中心和边缘的关系谈起》,《古代文明》第 1 卷，文物出版社，2002 年。

[2] 刘莉、陈星灿:《中国早期国家的形成——从二里头和二里冈时期的中心和边缘的关系谈起》,《古代文明》第 1 卷，文物出版社，2002 年。

边缘地带是中原与欧亚草原两大铜器系统交界的过渡地带，不可避免地呈现出双方文化因素共存的局面。二里头文化时期前，这一地区属于中原文化的重要组成部分，出土早期铜器与中原地区早期铜器特征一致。进入公元前二千纪后，长城地带有选择地吸收融合了部分草原铜器文化因素，在铜器发展上开始与中原地区走上了不同的发展道路。此外，长城地带还存在一些铜器与中原系统和草原系统铜器皆有不同，可能是本地仿制或创新出来的新器形，如在河湟和河西走廊地区流行的铜镜以及融合了中原和欧亚草原两种铜镞而制造的带翼有銎镞。这些器物形制复杂，年代基本属二里头文化时期。

除铜器器形差异外，边缘地带与中原地区在铜器的分布上也有很大不同。边缘地带铜器分布广泛却又各具特点，即使同一文化内部各遗址之间铜器的发达程度、冶铸技术上差别也很大，遗址间早期铜器数量差异明显，同样器形的铜器材质多样，制造方法多样，并不能根据铜器的用途选择最合适的合金配比和制作方法[①]。这说明，这一地区对铜器的生产和分配没有进行集权式的控制。王明珂在其著作中指出，游牧经济要求有特别的社会组织原则，就是"分裂与平等自主"，一个社会群体随时会因环境资源的改变分裂成更小的群体，社会内部实行平等自主的原则，"决策权散在每一个牧团中，甚至在每一个游牧家庭中"[②]。这个原则使得这种社会往往呈现出一种离散的状态，这种游牧经济的社会组织原则在半农半牧社会也有所体现。在全新世中期大暖期之后，气候的确出现频繁波动。最近的古环境研究表明，在距今约4000年前全球气候出现突变，气候逐渐干冷。中国长城沿线农业经济受到严重打击，逐渐向半农半牧生业方式转变，其铜器分布特点正好反映出此时西北地区社会组织的分裂性。

边缘地带虽然与中原地区保持着密切的文化交流，但在气候变化、草原青铜文化的冲击下，各地域生业方式、对铜器的态度发生了重大变化，在铜器上表现出了不同的文化特质，为后续发展起来的北方系铜器奠定了雏形。同时，这一地区不断吸收来自草原铜器文化与中原铜器文化的青铜文化因素，继而作为中转站向另一方传播，成为两大铜器系统交流的媒介。

中国早期铜器大约在公元前二千纪前一直独立稳定发展。进入公元前二千纪后，中原核心区自然发展出了铸造铜礼器和铜兵器的中原铜器系统，而中原文化的外围地区受到了西来的欧亚草原青铜文化的强烈冲击，在西北地区出现了与草原文化十分接近的铜器工业，并以此为中心继续向东渗透，而此时的长城沿线一带由于环境的恶化引起了生业方式的改变，更多地吸收和融合了草原铜器文化因素，走上了与中原地区不同的发展道路，形成了北方系铜器雏形。这一系列的发展变化基本奠定了中国青铜时代的整体格局。

---

① 孙淑云、韩汝玢：《甘肃早期铜器的发现与冶炼、制作技术的研究》，《文物》1997年第7期，75～84页。

② 王明珂：《华夏边缘——历史记忆与族群认同》，社会科学文献出版社，2006年。

第五章　早期国家对铜矿的控制

　　人类对金属资源的利用，找矿和采矿是生产的第一个环节，冶金技术产生与矿产资源分布有直接的关系。其后，随着文明的发展，远距离的矿产运输交换才成为可能。中国的矿产资源十分丰富，地表露头的矿床也较多。在漫长的自然风化、氧化和淋滤作用下，形成易于被古人识别和冶炼的矿物。由于新石器时代的制陶业十分发达，在使用黏土烧制陶器的过程中，这些矿物被带入火灶或陶窑中，烧制成软化或融化的金属块，从而产生了找矿、采矿和冶炼的萌芽。先秦时期的铜矿产地研究很早便引起学界的重视。囿于当时的考古资料和自然科学手段，学者只能根据古代文献和青铜器铭文，结合地质勘探资料进行讨论。近年来，若干先秦古铜矿冶遗址的发现和确认，为探讨先秦时期的主要铜矿产地提供了一些重要的实物资料。本节将从中国矿产资源的分布和早期矿冶遗址的发现两个角度，结合前文不同区域冶铜业发展的研究结果，探讨矿产资源分布是如何影响冶铜业产生的。

　　冶铜技术产生与矿产资源的密切关系是不言而喻的。随着人类文明的发展，冶铜技术作为一种先进技术①被社会上层人物掌控来为其地位和权力服务，从而形成一种专业化的要求。有别于家庭单位的就近获取生产资料的生产方式，这种专业化生产必然显示出对铜矿资源的控制与远距离的交换运输。这是本节讨论的另一个重点，我们将通过对二里头青铜器的铜料来源研究，来解释在早期国家诞生的背景下，跨地域的控制和运输矿产资源的问题。

---

①　加拿大考古学家布赖恩·海登（B. Hayden）指出，显赫技术并不与实用工作和生存活动相关，而是为了展示财富、地位和权力。显赫技术是尽量利用剩余劳动力以制造对别人有吸引力的物品，并使民众对物主经济、审美、技术及其他能力的尊崇而对其产生敬畏和臣服。显赫物品创造和支持了一种特殊关系，使等级化的经济、社会、政治组织成为可能。它们不仅仅是财富的反映，而且是复杂社会中权力和等级的基础，没有它们，等级制度将无法运转。彼得·佩里格林（P. Peregrine）则指出，控制和分配显赫物品与政治权力密切相关，并使个人和家庭的社会地位合法化。比如商代的青铜器，它们不仅是财富，而且是一种权力的象征。实用技术和显赫技术的根本区别在于后者违反了人类"最省力"的生存原则，即用最小支出使回报最大化。显赫技术往往体现了一种不计成本的显赫消费，意在以非实用目的消耗资源和能量作为衡量权力大小的标志。于是，奢侈品便成为权力的象征。因为它们体现了巨大的劳力投入，暗示拥有者控制巨大劳力和稀缺材料的非凡力量。

第一节　中国铜、锡、铅矿资源的分布与开采

我国古代居民在日常生产和生活中对矿石的开采利用起步很早，可以说对矿石并不陌生，在物理性质等方面积累了较为丰富的经验和认识。新石器时代玉器是用来体现社会地位的重要礼器，因此玉器的需求量巨大，玉石器加工是重要的手工业活动，远古先民在对玉石矿的勘察、开采、加工等尝试和反复实践中或多或少会接触到铜矿石，有利于引发人们对铜矿石的兴趣和探索。陕西旬邑下魏洛遗址发现的石灰窑，更是说明早在龙山时代人们就开始了用火烘烧矿物的活动，据检测同类石灰窑的烧制温度在1300℃左右，这一温度已经超过了铜的熔点，石灰的烧制活动无疑也会为铜矿石冶炼提供某种程度的经验积累[①]。

虽然中国古代发达的烧陶、烧石灰、玉加工等生产生活活动为铜矿冶炼提供了诸多技术支持，但是中国铜矿冶炼开始的确切时间目前还不明晰。通常认为人们最先利用的金属铜应该是自然界中的纯铜，然后才开始铜矿石冶炼的。最新调查发现，在中条山地区的山西闻喜刘家庄遗址发现了可能早到龙山时代晚期的炉渣等冶炼遗物，说明中国铜矿开采年代最早可能追溯到龙山时代。

一、铜矿资源分布与开采

在自然界中铜会天然生成颗粒、片状或块状的集合体，这就是自然铜。而其他常见的铜矿，则是由铜的硫化物或氧化物与其他矿物组成的集合体。自然铜这种特殊的铜矿，不需要冶炼就可以直接加工使用，更容易被古人所认识。在中国，自然铜和其他类铜矿均有分布，共同构成了先民冶铜工业的重要材料来源。

1. 自然铜

地球上所有易于被早期人类利用的纯金属中，自然铜储量最丰富。世界许多地区都发现有自然铜矿，其中北美地区最为丰富，欧洲的意大利、斯洛伐克和匈牙利等地，亚洲的伊朗、土耳其也拥有较多自然铜矿。

中国自然铜矿并不丰富，在湖北大冶、云南东川、江西德兴、安徽铜陵、四川会理及长江中下游等地的铜矿床氧化带中皆有产出。目前调查探明的主要有以下5个自然铜矿区：① 贵州威宁地区；② 云南与贵州交界；③ 新疆东天山地区；④ 云南会泽地区；⑤ 湖南麻阳地区。另外，在一些铜硫化矿中也零星地发现了自然铜块，如湖南

---

① 西北大学文化遗产与考古学研究中心、陕西省考古研究所：《旬邑下魏洛》，科学出版社，2006年，495~496页。

柏坊铜矿曾经报道发现两块重560千克的黄色自然铜[①]。总体来说，自然铜在我国的储量不丰富，分布并不广泛且较为零散，具有工业开采价值的自然铜矿并不多。

尽管我国自然铜矿不算丰富，不过也存在少量可供人类利用的自然铜资源。早期地质调查表明，"武威、张掖、酒泉之南……祁连山北麓各沟谷中之沙砾层，含有大块自然铜，普通皆长三寸，宽两寸。所见之最大者，长一尺余，宽六寸，厚三寸，皆无棱角"[②]。少量文献也有自然铜发现的记载，云南《东川府志》载："（自然铜）出蒙姑塘房边，土人随地捡取。"[③] 此外，在一些铜矿附近也经常发现少量自然铜块。

自然铜纯度高、硬度低、延展性好，其物理性能容易为古人所认知，直接通过锻打方式就可以制作成铜器使用。西亚地区利用自然铜制作铜器数量较多，持续时间也较长。最早的一件铜饰物发现于伊拉克北部的一个洞穴内，经 ^{14}C 测定其年代早至公元前9217年±300年，这一使用自然铜制作小件器物的技术在西亚一直延续到公元前第四千纪[④]。北美印第安人由于当地丰富的自然铜资源，通过直接锻造自然铜的方法生产了大量铜器，^{14}C 测年数据表明，于6800年前这一技术就已被印第安人所掌握[⑤]。

我国河湟和燕山地区早期铜器中包含数量较多的红铜器，这些铜器中有部分应该为自然铜制品。早有学者指出河北唐山大城山遗址中的两块铜牌可能为自然铜制品[⑥]，后又有学者明确指出武威皇娘娘台遗址出土的20件齐家文化红铜器经光谱分析显示，铜含量高达99.6%，所含杂质如锡、铅、锑和镍等合计不过0.4%，为自然铜制品[⑦]。这些早期的铜制品中，部分样品铜含量非常高，杂质甚少，经检测的样品全部为锻造成形，与自然铜制品的特征十分吻合，且河西走廊地区有自然铜资源分布，这些铜器是通过自然铜锻打而成是十分可能的。以往早期铜器研究中忽略了自然铜锻制品在早期铜器发展初期的重要地位，但目前由于此类铜器发现数量有限，其判定标准、出现和持续年代，以及自然铜制品在早期铜器工业制造中的地位等基本问题尚不明确。

2. 非自然铜铜矿

我国古代文献中多有对采铜及冶铜的记载，《史记·孝武本纪》载："黄帝采首

---

① 汪常明：《考古学意义的北美自然铜地球化学示踪研究》，中国科学技术大学博士学位论文，2009年，2页。
② 甘肃矿业公司、甘肃矿产勘测总队：《甘肃地质矿产调查报告书》，1943年，74~75页。
③ 云南省会泽县县志编纂委员会：《会泽县志》，云南人民出版社，1993年。
④ 喻兰、关东杰：《人类早期对自然铜的利用》，《金属世界》2001年第1期，19页。
⑤ Beukens R P, Pavlish L A, Hancock R G V, et al. Radiocarbon dating of copper-preserved organics Radiocarbon, 1992, 34:890-897.
⑥ 张子高：《中国化学史稿·古代之部》，科学出版社，1964年，9页。
⑦ 汪常明：《考古学意义的北美自然铜地球化学示踪研究》，中国科学技术大学博士学位论文，2009年，4页。

山铜，铸鼎于荆山下。"《集解》："首山属河东蒲坂。"蒲坂故城在今山西永济市。《尚书·禹贡》载："淮海惟扬州……厥贡惟金三品"，"荆及衡阳惟荆州……厥贡……惟金三品"。中国采铜的年代能否如文献记载早到黄帝或禹时期尚不能确认，但文献记载中商周时期中国采铜、炼铜技术已经较为成熟，有关采铜、冶铜、进献铜锭方面的文献十分丰富。《诗·鲁颂·泮水》："憬彼淮夷，来献其琛。元龟象齿，大赂南金。"南金就是南方产的铜，已经冶炼好的铜锭。《周礼·考工记》也载："吴越之金锡，此材之美者也。"说明人们对铜矿储量和合金优劣已经有了较明确的认识。《山海经》中记载了数处铜矿地点，出铜之山凡14处，其中山西5处（太原、昔阳、阳泉、垣曲、吕梁），河南2处（辉县、宜阳），陕西7处（渭南、华县、靖边、长安、洛南各1处，华阴2处），可见中国古代发现的铜矿地点并不少。

现代地质调查和勘探发现的铜矿区多有"老窿"，即在古代就有人开采过。中华人民共和国成立初期靠发动群众找矿报矿，到1958年发现各种矿点、矿化点约20万处，数量非常巨大。古今采铜地点有许多是重合的，因此现代地质勘探的铜矿资源的分布，能够在一定程度上反映中国古代铜矿开采状况。

现代地质调查结果显示，我国铜矿分布广而不均，据《2017中国土地矿产海洋资源统计公报》统计，截至2017年我国查明铜金属资源储量约为1.01亿吨①。截至2009年底，中国铜矿区有1607个，除天津、重庆和香港外，其他各省市自治区都探明数量不等的铜矿。铜矿富集地区有长江中下游、藏东、川滇、甘肃金川和白银等地，铜储量占全国73%左右，其中长江中下游占34%左右。此外，中条山地区和辽西地区也是重要的铜矿集中地。

（1）长江中下游铜矿区

长江中下游铜矿区是我国铜矿储藏量最丰富的地区。大多位于长江两岸的丘陵地带，湖北大冶，江西德兴、瑞昌、九江、铅山、东乡，安徽铜陵、南陵、贵池、安庆、宣城等地都含有大量铜矿，大冶铜绿山、瑞昌铜岭、铜陵狮子山等矿都属于这一区域。此区域铜矿床规模较大，矿藏集中，品位高，比如铜陵矿石的平均含铜量多达10%。此区大部分矿体更是出露于地表或接近地表，易于开采。矿床的次生富集作用十分普遍，铜在转移和沉淀过程中，在矿体及围岩破碎带内大量的自然铜、孔雀石、赤铜矿和蓝铜等矿物常形成氧化富集带。由于长期的风化作用，铜矿局部形成厚30～100米的氧化带。这些铜矿石十分适合在古代技术水平不高的条件下开采和冶炼②。

长江中下游铜矿资源丰富，便于开采，茂密的森林为冶炼提供了燃料，便利的水利交通方便将冶炼好的铜运往别处，因此成为古人重要的铜矿开发地。目前考古发现

---

① 中华人民共和国自然资源部：《2017中国土地矿产海洋资源统计公报》，2018年5月。
② 刘诗中、曹柯平、唐舒龙：《长江中游地区的古铜矿》，《考古与文物》1994年第1期，7页。

已经证实，江西瑞昌铜岭铜矿和湖北大冶铜绿山铜矿至晚商代就已经开始开采。铜岭是中国重要的铜矿遗址，包括 7 万平方米大小的采矿区，大约 17.6 万平方米的三个冶炼区和三座用木、竹等搭盖的工棚遗迹，遗址中发现的二里冈上层时期陶罐和矿井支木的 ^{14}C 测年数据说明，二里冈上层时期该矿就已经开始开采了。铜绿山矿井支木的 ^{14}C 测年数据也说明其开采年代不晚于殷墟时期，铜绿山还发现东周时期 8 个竖炉和一些氧化的铜矿石。此外，附近的湖北黄陂盘龙城遗址大量青铜冶铸遗存的发现，也从侧面证明了当地铜矿开采规模之大。现在越来越多的学者认为盘龙城是商王朝为控制长江中游铜矿资源而建立的军事据点。不过，盘龙城遗址二里头时期就发现了大量坩埚残片等冶铜遗存，暗示该地区铜矿开采活动可能早到二里头时期，当然这一线索还有待层位确切的考古资料来证明。

（2）中条山铜矿区

中条山铜矿区是我国重要的铜矿资源产地之一，铜储量多达 34 万吨，主要有垣曲境内的铜矿峪、小西沟，胡家峪的南河沟和落家河，闻喜县的篦子沟等铜矿。该矿区位于华北地台南缘，属中条山古裂谷，铜矿作用贯穿于裂谷演化的始终。该区铜矿床形态基本上为层状、似层状或扁豆状，氧化带深 0~50 米，次生富集现象不显著。矿石的金属矿物组成很简单，主要为黄铜矿和黄铁矿，多属贫矿，品位不高，含铜量在 0.24%~2%。矿区内也有少量石英脉型铜矿，含铜矿物以黄铜矿为主，中矿或富矿为主，适合于古代开采[①]。

唐、明、清等时代的历史文献中有在此采矿的记载。最新考古调查在中条山铜矿区及周边发现有 8 处早期冶炼遗址和 4 处早期采矿遗址，发现炼铜炉渣、矿石、采矿用石锤和矿洞等遗存。这些遗址的年代均在二里头文化至二里冈时期，闻喜县刘家庄冶炼遗址甚至可能早到龙山时代。除此之外调查发现的主要遗址有绛县西吴壁、柿树林、垣曲千金耙、口头、河西等[②]。这些发现有力地说明中条山矿区是古人最早的铜矿开采和冶炼地点之一。该矿区仅据二里头遗址约 200 千米，又有黄河及其支流相连，交通便利，应是二里头遗址铜料来源的理想地。

（3）甘青地区铜矿

黄河上游的甘青地区以及新疆东部的哈密盆地地区铜矿资源丰富，该地区处于哈萨克斯坦板块、阿拉善-华北板块、塔里木地块、柴达木-西秦岭地块和巴颜克拉-扬子板块等五个大陆板块接合部，复杂的地质构造环境为铜等矿产资源的形成提供了优越条件。甘肃省的铜矿资源主要分布在龙首山、北祁连、北山、西秦岭、碧口等成矿带。据初步统计，目前已发现铜矿产地及线索 460 余处，其中超大型矿床 1 处，大

---

① 魏国锋：《古代青铜器矿料来源与产地研究的新进展》，中国科学技术大学博士学位毕业论文，2007 年。

② 李延祥：《中原与北方地区早期青铜产业格局的初步探索》，《中国文物报》2014 年 2 月 28 日。

型矿床1处,中、小型矿床43处,其余为矿点、矿化点[①]。金川铜矿是该地区唯一的超大型矿床,属铜镍硫化物型,铜矿储量大于250万吨。白银厂铜矿为大型铜矿床,含铜黄铁矿主要产在火山岩系中、上部的角斑岩－石英角斑岩系中,主要属海相火山喷流沉积成因。扁豆形含铜块状黄铁矿体的周围有浸染状矿体,累计探明铜储量约为131万吨。

甘青地区的齐家文化、四坝文化以及哈密盆地地区的天山北路墓地均发现了大量铜器,铜器材质和铸造方法多样,冶铸水平都达到了较高高度。近期河西走廊地区的调查发现了张掖西城驿、金塔县缸缸洼、火石梁、一个窝地南、二道梁、敦煌土西沟数处早期冶金遗址,发现了大量冶炼的炉渣和矿石等样品。在金塔县白山堂矿区发现了使用石器的采矿遗址[②]。这些发现与齐家、四坝等文化出土大量铜器的现象正相吻合,反映了该地区早期铜器冶炼技术已达到较高水准。

(4)辽西地区铜矿

辽西地区是我国北方重要的铜锡多金属成矿区,主要位于西拉木伦河以北,乌兰浩特洮儿河以南,面积约10万平方千米的地区。此区现已勘明大型—超大型矿床6处,中型矿床6处,小型矿床20处,铜多金属矿点114处。敖尔盖－好来宝铜成矿带是该区域较大的铜矿床,位于西拉木伦河断裂带北面,形成北东向主矿带和东西向亚矿带。赤峰的敖汉旗、喀喇沁旗及邻近的北京昌平、辽宁凌源、喀左、建平也蕴藏有一批高品位铜矿点。这些铜矿点储量虽不大,但通常埋藏不深,品位很高,矿石以氧化矿为主,地质学上俗称为"鸡窝矿",适合古代技术条件下开采[③]。

最新调查发现辽西地区分布着许多矿坑及冶炼遗址,集中分布于牛河梁红山文化保护区和赤峰及其邻近地区。牛河梁红山文化保护区内发现有转山子、小福山、小北山、庙台地、封山、葛沟南山等数处冶铜遗址,其中转山子和小福山为冶炼纯铜的遗址,这些遗址均属夏家店下层文化时期。赤峰邻近地区发现采矿遗址近10处,其中赤峰市克什克腾旗喜鹊沟采矿遗址发现了大量用于破碎矿石的石碾盘,说明当时已经能够通过重选实现铜锡矿物的分离[④],铜矿冶炼已达到较高水平。林西大井铜矿是该地区发掘的大型矿冶遗址,占地约2.5平方千米,地表露天采槽47条,开采长度累积达1570米,夏家店上层文化时期总计产出约4000吨青铜。

除上述铜矿集中区外,川滇地区和藏东地区也有丰富的铜矿资源,这些地区离中原地区较远,开采年代偏晚。此外,山东地区也有一定数量的铜矿,虽无大型铜矿,

---

① 杜玉良、李文渊:《甘肃铜矿资源特征与新一轮找矿思路》,《西北地质》2001年第4期,23~29页。
② 李延祥:《中原与北方地区早期青铜产业格局的初步探索》,《中国文物报》2014年2月28日。
③ 李延祥、朱延平、贾海新等:《辽西地区早期冶铜技术》,《广西民族学院学报(自然科学版)》2004年第2期,11~20页。
④ 李延祥:《中原与北方地区早期青铜产业格局的初步探索》,《中国文物报》2014年2月28日。

但古代文献中有铜矿开采点的记载。即便如河南铜矿贫瘠地区，在历史文献中也有铜矿开采的记载①，只不过这些采矿点铜储量不丰富，很容易就被开采尽了。

二、锡矿资源分布与开采

我国锡矿产量居世界之首，分布集中，储量约560万吨。尽管大约15个省、市、自治区出土有锡，但绝大多数锡矿集中于云南、广西、广东、湖南、内蒙古和江西，占有全部锡矿的97.7%②。其中，主要的锡矿都位于长江以南地区，云南个旧和广西南丹大厂两个特大型锡矿区是中国最重要的锡矿资源集中地。接近中原地区的中型锡矿在江西德安和内蒙古地区，江西和内蒙古锡矿保有储量分别为26万吨和33万吨，仅占总储量的6.4%和8.1%。内蒙古的黄岗梁－浩布高锡多金属成矿带是长江以北已知最大的锡矿带，此锡、铜、铅等多金属伴生矿，对寻找中国高锡青铜及古代锡矿来源具有重要的参考价值。石璋如先生根据文献记载，指出中原地区古代锡矿产地17处，分布在河南、河北、山西和山东境内③，这些锡矿储量不大，在早期王朝被发现和开采，许多矿更是被开采尽了。

三、铅矿资源分布与开采

铅矿在我国也有很广分布。据地质学研究，截至1996年底，勘测铅矿732座，铅总储量约4100万吨。已有27个省、区、市发现并勘查了铅资源，但从富集程度和现保有储量来看，铅矿主要集中分布于云南、内蒙古、甘肃、广东、湖南和广西等地区，占全国总储量的64%左右。从目前已勘探的超大型、大中型矿床分布来看，主要集中在滇西、川滇、西秦岭—祁连山、内蒙古狼山和大兴安岭、南岭等五大成矿集中区。我国铅矿贫矿多、富矿少，目前开采的矿床，铅平均品位低。矿石组分复杂，不少矿石嵌布粒度细微，结构构造复杂，属难选矿石类型。

四、铜等金属资源开发与冶金业发展

我国铜及相关金属矿产分布范围广泛，除天津、重庆和香港外，全国各省市自治

---

① 石璋如：《殷代的铸铜工艺》，《"中央研究院"历史语言研究所集刊》第二十六本，1955年，95~129页。

② 华觉明：《中国古代金属技术——铜和铁造就的文明》，大象出版社，1999年。

③ 石璋如：《殷代的铸铜工艺》，《"中央研究院"历史语言研究所集刊》第二十六本，1955年，95~129页。

区都有数量不等的铜矿。我国铜矿以斑岩型铜矿为主，品位较低，且适合露采的铜矿很少，开采难度较大。同时，我国铜矿资源分布不均匀，铜矿床相对比较集中，长江中下游、藏东、川滇、河西走廊、中条山及辽西地区铜矿蕴藏量丰富。锡矿主要集中于长江以南地区，华北地区较少，文献记载黄河流域曾存在小型锡矿并被早期王朝开采。铅矿在我国也有很广的分布，一半以上蕴藏在云南、内蒙古、甘肃、广东、湖南和广西等地区，占全国总储量的64%左右。

我国铜矿资源的分布与早期铜器的发展具有极强的联系，几乎所有冶铜技术产生的区域，其邻近地区都有丰富的矿产资源。长江流域中下游、四川盆地、河西走廊、燕山等地都是中国早期铜器的集中分布区，这些地区正是铜矿富集区。黄河中下游紧邻的中条山地区，铜矿资源也十分丰富。铜器冶铸工业的发展，离不开资源的支持。

中国的地质构造复杂多样性造成中国的金属矿藏十分丰富，地表露头的矿床也较多。在漫长的自然风化、氧化和淋滤作用下，形成易于被古人识别和冶炼的矿物。与世界其他地区一样，只要具备自然资源，又有较发达的制陶技术，就有可能产生冶金技术。

然而，并非所有铜矿资源丰富的区域都能自然发展出发达的早期铜器。长江中下游地区是铜矿的最为丰富的区域，铜资源储量占全国储量的34%左右，但其早期铜器的数量和质量明显不足，长江中下游早期铜器仅14件，皆为形制简单的工具类。黄河中下游地区铜矿资源并不丰富，仅中条山地区铜矿资源略为丰富，但其铜器的数量及精美程度则是全国范围最高的，所耗费的铜料数量也是最多的。可见，早期铜器的发展虽然有赖于丰富的金属资源，但相对而言，在早期铜器发展中，金属铜的冶铸技术及社会文化的观念传统两个因素无疑更加具有决定性推动作用。

铜金属的冶炼具有复杂的工业流程，大致需要找矿、采矿、选矿、破碎、冶炼、铸锭等工艺过程，每一个环节都较为复杂，需要长期的经验积累才能摸索出一套行之有效的方法。古人找矿，多是从矿藏出露和植被两条途径，《管子·地数篇》载："上有慈石者，下有铜金；上有陵石者，下有铅、锡、赤铜……"说明先秦时期先民已经初步掌握了铜及其他金属矿的垂直分布规律和与植被依存环境的关系[①]。铜矿的开采虽然在石料的开采过程中已经积累了部分经验，但铜矿的开采更加复杂。通常认为早期的铜矿开采应该是由浅入深，从出露地表的矿脉逐步向地下深部开拓的，先有露采，后才出现坑采，这是矿藏开发的一般规律。目前保存较好的采矿遗址集中于长江中下游地区，如江西瑞昌铜岭、湖北大冶铜绿山铜矿至晚在商代就已经开始开采，且是对铜矿资源已经有了深入了解后，有组织大规模的开采。由于采矿遗址出土的可资测年遗物很少，目前尚不能确定早在二里头文化时期或史前时期的采矿技术达到了何种程度，考虑到如此多早期铜器的发现，至少说明在这一阶段应该进行了大量的采矿实践，完成了原始经验积累。我国矿石品位低，要想获得满足需要的铜金属，需要大量的铜

---

① 华觉明：《中国古代金属技术——铜和铁造就的文明》，大象出版社，1999年，54页。

矿石。这些矿石数量巨大，长距离运输并不现实，需就近冶炼、铸锭或铸造铜器。河西走廊地区经调查发现了多处公元前2000~前1700年的冶铜遗址，其中西城驿、缸缸洼等遗址矿石的铅同位素显示其来自距离很近的河西走廊北部的北山地区[①]。湖北黄陂盘龙城遗址则是长江中下游矿区的矿石冶炼及铸造遗址。

由于不同地区铜矿资源的不同特性，一定程度上影响了中国早期铜器生产的格局。从目前的考古发现看，中国史前及二里头文化时期已经形成了找矿、采矿、选矿、冶炼、锻打或铸造整套铜器的分工协作机制。虽然目前遗留下来的遗迹很少，为我们全面揭示当时铜器制造的工艺水平造成了一定阻碍，但是可以想见，当时唯有积累了足够经验和知识，具备了各项工艺技能，才能制作出精美复杂的早期铜器。

第二节　中原政权对铜矿资源的控制

中国早期国家的诞生是以二里头遗址的发展为标志的。二里头遗址是一处大型城市中心，处于土地肥沃的冲积平原——伊洛平原，利于农业生产，但周边地区却缺乏铜等自然矿产资源。中原地区史前和二里头文化时期铜、锡、铅的矿产开采遗迹至今仍未发现。文献中有早期铜矿开采的记载，但细节不详。河南地区有小型露头矿脉，较容易开采，早期地质调查记载，济源市西北有超过17处铜矿点，其中一些矿点均发现了早期矿洞[②]。二里头文化时期国家已经形成，阶级分化明显，代表社会身份和地位的青铜礼器和兵器较为发达，这些特色鲜明的中原式青铜器应为当地铸造或锻造无疑，制造这些铜器所需铜料的数量也应十分巨大，必定需要一处或多处稳定的铜料产地。从中国铜及相关金属矿产资源的整体分布看，整体上中原核心地区铜资源相对匮乏，而长江中下游地区和边缘地区铜资源较为丰富且较易于开采，中原政权要获得充裕的铜料就需要与周边区域保持密切友好的关系或直接控制部分铜矿产地。

现今考古资料和地质勘探资料均表明，晋南地区（与前文中条山矿区范围基本一致）是我国古代重要的铜矿产地[③]，此地发现多处早期冶炼遗址和采矿遗址，发现了炼铜炉渣、矿石、采矿用石锤和古矿洞等遗存。这些遗存的年代多处于二里头文化至二里冈文化时期，最早有可能早到龙山时代。该地区仅据二里头遗址约200千米，又有黄河及其支流相连，交通便利，是铜料来源的理想地。

从文化特征看，二里头文化时期晋南地区与中原保持着高度的一致性，东下冯类型为二里头文化的地方类型，在物质文化上与豫西地区二里头文化的关系之密切，远

---

① 陈国科：《西城驿——齐家冶金共同体——河西走廊地区早期冶金人群及相关问题初探》，《考古与文物》2017年第5期，37~44页。
② 河南省地质调查所：《河南矿产志》（增编），1936年，48~52页。
③ 李延祥：《中原与北方地区早期青铜产业格局的初步探索》，《中国文物报》2014年2月28日。

远超出它与当地晋南龙山文化的关系。因此，一些学者指出东下冯类型的出现是豫西二里头文化向晋南地区扩张的结果，而且这种扩张可能是人群的直接迁徙，而非文化的传播现象。而二里头文化对晋南地区的控制则可能是出于控制该地丰富的铜和盐等资源的目的，东下冯遗址第 5 地点就发现大量东下冯Ⅲ期的铜炼渣和石范，使晋南地区成为其手工业生产中心[①]。晋南地区冶铜遗址均为冶炼铜氧化矿石成纯铜的遗址，所有遗址均未发现成规模的铸铜遗迹，也未见引入锡铅等合金元素炼制青铜的证据，这些遗址的功能仅局限于开采、冶炼纯铜，为高等级的遗址提供铜原料。该地区丰富的铜矿石很可能被开采后就地冶炼，然后将铜锭通过水路运往二里头。

有学者对二里头遗址出土的 62 件铜器进行了铅同位素分析，发现大致可将其分为两个组团，二里头文化二期和三期铜器以第一团组为主，二里头文化四期铜器多为第二团组，两团组间铅同位素含量差别明显。其中，第二团组分布的铅同位素组成的金属矿铅，根据中国地质分布和古代开采利用的相关资料，多位于辽东和山东半岛地区。同时，岳石文化的一件铜锥和一件铜器残片的铅同位素组成与二里头第二团组器物分布的铅同位素组成近似，二者铅原料属于同一地区物产的可能性很大。从铅同位素组成数据，可分析出二里头青铜生产的原料供应地比较集中，二里头文化二、三期基本集中于一地，二里头文化四期铜器原料产地可能转移至夏文化在山东半岛所能达到的地区范围，并与岳石文化地区存在着较为密切的联系[②]。

长江中下游铜矿带被许多学者认为是商代铜料的主要来源地，如大冶铜绿山、铜岭古铜矿。盘龙城被认为是商王朝为便于控制长江中下游铜矿资源而建立的据点，目的就是将南方的铜矿资源运往北方王畿地区。对商代青铜的铅同位素分析也支持这一论点，显示大量的青铜器是采用南方铜矿冶炼的，妇好墓中出土的铜器经铅同位素分析，显示金属的来源可能为铜绿山地区[③]。盘龙城附近发现了多处二里头时期的遗址，某些遗址离铜矿很近，虽然目前还没有夏时期中原控制当地铜矿资源的证据，但是这种可能性应是极高的。

综观二里头文化时期的文化格局及铜矿资源分布，二里头遗址青铜器矿料来源可能并不止一处。相隔最近的晋南地区铜矿资源丰富，便于开采，可能是二里头遗址铜器矿料的主要来源。至二里头文化晚期，铜器铸造技术似乎发生了改变，铅的含量增加，铅元素的来源则可能来自山东半岛的铅矿或者铜铅共生矿，锡则可能来自长江中下游地区。

二里头文化时期，绝大多数青铜器发现于二里头遗址，东下冯类型和岳石文化部分遗址中发现的铜器，无论在数量上还是在质量上都与二里头有明显差距。这种铜器

---

① 刘莉、陈星灿：《城：夏商时期对自然资源的控制问题》，《东南文化》2000 年第 3 期，45～60 页。
② 金正耀：《中国铅同位素考古》，中国科学技术大学出版社，2008 年。
③ 金正耀等：《晚商中原青铜的矿料来源研究》，《科技史论文集》，中国科技大学出版社，1987 年。

的集中现象说明无论铜矿资源来自西方还是东方,对周边铜及其他金属资源的积极控制都是十分明显的。以二里头遗址为中心的早期国家,通过把人口迁移到出产矿产资源的区域,合理地把劳动力安置在资源最好、最集中的地区,使国家能够最大限度地获取矿产资源[①]。柴尔德指出,作为常规的冶金业,除了一大堆技术方面的学问外,还意味着经济独立性的丧失。铜矿石一般不见于农业区的冲积平原,需要从山地矿区输入。所以许多人必须离开粮食生产,加入工业生产。这些人必须放弃他们的农耕和渔猎生产,到荒山野岭里去开采矿石,并穿越高山河流运输这些矿石。必须有庞大剩余财产的积累来吸引人们去从事勘探和采矿这种具有风险的职业[②]。因此,对资源的控制是中国早期国家高度集中的政治经济制度的体现。

前文已述,中原地区与其西北边缘地区由于社会组织不同,赋予铜器的社会意义则差异明显,进而影响了早期铜器在各自区域内的发展路径,与此同时,这种差异也体现在铜器产业格局上。中原地区由于旺盛的铜料需求以及有效的社会组织能力,尽可能对周边区域的铜矿资源形成有效控制。西北边缘地区虽然早期铜器数量多,但更多将铜器作为个人装饰品使用,相对中原地区而言对铜器的需求并不迫切。河西走廊地区的铜料主要来自附近铜矿资源丰富的北山地区,燕山地区的铜料也主要取自临近的辽西地区。两地都是我国重要的铜矿富集区,完全能够自给自足,满足自身文化铜器制作的需要。中原地区至少在二里头文化时期就达到了采、冶、铸工序的分离,形成了铜、锡、铅等合金元素独立而较为完善的物料供应链。边缘地区则始终没有实现冶铸分离,通过在冶炼的后期添加含锡等合金元素的矿石来配制青铜[③]。考虑到中原地区与边缘地区存在着较为明显的铜器文化因素交流,以及二者在技术和资源的恰好互补性,有理由相信中原与边缘地区在铜资源与技术上存在着密切的联系,目前由于证据所限,这种交流的形式还不能确定。

---

① 刘莉、陈星灿:《城:夏商时期对自然资源的控制问题》,《东南文化》2000年第3期,45~60页。

② 〔英〕戈登·柴尔德著,安家瑗、余敬东译:《人类创造了自身》,上海三联书店,2008年,105~117页。

③ 李延祥:《中原与北方地区早期青铜产业格局的初步探索》,《中国文物报》2014年2月28日。

第六章　社会复杂化进程中冶铜业的起源发展

第一节　冶金术与文明起源

在早期文明探源研究中，如何界定文明起源一直是学界关注的热点之一。19世纪摩尔根从文化进化角度将人类社会的历史分为蒙昧、野蛮和文明三个时代，文明时代"始于标音字母的发明和文字的使用"①，即文字的发明和使用是文明时代开始的标志。恩格斯发展了这种观点，认为正是"由于文字的发明及其应用于文献记录而过渡到文明时代"②。20世纪初柴尔德提出了"城市革命"的概念，认为集人口、阶级、宫殿庙宇、社会分工及文字等十条标准于一体的城市是文明开始的标志③，为判断文明起源提供了从考古现象出发并更具操作性的十条标准。美国人类学家克拉克洪也提出了三项文明起源的标准，即有高墙围绕且城市居民不少于5000人的城市、文字和复杂的礼仪中心，并认为不论任何文化只要具备了三项因素中的两项，就是一个古代文明④。

在我国学术界，夏鼐先生对"文明"一词给出了较明确的定义，认为"文明"是指一个社会已由氏族制度解体而进入有了国家组织的阶级社会的阶段。受柴尔德的影响，他也认为文明的标志不止一个，包括：① 国家级的政治组织；② 政治、经济和文化或宗教活动的中心；③ 文字；④ 金属冶炼。同时认为"这些标志中以文字最为重要"，商代殷墟文化"具有都市、文字和青铜器三个要素"，是一个灿烂的中国文明⑤。这一标准为多数中国学者认可并使用。

综观世界文明的发展史，由于地理环境、经济和文化的不同，世界文明诞生的标志并不统一。虽然学者普遍认为文字、城市、礼仪建筑、铜器是构成一个文明的基本要素，但每个要素既不是世界各文明的必备条件，也不是充分条件。以城市、文字、金属器和礼仪性建筑等物化要素的出现，作为文明产生的具体标志，实因这些因素更

---

① 摩尔根：《古代社会》（上册），商务印书馆，1977年。
② 马克思、恩格斯：《马克思恩格斯选集》第四卷，人民出版社，1972年，21页。
③ 〔英〕戈登·柴尔德著，陈洪波译：《城市革命》，《考古学导论》，上海三联书店，2008年，105~117页。
④ 转引自陈星灿：《文明诸因素的起源与文明时代——兼论红山文化还没有进入文明时代》，《考古》1987年第5期，458~461页。
⑤ 夏鼐：《中国文明的起源》，文物出版社，1985年，81页。

易于把握。更深层次是学者认为这些文明要素代表着社会具有了私有制、阶级和国家组织等社会形态。然而，文明形成是一个长时期积累的过程，单个文明要素出现时间可能很早并经历了长时间的持续发展，它的出现并不能单独成为文明与否的判定依据。

金属冶炼作为文明起源的要素之一，主要是中国学者提出的。在摩尔根文化进化思想的影响下，许多中国学者认为所有原始社会都经历从母居、母系、母权氏族组织到从父居、父系、父权社会的发展过程。在这一发展过程中生产方式的发展，尤其是金属冶铸的出现，使手工业从农业中分离出来，进一步促进了社会分工，从而为剩余产品的积累和商品交换奠定了基础，最终导致氏族内部出现等级分化，建立起以私有制和剥削为基础的阶级社会[1]。

从世界范围看，金属冶炼并非世界文明普遍具备的一个要素。中国、西亚和埃及等文明的诞生与冶铜技术关系较为密切。欧洲的青铜时代，甚至到早期铁器时代仍一直处于文明的前夜，美洲的玛雅和印加文明也始终都没有发明冶铜术。由于欧美地区早期文明与冶铜术的弱相关性，西方学者一般不将金属冶炼作为文明要素。

最初的研究过程中文明与国家两个概念经常被混同起来。20世纪中叶，欧美学界掀起了新进化论的思潮，有意识地将文明与国家相区分，开始集中在国家形成的研究上。文明起源与国家形成实际为同一过程，学者更倾向于从国家形成角度对整个社会的结构性变化进行研究，突破文明起源于"何时""何地"的研究思路，而转向"如何"和"为何"的视角，关注文明和早期国家形成的过程，即社会复杂化的研究。

美国人类学家萨林斯和赛维斯提出了游群、部落、酋邦、国家的社会发展模式，利用民族志资料构建了人类社会发展的一种普遍性直线发展序列，为探究文明起源的一般规律提供了可资参考的模式。在这一理论中，酋邦是从原始平等社会向国家社会过渡的阶段，是探索文明和国家起源的关键。酋邦的概念在20世纪80年代被引入中国，经过后来学者的进一步发展，逐渐被部分学者所接受。苏秉琦和严文明将这一社会发展理论与中国传统术语相结合，提出了"古国—方国—帝国"[2]或"古国—王国—帝国"[3]理论，为探讨中国"酋邦"阶段社会的复杂化提供了重要理论框架。

以社会复杂化研究的视角，不再使用文化现象直接作为判断社会层次的标准，而是将各种考古证据结合聚落形态加以综合判断。通过考古学、人口学、社会学和地理学等学科方法的综合考察，注重探究由经济权力、军事权力和意识控制权构成的社会权力及权威，从而确定社会的发展层次。

铜器的首次发明，某种程度上来说是生产活动中的偶然发现，与文明或国家起源

---

[1] 石兴邦：《从考古学文化探讨我国私有制和国家的起源问题——纪念摩尔根逝世一百周年》，《史前研究》1983年第1期，27~45页。

[2] 苏秉琦：《辽西古文化古城古国——兼谈当前田野考古工作的重点或大课题》，《文物》1986年第8期，41~44页。

[3] 严文明：《黄河流域文明的发祥与发展》，《华夏考古》1997年第1期，1~11页。

的联系并不密切。特别是自然铜制品，柴尔德早就指出，自然铜是被作为一种特殊或高级的石头开采和加工的，如美国大湖区的印第安人只是将自然铜看作一种优质的石头，从未将其铸造成形，更少用熔化方式来提炼它，他们从未真正发明过冶金术[1]。获取自然铜的难度很低，不需要冶炼矿石的环节，自然铜制品是人类对铜金属的最简单和直接的应用，对生产关系和社会结构产生的作用微乎其微。

铜矿的冶炼、铜器的制作都需要诸多环节，过程复杂，技术难度大。冶铜术的重要意义，不仅在于获得了发现和提炼金属铜的技术突破，正如柴尔德所言，关键一点是出现为正规提炼、分配和加工建立组织和人员配备的机制。铜矿石一般不见于农业区的冲积平原，需要从山地矿区输入。许多人必须离开粮食生产，加入工业生产。这些人必须放弃他们的农耕和渔猎生产，到荒山野岭里去开采矿石，并穿越高山河流运输这些矿石。必须有庞大剩余财产的积累来吸引人们去从事勘探、采矿、冶炼、分配和铸造这些具有风险的职业[2]。冶铜术的出现，往往意味着经济单一性的丧失，必然会极大地促进社会分工与社会分层。

加拿大考古学家布赖恩·海登将整个人类的技术划分为实用技术和显赫技术两大类。实用技术是解决基本生存与舒适等现实问题的技术，包括工具、容器和房屋或其他与获得食物、免受生命威胁相关的技术，它们是对环境压力的一种直接反映。在大多数情况下，实用技术与现实的生存需求相关。显赫技术是为了展示财富、地位和权力的技术，尽量利用剩余劳动力以制造有吸引力的物品，使民众对物主的经济、审美、技术及其他能力产生尊崇，从而敬畏或臣服于物主[3]。因此，创造显赫物品的动机与作用与创造实用物品具有根本性区别。显赫物品打破了人类用最小支出获得最大回报的"最省力"原则，通过不计成本地投入劳动力和消耗资源，暗示其拥有号召巨大社会劳力和控制珍稀资源的能力。因而，显赫物品创造了一种特殊关系，成为等级社会的精英阶层通过对显赫物品制作与分配的控制实现权力和利益的重要手段，使等级化的经济、社会、政治组织成为可能。显赫物品的繁荣不可能出现在平等社会中，它们不仅仅是财富的反映，而且是复杂社会中权力和等级的基础[4]。

中国早期铜器器类多样，在发展之初多为刀、锥等工具，或耳环、指环等个人装饰品，当属生产或生活中的实用物品无疑。二里头遗址出土的铜器，如爵、鼎、斝、盉等容器，铃、牌饰等乐器，都是祭祀用的礼乐器，已经不再是维持生存所需的实用

---

[1] 〔英〕戈登·柴尔德著，安家瑗、余敬东译：《人类创造了自身》，上海三联书店，2008年，105～117页。

[2] 〔英〕戈登·柴尔德著，安家瑗、余敬东译：《人类创造了自身》，上海三联书店，2008年，105～117页。

[3] Hayden B. Practical and prestige technologies: the evolution of material systems. Journal of Archaeological Method and Theory, 1998, 5(1): 1-55.

[4] 陈淳：《早期文明的标准与解释》，《东南文化》2012年第3期，19页。

物品，而是显赫物品。为了突出这些礼乐器的显赫，所铸铜器形体越来越大，形态越来越复杂，纹饰越来越繁缛，背后体现的是精英阶层对这种显赫技术的重视。除二里头遗址外也有少数显赫物品，如四坝文化的权杖头，是政治权威的象征。

铜由于具有特殊的光泽、音质和极强的可塑性，原料稀缺，技术难度又高，是用作显赫物品的绝佳材料。因此，铜一经贵族阶层认可，用于制作显赫物品，必将极大地促进贵族阶层社会地位的合法化。

综上所述，虽然冶铜术的产生会在客观上进一步促进社会分工与分层，但冶铜术的发明与铜器的出现均不能成为判断文明或国家形成的标志。从社会复杂化的角度分析国家形成无疑更加具有可操作性和说服力。在社会复杂化研究中，实用铜器与显赫铜器代表着完全不同的社会背景，铜器不仅能提高生产力，也适合成为社会上层用于维护其合法地位的显赫技术的载体，对文明的形成和早期国家的产生均有着非同一般的重要催化作用。

第二节 中国冶铜业发展与国家形成

中国史前时期社会复杂化研究涉及环境变化、人口构成、经济组织、政治结构和宗教信仰等多方面内容，需要将考古学资料通过多种学科的方法进行综合研究。受研究对象的限制，本节将在前人研究基础上，以铜器和冶铜业为视角，考察铜器在中国，特别是中原地区，社会复杂化过程中的地位变化，以及其与国家形成间的关系。

仰韶时代的中国气候温暖湿润，被称为全新世最适宜期。在此优越的环境下，中原地区聚落数量急剧增加，分布地域广泛，表明这一时期的人口增长迅猛。人口和聚落规模的扩大，促使社会组织更加复杂化。与此同时，中原地区仰韶文化也发生了一系列变革，主要表现在社会等级分化现象开始出现。开始修建带环壕的聚落，出现了宏大的礼仪建筑，贵族墓葬的规格明显有别于其他普通墓葬，随葬精美的玉器和其他奢侈品。

我国仰韶时代的早期铜器发现数量很少，散见于多个遗址中，并没有单个遗址集中大量出现的情况。发现的铜器主要为简单的工具和小型装饰品，形制都十分简单，制作工艺也不复杂。目前所见的铜器及其相关遗物绝大多数出土于居址之中，说明是人们日常生产和生活的普通用品。只有1件耳环出土于红山文化牛河梁遗址积石冢墓葬中，虽然墓葬位于祭祀遗迹下，但该墓葬的规模及随葬品数量在牛河梁红山文化墓葬中也并不占优势，耳环通常为个人佩戴的私人物品，因此这件耳环也应属日常饰品，不具有其他含义。综上所述，仰韶时期的铜器通常用作实用物品，普遍不具有财富和身份地位的象征含义，并不是很稀有和珍贵的物品。仰韶时代社会分层现象主要表现在精美的玉器、陶器和聚落分布上，在铜器上并无反映。

据刘莉先生研究，中国龙山时代的中原地区伴随着集约农业的发展，人口高度集中，社会分层加剧，政治控制、礼仪权力和物质财富主要集中在少数精英贵族手中。文明的基本要素，原始文字、青铜冶铸、礼仪建筑及初步具备了早期城市的政治、宗教和经济功能的城址集中出现[①]。

龙山时代铜器数量明显增多，其中70%发现于河西走廊和甘青地区，器类主要为小型工具和装饰品。与仰韶时代的铜器一样，这些铜器形制简单，制作工艺并不复杂，主要为日常生产和生活用品。工具多出土于居址，装饰品多发现于墓葬中，铜器墓与非铜器墓在墓葬规格和随葬品数量上差异不大，因此，这一时期的铜器仍然不具有特殊身份和地位的象征意义。从铜器的使用情况看不出明显的社会阶层分化。

铜器数量的显著增加说明铜器的制作已经较为成熟，矿石采掘、冶炼和铜器制作工序都应有着合理的分工与协作，社会分工已经较为发达。同时，各个遗址出土铜器的数量差异明显，武威皇娘娘台遗址出土铜器30余件，西城驿遗址也集中出土了大量铜器，暗示这一地区可能存在着某一地域集中专业化生产的社会分工体系。而且，现有考古发现证明离皇娘娘台不远的海藏寺遗址是一处玉石器集中加工点。

相较而言，这一时期中原地区铜器的数量少得多，分布分散，主要为小型简单工具，多出土于居址中，为实用工具，不具有特殊社会地位的意义。

龙山时代末期中原地区铜器的特征开始发生转变。陶寺遗址一座小型墓葬里出土了一件铜铃，制作工艺复杂，由多块范合铸而成。此外，在一座中型墓中出土了一件与玉瑗合在一起的手环，在宫殿基址里还发现了一件可能是铜盆口沿的残片。登封王城岗曾发现铜容器残片，有学者考证其可能为铜鬶的残片。虽然这些铸造工艺复杂的铜器发现数量有限，但这些容器（残片）和乐器都是中国商周时期成熟青铜礼制文化的典型器物，说明这一时期铜器开始成为礼制的载体，具有了社会身份和地位的象征意义。同时，我们看到随葬铜铃的墓葬规格不高，随葬品也不丰富，说明墓主虽然身份特殊，但社会地位并不十分显赫。铜铃可能是从事祭祀活动的巫师的身份标识，其地位特殊但未达到当时社会高等级贵族的层级，说明这一时期没有认可铜器的稀缺性和珍贵性，未将铜器作为其礼仪权力的象征。

这一时期社会层级的分化，在中原周边区域表现明显，如山东龙山文化多处墓地都有所体现。诸城呈子遗址的大型墓葬都有二层台、木椁，随葬品质高且数量多，随葬猪下颌骨和精美薄胎黑陶高柄杯显示了农业的经济形式和高超的手工业生产技术。中型墓普遍没有葬具，墓穴略小，有较多随葬品，有的置高柄杯或猪下颌骨。小型墓，皆无葬具，随葬品数量少、质量低，一般不超过3件。有的墓穴仅葬有尸骨，既无葬具又无随葬品[②]。尹家城遗址共发掘龙山文化墓葬65座，其中有随葬品的39座，占60%，无随葬

[①] 刘莉：《中国新石器时代——迈向早期国家之路》，文物出版社，2007年。

[②] 昌潍地区文物管理组、诸城县博物馆：《山东诸城呈子遗址发掘报告》，《考古学报》1980年第3期，329~385页。

品 26 座，占 40%，最大的墓室面积 25.3 平方米，二椁一棺，最小的仅 0.54 平方米，差距明显。有的墓葬还发现人骨被捆绑现象。随葬品多者 40 余件，少者 1 件，一般 3～4 件。墓葬内共随葬猪下颌骨 118 个，其中 5 座大墓占有 102 个，仅 M138 就有 38 个之多[①]。西朱封遗址的 3 座大墓，其中 2 座为两椁一棺、1 座为一椁一棺，棺椁上均有彩绘。这些墓葬，墓坑规模大，随葬器物丰富，多放在边箱和脚箱内，有的在棺椁间或棺内。主要有大批陶器和一些玉、石、骨、牙器等，还有大量彩绘木器残迹。陶器中有精美的蛋壳陶杯、黑陶罍等。玉器中有象征权威的钺，还有玉头（冠）饰、刀和簪等，而有些小墓的死者几乎一无所有[②]。这些墓葬规格、葬具及随葬品数量方面的明显差异，显示出墓主生前在社会地位和占有的财富上有很大差异，社会层级分化程度较高。

龙山时代中原及其周边地区社会已经发展到高度复杂化程度，陶寺文化和山东龙山文化等代表的社会已经形成了高度分层的政治体系，贵族精英阶层可以通过操纵礼仪权力获得并维持其统治地位[③]。然而，铜器在这一高度发达的复杂化社会中的意义还十分有限，主要是用作实用物品，部分专属器物虽逐渐具有了身份象征的意义，但还未完全融入当时以玉器为主流的礼制体系中。

二里头文化时期的中原地区社会复杂程度远超周围地区，学界通常认为二里头文化已经进入了早期国家阶段，已经形成了一个在广大区域内由一个大型中心支配多个次级中心，再辐射控制众多村落的多层级单一政体。二里头遗址就是当时早期国家的政治、经济和文化（礼仪）中心，是贵族政治权力的实质所在[④]。

这一时期中原地区铜器的种类丰富，出现了一批新器形，主要为容器、兵器和乐器。龙山时代流行的工具类铜器仍然存在，但所占比例明显下降。这些铜器多用于随葬，铜容器主要有爵、盉、斝等，乐器只有铜铃，礼仪类器有铜牌饰等，兵器主要为戈。这些铜器是中国商周时期发达的青铜礼器和兵器的典型器类，是用作祖先祭祀的重要媒介或军事权力的象征，是社会分层、财富、权力和地位的象征，彰显贵族上层在宗教和政治统治上的合法化。

二里头文化青铜器直接继承自中原地区早期文化中的其他材质的同类器。铜容器与二里头文化时期的陶器存在着直接的渊源关系[⑤]，特别是白陶礼器。铜爵、铜盉、铜斝等器物均是仿照二里头文化中的陶爵、陶盉等陶质器物铸造而成的。铜铃与陶寺遗

---

① 山东大学历史系考古教研室：《泗水尹家城》，文物出版社，1990 年。
② 山东省文物考古研究所：《临朐县西朱封龙山文化重椁墓的清理》，《海岱考古》第一辑，山东大学出版社，1989 年，219～224 页；中国社会科学院考古研究所山东工作队：《山东临朐朱封龙山文化墓葬》，《考古》1990 年第 7 期，587～594 页。
③ 刘莉：《中国新石器时代——迈向早期国家之路》，文物出版社，2007 年。
④ 刘莉：《中国新石器时代——迈向早期国家之路》，文物出版社，2007 年。
⑤ 郑光：《二里头遗址的发掘———中国考古学上的一个里程碑》，《夏文化研究论集》，中华书局，1996 年，66～80 页。

址的陶铃形制完全相同。铜戈则应是仿制石戈或玉戈而来。可见，中原地区采用宴饮作为祖先祭祀仪式的传统由来已久，二里头文化铜礼乐器的流行是青铜器替代新石器以来以玉礼器和陶器作为传统礼制媒介的开始。青铜礼器开始成为最重要的政治、宗教和经济力量的象征。二里头文化铜料大部分被用来制作爵、铃和戈等礼乐器和兵器这些显赫物品，说明其铸造的青铜器已经是一种显赫技术，暗示着与早期实用铜器具有明显不同的经济条件和社会结构。

青铜器逐渐取代玉器和陶器成为礼制的主体，不仅是因为青铜器华丽的外表和耐用性，最根本的是因为统治阶级可以完成对青铜器冶铸技术的垄断。二里头文化的铜礼器，造型复杂，体型逐渐增大，这需要高超的范铸技术和成熟的合金工艺，制作要求之高已远非前一阶段可比。同时，要完成铜器的铸造，要完成从采矿至浇铸修整的几十道工序，必然要求一批匠人进行专业化和职业化的生产，甚至要求社会具有较高的社会协调和统筹管理能力。因此，贵族阶层在铜资源也较为稀缺的情况下，很容易完成对铜礼器铸造的绝对垄断。青铜器由于垄断而产生的稀缺性，使得它能在礼仪中更好地发挥作用，从而进一步增强了高等贵族在宗教礼仪和政治上的正统化与合法化，并对整个青铜时代的政治、经济和礼仪制度产生了深刻影响。

二里头文化时期的中原地区铜器分布极不平衡。绝大多数铜器发现于二里头遗址，少量铜器发现于东下冯、尹家城等次中心聚落，其他遗址基本不见铜器。而且，采用复合范法铸造的铜容器、乐器和兵器仅发现于二里头遗址，东下冯等遗址出土的铜器多为制作工艺简单的实用工具和铜镞等消耗性武器。这说明二里头文化所代表的早期国家社会层级森严，已经构建出了系统的等级权力体系，礼仪权力被牢牢控制在政治中心的最高等级贵族手中。同时二里头早期国家为贵族物品特别是青铜礼器的生产和分配而建立起一套协同网络。支配中心控制贵族物品（青铜器等）的生产，周边区域则提供原材料（金属矿料）和生活用品，为达到对铜及其他重要战略资源的有效控制，依靠军事或文化的影响力，在周边区域就形成了次一级政权中心。

与中原地区不同，边缘地带铜器分布广泛，各遗址出土铜器数量与聚落等级高低无明显联系，冶铸技术上差别也很大。边缘地带铜器绝大多数为实用器，多为便携性的工具和装饰品，不具有社会地位的象征意义。四坝文化发现的四羊首权杖头，制作精美，工艺复杂，属显赫技术无疑，可能是部族首领身份的象征。整体来看，边缘地带实用技术与显赫技术并存，但以实用技术为主，具有一定的社会层级分化，但集权特征还不突出。铜器显赫技术在这一地区不够发达，其中一个原因是区域内铜器制作技术粗放，上层贵族不能有效形成技术垄断。

边缘地带的社会上层受到中原地区礼制文化的一定影响，三星堆文化发现有中原地区的兽面纹牌饰，齐家文化墓葬中发现有白陶盉，夏家店下层文化中发现连柄戈，这些都是中原礼仪权力或军事权力的典型象征物。中原地区也受到边缘地带铜器文化的影响，如发现了边缘地带流行的环首刀，制作十分精美，应为舶来品。可见，二里头文化时期中原地区与边缘地带的上层社会保持着较密切的双向文化交流，在交流中中原地区无疑处于较为强势的地位，其等级观念、文化传统甚至礼制信仰对边缘地带都产生了一定影响。

综观中国早期铜器的发展历程，中原地区青铜器与社会复杂化有着较为密切的联系。龙山时代及其之前的早期铜器，制作技术较为简单，多为日常实用物品，与其他材质大部分实用物品一样，并不具有身份、财富和社会地位的象征含义。直至二里头文化时期，由于冶铸青铜器的范铸和合金技术逐步成熟，社会上层贵族开始垄断青铜器的制作与分配权力，青铜器开始逐步取代陶器成为礼仪权力的象征，同时也具备了社会地位、财富和身份的象征意义。同时，铜器制作过程环节多，技术难度大，极大地促进了社会分工和层级分化，也进一步促进了社会的复杂化进程。

铜器的发展能够促进社会复杂化的发展，却并不一定能够直接导致国家的形成，与中原早期国家毗邻的边缘地区虽有较为发达的铜器冶铸工艺，但并未促使这一区域社会进入国家阶段。中原地区上层阶级对礼仪权力的渴望，以及礼仪权力与青铜器的结合，相互促进相互强化，使其获得了政治的合法性。因而，中国青铜器成为礼仪制度的完美载体，在中国社会复杂化过程中起到了极其重要的作用。

第七章 结 语

我国商周时期大量精美绝伦的青铜器是中国文明的重要载体，它的起源可追溯至遥远的仰韶时代。随着我国考古工作的不断开展，大量的早期铜器于长江以北的广大区域被陆续发现，为全面揭示中国铜器的起源与发展奠定了坚实基础。

从目前的考古发现看，中国早期铜器的分布与年代均表现出极大的不平衡性，主要表现在三个方面：① 从铜器的出土地看，中国早期铜器明显西多东少，河湟、河西走廊及哈密盆地地区发现的铜器数量明显多于其他地区；② 从早期铜器的年代看，仰韶、龙山时代铜器数量十分有限，二里头文化时期铜器突然繁盛起来，数量呈几何级增长；③ 从各支考古学文化的铜器分布特点看，高等级城址（或聚落）内出现铜器数量明显多于一般聚落，这种现象在中原地区表现尤为明显。

从中国早期铜器的发展过程来看，中国早期铜器发展可分为三个阶段。

第一阶段为铜器的肇始期（仰韶时代）。依据目前的考古发现，铜器最初主要分布于黄河流域，辽河流域也有少量发现。铜器特征统一，以小型工具为主，少量装饰品仅发现于辽河流域。这一时期人们对铜的冶炼还在摸索阶段，多使用铜与其他金属的共生矿冶炼出原始合金铜，铜的合金成分比例差异明显，很少见有红铜制品。

第二阶段为铜器的初步发展期（龙山时代）。铜器的分布地域略有扩展，向西到达河西走廊，向南扩展至长江流域，但仍以黄河流域为中心。铜器数量有所增加，器类多为小型工具，装饰品比重仍然较低。这一时期开始有意识地冶炼红铜，并开始添加锡或铅制作合金。

第三阶段为铜器的分化发展期（二里头文化时期）。铜器的分布地域进一步扩大，新疆地区开始出现铜器，数量大大超出其他地区，大有后来居上的态势。由于地域、生业方式及文化传统的不同，在铜器上各个地区也表现出明显的地区差异。这一阶段的中国铜器分为三个大区，分别是中原地区、边缘地带和西北地区。中原地区在继承龙山时代本地铜器文化的基础上，创新出了复合范的范铸工艺和铅锡青铜合金的配比技术，冶铸出青铜容器、乐器和兵器，成为中国商周王朝光辉灿烂青铜文明的基础。西北地区受到了欧亚草原青铜文化的强烈影响，在铜器上与欧亚草原铜器具有极强的相似性，并作为中心继续向东传播。边缘地带是中原文化的边缘文化带，与中原地区具有极强的依存联系，在本地区龙山时代的铜器文化的基础上，吸收了部分来自河西走廊地区和中原地区的铜器因素，发展出自己独有的铜器文化，初步形成了中国商周时期发达的北方系青铜器的雏形。

第七章 结 语

从中国早期铜器的发展历程中，不难看出中国铜器经历了从无到有，从少到多的连续发展过程，在铜器冶铸技术上也走过了原始合金铜—红铜（原始合金铜）—青铜的完整发展路线。中国铜器，特别是中原地区的铜器是独立起源发展的，肇始于仰韶时代的黄河流域，经龙山时代缓慢发展，在二里头文化时期突破性发展，商代开始繁盛。西北地区在公元前2000年以前基本没有铜器的生产，而约公元前2000年后在欧亚草原青铜文化东传的影响下，迅速吸收了塞伊玛—图尔宾诺和安德罗诺沃等文化的制铜技术，形成了发达的冶铜业中心。文化边缘地带在龙山时代早期铜器的发展基础上，吸收融合了西北地区的欧亚草原青铜文化因素，创立了具有自身独特特征的铜器文化，随后进一步发展为后来的北方系青铜文化。

中国铜器虽然从整体上看是自身独立起源的，但欧亚草原青铜文化对中国铜器产生了重要影响，特别是中国西北地区与欧亚草原文化存在着长期的直接文化交流与联系。这种影响在自西向东的传播过程中逐渐减弱，边缘地带成为中原地区面向欧亚大陆腹地的一条缓冲带，将来自欧亚草原文化的影响削弱。

从整体来看，大约在公元前二千纪，可能是由于气候的恶化或对铜资源的追求，欧亚草原青铜文化自西向东传播至中国西北地区，几乎与此同时，中国早期铜器一改龙山时代以来缓慢发展的态势，迅速发展起来，这应该不是偶然。欧亚草原青铜文化在青铜合金配比、石范铸造、铜器形制及文化观念上可能都对中国原有的铜器制作产生了一定影响，像一股新鲜血液注入中国铜器文化中。可以说，欧亚草原铜器技术并不是中国铜器的直接来源，但它对中国铜器的迅速发展产生了重要的催化作用。中国铜器的发展更多是自身发展的结果，自身的技术和传统积累在欧亚草原青铜文化的刺激下迅速发展起来，奠定了中国商周时期铜器发展的格局。

中原地区虽与边缘地带在铜器发展道路出现了分野，但中原地区始终保持着文化的强势和对边缘地带的控制，边缘地带高等级聚落与中原地区存在着密切的交流，使用着与中原地区相近的陶器和玉器等。中原地区在西北方向的势力范围的极限应该就是边缘地带，其控制边缘地带文化的动力主要是获得制造青铜器和玉器的原材料。

中国早期国家的中心都邑二里头遗址处于伊洛平原，是一处土地肥沃的冲积平原，利于农业生产，但却缺乏铜等自然矿产资源。目前考古发现表明二里头文化时期早期国家已经形成，阶级分化明显，代表社会身份和地位的青铜礼器和兵器较为发达，这些特色鲜明的中原式青铜器应为当地铸造或锻造无疑，制造这些铜器所需铜料的数量也应十分巨大，必定需要一处或多处稳定的铜料产地。科技分析表明，二里头青铜生产的原料供应地比较集中，二里头文化二、三期基本集中于一地，二里头文化四期铜器原料产地可能转移至山东半岛的岳石文化区。从目前的考古来看，几乎所有冶铜技术产生的区域，其邻近地区都有丰富的矿产资源，这一文化格局无疑表明，铜矿在二里头文化时期是重要的资源，直接影响着中原政权对边缘地带的经营方略，进而影响着整个二里头文化时期的文化格局。

青铜器与文字、城市及礼仪性建筑一度被作为文明产生的标志，但铜器的有无与数量多少并不能成为单独判定文明产生的标准。不过，在中国文明形成过程中，铜器的使用与文明程度又具有相辅相成的关系。铜器的华丽与可塑性，铜矿资源的稀缺性和开采的困难程度，以及冶铸铜器的技术难度均使铜器成为理想的权力象征品，社会精英阶层对冶铸技术的垄断会使铜器具有不同于其他器物的稀有性和仪式性。随着人类文明的发展，冶铜技术作为一种先进技术被社会上层掌控来为其地位和权力服务，从而形成一种专业化的要求。同时，国家对铜器生产和铜矿资源的控制，又会促进社会分工和社会组织的分化。在中国文明形成中，二里头文化时期铜器开始成为中国礼仪制度的重要载体，逐步取代玉器成为中原王朝礼制的核心要素。

以铜器为中心的礼制建立，进一步促进了中国早期国家的发展格局。以二里头遗址为中心的早期国家，通过把人口迁移到出产矿产资源的区域，合理地把劳动力安置在资源最好、最集中的地区，使国家能够最大限度地获取矿产资源。早期国家追寻铜矿资源的行为，基本奠定了中国商周时期的文化发展格局。

附　　表

附表1　黄河中下游地区早期铜器统计表

出土地点	名称	器物号	所属文化	数量	制作方式	材质	资料出处
陕西临潼姜寨	铜片	F29∶15	半坡类型	1	铸造	黄铜	注[1]，148页，图版一〇六·1
陕西临潼姜寨	铜管	T259③∶39	半坡类型	1		黄铜	注[1]，148页，图版一〇六·2
陕西西安半坡	铜片		半坡类型	1	铸造	白铜	注[2]，270页，图一·3
陕西渭南北刘	铜笄	T9∶15	庙底沟类型	1	锻造	黄铜	注[3]，122页；注[48]，81页
山西榆次源涡镇	炼铜渣		义井类型	1			注[2]，269~285页
山东泰安大汶口	铜锈	M1∶41	大汶口文化晚期	1			注[15]，124页，图版三二·13
河南登封王城岗	容器残片	WT196H617∶14	王湾三期文化	1	铸造	锡青铜	注[5]，99页，图五〇·5，图版二九·16
河南郑州董砦	铜片		王湾三期文化	1			注[9]，38页
河南郑州牛砦	炉壁残片	C13T1③	王湾三期文化	1		铅青铜	注[10]，75页
河南郑州牛砦	铜块		王湾三期文化	1		锡青铜	注[11]，23页
河南杞县鹿台岗	铜刀	H53B∶2	王油坊类型	1			注[8]，71页，图四一
河南鹿邑栾台	铜块	T2A⑫	王油坊类型	1			注[45]，7页
安阳后冈	铜渣		后冈二期文化	1			注[4]，464页
河南淮阳平粮台	铜渣	H15	王油坊类型	1			注[6]，31页
河南临汝煤山	炉壁残片	H28	王湾三期文化	1			注[7]，453页
河南临汝煤山	炉壁残片	H40	王湾三期文化	1		红铜	注[7]，453页

（续表）

出土地点	名称	器物号	所属文化	数量	制作方式	材质	资料出处
河南新密古城寨	炉壁残片		王湾三期文化	1			注[47]，80页
河南新密新砦	容器残片	2000T3⑤B:1	新砦期	1	铸造	红铜	注[20]，223页，图一九六·1，彩版一六·7，图版三六·8
河南新密新砦	铜刀	1999T1H40:1	新砦期	1	铸造	红铜	注[20]，224页，图一九六·1
河南新密新砦	铜锈粒	2000T4 H26①:3		1			
山东胶县三里河	钻形器	T110②:11	龙山文化	1	铸造	黄铜	注[12]，21页，图四·13，图版二二·9左
山东胶县三里河	钻形器	T21②:1	龙山文化	1	铸造	黄铜	注[12]，21页，图四·14，图版二二·9右
山东临沂大范庄	残铜器		龙山文化	1+			注[13]，238页
山东栖霞杨家圈	残铜锥	T23:2	龙山文化	1			注[14]，198页
山东栖霞杨家圈	铜炼渣	T3、T3②	龙山文化	1+			注[9]，38页
山东长岛北长山岛店子	残铜片		龙山文化	1		黄铜	注[9]，38页
山东日照尧王城	铜炼渣		龙山文化	1			注[9]，38页
山东诸城呈子	铜片		龙山文化	1			注[9]，38页
山西襄汾陶寺	铜铃	M3296:1	陶寺文化晚期	1	铸造	红铜	注[17]，666~667页，图4·146；图版二九七；彩版五五
山西襄汾陶寺	容器残片		陶寺文化中期	1			注[18]，6页，图七
山西襄汾陶寺	铜手镯	M11	陶寺文化	1	铸造	砷铜	注[19]，118页
山西襄汾陶寺	铜环	ⅡT7464③:4	陶寺文化中期	1		红铜	注[49]，5页
山西绛县周家庄	铜片		陶寺文化早中期	1	锻造	镍黄铜	注[46]，145~154页

（续表）

出土地点	名称	器物号	所属文化	数量	制作方式	材质	资料出处
山西曲沃东白冢	坩埚		陶寺文化	1			注[16]，21页，图四，9
河南偃师二里头	铜刀	1963YL Ⅳ T24⑥B:9	二里头文化一期	1	铸造	铅青铜	注[21]，40～41页，图18·1；图版3·2
河南偃师二里头	铜渣	1962YL Ⅴ T33D⑩:7	二里头文化一期	1	铸造	红铜	注[21]，40～41页，图版3·3
河南偃师二里头	铜刀	1960YL Ⅱ·Ⅴ T111⑤:12	二里头文化一期	1			注[21]，40～41页，图18·2；图版3·1
河南偃师二里头	铜铃	2002VM3:22	二里头文化二期	1			注[44]，1003～1004页，图6-4-3-4-2C·22；图版二八二·1
河南偃师二里头	铜刀	1960YL Ⅱ·Ⅴ H159:2	二里头文化二期	1			注[21]，80～81页，图44·2；图版28·8
河南偃师二里头	残片		二里头文化二期	1	铸造	铅青铜	
河南偃师二里头	熔铜块	1963YL Ⅳ T3⑦	二里头文化二期	1	铸造	红铜	注[22]，57页，表一
河南偃师二里头	铜刀	1963YL Ⅳ T21⑤:6	二里头文化二期	1	铸造	锡青铜	注[21]，80～81页，图44·4，图版28·6，附录2
河南偃师二里头	铜刀	1963YL Ⅳ T6H50:10	二里头文化二期	1	铸造	锡青铜	注[21]，81页，图44·3
河南偃师二里头	铜笄		二里头文化二期	1		红铜	注[22]，57页，表一
河南偃师二里头	铜锥	1960 Ⅳ T2⑤:4	二里头文化二期	1	铸造	砷铜	注[21]，81页，图44·6，图版28·7
河南偃师二里头	铜器残件	2003 Ⅴ G38②:24	二里头文化二期	1	铸造、冷锻	砷铜	注[44]，738页，图6-4-2-4-2E，彩版二八四·1
河南偃师二里头	铜渣	2003 Ⅴ G38②:37	二里头文化二期	1			注[44]，738页
河南偃师二里头	铜渣	2002 Ⅴ H104:4	二里头文化二期	1			注[44]，755页，图6-4-2-8-2
河南偃师二里头	铜铃	2002 Ⅴ M3:22	二里头文化二期	1			注[44]，1003页，图6-4-3-4-2C，彩版二八二·1
河南偃师二里头	铜牌饰	1981YL Ⅴ M4:5	二里头文化二期	1			注[51]，37页，图五·1，图版肆·1
河南偃师二里头	铜铃	1981YL Ⅴ M4:8	二里头文化二期	1			注[51]，37页，图六·2，图版肆·2

（续表）

出土地点	名称	器物号	所属文化	数量	制作方式	材质	资料出处
河南偃师二里头	铜铃	1982YLⅨM4:1	二里头文化二期	1			注[50], 1093页, 图七·1
河南偃师二里头	铜刀	1980YLⅢM2:4	二里头文化三期	1	铸造	锡青铜	注[52], 202页, 图一〇·8
河南偃师二里头	铜刀	1980YLⅢM2:3	二里头文化三期	1	铸造	锡青铜	注[52], 202页, 图一〇·9
河南偃师二里头	铅片	1963YLⅣH76:48	二里头文化三期	1	铸造	铅	注[21], 240页, 图152·6, 附录2
河南偃师二里头	熔铜块	1963YLⅣT7④:3	二里头文化三期	1	铸造	锡青铜	注[21], 239页, 图152·7
河南偃师二里头	铜块	1963YLⅣT11②:34	二里头文化三期	1			注[21], 270页
河南偃师二里头	铜片	1960YLⅧT17③:1	二里头文化三期	1			注[21], 239页, 图152·4
河南偃师二里头	铜片	1973YLⅧH72:36	二里头文化三期	1			注[21], 239页, 图152·5
河南偃师二里头	铜器残片	1963YLⅣT6⑤:52	二里头文化三期	1			注[21], 239页, 图152·2
河南偃师二里头	铜鱼钩	1963YLⅣT6⑤:53	二里头文化三期	1			注[21], 171页, 图104·19
河南偃师二里头	铜鱼钩	1963YLⅣH57:85	二里头文化三期	1			注[21], 171页
河南偃师二里头	铜凿	1960YLⅣT2④:7	二里头文化三期	1			注[21], 169页, 图104·21, 图版77·4
河南偃师二里头	铜凿	1973YLⅤ采:61	二里头文化三期	1			注[21], 169页, 图104·9, 图版77·3
河南偃师二里头	铜锥	1960YLⅡ·ⅤH158:12	二里头文化三期	1			注[21], 171页, 图104·8, 图版78·7
河南偃师二里头	铜镞	1960YLⅡ·ⅤH158:19	二里头文化三期	1			注[21], 169页, 图104·2, 图版78·6
河南偃师二里头	铜镞	1960YLⅡ·ⅤH158:4	二里头文化三期	1			注[21], 170页, 图104·5, 图版78·2
河南偃师二里头	铜镞	1960YLⅡ·ⅤT119④:70	二里头文化三期	1			注[21], 170页, 图104·6, 图版78·1
河南偃师二里头	铜镞	1960YLⅡ·ⅤT119④:71	二里头文化三期	1			注[21], 171页, 图104·7, 图版78·3
河南偃师二里头	铜镞	1960YLⅣH12:8	二里头文化三期	1			注[21], 170页, 图104·3

(续表)

出土地点	名称	器物号	所属文化	数量	制作方式	材质	资料出处
河南偃师二里头	铜锛	1973YLⅢT212F2∶10	二里头文化三期	1	铸造	锡青铜	注[21]，169页，图104·22，图版77·2；注[41]
河南偃师二里头	铜刀	1960YLⅡ·ⅤT122③∶3	二里头文化三期	1			注[21]，169页，图104·17，图版77·9
河南偃师二里头	铜刀	1963YLⅣH57∶7	二里头文化三期	1			注[21]，169页，图104·15，图版77·7
河南偃师二里头	铜刀	1963YLⅣH74∶1	二里头文化三期	1			注[21]，169页，图104·12，图版77·5
河南偃师二里头	铜刀		二里头文化三期	7			注[21]，169页
河南偃师二里头	铜刀	1982YLⅨH13∶2	二里头文化三期	1			注[50]，1088页，图七·3
河南偃师二里头	铜刀	1963YLⅣT31③∶8	二里头文化三期	1	铸造	铅锡青铜	注[21]，169页，图104·16，图版77·6，附录2
河南偃师二里头	铜刀	1963YLⅣT6⑤∶9	二里头文化三期	1	铸造	铅锡青铜	注[21]，169页，图104·14，附录2
河南偃师二里头	铜刀	1963YLⅣT7④∶11	二里头文化三期	1	铸造	铅锡青铜	注[21]，169页，图104·18，图版77·8，附录2
河南偃师二里头	铜刀	1963YLⅤT203⑤∶3	二里头文化三期	1	铸造	铅锡青铜	注[21]，169页，图104·20，图版77·11
河南偃师二里头	铜纺轮	1963YLⅣH58∶1	二里头文化三期	1	铸造	红铜	注[21]，171页，图104·11，图版78·8，附录2
河南偃师二里头	铜锯	1963YLⅣH57∶84	二里头文化三期	1			注[21]，171页，图104·13，图版77·10
河南偃师二里头	铜条	1963YLⅣT6⑤∶22	二里头文化三期	1			注[21]，239页，图152·3
河南偃师二里头	铜戈	1975YLⅢ采∶60	二里头文化三期	1			注[21]，169页，图103，图版77·12
河南偃师二里头	铜戈	1975YLⅥKM3∶2	二里头文化三期	1			注[21]，249页，图161·1，图版118·1
河南偃师二里头	铜戚	1975YLⅥKM3∶1	二里头文化三期	1			注[21]，249页，图161·2，图版118·2
河南偃师二里头	铜爵	1975YLⅥKM3∶4	二里头文化三期	1			注[21]，251页，图164·3

(续表)

出土地点	名称	器物号	所属文化	数量	制作方式	材质	资料出处
河南偃师二里头	铜爵	1976YLⅢKM6：1	二里头文化三期	1			注[21]，251～252页，图164·1，图版120·2
河南偃师二里头	铜爵	1978YLⅤKM8：1	二里头文化三期	1			注[21]，252页，图164·2，彩版1，图版120·1
河南偃师二里头	铜爵	1980YLⅢM2：1	二里头文化三期	1			注[52]，202页，图九·4
河南偃师二里头	铜爵	1980YLⅢM2：2	二里头文化三期	1			注[52]，202页，图九·6，图版壹·1
河南偃师二里头	铜铃	1962YLⅤM22：11	二里头文化三期	1			注[21]，137页，图83，图版62·6
河南偃师二里头	铜圆牌	1975YLⅤKM4：2	二里头文化三期	1			注[21]，255页，图167·2，图版123·2
河南偃师二里头	圆形铜牌	1975YLⅥKM3：9	二里头文化三期	1			注[21]，256页，图167·3，图版123·1
河南偃师二里头	圆形铜牌	1975YLⅥKM3：16	二里头文化三期	1			注[21]，256页，图167·1，图版123·3
河南偃师二里头	圆形铜牌	1975YLⅥKM3：17	二里头文化三期	1			注[21]，256页，图167·4，图版123·4
河南偃师二里头	铜尖状器	1980YLⅢM4	二里头文化三期	1			注[52]，201页
河南偃师二里头	铜块	1978YLⅤKM11	二里头文化三期	1			注[21]，241页
河南偃师二里头	铜爵	1973ⅧT22③：6	二里头文化三期	1	铸造	锡青铜	注[21]，195～196页，图123，图版88
河南偃师二里头	铜器	1963YLⅣH57：45	二里头文化三期	1	铸造	锡青铜	注[21]，附录2
河南偃师二里头	三棱形器	1963YLⅣH76：23	二里头文化三期	1	铸造	铅青铜	注[21]，239页，图152·1，图版114·2，附录2
河南偃师二里头	铜条	1963YLⅣT11③：4	二里头文化三期	1	铸造	锡青铜	注[23]，85页，表一
河南偃师二里头	铜凿	1963YLⅣH57：27	二里头文化三期	1	铸造	红铜	注[21]，169页，图104·10，图版77·1
河南偃师二里头	铜镞	1960YLⅡⅤT122③：1	二里头文化三期	1	铸造	铅锡青铜	注[21]，170页，图104·4，图版78·5，附录2

（续表）

出土地点	名称	器物号	所属文化	数量	制作方式	材质	资料出处
河南偃师二里头	铜镞	1963YLⅣT6⑤：54	二里头文化三期	1	铸造	红铜	注[21]，169页，图104·1，图版78·4，附录2
河南偃师二里头	蓝铜矿	2002ⅤH62：7	二里头文化三期	1			注[44]，1123页，彩版三三七：5
河南偃师二里头	残片	二里头遗址	二里头文化四期	1	铸造	红铜	注[22]，57页，表一
河南偃师二里头	残片	二里头遗址	二里头文化四期	1	铸造	锡青铜	注[22]，57页，表一
河南偃师二里头	铜刀	1959YLⅡ·ⅣT104③：32	二里头文化四期	1			注[21]，268页，图版129·10
河南偃师二里头	铜刀	1960YLⅡ·ⅤT119③：20	二里头文化四期	1			注[21]，268页，图178·19，图版129·9
河南偃师二里头	铜刀	1963YLⅣT13②A：5	二里头文化四期	1			注[21]，268页，图178·17，图版128·10
河南偃师二里头	铜刀	1963YLⅣT19②：32	二里头文化四期	1			注[21]，268页，图178·14，图版128·6
河南偃师二里头	铜刀	1963YLⅣT22③：13	二里头文化四期	1			注[21]，268页，图178·15
河南偃师二里头	铜刀	1963YLⅣT22④：28	二里头文化四期	1			注[21]，268页，图178·13，图版128·5
河南偃师二里头	铜刀		二里头文化四期	3			注[21]，268页
河南偃师二里头	铜刀	1963YLⅣT13②：33	二里头文化四期	1	铸造	铅青铜	注[21]，268页，图178·26，图版129·8
河南偃师二里头	铜刀	1963YLⅣT24④B：135	二里头文化四期	1	铸造	铅锡青铜	注[23]，85页，表一
河南偃师二里头	铜刀	1963YLⅤT211③B：1	二里头文化四期	1	铸造	铅锡青铜	注[21]，268页，图178·18，图版128·11，附录2
河南偃师二里头	铜刀	1963YLⅤT26A⑥：7	二里头文化四期	1	铸造	锡青铜	注[21]，268页，图178·16，图版128·12，附录2
河南偃师二里头	铜刀	1963YLⅤT26B⑤下：13	二里头文化四期	1	铸造	红铜	注[21]，268页，图178·25，图版129·11，附录2
河南偃师二里头	铜刀	YLⅤH51：2	二里头文化四期	1	铸造	红铜	注[21]，268页，图178·20，图版128·13，附录2

（续表）

出土地点	名称	器物号	所属文化	数量	制作方式	材质	资料出处
河南偃师二里头	铜刀	1987YLⅥM57∶2	二里头文化四期	1			注[54]，295页，图二·3，图版贰·5
河南偃师二里头	铜片	1974YLⅣT128∶1	二里头文化四期	1			注[21]，332页，图222·2
河南偃师二里头	铜条	1963YLⅣH91∶14	二里头文化四期	1			注[21]，332页，图222·3
河南偃师二里头	铜圆片	1963YLⅣT22③∶12	二里头文化四期	1			注[21]，328页，图219·1
河南偃师二里头	铜凿	1963YLⅣT21④∶10	二里头文化四期	1			注[21]，268页，图178·12，图版128·4
河南偃师二里头	铜凿	1972YLⅤH70∶3	二里头文化四期	1			注[21]，268页，图178·9
河南偃师二里头	铜锥	1960YLⅣT1③A∶2	二里头文化四期	1			注[21]，270页，图178·23，图版128·9
河南偃师二里头	铜镞	1984YLⅥM5	二里头文化四期	1			注[53]，318页
河南偃师二里头	铜牌饰	1984YLⅥM11∶7	二里头文化四期	1			注[53]，320页，图六·上，图版柒·1
河南偃师二里头	铜牌饰	1987YLⅥM57∶4	二里头文化四期	1			注[54]，295页，图二·1，图版壹
河南偃师二里头	铜铃	1987YLⅥM57∶3	二里头文化四期	1			注[54]，295页，图三·1，图版贰·2
河南偃师二里头	铜铃	1984YLⅥM11∶2	二里头文化四期	1			注[53]，320页，图六·下，图版捌·5
河南偃师二里头	铜鼎	1987YLⅤM1∶1	二里头文化四期	1			注[55]，1138页，图一·左下，图版捌·1
河南偃师二里头	铜觚	1987YLⅤM1	二里头文化四期	1			注[55]，1138页
河南偃师二里头	铜爵	1975YLⅦKM7∶1	二里头文化四期	1			注[21]，341页，图239，图版169·1，附录2
河南偃师二里头	铜爵	1984YLⅥM11∶1	二里头文化四期	1			注[53]，319页，图五·上，图版柒·5
河南偃师二里头	铜爵	1984YLⅥM6∶5	二里头文化四期	1			注[53]，319页，图五·下，图版捌·7
河南偃师二里头	铜爵	1984YLⅥM9∶2	二里头文化四期	1			注[53]，319页，图四·上，图版捌·6
河南偃师二里头	铜爵	1987YLⅥM57∶1	二里头文化四期	1			注[54]，294页，图二·2，图版贰·1

(续表)

出土地点	名称	器物号	所属文化	数量	制作方式	材质	资料出处
河南偃师二里头	铜斝	V采M:66	二里头文化四期	1	铸造	锡青铜	注[21]，342页，图240，图版169·2
河南偃师二里头	铜盉	1986YLⅡM1:1	二里头文化四期	1	铸造	铅锡青铜	注[56]，105页，图2·10·5
河南偃师二里头	铜斝	1984YLⅤM9:1	二里头文化四期	1	铸造	铅锡青铜	注[53]，319页，图四·下，图版柒·2
河南偃师二里头	铜斝	1987YLⅣM1:2	二里头文化四期	1	铸造	铅锡青铜	注[55]，1138页，图一·右下，图版捌·1
河南偃师二里头	铜爵	1974YL采:65	二里头文化四期	1	铸造	铅锡青铜	注[21]，299页，图197，图版142·1；注[38]，260页，图四·1
河南偃师二里头	铜器残片	1963YLⅣT23④:40	二里头文化四期	1	铸造	铅锡青铜	注[23]，85页，表一
河南偃师二里头	铜圈		二里头文化四期	1	铸造	铅锡青铜	注[22]，57页，表一
河南偃师二里头	铜条	1964YLⅤT119③:6	二里头文化四期	1	铸造	铅锡青铜	注[21]，333页，图222·7，附录2
河南偃师二里头	铜鱼钩	1973YLⅤH82:9	二里头文化四期	1	铸造	铅锡青铜	注[21]，270页，图178·21，图版129·4
河南偃师二里头	铜凿	1963YLⅣT23④:47	二里头文化四期	1	铸造	铅锡青铜	注[21]，268页，图178·8，图版128·1
河南偃师二里头	铜凿	1963YLⅤT7F③:11	二里头文化四期	1	铸造	铅锡青铜	注[21]，268页，图178·11，图版128·3，附录2
河南偃师二里头	铜锥	1963YLⅣT24④B:59	二里头文化四期	1	铸造	铅青铜	注[21]，270页，图178·24，图版128·8，附录2
河南偃师二里头	铜锥	1973YLⅤH103:3	二里头文化四期	1	铸造	红铜	注[21]，270页，图178·22，图版128·7，附录2
河南偃师二里头	铜锥		二里头文化四期	1	铸造	红铜	注[22]，57页，表一
河南偃师二里头	铜镞	1962YLⅤH101:6	二里头文化四期	1	铸造	铅青铜	注[21]，270页，图178·4，图版129·4，附录2
河南偃师二里头	铜镞	1962YLⅤH108:1	二里头文化四期	1	铸造	铅青铜	注[21]，270页，图178·3，图版129·3，附录2

（续表）

出土地点	名称	器物号	所属文化	数量	制作方式	材质	资料出处
河南偃师二里头	铜镞	1962YL Ⅴ T24④B：1	二里头文化四期	1	铸造	锡青铜	注[21]，270页，图178·6，图版129·1，附录2
河南偃师二里头	铜镞	1963YL Ⅳ T17B⑤：2	二里头文化四期	1	铸造	铅锡青铜	注[21]，270页，图178·7，图版129·7，附录2
河南偃师二里头	铜凿	1963YL Ⅳ T24④B：116	二里头文化四期	1	铸造	红铜	注[21]，268页，图178·10，图版128·2，附录2
河南偃师二里头	铜镞	1963YL Ⅴ H20：1	二里头文化四期	1	铸造	红铜	注[21]，270页，图178·5，图版129·6，附录2
河南偃师二里头	铜镞	1963YL Ⅴ T214③A：14	二里头文化四期	1	铸造	铅锡青铜	注[21]，270页，图178·2，图版129·5，附录2
河南偃师二里头	铜镞	1972YL Ⅴ T12B③B：1	二里头文化四期	1	铸造	铅锡青铜	注[21]，268页，图178·1，图版129·2，附录2
河南偃师二里头	铜镞		二里头文化四期	1			注[21]，270页
河南偃师二里头	铜爵	1987YL Ⅳ M58：2	二里头文化	1	铸造		注[61]，563页
河南偃师二里头	铜铃		二里头文化	2	铸造		注[61]，564页
河南偃师二里头	铜戈	1982YL Ⅳ T33	二里头文化	1	铸造		注[61]，565页
河南偃师二里头	铜残片	1985YL Ⅴ T4	二里头文化	1	铸造		注[61]，565页
河南偃师二里头	铜刀	2004 Ⅴ T85④C：3	二里头文化四期	1	铸造	铅锡青铜	注[44]，123页，图3-2-2-1，彩版二八〇·1
河南偃师二里头	铜锥	2000 Ⅲ T1⑦：14	二里头文化四期	1	退火	红铜	注[44]，123页，图3-2-2-1，彩版二八〇·6
河南偃师二里头	铜镞	2006 Ⅴ H447：8	二里头文化四期	1	铸造		注[44]，123页，图3-2-2-2，彩版二八三·6
河南偃师二里头	铜镞	2002 Ⅴ H147：12	二里头文化四期	1	退火	锡青铜	注[44]，123页，图3-2-2-2，彩版二八三·7
河南偃师二里头	铜锥	2000 Ⅲ T1⑦：15	二里头文化四期	1			注[44]，196页，图4-1-2-4R，彩版二八三·9

（续表）

出土地点	名称	器物号	所属文化	数量	制作方式	材质	资料出处
河南偃师二里头	铜钺	2000YLⅢ采:1	二里头文化四期	1		锡青铜	注[44]，207页，图4-1-2-5B，彩版二八一·4
河南偃师二里头	铜簪	2000Ⅲ H24:14	二里头文化四期	1	铸造	铅锡青铜	注[44]，279页，图4-4-1-20-2M，彩版二八一·2
河南偃师二里头	铜器残件	2000Ⅲ H24:8	二里头文化四期	1	铸造	锡青铜	注[44]，279页，图4-4-1-20-2M，彩版二八四·3
河南偃师二里头	铜器残件	2004Ⅴ H278:7	二里头文化四期	1	铸造		注[44]，380页，图5-5-1-18-2A
河南偃师二里头	铜渣	2004Ⅴ H323:12	二里头文化四期	1	铸造		注[44]，393页，图5-5-1-25-2A
河南偃师二里头	铜戈	2003Ⅴ T34④B:3	二里头文化四期	1	铸造	铅锡青铜	注[44]，518页，图6-1-2-6L
河南偃师二里头	铜器残件	2002Ⅴ T27④A:2	二里头文化四期	1	铸造	锡铅砷青铜	注[44]，518页，图6-1-2-6L
河南偃师二里头	铜器残件	2006Ⅴ T117剖④B:2	二里头文化四期	1	铸造	铅锡青铜	注[44]，518页，图6-1-2-6L
河南偃师二里头	铜块	2002Ⅴ T27④A:5	二里头文化四期	1	铸造		注[44]，518页，图6-1-2-6L
河南偃师二里头	铜器残件	2002Ⅴ H87:7	二里头文化四期	1	铸造	砷铜	注[44]，866页，图6-4-2-55-2C，彩版二八四·5
河南偃师二里头	铜器残件	2002Ⅴ H150:18	二里头文化四期	1			注[44]，896页，图6-4-2-60-2A，彩版二八四·7F
河南偃师二里头	铜渣	2002Ⅴ H150:16	二里头文化四期	1			注[44]，896页，图6-4-2-60-2A
河南偃师二里头	铜器残件	2002Ⅴ H131:2	二里头文化四期	1	铸造		注[44]，1135页，图f6-4-2-102-2，彩版二八四·6
河南偃师二里头	铜渣	2002Ⅴ H132:1	二里头文化四期	1			注[44]，1137页，图f6-4-2-102-2，彩版二八七·1
河南偃师二里头	铜渣	2002Ⅴ H132:2	二里头文化四期	1			注[44]，1137页，彩版二八七·2
河南洛阳东干沟	残铜器	H517:1	二里头文化四期	1			注[26]，58页，图版二九·4
河南洛阳东干沟	铜刀	H524:6	二里头文化四期	1			注[26]，58页，图版二九·1；注[27]，540页
河南洛阳东干沟	铜刀	T506④:4	二里头文化四期	1			注[26]，58页，图版二九·2
河南洛阳东干沟	铜钻	T561:1	二里头文化四期	1			注[26]，58页，图版二九·3

（续表）

出土地点	名称	器物号	所属文化	数量	制作方式	材质	资料出处
河南登封王城岗	铜刀	WT8H23：1	二里头文化二期	1			注[5]，122页，图六二·9，图版四一·13
河南登封王城岗	铜钻	WT48①：1	二里头文化二期	1			注[5]，122页，图六二·10，图版四一·14
河南登封王城岗	残铜片	WT260 H710：2	二里头文化三期	1	铸造	锡铅青铜	注[5]，143、327页，图版四六·29
河南淅川下王岗	残铜器	T14②B：80	二里头文化一期	1			注[28]，285页，图版一〇〇·4
河南淅川下王岗	铜钩	T15②A：39	二里头文化三期	1			注[28]，298页，图版一一〇·20
河南驻马店杨庄	锈蚀铜器		二里头文化	1			注[29]，183～187页
河南驻马店杨庄	铜凿	T4③：3	二里头文化二期	1	铸造	红铜	注[29]，183～187页，图一二五，图版二四·6
河南郑州洛达庙	铜棍	T58：1	二里头文化二期	1			注[30]，59页，图九·6
山西夏县东下冯	残铜片	T3002④：9	二里头文化三期	1	铸造	青铜	注[25]，100页
山西夏县东下冯	残铜器	J504：4	二里头文化三期	1	铸造	青铜	注[25]，100页，图版三九·4
山西夏县东下冯	残铜器	T4421③C：17	二里头文化四期	1	铸造	青铜	注[25]，147页，图版六三·9
山西夏县东下冯	铜刀	T1022④：19	二里头文化四期	1	铸造	青铜	注[25]，122页，图一二〇·3，图版四六·10
山西夏县东下冯	铜凿	H9：17	二里头文化三期	1	铸造	红铜	注[25]，74页，图七七·20，图版二三·2
山西夏县东下冯	铜凿	T4423③C：12	二里头文化四期	1	铸造	青铜	注[25]，121～122页，图一一九·16
山西夏县东下冯	铜镞	F597：17	二里头文化三期	1	铸造	青铜	注[25]，79页，图七九·31，图版二五·21
山西夏县东下冯	铜镞	H525：14	二里头文化三期	1	铸造	青铜	注[25]，79页，图七九·29，图版二五·23
山西夏县东下冯	铜镞	H531：1	二里头文化三期	1	铸造	青铜	注[25]，78～79页，图七九·30，图版二五·20
山西夏县东下冯	铜镞	T6619③E：3	二里头文化三期	1	铸造	青铜	注[25]，79页，图版二五·22
山西夏县东下冯	铜镞	T1022④：12	二里头文化四期	1			注[25]，125页，图一二一·22，图版四九·1右

（续表）

出土地点	名称	器物号	所属文化	数量	制作方式	材质	资料出处
山西夏县东下冯	铜镞	T4423③C:11	二里头文化四期	1			注[25]，125页，图一二一·21，图版四九·1左
山西夏县东下冯	铜镞	H20:9	二里头文化四期	1	铸造	铅锡青铜	注[25]，208页
山西夏县东下冯	铜镞		二里头文化四期	1			注[25]，125页
山西翼城苇沟	铜刀	DⅢ:21	二里头文化四期	1			注[39]，203~204页，图五六·1
山西垣曲商城	铜镞	H161:5	二里头文化四期	1			注[60]，155页，图九八·8，图版五三·4
陕西华县南沙村	铜锥	H3:20	二里头文化时期	1			注[31]，314页，图一九·1
河南郑州商城	铜块	C8HQT36⑥:10	二里头文化三期	1			注[32]，97页
河南郑州商城	铜镞	C8HQT41⑥:4	二里头文化三期	1			注[32]，97页
河南郑州商城	铜戈	C8T166M6:3	二里头文化四期	1			注[33]，7页，图九，图一五·7
河南郑州商城	铜鬲	C8T166M6:1	二里头文化四期	1			注[33]，6~7页，图八，图一五·1
河南郑州商城	铜盉	C8T166M6:2	二里头文化四期	1			注[33]，7页，图一五·10
河南荥阳大师姑	铜刀	2002XDT3④C:134	二里头文化三期	1			注[56]，88页，图五六·1，彩版一二·5
河南荥阳竖河	铜刀	T11H88:1	二里头文化二期	1			注[57]，34页，图三十二·6
河南荥阳西史村	铜镞	T9:20	二里头文化二期	1			注[58]，89页，图一一·1，图版四二·6
河南偃师高崖	铜刀	T6H13:1	二里头文化三期	1			注[59]，546页，图四·18，图版壹·21
河南陕县西崖	铜片	T2H4:148	二里头文化二期	1			注[34]，35页，图二四
河南新密曲梁	铜刀	T4116⑥:6	二里头文化三期	1	铸造		注[35]，70页，图二四·9
山东泗水尹家城	铜刀	79H5:2	岳石文化	1	铸造+锻打	锡青铜	注[36]，202~203页，图一三七·3，图版八一-下·3，附录二

（续表）

出土地点	名称	器物号	所属文化	数量	制作方式	材质	资料出处
山东泗水尹家城	铜刀	T198⑦:5	岳石文化	1	铸造+热锻	铅青铜	注[36]，203页，图一三七·2，图版八一·下2，附录二
山东泗水尹家城	铜刀	T221⑦:21	岳石文化	1	铸造+热锻	锡青铜	注[36]，203页，图一三七·4，图版八一·下4，附录二
山东泗水尹家城	铜刀	T222⑦:45	岳石文化	1	铸造+锻打	锡青铜	注[36]，203页，图一三七·5，图版八一·上1，附录二
山东泗水尹家城	铜刀	T225⑧:26	岳石文化	1			注[36]，203页
山东泗水尹家城	铜环	T216⑦:27	岳石文化	1	锻打	红铜	注[36]，203页，图一三七·7，图版八一·上2，附录二
山东泗水尹家城	铜片	H479:1	岳石文化	1	铸造	红铜	注[36]，353页，附录二
山东泗水尹家城	铜片	T221⑦:6	岳石文化	1	铸造	红铜	注[36]，354页，附录二
山东泗水尹家城	铜片	T225⑤:9	岳石文化	1			注[36]，204页
山东泗水尹家城	铜片	T215H5:4	岳石文化	1			注[36]，204页
山东泗水尹家城	铜片	T232⑦:19	岳石文化	1			注[36]，204页
山东泗水尹家城	铜锥	T268⑦:4	岳石文化	1	铸造+局部锻	铅青铜	注[36]，203页，图一三七·6，图版八一·上3，附录二
山东泗水尹家城	铜锥	T258⑦:7	岳石文化	1	铸造	铅锡青铜	注[36]，203页，图一三七·8，附录二
山东泗水尹家城	铜镞	T219⑦:30	岳石文化	1			注[36]，202页，图一三七·1，图版八一·下1
山东牟平照格庄	铜锥	H37:29	岳石文化	1		锡青铜	注[37]，472页，图二二·18，图版七·6；注[38]，表四
山东青州郝家庄	铜刀		岳石文化	1			注[62]，270～310页
山东青州郝家庄	容器残片		岳石文化	1			注[62]，270～310页

（续表）

出土地点	名称	器物号	所属文化	数量	制作方式	材质	资料出处
山东邹平丁公	镞		岳石文化	1+			注[63]，47页
山东邹平丁公	刀		岳石文化	1+			注[63]，47页
河南杞县鹿台岗	铜刀	T28⑦:1	岳石文化	1	铸造	锡青铜	注[8]，138页，图八〇
河南夏邑清凉山	铜镞	T1⑥:47	岳石文化	1			注[40]，497页，图三三·7
江苏连云港藤花落	铜刀		岳石文化	1			注[64]，6页
山西忻州游邀	铜刀	G501④:1	游邀晚期	1			注[42]，141页，图一一三·8
河北邯郸涧沟	铜刀		下七垣文化	1			注[43]，189页，图二五·6
河北邯郸涧沟	铜刀		下七垣文化	1			注[43]，189页，图二五·7

注：本表二里头文化铜器的年代参考陈国梁《二里头文化铜器的研究》一文。

[1] 半坡博物馆、陕西省考古研究所、临潼县博物馆：《姜寨——新石器时代遗址发掘报告》，文物出版社，1988年。
[2] 安志敏：《中国早期铜器的几个问题》，《考古学报》1981年第3期。
[3] 西安半坡博物馆、渭南市博物馆、陕西省考古研究所：《渭南北刘遗址第二、三次发掘简报》，《史前研究》1986年第1、2期合刊。
[4] Tylecote ＲＦＴ著，华觉明、周曾雄译：《世界冶金发展史》，科学技术文献出版社，1985年，464页。
[5] 河南省文物研究所、中国历史博物馆考古部：《登封王城岗与阳城》，文物出版社，1992年。
[6] 河南省文物研究所、周口地区文化局文物科：《河南淮阳平粮台龙山文化城址试掘简报》，《文物》1983年第3期。
[7] 中国社会科学院考古研究所河南二队：《河南临汝煤山遗址发掘报告》，《考古学报》1982年第4期。
[8] 郑州大学文博学院、开封市文物工作队：《豫东杞县发掘报告》，科学出版社，2000年。
[9] 严文明：《论中国的铜石并用时代》，《史前研究》1984年第1期。
[10] 李京华：《关于中原地区早期冶铜技术及相关问题的几点看法》，《文物》1985年第12期。
[11] 安金槐：《试论河南地区龙山文化的社会性质》，《中原文物》1989年第1期。
[12] 中国社会科学院考古研究所：《胶县三里河》，文物出版社，1988年。
[13] 山东省文物考古研究所：《山东文物考古工作五十年》，《新中国考古五十年》，文物出版社，1999年。
[14] 北京大学考古学系、山东省文物考古研究所：《栖霞杨家圈遗址发掘报告》，《胶东考古》，文物出版社，2000年，151～209页。
[15] 山东省文物管理处、济南市博物馆：《大汶口——新石器时代墓葬发掘报告》，文物出版社，1974年。
[16] 山西省考古研究所：《塔儿山南麓古遗址调查简报》，《文物季刊》1992年第3期。
[17] 中国社会科学院考古研究所、山西省临汾市文物局：《襄汾陶寺——1978年～1985年考古发掘报告》，文物出版社，2015年。
[18] 中国社会科学院考古研究所山西队、山西省考古研究所、临汾市文物局：《山西襄汾县陶寺城址发现陶寺文化中期大型夯土建筑基址》，《考古》2008年第3期。
[19] 严志斌：《襄汾陶寺遗址》，《中国考古学年鉴（2001）》，文物出版社，2002年。
[20] 北京大学震旦古代文明研究中心、郑州市文物考古研究院：《新密新砦——1999～2000年田野考古发掘报告》，文物出版社，2008年。

[21] 中国社会科学院考古研究所:《偃师二里头——1959年~1978年考古发掘报告》,中国大百科全书出版社,1999年。
[22] 金正耀:《二里头青铜器的自然科学研究与夏文明探索》,《文物》2000年第1期。
[23] 李敏生:《先秦用铅的历史概况》,《文物》1984年第10期。
[24] 中国社会科学院考古研究所二里头工作队:《河南偃师市二里头遗址发现一件青铜钺》,《考古》2002年第11期。
[25] 中国社会科学院考古研究所、中国历史博物馆、山西省考古研究所:《夏县东下冯》,文物出版社,1988年。
[26] 中国社会科学院考古研究所:《洛阳发掘报告——1955~1960年洛阳涧滨考古发掘资料》,北京燕山出版社,1989年。
[27] 中国社会科学院考古研究所洛阳发掘队:《1958年洛阳东干沟遗址发掘简报》,《考古》1959年第10期。
[28] 河南省文物研究所、长江流域规划办公室考古队河南分队:《淅川下王岗》,文物出版社,1989年。
[29] 北京大学考古学系、驻马店市文物保护管理所:《驻马店杨庄——中全新世淮河上游的文化遗存与环境信息》,科学出版社,1988年。
[30] 河南省文物研究所:《郑州洛达庙遗址发掘报告》,《华夏考古》1989年第4期。
[31] 北京大学考古教研室华县报告编写组:《华县、渭南古代遗址调查与试掘》,《考古学报》1980年第3期。
[32] 河南省文物考古研究所:《郑州商城——1953—1985年考古发掘报告》,文物出版社,2001年。
[33] 河南省文物考古研究所:《郑州商城新发现的几座商墓》,《文物》2003年第4期。
[34] 河南省文物研究所:《陕县西崖村遗址的发掘》,《华夏考古》1989年第1期。
[35] 北京大学考古文博学院:《河南新密曲梁遗址1988年春发掘报告》,《考古学报》2003年第1期。
[36] 山东大学历史系考古专业教研室:《泗水尹家城》,文物出版社,1990年。
[37] 中国社科院考古研究所山东队、烟台市文物管理委员会:《山东牟平照格庄遗址》,《考古学报》1986年第4期。
[38] 中国科学院考古研究所二里头工作队:《偃师二里头遗址新发现的铜器和玉器》,《考古》1976年第4期。
[39] 北京大学历史系考古专业山西实习组、山西省文物工作委员会、北京大学考古学系:《翼城曲沃考古勘察记》,《考古学研究》(一),文物出版社,1992年。
[40] 北京大学考古学、商丘地区文管会:《河南夏邑清凉山遗址发掘报告》,《考古学研究》(四),科学出版社,2000年。
[41] 北京钢铁学院冶金史组:《中国早期铜器的初步研究》,《考古学报》1981年第3期。
[42] 吉林大学边疆考古研究中心、山西省考古研究所、忻州地区文物管理处忻州考古队:《忻州游邀考古》,科学出版社,2004年。
[43] 陈国梁:《二里头文化铜器研究》,《中国早期青铜文化——二里头文化专题研究》,科学出版社,2008年。
[44] 中国社会科学院考古研究所:《二里头(1999~2006)》,文物出版社,2014年。
[45] 河南省文物研究所:《河南鹿邑栾台遗址发掘简报》,《华夏考古》1989年第1期。
[46] 王建平、王力之:《山西周家庄遗址出土龙山时期铜片的初步研究》,《中国国家博物馆馆刊》2013年第8期。
[47] 河南省文物考古研究所、新密市炎黄历史文化研究会:《河南新密市古城寨龙山文化城址发掘简报》,《华夏考古》2002年第2期。
[48] 孙淑云、韩汝玢:《甘肃早期铜器的发现与冶炼、制造技术的研究》,《文物》1997年第7期。
[49] 王晓毅、严志斌:《陶寺中期墓地被盗墓葬抢救性发掘纪要》,《中原文物》2006年第5期。
[50] 中国社会科学院考古研究所二里头队:《1982年秋偃师二里头遗址九区发掘简报》,《考古》1985年第12期。
[51] 中国社会科学院考古研究所二里头工作队:《1981年偃师二里头墓葬发掘简报》,《考古》1984年第1期。
[52] 中国社会科学院考古研究所二里头队:《1980年秋河南偃师二里头遗址发掘简报》,《考古》1983年第3期。
[53] 中国社会科学院考古研究所二里头工作队:《1984年秋河南偃师二里头遗址发现的几座墓葬》,《考古》1986年第4期。
[54] 中国社会科学院考古研究所二里头工作队:《1987年偃师二里头遗址墓葬发掘简报》,《考古》1992年第4期。
[55] 中国社会科学院考古研究所二里头工作队:《河南偃师二里头遗址发现新的铜器》,《考古》1991年第12期。
[56] 郑州市文物考古研究所:《郑州大师姑(2002—2003)》,科学出版社,2004年。
[57] 河南省文物研究所:《河南荥阳竖河遗址发掘报告》,《考古学集刊》10,地质出版社,1996年。
[58] 郑州市博物馆:《河南荥阳西史村遗址试掘简报》,《文物资料丛刊》5,文物出版社,1981年。
[59] 北京大学历史系洛阳考古实习队:《河南偃师伊河南岸考古调查试掘报告》,《考古》1964年第11期。
[60] 中国历史博物馆考古部、山西省考古研究所、垣曲县博物馆:《垣曲商城(一)——1985~1986年度勘察报

告》，科学出版社，1996年。

[61] 廉海萍、谭德睿、郑光：《二里头遗址铸铜技术研究》，《考古学报》2011年第4期。

[62] 吴玉喜：《岳石文化地方类型初探——从郝家庄岳石文化遗存的发现谈起》，《考古学文化论集》（三），文物出版社，1993年。

[63] 方辉：《海岱地区青铜时代考古》，山东大学出版社，2007年。

[64] 林留根：《江苏连云港藤花落遗址》，《2000中国重要考古发现》，文物出版社，2001年。

附表2 燕山地区早期铜器统计表

出土地点	名称	器物号	数量	所属文化	制作方式	材质	资料出处
辽宁凌源牛河梁	铜耳环	N2Z4-85M3：1	1	红山文化	铸造	红铜	注[1]，207页，图一六五·1；图版一七六·4左
内蒙古敖汉西台	陶范		2	红山文化			注[2]，197页
辽宁大连大嘴子	铜戈		1	双砣子一期	铸造		注[28]，108页，图一〇五·4；彩版二·2
辽宁凌源牛河梁	冶铜炉壁		1	夏家店下层文化			注[3]，258页，图一七·3
辽宁朝阳罗锅地	铜刀	H25：1	1	夏家店下层文化			注[4]，129页，图三十三·6，图版十一·10
辽宁北票康家屯	铜刀	F2604④：32	1	夏家店下层文化			注[5]，43页，图二零·1
辽宁北票康家屯	陶范	F2404④：8	1	夏家店下层文化			注[5]，40页，图一七·16~18
辽宁阜新平顶山	铜耳环	G104④：2	1	夏家店下层文化			注[6]，403页，图八·5，图版壹·6
辽宁锦县水手营子	铜戈		1	夏家店下层文化			注[7]，102页，图二·1
辽宁兴城仙灵寺	铜耳环		2	夏家店下层文化			注[8]，124页
辽宁兴城仙灵寺	铜环		1	夏家店下层文化			注[8]，124页
辽宁兴城仙灵寺	铜镞		1	夏家店下层文化			注[8]，124页
辽宁兴城仙灵寺	铜刀		1	夏家店下层文化			注[8]，124页
辽宁大连羊头洼	铜片		3	夏家店下层文化		青铜	注[9]，67~68页，图四〇
内蒙古敖汉大甸子	铜冒	M683：7	1	夏家店下层文化		铅锡青铜	注[10]，188页，图八六·2；注[24]，80页，表三
内蒙古敖汉大甸子	铜冒	M715：13	1	夏家店下层文化		锡青铜	注[10]，188页，图八六·1；注[24]，80页，表三
内蒙古敖汉大甸子	铜镦	M715：15	1	夏家店下层文化		铅锡青铜	注[10]，188页，图八六·5；注[24]，80页，表三
内蒙古敖汉大甸子	铜仗首	M43：12	1	夏家店下层文化		锡青铜	注[10]，188页，图八六·4，图版五六·2；注[11]，80页，表三

（续表）

出土地点	名称	器物号	数量	所属文化	制作方式	材质	资料出处
内蒙古敖汉大甸子	铜耳环	南 aM11：1	1	夏家店下层文化			注[10]，189页，表一五
内蒙古敖汉大甸子	铜耳环	南 aM15：1	1	夏家店下层文化			注[10]，189页，表一五
内蒙古敖汉大甸子	铜耳环	Ⅳ M453：1	1	夏家店下层文化		铅锡青铜	注[10]，189页，表一五；注[11]，81页，表三
内蒙古敖汉大甸子	铜耳环	Ⅳ M453：2	1	夏家店下层文化	热锻	铅锡青铜	注[10]，189页，表一五；注[11]，82页，表二，表三
内蒙古敖汉大甸子	铜耳环	Ⅳ M453：2	1	夏家店下层文化			注[10]，189页，表一五
内蒙古敖汉大甸子	铜耳环	Ⅳ M463：7	1	夏家店下层文化	热锻	铅锡青铜	注[10]，189页，表一五；注[11]，82页，表三
内蒙古敖汉大甸子	铜耳环	Ⅴ M507：1	1	夏家店下层文化	热锻	锡青铜	注[10]，189页，表一五；注[11]，82页，表三
内蒙古敖汉大甸子	铜耳环	Ⅴ M507：3	1	夏家店下层文化		锡青铜	注[10]，189页，表一五；注[11]，82页，表二，表三
内蒙古敖汉大甸子	铜耳环	Ⅳ M523：3	1	夏家店下层文化		锡青铜	注[10]，189页，表一五
内蒙古敖汉大甸子	铜耳环	Ⅳ M523：4	1	夏家店下层文化	热锻	铅锡青铜	注[10]，189页，表一五；注[11]，82页，表三
内蒙古敖汉大甸子	铜耳环	Ⅰ M672：14	1	夏家店下层文化		锡青铜	注[10]，189页，表一五；注[11]，82页，表三
内蒙古敖汉大甸子	铜耳环	Ⅰ M675：2	1	夏家店下层文化		锡青铜	注[10]，189页，表一五；注[11]，82页，表三
内蒙古敖汉大甸子	铜耳环	Ⅰ M675：2	1	夏家店下层文化		铅锡青铜	注[10]，189页，表一五；注[11]，82页，表三
内蒙古敖汉大甸子	铜耳环	Ⅳ M756：1	1	夏家店下层文化	热锻	锡青铜	注[10]，189页，表一五；注[11]，82页，表二，表三
内蒙古敖汉大甸子	铜耳环	Ⅰ M782：9	1	夏家店下层文化		锡青铜	注[10]，189页，表一五；注[11]，82页，表三
内蒙古敖汉大甸子	铜耳环	Ⅰ M788：1	1	夏家店下层文化			注[10]，189页，表一五
内蒙古敖汉大甸子	铜耳环	Ⅳ M813：3	1	夏家店下层文化	热锻	铅锡青铜	注[10]，189页，表一五；注[11]，82页，表二，表三
内蒙古敖汉大甸子	铜耳环	Ⅳ M822：7	1	夏家店下层文化		锡青铜	注[10]，189页，表一五；注[11]，82页，表三
内蒙古敖汉大甸子	铜耳环	中 bM1032：5	1	夏家店下层文化			注[10]，189页，表一五

（续表）

出土地点	名称	器物号	数量	所属文化	制作方式	材质	资料出处
内蒙古敖汉大甸子	铜耳环	中 b1254∶1	1	夏家店下层文化	热锻	铅锡青铜	注[10]，189页，表一五；注[11]，82页，表二，表三
内蒙古敖汉大甸子	铜耳环	中 b1265∶4	1	夏家店下层文化		锡青铜	注[10]，189页，表一五；注[11]，82页，表三
内蒙古敖汉大甸子	铜耳环	中 b1265∶5	1	夏家店下层文化		锡青铜	注[10]，189页，表一五；注[11]，82页，表三
内蒙古敖汉大甸子	铜指环	Ⅳ M453∶9	1	夏家店下层文化		锡青铜	注[10]，190页，表一五；注[11]，82页，表三
内蒙古敖汉大甸子	铜指环	Ⅳ M453∶9	1	夏家店下层文化		铅锡青铜	注[10]，190页，表一五；注[11]，82页，表三
内蒙古敖汉大甸子	铜指环	Ⅳ M454∶1	1	夏家店下层文化	铸造	锡青铜	注[10]，190页，表一六；注[11]，82页，表二，表三
内蒙古敖汉大甸子	铜指环	Ⅳ M454∶3	1	夏家店下层文化		锡青铜	注[10]，190页，表一六；注[11]，82页，表三
内蒙古敖汉大甸子	铜指环	Ⅳ M454∶8	1	夏家店下层文化	铸造	锡青铜	注[10]，190页，表一六；注[11]，82页，表二，表三
内蒙古敖汉大甸子	铜指环	Ⅳ M454∶9	1	夏家店下层文化		锡青铜	注[10]，190页，表一六；注[11]，82页，表三
内蒙古敖汉大甸子	铜指环	Ⅰ M677∶11	5	夏家店下层文化			注[10]，190页，表一六
内蒙古敖汉大甸子	铜指环	Ⅰ M677∶11	1	夏家店下层文化			注[10]，190页，表一六
内蒙古敖汉大甸子	铜指环	Ⅰ M677∶12	5	夏家店下层文化			注[10]，190页，表一六
内蒙古敖汉大甸子	铜指环	Ⅰ M765∶5	1	夏家店下层文化	铸造	锡青铜	注[10]，190页，表一六；注[24]，82页，表二，表三
内蒙古敖汉大甸子	铜指环	Ⅳ M830∶2	1	夏家店下层文化		锡青铜	注[10]，190页，表一六；注[24]，82页，表三
内蒙古敖汉大甸子	铜钉	M683∶7	1	夏家店下层文化	铸造	铅锡青铜	注[10]，188页，图六八·2，图版五六·1；注[11]，82页，表二，表三
内蒙古赤峰东山咀	陶范	H7∶1	1	夏家店下层文化			注[12]，428页，图一一
内蒙古科尔沁大山前	铜刀		1	夏家店下层文化			注[13]，10页
内蒙古科尔沁大山前	铜耳环		1	夏家店下层文化			注[13]，10页

(续表)

出土地点	名称	器物号	数量	所属文化	制作方式	材质	资料出处
内蒙古科尔沁大山前	铜刀		1	夏家店下层文化			注[13]，10页
内蒙古赤峰夏家店	铜屑		4	夏家店下层文化			注[14]，80页
内蒙古宁城小榆树林子	铜锥	T1:29	1	夏家店下层文化			注[15]，621~622页，图四·1
内蒙古奈曼东犁	铜刀		1	夏家店下层文化			注[16]，98~114页
北京昌平雪山	铜耳环		2	夏家店下层文化			注[17]，135页
北京房山琉璃河刘李店	铜耳环	M2:1	1	夏家店下层文化			注[18]，59~60页，图四·2
北京房山琉璃河刘李店	铜指环	M2:2	1	夏家店下层文化			注[18]，59~60页，图四·1
河北大厂大坨头	铜镞		1	夏家店下层文化			注[19]，10页，图四·10
河北唐山大城山	铜牌	H10②:339	1	夏家店下层文化	锻造	红铜	注[20]，33页，图版七·6；注[29]
河北唐山大城山	铜牌	H10②:335	1	夏家店下层文化	锻造	红铜	注[20]，33页，图版七·6；注[29]
河北唐山小官庄	铜耳环	丁:1	1	夏家店下层文化		青铜	注[21]，81页；注[29]
河北蔚县三关	铜耳环	82YSGM2010:2	1	夏家店下层文化			注[22]，40页，图三·3
河北蔚县	铜刀		1+	夏家店下层文化			注[23]，10~14页
河北蔚县	铜镞		1+	夏家店下层文化			注[23]，10~14页
河北蔚县	铜耳环		1+	夏家店下层文化			注[23]，10~14页
河北任丘喇叭庄	铜刀	H76:1	1	夏家店下层文化	铸造	青铜	注[24]，203页，图四七·10
河北易县下岳各庄	铜镞	H5:10	1	夏家店下层文化			注[25]，438页，图一七·8
河北易县下岳各庄	铜耳坏	H5:13	1	夏家店下层文化			注[25]，438页，图一七·9
河北易县下岳各庄	铜笄	H19:5	1	夏家店下层文化			注[25]，438页，图一七·9
天津蓟县围坊	铜刀	T4③:1	1	夏家店下层文化			注[26]，886页，图八·20

（续表）

出土地点	名称	器物号	数量	所属文化	制作方式	材质	资料出处
天津蓟县围坊	铜刀	T4③:2	1	夏家店下层文化			注[26]，886页，图八·19
天津蓟县围坊	铜耳环	T1③:7	1	夏家店下层文化			注[26]，886页，图八·14
天津蓟县张家园	铜镞	T2④	1	夏家店下层文化			注[27]，167页，图一七·1，图一九·16
天津蓟县张家园	铜刀	T2④	1	夏家店下层文化			注[27]，167页，图一七·4，图一九·15
天津蓟县张家园	铜耳环	F4	1	夏家店下层文化			注[27]，167页，图一七·3，图一九·14
天津蓟县张家园	铜耳环		1	夏家店下层文化			注[27]，167页
天津蓟县张家园	铜块		3	夏家店下层文化			注[27]，167页
天津蓟县张家园	铜镞	F1	1	夏家店下层文化			注[27]，167页，图一七·2，图一九·13

[1] 辽宁省文物考古研究所：《牛河梁——红山文化遗址发掘报告（1983—2003年度）》，文物出版社，2012年。
[2] 王巍：《中国考古学大辞典》，上海辞书出版社，2014年。
[3] 李延祥、韩汝玢、宝文博、陈铁梅：《牛河梁冶铜炉壁残片研究》，《文物》1999年第12期。
[4] 辽宁省文物考古研究所：《朝阳罗锅地夏家店下层文化遗址发掘报告》，《辽宁省道路建设考古报告集（2003）》，辽宁民族出版社，2004年，95~103页。
[5] 辽宁省文物考古研究所：《辽宁北票市康家屯城址发掘简报》，《考古》2001年第8期。
[6] 辽宁省考古研究所、吉林大学考古系：《辽宁阜新平顶山石城址发掘报告》，《考古》1992年第5期。
[7] 齐亚珍、刘素华：《锦县水手营子早期青铜时代墓葬及铜柄戈》，《辽海文物学刊》1991年第1期。
[8] 高美璇：《兴城县仙灵寺夏家店下层文化遗址》，《中国考古学年鉴（1985）》，文物出版社，1986年。
[9] 金关丈夫、三宅宗悦、水野清一：《羊头洼》，东方考古学丛刊乙种第三册，东亚考古学会1942年。
[10] 中国社会科学院考古研究所：《大甸子——夏家店下层文化遗址与墓地发掘报告》，科学出版社，1996年。
[11] 李延祥、贾新海、朱延平：《大甸子墓地出土铜器的初步研究》，《文物》2003年第7期。
[12] 辽宁省博物馆、昭乌达盟文物工作站、赤峰县文化馆：《内蒙古赤峰县四分地东山咀遗址试掘简报》，《考古》1983年第5期。
[13] 林沄：《夏代的中国北方系青铜器》，《边疆考古研究》第1辑，科学出版社，2002年。
[14] 中国科学院考古研究所内蒙古发掘队：《内蒙古赤峰药王庙、夏家店遗址试掘简报》，《考古》1961年第2期。
[15] 内蒙古自治区文物工作队：《内蒙古宁城县小榆树林子遗址试掘简报》，《考古》1965年第12期。
[16] 李殿福：《库伦、奈曼两旗夏家店下层文化遗址分布与内涵》，《文物资料丛刊》7，文物出版社，1983年。
[17] 北京大学历史系考古教研室商周组：《商周考古》，文物出版社，1979年。
[18] 北京市文物管理处琉璃河考古工作队、中国科学院考古研究所琉璃河考古工作队、房山县文管局琉璃河考古工作队：《北京琉璃河夏家店下层文化墓葬》，《考古》1976年第1期。
[19] 天津文化局考古发掘队：《河北大厂回族自治县大坨头遗址试掘简报》，《考古》1966年第1期。
[20] 河北省文物管理委员会：《河北唐山大城山遗址发掘报告》，《考古学报》1959年第3期。
[21] 安志敏：《唐山石棺墓及其相关的遗物》，《考古学报》第七册，1954年。
[22] 张家口考古队：《蔚县夏商时期的主要收获》，《考古与文物》1984年第1期。
[23] 张家口考古队：《蔚县考古纪略》，《考古与文物》1982年第4期。

[24] 河北省文物考古研究所、沧州地区文物管理所:《河北省任丘市哑叭庄遗址发掘报告》,《文物春秋》1992年第S1期。
[25] 拒马河考古队:《河北易县涞水古遗址试掘报告》,《考古学报》1988年第4期。
[26] 天津市文物管理处考古队:《天津蓟县围坊遗址发掘简报》,《考古》1983年第10期。
[27] 天津市文物管理处:《天津蓟县张家园遗址试掘简报》,《文物资料丛刊》1,文物出版社,1977年。
[28] 大连市文物考古研究所:《大嘴子——青铜时代遗址1987年发掘报告》,大连出版社,2000年。
[29] 北京钢铁学院冶金史组:《中国早期铜器的初步研究》,《考古学报》1981年第3期。

附表3　河套地区早期铜器统计表

出土地点	名称	器物号	数量	所属文化	制作方式	材质	资料出处
内蒙古准格尔旗二里半	铜镯	M1：4	1	龙山文化期		红铜	注[1]，259页，图一七·13
陕西榆林石峁	铜锥	皇城台下层文化层	1	石峁遗存			注[2]
内蒙古伊金霍洛旗朱开沟	铜臂钏	M4035：1	1	朱开沟文化三段	铸造	红铜	注[3]，276页，图二一七·1，图版三一·4右，附录三
内蒙古伊金霍洛旗朱开沟	铜臂钏	M3028：2	1	朱开沟文化三段	铸造		注[3]，276页，图二一七·1，图版三一·4左
内蒙古伊金霍洛旗朱开沟	铜凿	T230③：1	1	朱开沟文化三段	铸造	锡青铜	注[3]，82页，图六三·5，图版三〇·6，附录三
内蒙古伊金霍洛旗朱开沟	铜针	T238③：1	1	朱开沟文化三段	热冷加工	铅锡青铜	注[3]，82页，图六三·3，图版三〇·4下，附录三
内蒙古伊金霍洛旗朱开沟	铜锥	H1044：1	1	朱开沟文化三段	铸造、锻制	红铜	注[3]，82页，图六三·4，图版三〇·4上，附录三
内蒙古伊金霍洛旗朱开沟	铜镯	M4007：1	1	朱开沟文化三段	铸造	红铜	注[3]，277页，图二七七·4，图版三三·6右，附录三
内蒙古伊金霍洛旗朱开沟	铜镯	M3019：3	1	朱开沟文化三段	热锻		注[3]，276页，图二一七·6，图版三三·2左
内蒙古伊金霍洛旗朱开沟	铜镯	M3019：9	1	朱开沟文化三段			注[3]，163～166页
内蒙古伊金霍洛旗朱开沟	铜镯	M3028：1	1	朱开沟文化三段	锻造		注[3]，276页，图二一七·5
内蒙古伊金霍洛旗朱开沟	铜镯	M4035：2	1	朱开沟文化三段	锻造		注[3]，277页，图二一七·3
内蒙古伊金霍洛旗朱开沟	铜镯	M3034：3	1	朱开沟文化三段			注[3]，162页
内蒙古伊金霍洛旗朱开沟	铜镯	M3034：2	1	朱开沟文化三段			注[3]，162页
内蒙古伊金霍洛旗朱开沟	铜环	M4003：3	1	朱开沟文化三段	锻制		注[3]，277页，图二一五·17，图版三三·3右1
内蒙古伊金霍洛旗朱开沟	铜耳环	C：189	1	朱开沟文化四段	热冷加工	锡青铜	注[3]，123页，图八八·1，图版三三·5左
内蒙古伊金霍洛旗朱开沟	铜耳环	C：190	1	朱开沟文化四段	热加工	锡青铜	注[3]，123页，图八八·2，图版三三·5右

（续表）

出土地点	名称	器物号	数量	所属文化	制作方式	材质	资料出处
内蒙古伊金霍洛旗朱开沟	铜耳环	采集	3	朱开沟文化四段	热加工2	锡青铜2 铅锡青铜1	注[3]，附录三
内蒙古伊金霍洛旗朱开沟	铜指环	M4003:1	1	朱开沟文化四段			注[3]，277页，图二一五·15，图版三三·4右1
内蒙古伊金霍洛旗朱开沟	铜指环	M4003:2	1	朱开沟文化四段			注[3]，277页，图版三三·4左·2
内蒙古伊金霍洛旗朱开沟	铜指环	M4060:6	1	朱开沟文化四段	热加工	红铜	注[3]，277页，图二一五·7，附录三
内蒙古伊金霍洛旗朱开沟	铜指环	M6011:4	1	朱开沟文化四段		红铜	注[3]，277页，图二一五·13，图版三三·4右1
内蒙古伊金霍洛旗朱开沟	铜镞	M4040:1	1	朱开沟文化四段	铸造	铅锡青铜	注[3]，235页，图一九一·12，图版三〇·11，附录三
内蒙古清水河县庄窝坪	铜锥	H3:1	1	朱开沟文化	铸造		注[4]，176页，图一一·5
陕西榆林石峁	环首铜刀	皇城台上层文化层	1	石峁遗存			注[2]
陕西榆林石峁	直背铜刀	皇城台上层文化层	1	石峁遗存			注[2]
陕西榆林石峁	铜镞	皇城台上层文化层	1	石峁遗存			注[2]
陕西榆林石峁	石范	皇城台上层文化层	3+	石峁遗存			注[2]
陕西榆林石峁	铜锥	韩家圪旦地点	1	石峁遗存			注[2]
陕西榆林石峁	铜片	后阳湾地点	1	石峁遗存			注[2]
陕西榆林火石梁	铜刀		1	二里头文化时期			注[5]，464页

[1] 内蒙古文物考古研究所：《准格尔旗二里半遗址第一次发掘简报》，《内蒙古文物考古文集》，中国大百科全书出版社，1994年，246～260页。
[2] 孙周勇、邵晶、康宁武、赵益：《石峁遗址：2016年考古纪事》，《中国文物报》2017年6月30日第5版。
[3] 内蒙古自治区文物考古研究所：《朱开沟——青铜时代早期遗址发掘报告》，文物出版社，2000年。
[4] 乌兰察布博物馆、清水河县文物管理所：《清水河县庄窝坪遗址发掘简报》，《内蒙古文物考古文集》第二辑，中国大百科全书出版社，1997年，165～178页。
[5] 陕西省考古研究院：《陕北出土青铜器》第三册，巴蜀书社，2009年。

附表4　河湟地区早期铜器统计表

出土地点	名称	器物号	数量	所属文化	制作方式	材质	资料出处
甘肃东乡林家	铜刀	77DD1 T42F20：18	1	马家窑文化	铸造	锡青铜	注[1]，125页，图一六·1；图版拾柒·7；注[2]，75~84页，图一
甘肃东乡林家	铜渣	H54、H57	3	马家窑文化			注[1]，125页，图一六·1；图版拾柒·7；注[2]，75~84页
甘肃永登蒋家坪	铜刀	75XDT47③	1	马厂文化	铸造	锡青铜	注[3]，287~302页，图一·2；表一、表二
甘肃武威皇娘娘台	铜刀	H9③	1	齐家文化A组	铸造	红铜	注[5]，60页，图四·1，图版肆·5
甘肃武威皇娘娘台	铜刀	75WXT17：5	1	齐家文化A组	铸造	红铜	注[6]，435页，图二一·1；注[2]，79页，表一
甘肃武威皇娘娘台	铜刀	75WXT18：6	1	齐家文化A组	锻制	红铜	注[6]，436页，图二一·2；注[2]，75~84页，表一
甘肃武威皇娘娘台	铜刀	AT5：249	1	齐家文化A组			注[5]，59~60页
甘肃武威皇娘娘台	铜刀	AT3②	1	齐家文化A组	锤击	红铜	注[5]，59页，图版肆·2
甘肃武威皇娘娘台	铜刀	F2	1	齐家文化A组	锤击		注[5]，59页，图版肆·3
甘肃武威皇娘娘台	铜刀	采集	1	齐家文化A组	单范铸造		注[5]，59页，图版肆·4
甘肃武威皇娘娘台	铜指环	T18②	1	齐家文化A组			注[5]，60页，图版肆·7
甘肃武威皇娘娘台	铜片		4	齐家文化A组			注[5]，59~60页
甘肃武威皇娘娘台	铜凿	T19②	1	齐家文化A组	锤击		注[5]，60页，图版肆·8
甘肃武威皇娘娘台	铜锥	75WX：采集	1	齐家文化A组		红铜	注[2]，79页，表一
甘肃武威皇娘娘台	铜锥	75WXT17：4	1	齐家文化A组		红铜	注[6]，436页
甘肃武威皇娘娘台	铜锥	75WXT14：8	1	齐家文化A组		红铜	注[6]，436页，图二一·4
甘肃武威皇娘娘台	铜锥	BT2②	1	齐家文化A组	锤击		注[5]，59~60页，图四·3
甘肃武威皇娘娘台	铜锥		2	齐家文化A组			注[5]，59页

（续表）

出土地点	名称	器物号	数量	所属文化	制作方式	材质	资料出处
甘肃武威皇娘娘台	铜锥	T10③	1	齐家文化A组	锤击		注[5]，59页，图版肆·12
甘肃武威皇娘娘台	铜锥	T6③	1	齐家文化A组	锤击		注[5]，59页，图版肆·9
甘肃武威皇娘娘台	铜锥	2281	1	齐家文化A组		红铜	注[5]，59页；注[2]，75~84页
甘肃武威皇娘娘台	铜锥	19948	1	齐家文化A组		红铜	注[5]，59页；注[2]，75~84页
甘肃武威皇娘娘台	铜锥	甘267	1	齐家文化A组		红铜	注[5]，59页；注[2]，75~84页
甘肃武威皇娘娘台	铜锥	T13：1	1	齐家文化A组		红铜	注[5]，60页
甘肃武威皇娘娘台	铜锥	H6	1	齐家文化A组	锤击		注[5]，60页，图四·4，图版肆·10
甘肃武威皇娘娘台	骨柄铜锥	H9③	1	齐家文化A组	锤击		注[5]，60页，图版肆·11
甘肃武威皇娘娘台	铜钻	75WXT4：17	1	齐家文化A组			注[6]，436页
甘肃武威皇娘娘台	铜钻	75WXT3：7	1	齐家文化A组			注[6]，436页，图二一·3
甘肃武威皇海葬寺			12	齐家文化A组			注[22]
甘肃永靖大何庄	铜刀*	TAF7：7	1	齐家文化A组			注[7]，11~12页，图版壹·6；注[8]，53~54页，图版拾捌·10
甘肃永靖大何庄	铜片	T30：27	1	齐家文化A组		红铜	注[8]，54页；注[2]，79页
甘肃永靖秦魏家	铜刀	采：187	1	齐家文化A组	铸造	锡青铜	注[2]，79页，表一
甘肃永靖秦魏家	铜斧	H72：1	1	齐家文化A组	铸造	红铜	注[9]，74页，图一二·2；图版拾贰·16
甘肃永靖秦魏家	铜泡	M4：1	1	齐家文化A组		红铜	注[7]，11~12页，图版贰·5右上；注[9]，87页，图一二·3，图版拾贰·18
甘肃永靖秦魏家	铜泡	M19：6	1	齐家文化A组		红铜	注[7]，11~12页，图版贰·5右下；注[9]，87页，图版拾贰·17
甘肃永靖秦魏家	铜锥	T6：2	1	齐家文化A组	锻造	铅锡青铜	注[7]，11页，图版贰·2；注[9]，74页，图一二·1，图版拾贰·16
甘肃永靖秦魏家	铜锥（尖）	KG3T30②：27	1	齐家文化A组		红铜	注[2]，79页，表一；注[10]，232页

（续表）

出土地点	名称	器物号	数量	所属文化	制作方式	材质	资料出处
甘肃永靖秦魏家	指环	M99：6	1	齐家文化A组	锤击	铅青铜	注[7]，11～12页，图版贰·5左上；注[9]，87页，图版拾贰·15
甘肃永靖秦魏家	指环	M70：2	1	齐家文化A组	锤击		注[7]，11～12页，图版贰·5左下；注[9]，87页，图版拾贰·14
青海互助总寨	铜刀	M1：7	1	齐家文化A组			注[18]，314页，图八·9
青海互助总寨	铜刀	M5：10	1	齐家文化A组			注[18]，314页，图九·8
青海互助总寨	骨柄铜刀	M7：5	1	齐家文化A组			注[18]，314页
青海互助总寨	铜刀（骨柄）	M7：4	1	齐家文化A组			注[18]，314页，图九·7
青海互助总寨	铜锥（骨柄）	M1：3	1	齐家文化A组			注[18]，314页
青海互助总寨	铜锥（骨柄）	M7：6	1	齐家文化A组			注[18]，314页
青海贵南尕马台	铜镜	M25：6	1	齐家文化B组	铸造	锡青铜	注[17]，130页，图一一六；注[28]，365～368页
青海贵南尕马台	铜镯	M37：1	1	齐家文化B组	铸造	砷铜（含铅）	注[17]，130页，图一一七·1；188页，表一
青海贵南尕马台	铜环	W16：1	1	齐家文化B组		砷铜（含铅）	注[17]，130页，图一一七·3；188页，表一
青海贵南尕马台	铜环	M27：4-2	1	齐家文化B组			注[17]，130页，图一一七
青海贵南尕马台	指环	M31：2-1	1	齐家文化B组		红铜	注[17]，130页，图一一七
青海贵南尕马台	指环	M31：2-2	1	齐家文化B组		红铜（含砷）	注[17]，188页，表一
青海贵南尕马台	指环	M31：2-3	1	齐家文化B组		类砷铜	注[17]，188页，表一
青海贵南尕马台	指环	M31：2-4	1	齐家文化B组		类砷铜	注[17]，188页，表一
青海贵南尕马台	指环	M14：1	1	齐家文化B组		砷铜	注[17]，130页，图一一七·6；188页，表一
青海贵南尕马台	指环	M31：2-2	1	齐家文化B组			注[17]，130页，图一一七
青海贵南尕马台	铜泡	M25：1	3	齐家文化B组		锡青铜	注[17]，130页，图一一七·10；188页，表一

（续表）

出土地点	名称	器物号	数量	所属文化	制作方式	材质	资料出处
青海贵南尕马台	铜泡	M27：3-1	1	齐家文化B组		锡青铜	注[17]，132页，图一一七；188页，表一
青海贵南尕马台	铜泡	M27：3-2	1	齐家文化B组		锡青铜	注[17]，132页，图一一七；188页，表一
青海贵南尕马台	铜泡	M27：3-3	1	齐家文化B组		锡青铜	注[17]，132页，图一一七；188页，表一
青海贵南尕马台	铜泡	M27：3-4	1	齐家文化B组		锡青铜	注[17]，132页，图一一七；188页，表一
青海贵南尕马台	铜泡	M27：3-5	1	齐家文化B组		锡青铜	注[17]，132页，图一一七；188页，表一
青海贵南尕马台	铜泡	M27：3-6	1	齐家文化B组		锡青铜	注[17]，132页，图一一七；188页，表一
青海贵南尕马台	铜泡	M27：3-7	1	齐家文化B组		锡青铜	注[17]，132页，图一一七；188页，表一
青海贵南尕马台	铜泡	M27：4	1	齐家文化B组	热锻冷加工		注[17]，132页，图一一七·9；注[17]，188页，表一
青海贵南尕马台	铜环（大）	M27：4	1	齐家文化B组		铅青铜（含砷）	注[17]，188页，表一
青海贵南尕马台	铜环（小）	M27：4	1	齐家文化B组		砷铜	注[17]，188页，表一
青海贵南尕马台	铜泡	M27：27	1	齐家文化B组			注[17]，132页，图一一七
青海贵南尕马台	铜泡	M35：16	1	齐家文化B组			注[17]，132页，图一一七
青海贵南尕马台	铜泡	M23：2	1	齐家文化B组			注[17]，132页，图一一七
青海贵南尕马台	铜泡	M23：1	1	齐家文化B组		锡青铜	注[17]，188页，表一
青海贵南尕马台	铜牌饰	T20②：2	1	齐家文化B组		红铜（含砷）	注[17]，188页，表一
青海西宁沈那	铜矛		1	齐家文化B组		红铜	注[21]，261页
青海西宁沈那	指环		1	齐家文化B组			注[21]，261页
青海西宁沈那	铜环		1	齐家文化B组			注[21]，261页
青海乐都柳湾	铜镞		1	齐家文化B组	锻造		注[26]，394～395页

（续表）

出土地点	名称	器物号	数量	所属文化	制作方式	材质	资料出处
青海同德宗日	铜环	95TZM122：2-1～3	3	齐家文化B组			注[19]，31页，图2；注[20]，图三五·1、2、3，三六·左、中、右
青海同德宗日	铜环	96TZM303：1	1	齐家文化B组			注[19]，31页，图3
青海同德宗日	铜环	96TZM319：4	1	齐家文化B组			注[19]，31页，图4
青海同德宗日	铜环	T20②：7	1	齐家文化B组	铸造	砷铜	注[19]，32页，图7
青海同德宗日	铜器	94TZM80：3	1	齐家文化B组		青铜	注[19]，31页，图1
青海同德宗日	铜饰	95TZM80：3	1	齐家文化B组			注[19]，31页
青海同德宗日	铜饰残片	T15②	1	齐家文化B组	铸造	砷铜	注[19]，32页，图5
青海同德宗日	铜器残片	T28②：2	1	齐家文化B组		锡砷青铜	注[19]，32页，图6
青海民和喇家	铜器	F14	1	齐家文化B组			注[27]，32页
甘肃积石山新庄坪	铜刀	采集	1	齐家文化B组			注[12]，51页
甘肃积石山新庄坪	铜泡	采集	6	齐家文化B组		青铜	注[12]，51页，图六·1
甘肃积石山新庄坪	铜镯	采集	5	齐家文化B组			注[12]，51页，图六·2、4
甘肃广河齐家坪	铜匕		1	齐家文化C组		青铜	注[4]
甘肃广河齐家坪	铜斧	75GT1AF：1	1	齐家文化C组		红铜	注[4]，142页；注[2]，79页，表一
甘肃广河齐家坪	铜镜	75GT1M91	1	齐家文化C组		锡青铜	注[4]，142、151页；注[2]，79页，表一
甘肃广河西坪	铜刀（镰）	州博：137	1	齐家文化C组			注[4]，142页；注[2]，79页，表一
甘肃临夏魏家台子	铜刀	州博：187	1	齐家文化C组		青铜	注[11]，76页
甘肃临潭磨沟	铜耳环	M303：E17	1	齐家文化C组			注[13]，23页，图三五
甘肃临潭磨沟	铜管	M206：A3	1	齐家文化C组			注[13]，15页

（续表）

出土地点	名称	器物号	数量	所属文化	制作方式	材质	资料出处
甘肃临潭磨沟	铜屑	M206		齐家文化C组			注[13]，9页
甘肃临潭磨沟	铜刀	M208：12	1	齐家文化C组			注[14]，12页，图一
甘肃临潭磨沟	铜管	M290	1	齐家文化C组			注[14]，16页
甘肃临潭磨沟	铜饰	M901：B1	1	齐家文化C组			注[23]，19页，图一四·7
甘肃临潭磨沟	铜泡	M848：B1	3	齐家文化C组			注[23]，20页，图三二·9-11
甘肃临潭磨沟	铜耳饰	M886：B4-1～3	1	齐家文化C组			注[23]，22页，图二九，图三五·4-6
甘肃临潭磨沟	铜臂钏	M204	1	齐家文化C组			注[24]，9页，图8
甘肃临潭磨沟	铜臂钏		1	齐家文化C组			注[25]，88页
甘肃临潭磨沟	铜耳环		1	齐家文化C组			注[25]，91页
甘肃临潭磨沟	铜项饰		1	齐家文化C组			注[25]，91页
甘肃临潭磨沟	铜斧		1	齐家文化C组			注[25]，88页
甘肃岷县杏林	铜刀	采集	1	齐家文化C组	铸造	红铜	注[15]，979页，图二·10；注[2]，79页
甘肃岷县杏林	铜斧	采集	1	齐家文化C组	铸造	红铜	注[15]，979页，图二·11；注[2]，79页
康乐商罐地	铜刀	采集	1	齐家文化C组		青铜	注[16]，240～241页，图二·8

* 报告称为铜匕，但从发表图像和原报告描述看，该铜器似应为铜刀。

[1] 甘肃省文物工作队、临夏回族自治州文化局、东乡族自治县文化馆：《甘肃东乡林家遗址发掘报告》，《考古学集刊》4，中国社会科学出版社，1984年。
[2] 孙淑云、韩汝玢：《甘肃早期铜器的发现与冶炼、制造技术的研究》，《文物》1997年第7期。
[3] 北京钢铁学院冶金史组：《中国早期铜器的初步研究》，《考古学报》1981年第3期。
[4] 甘肃省博物馆：《甘肃省文物考古工作三十年》，《文物考古工作三十年（1949—1979）》，文物出版社，1979年。
[5] 甘肃省博物馆：《甘肃武威皇娘娘台遗址发掘报告》，《考古学报》1960年第2期。
[6] 甘肃省博物馆：《武威皇娘娘台遗址第四次发掘》，《考古学报》1978年第4期。
[7] 黄河水库考古队甘肃分队：《临夏大何庄、秦魏家两处齐家文化遗址发掘简报》，《考古》1960年第3期。
[8] 中国社会科学院考古研究所甘肃队：《甘肃永靖大何庄遗址发掘报告》，《考古学报》1974年第2期。
[9] 中国社会科学院考古研究所甘肃队：《甘肃永靖秦魏家齐家文化墓地》，《考古学报》1975年第2期。
[10] 华泉：《中国早期铜器的发现与研究》，《史学集刊》1985年第3期。

[11] 田毓章：《甘肃临夏发现齐家文化的骨柄铜刀刃》，《文物》1983年第1期。
[12] 甘肃省博物馆：《甘肃积石山县新庄坪齐家文化遗址调查》，《考古》1996年第11期。
[13] 甘肃省文物考古研究所、西北大学文化遗产与考古学研究中心：《甘肃临潭磨沟齐家文化墓地发掘简报》，《文物》2009年第10期。
[14] 甘肃省文物考古研究所、西北大学文化遗产与考古学研究中心：《甘肃临潭县磨沟齐家文化墓地》，《考古》2009年第7期。
[15] 甘肃岷县文化馆：《甘肃岷县杏林齐家文化遗址调查》，《考古》1985年第11期。
[16] 李水城：《西北与中原早期冶铜业的区域特征及交互作用》，《考古学报》2005年第3期。
[17] 青海省文物考古研究所、北京大学考古文博学院：《贵南尕马台》，科学出版社，2016年。
[18] 青海省文物考古队：《青海互助土族自治县总寨马厂、齐家、辛店文化墓葬》，《考古》1986年第4期。
[19] 徐建炜、梅建军、格桑本、陈洪海：《青海同德宗日遗址出土铜器的初步科学分析》，《西域研究》2010年第2期。
[20] 青海省文物管理处、海南州民族博物馆：《青海同德县宗日遗址发掘简报》，《考古》1998年第5期。
[21] 王国道：《西宁市沈那齐家文化遗址》，《中国考古学年鉴（1993）》，文物出版社，1995年。
[22] 梁晓英、刘茂德：《武威新石器时代晚期玉石作坊遗址》，《中国文物报》1993年5月30日。
[23] 甘肃省文物考古研究所、西北大学丝绸之路文化遗产保护与考古学研究中心：《甘肃临潭磨沟墓地齐家文化墓葬2009年发掘简报》，《文物》2014年第6期。
[24] 钱耀鹏、周静、毛瑞林、谢焱：《甘肃临潭磨沟齐家文化墓地发掘的收获与意义》，《西北大学学报（哲学社会科学版）》2009年第5期。
[25] 国家文物局、中华人民共和国科学技术部、陕西省人民政府：《中原文明华夏之光——中华文明起源》，三秦出版社，2011年。
[26] 肖永明：《乐都县柳湾新石器时代及青铜时代遗址》，《中国考古学年鉴（2002）》，文物出版社，2003年。
[27] 喇家遗址联合考古队：《青海民和喇家遗址2014年发掘收获》，《中国重要考古发现（2014）》，文物出版社，2015年。
[28] 李虎侯：《齐家文化铜镜的非破坏性鉴定》，《考古》1980年第4期。

附表 5 河西走廊早期铜器统计表

出土地点	名称	器物号	数量	所属文化	制作方式	材质	资料出处
甘肃酒泉丰乐高苜蓿地	铜块		1	马厂类型	铸造	红铜	注[1]，77页；注[11]，240页，图一·3
甘肃酒泉丰乐照壁滩	铜锥		1	马厂类型	热锻、冷锻	红铜	注[1]，77页；注[11]，240页，图一·4
甘肃张掖西城驿	炉渣			西城驿一期			注[2]，6页
甘肃张掖西城驿	铜泡	T0301⑥C:17	1	西城驿一期			注[12]，76页，图一六·1
甘肃张掖西城驿	铜环	H153:1	1	西城驿一期			注[12]，75页，图一六·2
甘肃张掖西城驿	铜锥	T0201⑥C:1	1	西城驿一期			注[12]，76页，图一六·3
甘肃张掖西城驿	铜刀	T0301①:4	1	西城驿二期			注[12]，83页，图二七·4
甘肃张掖西城驿	铜环	T0101④C:9	1	西城驿二期			注[12]，83页，图二七·1
甘肃张掖西城驿	铜锥	T0201④B:20	1	西城驿二期			注[12]，83页，图二七·2
甘肃张掖西城驿	铜泡	T0101④D:01	1	西城驿二期			注[12]，83页，图二七·3
甘肃张掖西城驿	铜锥	10ZHⅣT0302⑧A:5	1	西城驿二期	热锻	红铜	注[3]，105~118页
甘肃张掖西城驿	铜锥	10ZHⅣT0301⑧C:1	1	西城驿二期	热锻+冷锻	红铜	注[3]，105~118页
甘肃张掖西城驿	铜锥	11ZHⅣBⅡT0403H10:6	1	西城驿二期	热锻残留铸造组织	红铜	注[3]，105~118页
甘肃张掖西城驿	铜锥	11ZHⅢT0302⑧B:1	1	西城驿二期	铸造	砷青铜	注[3]，105~118页
甘肃张掖西城驿	铜锥	10ZHⅣT0302⑦A:12	1	西城驿二期	铸造	红铜	注[3]，105~118页
甘肃张掖西城驿	铜锥	10ZHⅣT0101H19①:4	1	西城驿二期	热锻	锡青铜	注[3]，105~118页
甘肃张掖西城驿	铜锥	10ZHⅣT0201H63:2	1	西城驿二期	热锻+冷锻	红铜	注[3]，105~118页

（续表）

出土地点	名称	器物号	数量	所属文化	制作方式	材质	资料出处
甘肃张掖西城驿	铜锥	10ZHⅣT0302 G5②:1	1	西城驿二期	冷锻+热锻 残留铸造组织	红铜	注[3]，105～118页
甘肃张掖西城驿	铜锥	10ZHⅣT0302 H8⑤:1	1	西城驿二期	铸造	红铜	注[3]，105～118页
甘肃张掖西城驿	铜锥	10ZHⅣT0202⑥:6	1	西城驿二期	铸造	红铜	注[3]，105～118页
甘肃张掖西城驿	铜锥	10ZHⅣT0302⑥A:4	1	西城驿二期	热锻+冷锻 残留铸造组织	红铜	注[3]，105～118页
甘肃张掖西城驿	铜锥	10ZHⅣT0302⑥C:5	1	西城驿二期	热锻 残留铸造组织	红铜	注[3]，105～118页
甘肃张掖西城驿	铜锥	11ZHBⅡT0404④B:2	1	西城驿二期	热锻+冷锻	红铜	注[3]，105～118页
甘肃张掖西城驿	铜锥	10ZHⅢT0201⑥C:1	1	西城驿二期	铸造+冷锻	红铜	注[3]，105～118页
甘肃张掖西城驿	铜环	10ZHⅣT0302 H15③:1	1	西城驿二期	冷锻+热锻 残留铸造组织	砷青铜	注[3]，105～118页
甘肃张掖西城驿	铜环	10ZHⅣT0101⑤A:6A	1	西城驿二期	铸造+冷锻	红铜	注[3]，105～118页
甘肃张掖西城驿	铜环	10ZHⅣT0101⑤A:6B	1	西城驿二期	热锻+冷锻 残留铸造组织	红铜	注[3]，105～118页
甘肃张掖西城驿	铜泡	10ZHⅣT0301⑥C:17	1	西城驿二期	组织不清	红铜	注[3]，105～118页
甘肃张掖西城驿	铜管	11ZHⅢT0301 H34①:1	1	西城驿二期	冰铜 铸造	冰铜	注[3]，105～118页
甘肃张掖西城驿	铜管	11ZHBⅡT0404 H1③:t1	1	西城驿二期	铸造	红铜	注[3]，105～118页
甘肃张掖西城驿	铜条	10ZHⅣT0302 H32①:1	1	西城驿二期	热锻	砷青铜	注[3]，105～118页
甘肃张掖西城驿	其他	10ZHⅣT0302⑧A:t1	1	西城驿二期		冰铜	注[3]，105～118页
甘肃张掖西城驿	其他	10ZHⅣT0301 H15③:t1	1	西城驿二期	铸造	红铜	注[3]，105～118页
甘肃张掖西城驿	其他	10ZHⅣT0301 H15③:t2	1	西城驿二期	铸造	红铜	注[3]，105～118页

（续表）

出土地点	名称	器物号	数量	所属文化	制作方式	材质	资料出处
甘肃张掖西城驿	其他	10ZHⅣT0301⑤B:t1	1	西城驿二期		红铜	注[3]，105~118页
甘肃张掖西城驿	其他	10ZHⅣT0301⑥A:t1	1	西城驿二期		冰铜	注[3]，105~118页
甘肃张掖西城驿	其他	10ZHⅣT0301⑥B:t1	1	西城驿二期	铸造	红铜	注[3]，105~118页
甘肃张掖西城驿	石镜范			西城驿二期			注[2]，10页
甘肃张掖西城驿	铜刀	10ZHⅣT0301④B	1	西城驿三期	热锻	红铜	注[3]，105~118页
甘肃张掖西城驿	铜锥	10ZHⅣT0202①:4	1	西城驿三期	热锻	锑青铜	注[3]，105~118页
甘肃张掖西城驿	铜锥	10ZHⅣT0302 F1③A:1	1	西城驿三期	铸造	红铜	注[3]，105~118页
甘肃张掖西城驿	铜锥	10ZHⅣT0302 F2Q:1	1	西城驿三期	热锻+冷锻	红铜	注[3]，105~118页
甘肃张掖西城驿	铜锥	11ZHⅢT0301③B:2	1	西城驿三期	铸造	红铜	注[3]，105~118页
甘肃张掖西城驿	铜锥	10ZHⅣT0301 F1L1:1	1	西城驿三期	热锻	砷青铜	注[3]，105~118页
甘肃张掖西城驿	铜锥	10ZHⅣT0201④B:20	1	西城驿三期	铸造	砷青铜	注[3]，105~118页
甘肃张掖西城驿	铜环	10ZHⅣT0301 M2:13	1	西城驿三期	热锻+冷锻	砷青铜	注[3]，105~118页
甘肃张掖西城驿	铜环	10ZHⅣT0101④C:9	1	西城驿三期	铸造	砷青铜	注[3]，105~118页
甘肃张掖西城驿	铜泡	10ZHⅣT0201④B:13	1	西城驿三期	热锻+冷锻	砷青铜	注[3]，105~118页
甘肃张掖西城驿	铜泡	10ZHⅣT0101④D:t1	1	西城驿三期	铸造	锡青铜	注[3]，105~118页
甘肃张掖西城驿	铜泡	10ZHcj:1	1	西城驿三期		砷青铜	注[3]，105~118页
甘肃张掖西城驿	铜条	10ZHⅣT0301④B:t1	1	西城驿三期	铸造	红铜	注[3]，105~118页
甘肃张掖西城驿	其他	10ZHⅣT0302②:t1	1	西城驿三期	铸造	锡锑青铜	注[3]，105~118页
甘肃张掖西城驿	其他	10ZHⅣT0201③B:t1	1	西城驿三期	热锻	红铜	注[3]，105~118页

（续表）

出土地点	名称	器物号	数量	所属文化	制作方式	材质	资料出处
甘肃张掖西城驿	石权杖头范	采集		西城驿三期			注[2]，16页
甘肃瓜州鹰窝树	铜耳环	86AY-M1：9	1	四坝文化		锡青铜	注[13]，355页，图二二七·8
甘肃瓜州鹰窝树	铜泡	86AY-M1：11	1	四坝文化			注[13]，355页，图二二七·3
甘肃瓜州鹰窝树	铜泡	不明	1	四坝文化			注[13]，355页
甘肃瓜州鹰窝树	铜联珠饰	86AY-M1：13	1	四坝文化			注[13]，355页，图二二七·9
甘肃瓜州鹰窝树	铜刀	86AY-M3：4	1	四坝文化		锡青铜	注[13]，359页，图二三二·3，彩版一五·5；注[13]，453页
甘肃瓜州鹰窝树	铜耳环	86AY-M3：5	1	四坝文化	热锻	锡青铜	注[13]，图二三二·4；注[6]，349页
甘肃瓜州鹰窝树	铜耳环	86AY-M3：6	1	四坝文化		锡青铜	注[13]，359页；注[6]，349页
甘肃瓜州鹰窝树	铜镞	86AY-004	1	四坝文化		锡青铜	注[13]，362页，图二三五·1，彩版一五·1；注[13]，452页
甘肃瓜州鹰窝树	铜镞	86AY-005	1	四坝文化	铸造	锡青铜	注[13]，362页，图二三五·2，彩版一五·2；注[13]，453页
甘肃瓜州鹰窝树	铜刀	86AY-006	1	四坝文化	铸造	锡青铜	注[13]，362页，图二三五·5，彩版一五·3；注[13]，453页
甘肃瓜州鹰窝树	铜锥	86AY-007	1	四坝文化	铸造	锡青铜	注[13]，362页，图二三五·3；注[13]，453页
甘肃瓜州鹰窝树	铜耳环	86AY-008	1	四坝文化	热锻	锡青铜	注[13]，362页，图二三五·8；注[13]，453页
甘肃瓜州鹰窝树	铜扣	86AY-009	1	四坝文化		锡青铜	注[13]，362页，图二三五·4，彩版一五·4；注[13]，452页
甘肃瓜州鹰窝树	铜环	86AY-010	1	四坝文化			注[13]，362页，图二三五·6
甘肃瓜州鹰窝树	铜环	86AY-011	1	四坝文化			注[13]，362页
甘肃丰乐干骨崖	斧	M19：4	1	四坝文化			注[6]，184页，图一五九
甘肃丰乐干骨崖	锥	M3：8	1	四坝文化	热锻冷加工	锡青铜	注[6]，184页，图一六〇·4

（续表）

出土地点	名称	器物号	数量	所属文化	制作方式	材质	资料出处
甘肃丰乐干骨崖	锥	M26:11	1	四坝文化	铸造冷加工	含砷锡青铜	注[6]，184页，图一六〇·5
甘肃丰乐干骨崖	锥	M44:8	1	四坝文化	铸造	砷铜	注[6]，184页，图一六〇·3
甘肃丰乐干骨崖	锥	M50:t11	1	四坝文化	铸造	红铜	注[6]，184页，图一六〇·6
甘肃丰乐干骨崖	锥	M89:2	1	四坝文化	热锻	锡青铜	注[6]，184页，图一六〇·2
甘肃丰乐干骨崖	锥	M100:3	1	四坝文化	热锻	锡青铜	注[6]，184页，图一六〇·1
甘肃丰乐干骨崖	锥（尖）	87JG-M002	1	四坝文化	铸造冷加工	砷铜	注[6]，336页，341页
甘肃丰乐干骨崖	锥（尖）	87JG-M003	1	四坝文化	热锻	红铜	注[6]，336页，341页
甘肃丰乐干骨崖	刀	M26:7	1	四坝文化			注[6]，184页，图一六一·1
甘肃丰乐干骨崖	刀	M44:3	1	四坝文化	铸造冷加工	砷铜	注[6]，185页，图一六一·2
甘肃丰乐干骨崖	刀	M74:7	1	四坝文化			注[6]，185页，图一六一·3
甘肃丰乐干骨崖	刀	M94（上）:5	1	四坝文化	热锻	锡青铜	注[6]，185页，图一六一·4
甘肃丰乐干骨崖	刀	M74:3	1	四坝文化	铸造	含砷锡青铜	注[6]，185页，图一六一·5
甘肃丰乐干骨崖	刀	M100:2	1	四坝文化	铸造	锡青铜	注[6]，185~186页，图一六一·6
甘肃丰乐干骨崖	刀尖	M50:t7	1	四坝文化	铸造	铜锡砷合金	注[6]，186页，图一六一·7
甘肃丰乐干骨崖	削	M100:14	1	四坝文化	热锻	铅锡青铜	注[6]，186页，图一六〇·7
甘肃丰乐干骨崖	削	M103:4	1	四坝文化	铸造冷加工	锡青铜	注[6]，186页，图一六〇·8
甘肃丰乐干骨崖	镞	M100:5	1	四坝文化	铸造	锡青铜	注[6]，186页，图一六〇·9
甘肃丰乐干骨崖	镞	M100:4	1	四坝文化			注[6]，187页，图一六〇·10
甘肃丰乐干骨崖	镞	M100:6	1	四坝文化	铸造	锡青铜	注[6]，187页，图一六〇·11

（续表）

出土地点	名称	器物号	数量	所属文化	制作方式	材质	资料出处
甘肃丰乐干骨崖	铜牌	M79：5	1	四坝文化	铸造	砷铜	注[6]，187页，图一六二·1
甘肃丰乐干骨崖	铜泡（扣）	M24：1	1	四坝文化			注[6]，187页，图一六二·2
甘肃丰乐干骨崖	铜泡（扣）	M27（下）：2	1	四坝文化	铸造	砷铜	注[6]，187页，图一六二·3
甘肃丰乐干骨崖	铜泡（扣）	M36：6	1	四坝文化			注[6]，187页，图一六二·4
甘肃丰乐干骨崖	铜泡（扣）	M36：7	1	四坝文化			注[6]，187页，图一六二·5
甘肃丰乐干骨崖	铜泡（扣）	M27（下）：1	1	四坝文化	铸造	砷铜	注[6]，187页，图一六二·6
甘肃丰乐干骨崖	铜泡（扣）	M79：4	1	四坝文化			注[6]，187页，图一六二·7
甘肃丰乐干骨崖	圆牌	M44：4	1	四坝文化			注[6]，187页，图一六二·8
甘肃丰乐干骨崖	小铜泡	M2：9	1	四坝文化			注[6]，187页，图一六二·9
甘肃丰乐干骨崖	小铜泡	M2：10	1	四坝文化			注[6]，187页
甘肃丰乐干骨崖	小铜环	M50：t12	1	四坝文化	热锻	红铜	注[6]，187页，图一六二·10
甘肃丰乐干骨崖	联珠饰	M55：t1	1	四坝文化	铸造	含锡铜铅砷合金	注[6]，188页，图一六二·11
甘肃丰乐干骨崖	联珠饰	M50：t10	1	四坝文化	铸造	锡青铜	注[6]，188页，图一六二·13
甘肃丰乐干骨崖	联珠饰	M50：t14	1	四坝文化	热锻	锡青铜	注[6]，188页，图一六二·12
甘肃丰乐干骨崖	耳环	M26：8	1	四坝文化	热锻	含砷锡青铜	注[6]，189页，图一六三·1
甘肃丰乐干骨崖	耳环	M94（下）：3	1	四坝文化			注[6]，189页，图一六三·2
甘肃丰乐干骨崖	耳环	M50：t8	1	四坝文化	铸造	砷铜	注[6]，189页，图一六三·3
甘肃丰乐干骨崖	耳环	M50：t9	1	四坝文化			注[6]，189页，图一六三·4

(续表)

出土地点	名称	器物号	数量	所属文化	制作方式	材质	资料出处
甘肃丰乐干骨崖	耳环	M50：t13	1	四坝文化		砷铜	注[6]，189页，图一六三·5
甘肃丰乐干骨崖	耳环	M73：4	1	四坝文化			注[6]，189页，图一六三·6
甘肃丰乐干骨崖	耳环	M14：t1	1	四坝文化	热锻	锡青铜	注[6]，189页，图一六三·7
甘肃丰乐干骨崖	耳环	87JG-N001	1	四坝文化			注[6]，340页
甘肃丰乐干骨崖	指（耳）环	M74：11	1	四坝文化	热锻	锡青铜	注[6]，190页，图一六三·8
甘肃民乐东灰山	铜削	O：155	1	四坝文化		砷青铜	注[7]，8页，图七·6，图版五·1；注[8]，191~195页，表1
甘肃民乐东灰山	铜刀	M205：3	1	四坝文化		砷青铜	注[7]，50页，图四四·1，图版一七·1；注[8]，191~195页，表1
甘肃民乐东灰山	铜刀	M127：12	1	四坝文化	热锻	砷青铜	注[7]，50页，图四四·2，图版一七·2；注[8]，191~195页，表1
甘肃民乐东灰山	铜刀	M218：2	1	四坝文化	热锻后冷加工	砷青铜	注[7]，50~51页，图四四·3，图版一七·3；注[8]，191~195页，表1
甘肃民乐东灰山	铜刀	M4：2	1	四坝文化		砷青铜	注[7]，143页；注[8]，191页，表1
甘肃民乐东灰山	铜刀	M78：3	1	四坝文化		砷青铜	注[8]，191~195页，表1
甘肃民乐东灰山	铜刀	M157：11	1	四坝文化			注[7]，151页
甘肃民乐东灰山	铜刀	M36：1	1	四坝文化	热锻后冷加工	砷青铜	注[7]，145页；注[8]，191~195页，表1
甘肃民乐东灰山	铜耳环	M79：1	1	四坝文化	热锻后冷加工	砷青铜	注[7]，93页，图六九·4，图版四六·2；注[8]
甘肃民乐东灰山	铜耳环	M51：1	1	四坝文化	热锻后冷加工	砷青铜	注[7]，93页，图六九·8；注[8]，191~195页，表1
甘肃民乐东灰山	铜耳环	M34：1	1	四坝文化	热锻	锡砷青铜	注[7]，151页；注[8]，191~195页，表1

（续表）

出土地点	名称	器物号	数量	所属文化	制作方式	材质	资料出处
甘肃民乐东灰山	铜耳环	T12②：3	1	四坝文化	热锻后冷加工	砷青铜	注[7]，24页，图十九·3，图版五·5；注[8]，191~195页，表1
甘肃民乐东灰山	铜耳环	M26：10	1	四坝文化	热锻	砷青铜	注[7]，51页；注[8]，191~195页，表1
甘肃民乐东灰山	铜耳环	T7③：4	1	四坝文化	热锻	砷青铜	注[7]，24页，图十九·5，图版五·4；注[8]，191~195页，表1
甘肃民乐东灰山	铜耳环	M21：1	1	四坝文化	热锻	砷青铜	注[7]，93页，图六九·5，图版四六·1；注[8]，191~195页，表1
甘肃民乐东灰山	铜管饰	M23：6	1	四坝文化		砷青铜	注[7]，93页，图六九·2，图版四六·3；注[8]，191~195页，表1
甘肃民乐西灰山	铜刀	86MX-061	1	四坝文化			注[13]，178页，图一〇七·1
甘肃民乐西灰山	铜刀	86MX-062	1	四坝文化			注[13]，178页，图一〇七·2
甘肃山丹四坝滩	铜刀		1	四坝文化			注[9]，12页
甘肃玉门火烧沟	铜鼻环	76YHM206：8	1	四坝文化	铸造	红铜	注[10]，298页，表五；注[1]，80页，表二
甘肃玉门火烧沟	铜鼻环	76YHM47：26	1	四坝文化	铸造	锡青铜	注[1]，80页，表二
甘肃玉门火烧沟	铜鼻环	76YHM84	1	四坝文化	铸造	锡青铜	注[10]，297页，表五；注[1]，80页，表二
甘肃玉门火烧沟	铜匕	76YHM100：4	1	四坝文化	铸造	锡青铜	注[10]，297页，表五；注[1]，80页，表二
甘肃玉门火烧沟	铜匕	76YHM153：15	1	四坝文化	铸造	铅锡青铜	注[10]，297页，表五；注[1]，80页，表二
甘肃玉门火烧沟	铜匕	76YHM254：4	1	四坝文化	铸造	红铜	注[10]，297页，表五；注[1]，80页，表二
甘肃玉门火烧沟	铜匕	76YHM299：12	1	四坝文化	铸造	红铜	注[1]，80页，表二
甘肃玉门火烧沟	铜匕	76YHM79：9	1	四坝文化	热锻，冷加工	铅锡青铜	注[10]，297页，表五；注[1]，80页，表二
甘肃玉门火烧沟	铜钏	76YHM259：13	1	四坝文化	铸造	红铜	注[10]，298页，表五；注[1]，80页，表二

（续表）

出土地点	名称	器物号	数量	所属文化	制作方式	材质	资料出处
甘肃玉门火烧沟	铜刀	76YHM103：2	1	四坝文化	铸造	红铜	注[1]，80页，表二
甘肃玉门火烧沟	铜刀	76YHM127：2	1	四坝文化	铸造	锡青铜	注[10]，297页，表五；注[1]，80页，表二
甘肃玉门火烧沟	铜刀	76YHM127：29	1	四坝文化	铸造	红铜	注[10]，297页，表五；注[1]，80页，表二
甘肃玉门火烧沟	铜刀	76YHM19：5	1	四坝文化	铸造	红铜	注[1]，80页，表二
甘肃玉门火烧沟	铜刀	76YHM196：11	1	四坝文化	铸造	红铜	注[1]，80页，表二
甘肃玉门火烧沟	铜刀	76YHM206：20	1	四坝文化	铸造	锡青铜	注[1]，80页，表二
甘肃玉门火烧沟	铜刀	76YHM219：6	1	四坝文化	铸造	铅青铜	注[10]，297页，表五；注[1]，80页，表二
甘肃玉门火烧沟	铜刀	76YHM244：2	1	四坝文化	铸造	红铜	注[10]，297页，表五；注[1]，80页，表二
甘肃玉门火烧沟	铜刀	76YHM244：2	1	四坝文化	铸造	红铜	注[10]，297页，表五；注[1]，80页，表二
甘肃玉门火烧沟	铜刀	76YHM252：11	1	四坝文化	铸造（冷加工）	锡青铜	注[10]，297页，表五；注[1]，80页，表二
甘肃玉门火烧沟	铜刀	76YHM278：6	1	四坝文化	铸造	红铜	注[10]，297页，表五；注[1]，80页，表二
甘肃玉门火烧沟	铜刀	76YHM304：15	1	四坝文化	铸造（热锻，冷加工）	锡青铜	注[1]，80页，表二
甘肃玉门火烧沟	铜刀	76YHM64：11	1	四坝文化	铸造	红铜，红铜（含砷）	注[1]，80页，表二
甘肃玉门火烧沟	铜刀	76YHM64：8	1	四坝文化	铸造	红铜	注[1]，80页，表二
甘肃玉门火烧沟	铜刀	76YHM79：22	1	四坝文化	铸造	铅锡青铜	注[1]，80页，表二
甘肃玉门火烧沟	铜刀	76YHM84	1	四坝文化	铸造	红铜	注[10]，298页，表五；注[1]，80页，表二
甘肃玉门火烧沟	铜刀	76YHM97	1	四坝文化	铸造	锡青铜	注[10]，297页，表五；注[1]，80页，表二
甘肃玉门火烧沟	铜耳环	76YHM127：26	1	四坝文化	铸造	锡青铜	注[1]，80页，表二

（续表）

出土地点	名称	器物号	数量	所属文化	制作方式	材质	资料出处
甘肃玉门火烧沟	铜耳环	76YHM266：1	1	四坝文化	锻造	锡青铜	注[1]，80页，表二
甘肃玉门火烧沟	铜耳环	76YHM47：13	1	四坝文化	锻造	锡青铜	注[1]，80页，表二
甘肃玉门火烧沟	铜斧	76YHM234	1	四坝文化	铸造	红铜	注[10]，297页，表五；注[1]，80页，表二
甘肃玉门火烧沟	铜斧	76YHM299	1	四坝文化	铸造	红铜	注[10]，297页，表五；注[1]，80页，表二
甘肃玉门火烧沟	铜斧	76YHM50：2	1	四坝文化	铸造（热锻）	铅青铜，红铜（含砷）	注[10]，297页，表五；注[1]，80页，表二
甘肃玉门火烧沟	铜斧	76YHM64：9	1	四坝文化	铸造	红铜	注[10]，297页，表五；注[1]，80页，表二
甘肃玉门火烧沟	铜斧	76YHM79：10	1	四坝文化	铸造	铅青铜	注[10]，297页，表五；注[1]，80页，表二
甘肃玉门火烧沟	铜管	76YHM215	1	四坝文化	锻造	红铜	注[10]，298页，表五；注[1]，80页，表二
甘肃玉门火烧沟	铜镜		1	四坝文化	铸造	红铜	注[10]，298页，表五；注[1]，80页，表二
甘肃玉门火烧沟	铜镢	采集品	1	四坝文化	铸造	锡青铜	注[10]，298页，表五；注[1]，80页，表二
甘肃玉门火烧沟	铜镰	76HM100：15	1	四坝文化	铸造	红铜	注[10]，298页，表五；注[1]，80页，表二
甘肃玉门火烧沟	铜矛	A045	1	四坝文化	铸造	红铜，锡青铜	注[4]，80页，表二
甘肃玉门火烧沟	铜泡	76YHM11：19	1	四坝文化	铸造	铅青铜	注[10]，298页，表五；注[1]，80页，表二
甘肃玉门火烧沟	铜泡	76YHM215	1	四坝文化	铸造	铅青铜	注[10]，296页，表五；注[1]，80页，表二
甘肃玉门火烧沟	铜泡	76YHM254：10	1	四坝文化	铸造	红铜	注[1]，80页，表二
甘肃玉门火烧沟	铜泡	76YHM48：8	1	四坝文化	铸造	铅锡青铜	注[1]，80页，表二
甘肃玉门火烧沟	铜泡	76YHM83：3	1	四坝文化	铸造	红铜	注[10]，296页，表五；注[1]，80页，表二
甘肃玉门火烧沟	铜泡	76YHM88：10	1	四坝文化	铸造	铅青铜	注[10]，298页，表五；注[1]，80页，表二

（续表）

出土地点	名称	器物号	数量	所属文化	制作方式	材质	资料出处
甘肃玉门火烧沟	铜权杖头	76YHM310	1	四坝文化	分铸	红铜	注[10]，298页，表二；注[1]，80页，表二
甘肃玉门火烧沟	铜条形饰	76YHM239：2	1	四坝文化	铸造	铅锡青铜	注[10]，298页，表五；注[1]，80页，表二
甘肃玉门火烧沟	铜条形饰	76YHM266：13	1	四坝文化	铸造	红铜	注[10]，298页，表五；注[1]，80页，表二
甘肃玉门火烧沟	铜凿	76YHM84：19	1	四坝文化	铸造	红铜	注[10]，298页，表五；注[1]，80页，表二
甘肃玉门火烧沟	铜锥	76YHM11：8	1	四坝文化	铸造	红铜	注[1]，80页，表二
甘肃玉门火烧沟	铜锥	76YHM176	1	四坝文化	铸造	红铜	注[1]，80页，表二
甘肃玉门火烧沟	铜锥	76YHM215：4	1	四坝文化	铸造	红铜	注[10]，298页，表五；注[1]，80页，表二
甘肃玉门火烧沟	铜镞	76YHM103	1	四坝文化	铸造	铅青铜	注[10]，297页，表五；注[1]，80页，表二
甘肃玉门火烧沟	铜镞	76YHM176：8	1	四坝文化	铸造	铅青铜	注[10]，297页，表五；注[1]，80页，表二
甘肃玉门火烧沟	铜镞	76YHM219：7	1	四坝文化	铸造	红铜	注[10]，297页，表五；注[1]，80页，表二
甘肃玉门火烧沟	铜镞	76YHM234	1	四坝文化	铸造	铅青铜	注[10]，297页，表五；注[1]，80页，表二
甘肃玉门火烧沟	铜镞	76YHM254：2	1	四坝文化	铸造	红铜	注[10]，297页，表五；注[1]，80页，表二
甘肃玉门火烧沟	铜镞	76YHM278：11	1	四坝文化	铸造	锡青铜	注[10]，297页，表五；注[1]，80页，表二
甘肃玉门火烧沟	铜镞	76YHM284：2	1	四坝文化	铸造	红铜	注[10]，297页，表五；注[1]，80页，表二
甘肃玉门火烧沟	铜镞	76YHM299：11	1	四坝文化	铸造	锡青铜	注[10]，297页，表五；注[1]，80页，表二
甘肃玉门火烧沟	铜镞	76YHM310：9	1	四坝文化	铸造	铅锡青铜	注[10]，297页，表五；注[1]，80页，表二
甘肃玉门火烧沟	铜镞	76YHM79：23	1	四坝文化	铸造	铅青铜	注[10]，297页，表五；注[1]，80页，表二
甘肃玉门火烧沟	铜镞	76YHM88：7	1	四坝文化	铸造	红铜	注[10]，297页，表五；注[1]，80页，表二
甘肃玉门火烧沟	圆铜饰	76YHM300	1	四坝文化	铸造	红铜	注[1]，80页，表二

（续表）

出土地点	名称	器物号	数量	所属文化	制作方式	材质	资料出处
甘肃玉门火烧沟	圆铜饰		1	四坝文化	铸造	锡青铜	注[10]，298页，表五；注[1]，80页，表二
甘肃玉门火烧沟	镞范（石）		1	四坝文化			注[1]，76、78页，图八

[1] 孙淑云、韩汝玢：《甘肃早期铜器的发现与冶炼、制造技术的研究》，《文物》1997年第7期。
[2] 甘肃省文物考古研究所、北京科技大学冶金与材料史研究所、中国社会科学院考古研究所、西北大学文化遗产学院：《甘肃张掖市西城驿遗址》，《考古》2014年第7期。
[3] 陈国科、李延祥、潜伟、王辉：《张掖西城驿遗址出土铜器的初步研究》，《考古与文物》2015年第2期。
[4] 李水城：《四坝文化研究》，《考古学文化论集》（三），文物出版社，1993年。
[5] 李水城、水涛：《四坝文化铜器研究》，《文物》2000年第3期。
[6] 甘肃省文物考古研究所、北京大学考古文博学院：《酒泉干骨崖》，文物出版社，2016年。
[7] 甘肃省文物考古研究所、吉林大学北方考古研究室：《民乐东灰山考古——四坝文化墓地的揭示与研究》，科学出版社，1998年。
[8] 孙淑云：《东灰山遗址四坝文化铜器的鉴定与研究》，《民乐东灰山考古——四坝文化墓地的揭示与研究》，科学出版社，1998年，191~195页。
[9] 安志敏：《甘肃山丹四坝滩新石器时代遗址》，《考古学报》1959年第3期。
[10] 北京钢铁学院冶金史组：《中国早期铜器的初步研究》，《考古学报》1981年第3期。
[11] 李水城：《西北与中原早期冶铜业的区域特征及交互作用》，《考古学报》2005年第3期。
[12] 甘肃省文物考古研究所、北京科技大学冶金与材料史研究所、中国社会科学院考古研究所、西北大学文化遗产学院：《甘肃张掖市西城驿遗址2010年发掘简报》，《考古》2015年第10期。
[13] 甘肃省文物考古研究所、北京大学考古文博学院：《河西走廊史前考古调查报告》，文物出版社，2011年。

附表6 哈密盆地早期铜器统计表

出土地点	名称	器物号	数量	制作方式	材质	资料出处
天山北路墓地	铜耳环	M361:8	1	铸造	砷铜	注[2],129~138页,附表B·1
天山北路墓地	铜耳环	M397:7	1	热锻	红铜	注[2],129~138页,附表B·1
天山北路墓地	铜耳环	M456:4	1	热锻	锡青铜	注[2],129~138页,附表B·1
天山北路墓地	铜耳环	M480:2	1	热锻	铜锡铅三元合金	注[2],129~138页,附表B·1
天山北路墓地	铜耳环	M500:2	1	热锻	锡青铜	注[2],129~138页,附表B·1
天山北路墓地	铜耳环	M518:5	1	热锻	锡青铜	注[2],129~138页,附表B·1
天山北路墓地	铜耳环	M518:3	1	热锻	砷铜	注[2],129~138页,附表B·1
天山北路墓地	铜耳环	M524:2	1	热锻	锡青铜	注[2],129~138页,附表B·1
天山北路墓地	铜耳环	M692:3	1	热锻	砷铜	注[2],129~138页,附表B·1
天山北路墓地	铜耳环	M372:2	1		锡青铜	注[1],247页,表1
天山北路墓地	铜耳环	M414:3	1		锡青铜	注[1],247页,表1
天山北路墓地	铜覆面	M311:13	1	热锻	锡青铜	注[2],129~138页,附表B·1
天山北路墓地	铜管	M301:5	1		锡青铜	注[2],129~138页,附表B·1
天山北路墓地	铜管	M311:9	1	热锻	锡青铜	注[2],129~138页,附表B·1
天山北路墓地	铜管	M400:19	1	热锻	锡青铜	注[2],129~138页,附表B·1
天山北路墓地	铜管	M350:6	1		锡青铜	注[1],247页,表1
天山北路墓地	铜管	M415:2	1		锡青铜	注[1],247页,表1
天山北路墓地	铜管	T25M1:8	1		锡青铜	注[1],247页,表1
天山北路墓地	铜管饰	M1:1	1	热锻	锡青铜	注[2],139~140页,附表B·2
天山北路墓地	铜管饰	M5:7	1	热锻	锡青铜	注[2],129~138页,附表B·1
天山北路墓地	铜管饰	M6:2	1	热锻	红铜	注[2],129~138页,附表B·1
天山北路墓地	铜管饰	M447:3	1	热锻	锡青铜	注[2],129~138页,附表B·1
天山北路墓地	铜管饰（卷）	M518:7	1	热锻	红铜	注[2],129~138页,附表B·1
天山北路墓地	铜管饰（螺旋）	M502:4	1	热锻	锡青铜	注[2],129~138页,附表B·1
天山北路墓地	铜管饰（螺旋）	M683:7	1	热锻	锡青铜	注[2],129~138页,附表B·1
天山北路墓地	铜管饰残段	M415:4	1	热锻	锡青铜	注[2],129~138页,附表B·1
天山北路墓地	铜环	M32:4	1		锡青铜（铅）	注[1],247页,表1
上庙尔沟墓地	铜镜	M6:1	1	铸造	铜锡铅三元合金	注[2],142页,附表B·4
天山北路墓地	铜扣	M15:11	1	铸造	锡青铜	注[2],129~138页,附表B·1
天山北路墓地	铜扣	M500:3	1	铸造	锡青铜	注[2],129~138页,附表B·1

（续表）

出土地点	名称	器物号	数量	制作方式	材质	资料出处
天山北路墓地	铜扣	M518：4	1	铸造	铜砷铅三元合金	注[2]，129～138页，附表B·1
天山北路墓地	铜扣	M29：2	1		锡青铜	注[1]，247页，表1
天山北路墓地	铜扣残片	M317：17	1	铸造	锡青铜	注[2]，129～138页，附表B·1
天山北路墓地	铜扣饰	M366：4	1	铸造	锡青铜	注[2]，129～138页，附表B·1
天山北路墓地	铜螺旋饰（管）	M384：9	1	热锻	锡青铜	注[2]，129～138页，附表B·1
天山北路墓地	铜螺旋饰（管）	M384：8	1		锡青铜	注[2]，129～138页，附表B·1
天山北路墓地	铜牌	M301：9	1	铸造	锡青铜	注[2]，129～138页，附表B·1
天山北路墓地	铜牌	M307：5	1	热锻	砷铜	注[2]，129～138页，附表B·1
天山北路墓地	铜牌	M500：6	1	热锻	红铜	注[2]，129～138页，附表B·1
天山北路墓地	铜牌	M518：8	1	热锻	砷铜	注[2]，129～138页，附表B·1
天山北路墓地	铜牌	M620：11	1	热锻	锡青铜	注[2]，129～138页，附表B·1
天山北路墓地	铜牌	M698：3	1	热锻	锡青铜	注[2]，129～138页，附表B·1
天山北路墓地	铜牌（带纽）	M416：5	1	铸造	铜锡铅三元合金	注[2]，129～138页，附表B·1
天山北路墓地	铜牌（带纽）	M640：5	1	热锻	铜锡砷三元合金	注[2]，129～138页，附表B·1
天山北路墓地	铜牌饰	M311：7	1	铸造	锡青铜	注[2]，129～138页，附表B·1
天山北路墓地	铜牌饰	M321：4	1		锡青铜	注[2]，129～138页，附表B·1
天山北路墓地	铜牌饰	M447：3	1		锡青铜	注[2]，129～138页，附表B·1
天山北路墓地	铜牌饰	M479：6	1	热锻	锡青铜	注[2]，129～138页，附表B·1
天山北路墓地	铜牌饰	M376：7	1		铜锡铅三元合金	注[1]，247页，表1
天山北路墓地	铜牌饰	M411：3	1		红铜	注[1]，247页，表1
天山北路墓地	铜牌饰	M311：24	1		锡青铜	注[1]，247页，表1
天山北路墓地	铜牌饰	M691：3	1		锡青铜	注[1]，247页，表1
天山北路墓地	铜片	M397：8	1	热锻	砷铜	注[2]，129～138页，附表B·1
天山北路墓地	铜片	M561：3	1	铸造后冷加工	锡青铜	注[2]，129～138页，附表B·1
天山北路墓地	铜饰（串珠）	M487：5	1	铸造	锡青铜	注[2]，129～138页，附表B·1
天山北路墓地	铜饰（扣）	M350：5	1		锡青铜	注[2]，129～138页，附表B·1
天山北路墓地	铜饰（扣）	M397：2	1		锡青铜	注[2]，129～138页，附表B·1
天山北路墓地	铜饰（牌）	M416：9	1	热锻	锡青铜	注[2]，129～138页，附表B·1
天山北路墓地	铜饰（牌）	M561：4	1	热锻	锡青铜	注[2]，129～138页，附表B·1
天山北路墓地	铜饰残段（珠）	M376：4	1	铸造	锡青铜	注[2]，129～138页，附表B·1
天山北路墓地	铜饰残片	M311：6	1	热锻	锡青铜	注[2]，129～138页，附表B·1

（续表）

出土地点	名称	器物号	数量	制作方式	材质	资料出处
天山北路墓地	铜饰残片（扣）	M315：12	1		锡青铜	注[2]，129~138页，附表B·1
天山北路墓地	铜饰残片（牌）	M315：9	1	热锻	锡青铜	注[2]，129~138页，附表B·1
天山北路墓地	铜饰残片（牌）	M315：6	1		锡青铜	注[2]，129~138页，附表B·1
天山北路墓地	铜饰残片（牌）	M315：13	1	热锻	锡青铜	注[2]，129~138页，附表B·1
天山北路墓地	铜饰残片（牌）	M321：7	1		锡青铜	注[2]，129~138页，附表B·1
天山北路墓地	铜饰残片（牌）	M400：32	1	铸造	锡青铜	注[2]，129~138页，附表B·1
天山北路墓地	铜饰片（牌）	M361：9	1	热锻	红铜	注[2]，129~138页，附表B·1
天山北路墓地	铜手镯	M3：3	1	铸造	锡青铜	注[2]，129~138页，附表B·1
天山北路墓地	铜手镯	M697：2	1	铸造后冷加工	砷铜	注[2]，129~138页，附表B·1
天山北路墓地	铜凿	M384：5	1		锡青铜	注[1]，247页，表1
天山北路墓地	铜珠	M5：2	1	铸造	砷铜	注[2]，129~138页，附表B·1
天山北路墓地	铜珠	M296：6	1	铸造	锡青铜	注[2]，129~138页，附表B·1
天山北路墓地	铜珠	M311：19	1	铸造	铜锡砷三元合金	注[2]，129~138页，附表B·1
天山北路墓地	铜珠	M376：2	1	铸造	红铜	注[2]，129~138页，附表B·1
天山北路墓地	铜珠	M580：13	1	铸造	锡青铜	注[2]，129~138页，附表B·1
天山北路墓地	铜珠	M350：6	1		锡青铜	注[1]，247页，表1
天山北路墓地	铜珠	M311：19	1		锡青铜	注[1]，247页，表1
天山北路墓地	铜珠（双联）	M604：2	1	铸造	锡青铜	注[2]，129~138页，附表B·1
天山北路墓地	铜锥	M315：5	1	热锻后冷加工	锡青铜	注[2]，129~138页，附表B·1
天山北路墓地	铜锥	M315：3	1	铸造	锡青铜	注[2]，129~138页，附表B·1
天山北路墓地	铜锥	M627：4	1	铸造热锻后冷加工	锡青铜	注[2]，129~138页，附表B·1
天山北路墓地	铜锥	M384：11	1		锡青铜	注[1]，247页，表1
天山北路墓地	圆铜牌	M415：9	1	热锻	铜锡砷三元合金	注[2]，129~138页，附表B·1
天山北路墓地	圆铜饰（牌）	M400：43	1	热锻	锡青铜	注[2]，129~138页，附表B·1

[1] 梅建军、刘国瑞、常恩喜：《新疆东部地区出土早期铜器的初步分析和研究》，《中国冶金史论文集》第四辑，科学出版社，2006年．

[2] 潜伟：《新疆哈密地区史前时期铜器及其与邻近地区文化的关系》，知识产权出版社，2006年。

附表7　新疆中西部早期铜器统计表

出土地点	名称	器物号	数量	制作方式	材质	资料出处
切尔木切克	铜刀	M17m2：4	1			注[3]，图八，附表一
切尔木切克	铜镞	M17m2	3			注[3]，附表一
切尔木切克	铜镞	M7m1	1			注[3]，附表一
切尔木切克	铜镞	M30	1			注[3]，附表一
切尔木切克	铜环	M30	1			注[3]，附表一
切尔木切克	石范(铲)	M17m1：1	1			注[3]，图二·1，附表一
切尔木切克	石范(铲)	M17m1：2	1			注[3]，图二·2，附表一
小河墓地	铜片	02XHM2：16	1	冷锻成形，退火	锡青铜	注[6]；注[7]，图二七
小河墓地	铜片	03XHT23C：55	1	热锻、冷锻	锡砷青铜	注[6]
小河墓地	铜耳环	03XHM24：42	1			注[5]
小河墓地	铜片	03XHM33：18	1			注[5]
小河墓地	铜片	03XHM34：13	1			注[5]
小河墓地	铜片	04XHM129：27	1	冷锻	铅锡砷青铜	注[4]
古墓沟墓地	饰件	未知	3		红铜	注[2]
苏勒塘巴俄	铜块	XJ141	1	铸造	锡青铜	注[1]，152页，附表C·7
苏勒塘巴俄	铜块	XJ142	1	铸造	锡青铜	注[1]，152页，附表C·7
苏勒塘巴俄	铜条残段	XJ143	1		锡青铜	注[1]，152页，附表C·7
苏勒塘巴俄	铜珠		1			注[1]，146页
苏勒塘巴俄	铜条		3			注[1]，146页
苏勒塘巴俄	铜块		10			注[1]，146页

[1] 潜伟：《新疆哈密地区史前时期铜器及其与邻近地区文化的关系》，知识产权出版社，2006年。
[2] 王炳华：《孔雀河古墓沟发掘及其初步研究》，《新疆社会科学》1983年第1期。
[3] 易漫白：《新疆克尔木齐克古墓群发掘简报》，《文物》1981年第1期。
[4] 陈坤龙、凌勇、梅建军、伊弟利斯：《小河墓地出土三件铜片的初步分析》，《新疆文物》2007年第2期。
[5] 新疆文物考古研究所：《新疆罗布泊小河墓地2003年发掘简报》，《文物》2007年第12期。
[6] 陈坤龙、凌勇、梅建军、伊弟利斯：《小河墓地出土三件铜片的初步分析》，《新疆文物》2007年第2期。
[7] 新疆文物考古研究所：《2002年小河墓地考古调查与发掘报告》，《边疆考古研究》第3辑，科学出版社，2004年。

附表8　长江流域早期铜器统计表

出土地点	名称	器物号	所属文化	数量	制作方式	材质	资料出处
湖北天门罗家柏岭	铜片	T7、T14、T19、T20	石家河文化	5			注[1]，227页
湖北天门罗家柏岭	铜渣	T3、T14、T20	石家河文化				注[1]，227页
湖北天门邓家湾	铜片	T4②：11	石家河文化	1			注[2]，243页，图一九二·9
湖北天门肖家屋脊	铜矿石	H42①：63、H43：52、AT1②：15等	石家河文化	5			注[3]，236页
安徽含山大城墩	铜刀	T23（14B）：214	大城墩二期	1	铸造	青铜	注[4]，108页，图四·13
四川高骈采集	铜牌饰		三星堆文化	1			注[5]，76页，图二·4
四川真武仓包包	铜牌饰	87GHZJ：16	三星堆文化	1			注[6]，78~90页，图三·1，图版肆·1
四川真武仓包包	铜牌饰	87GHZJ：17	三星堆文化	1	铸造		注[6]，78~90页，图三·3，
四川真武仓包包	铜牌饰	87GHZJ：36	三星堆文化	1			注[6]，78~90页，图三·2，图版肆·2
重庆万州塘坊坪	铜镞	H21：2	塘坊坪文化	1			注[7]，589页，图一六·8
重庆万州塘坊坪	铜镞	T08③：1	塘坊坪文化	1			注[7]，589页，图一六·13
重庆万州塘坊坪	铜镞	H1：2	塘坊坪文化	1			注[8]，8页，图一一·8
重庆万州塘坊坪	铜镞	H5	塘坊坪文化	1			注[8]，9页
重庆万州塘坊坪	铜镞	H8②：5	塘坊坪文化	1			注[8]，8页，图一一·7
重庆万州塘坊坪	铜锥	H8①：3	塘坊坪文化	1			注[8]，8页
上海闵行马桥	铜斧	ⅡT1032③A：1	马桥文化	1			注[9]，289~290页，图二七九·1
上海闵行马桥	铜刀	ⅡT1032③A：2	马桥文化	1			注[9]，289~290页，图二七九·2
上海闵行马桥	铜刀	ⅡT1032③B：5	马桥文化	1			注[9]，289~290页，图二七九·3

（续表）

出土地点	名称	器物号	所属文化	数量	制作方式	材质	资料出处
上海闵行马桥	铜刀	ⅡT1032③D:7	马桥文化	1			注[9]，289~290页，图二七九·4
上海闵行马桥	铜刀	ⅡT1032③B:3	马桥文化	1			注[9]，289~290页，图二七九·5
上海闵行马桥	铜刀	C11:16	马桥文化	1	铸造		注[10]，123页，图一七·6
上海闵行马桥	铜凿	T13:2	马桥文化	1	铸造		注[10]，124页，图一七·5

[1] 湖北省文物考古研究所、中国社会科学院考古研究所：《湖北省石家河罗家柏岭新石器时代遗址》，《考古学报》1994年第2期。

[2] 湖北省文物考古研究所、北京大学考古学系、湖北省荆州博物馆石家河考古队：《邓家湾——天门石家河考古报告之二》，文物出版社，2003年。

[3] 湖北省荆州市博物馆、湖北省文物考古研究所、北京大学考古学系等：《肖家屋脊》，文物出版社，1999年。

[4] 安徽省文物考古研究所、含山县文物管理所：《安徽含山大城墩遗址第四次发掘报告》，《考古》1989年第2期。

[5] 敖天照、王有鹏：《四川广汉出土商代玉器》，《文物》1980年第9期。

[6] 四川省文物考古研究所三星堆工作站、广汉市文物管理所：《三星堆遗址真武仓包包祭祀坑调查简报》，《四川考古报告集》，文物出版社，1998年。

[7] 重庆市文化局、陕西省考古研究所：《万州塘坊坪遗址发掘报告》，《重庆库区考古报告集·1998卷》，科学出版社，2003年。

[8] 重庆市文化局、陕西省考古研究所：《重庆市万州区塘房坪遗址1998年发掘简报》，《考古与文物》2003年第1期。

[9] 上海市文物管理委员会：《马桥1993~1997年发掘报告》，上海书画出版社，2002年。

[10] 上海市文物管理委员会：《上海闵行马桥遗址第一、二次发掘》，《考古学报》1978年第1期。

参 考 文 献

一、发掘报告、简报类

（一）新疆

[1] 新疆维吾尔自治区博物馆考古队. 新疆疏附县阿克塔拉等新石器时代遗址的调查［J］. 考古，1977(2).

[2] 易漫白. 新疆克尔木齐克古墓群发掘简报［J］. 文物，1981(1).

[3] 新疆维吾尔自治区博物馆，和硕县文化馆. 和硕县新塔拉、曲惠原始文化遗址调查［J］. 新疆文物，1986(1).

[4] 新疆维吾尔自治区博物馆. 乌帕尔细石器遗址调查报告［J］. 新疆文物，1987(3).

[5] 新疆考古所. 新疆和硕新塔拉遗址发掘简报［J］. 考古，1988(5).

[6] 新疆维吾尔自治区文化厅文物处. 新疆哈密焉不拉克墓地［J］. 考古学报，1989(3).

[7] 新疆文物考古研究所. 新疆哈密五堡墓地151、152号墓葬［J］. 新疆文物，1992(3).

[8] 新疆文物考古研究所. 新疆哈密市寒气沟墓地发掘简报［J］. 考古，1997(9).

[9] 新疆文物考古研究所. 2002年小河墓地考古调查与发掘报告［J］. 新疆文物，2004(2).

[10] 新疆文物考古研究所. 新疆罗布泊小河墓地2003年发掘简报［J］. 文物，2007(10).

（二）甘肃

[1] 安志敏. 甘肃山丹四坝滩新石器时代遗址［J］. 考古学报，1959(3).

[2] 甘肃省博物馆. 甘肃武威皇娘娘台遗址发掘报告［J］. 考古学报，1960(2).

[3] 黄河水库考古队甘肃分队. 临夏大何庄、秦魏家两处齐家文化遗址发掘简报［J］. 考古，1960(3).

[4] 中国社会科学院考古研究所甘肃队. 甘肃永靖大何庄遗址发掘报告［J］. 考古学报，1974(2).

[5] 中国社会科学院考古研究所甘肃队. 甘肃永靖秦魏家齐家文化墓地［J］. 考古学报，1975(2).

[6] 甘肃省博物馆. 武威皇娘娘台遗址第四次发掘［J］. 考古学报，1978(4).

[7] 田毓章. 甘肃临夏发现齐家文化的骨柄铜刃刀［J］. 文物，1983(1).

[8] 甘肃省文物工作队，临夏回族自治州文化局，东乡族自治县文化馆. 甘肃东乡林家遗址发掘报告［C］// 考古学集刊（4）中国社会科学出版社，1984.

[9] 甘肃岷县文化馆. 甘肃岷县杏林齐家文化遗址调查［J］. 考古，1985(11).

[10] 李水城，水涛. 酒泉县丰乐乡照壁滩遗址和高苜蓿地遗址［C］// 中国考古学会. 中国考古

学年鉴(1987). 文物出版社, 1988.

[11] 李水城, 等. 酒泉丰乐干骨崖遗址 [C]// 中国考古学会. 中国考古学年鉴（1987）. 文物出版社, 1988.

[12] 甘肃省博物馆. 甘肃积石山县新庄坪齐家文化遗址调查 [J]. 考古, 1996(11).

[13] 赵丛苍. 酒泉市西河滩早期青铜时代遗址 [C]// 中国考古学会. 中国考古学年鉴（2004）. 文物出版社, 2005.

[14] 甘肃省文物考古研究所, 西北大学文化遗产与考古学研究中心. 甘肃临潭磨沟齐家文化墓地发掘简报 [J]. 文物, 2009(10).

（三）青海

[1] 青海省文物考古队. 青海互助土族自治县总寨马厂、齐家、辛店文化墓葬 [J]. 考古, 1986(4).

[2] 王国道. 西宁市沈那齐家文化遗址 [C]// 中国考古学会. 中国考古学年鉴（1993）. 文物出版社, 1995.

[3] 甘肃省文物考古研究所, 吉林大学北方考古研究室. 民乐东灰山考古——四坝文化墓地的揭示与研究 [M]. 科学出版社, 1998.

[4] 青海省文物管理处, 海南州民族博物馆. 青海同德县宗日遗址发掘简报 [J]. 考古, 1998(5).

[5] 肖永明. 乐都县柳湾新石器时代及青铜时代遗址 [J]. 中国考古学年鉴（2002）. 文物出版社, 2003.

（四）山东

[1] 山东省文物管理处, 济南市博物馆. 大汶口——新石器时代墓葬发掘报告 [M]. 文物出版社, 1974.

[2] 昌潍地区艺术馆, 中国社会科学院考古研究所山东工作队. 山东胶县三里河遗址发掘简报 [J]. 考古, 1977(4).

[3] 昌潍地区文物管理组, 诸城县博物馆. 山东诸城呈子遗址发掘报告 [J]. 考古学报. 1980(3).

[4] 山东省文物考古研究所, 北京大学考古实习队. 山东栖霞杨家圈遗址发掘简报 [J]. 史前研究, 1984(3).

[5] 中国社科院考古研究所, 烟台市文物管理委员会. 山东牟平照格庄遗址 [J]. 考古学报, 1986(4).

[6] 中国社会科学院考古研究所. 胶县三里河 [M]. 文物出版社, 1988.

[7] 山东大学历史系考古专业教研室. 泗水尹家城 [M]. 文物出版社, 1990.

[8] 北京大学考古学系, 山东省文物考古研究所. 栖霞杨家圈遗址发掘报告 [M]. 胶东考古. 文物出版社, 2000.

（五）河南

[1] 中国社会科学院考古研究所河南二队. 河南临汝煤山遗址发掘报告[J]. 考古学报, 1982(4).

[2] 河南省文物研究所, 中国历史博物馆考古部. 登封王城岗与阳城[M]. 文物出版社, 1992.

[3] 河南省文物研究所, 周口地区文物局文物科. 河南淮阳平粮台龙山文化城址试掘简报[J]. 文物, 1983(3).

[4] 郑州大学文博学院, 开封市文物考古工作队. 豫东杞县发掘报告[M]. 科学出版社, 2000.

[5] 北京大学考古学, 商丘地区文管会. 河南夏邑清凉山遗址发掘报告[C]//北京大学考古学系. 考古学研究（四）. 科学出版社, 2000.

[6] 北京大学古代文明研究中心, 郑州市文物考古研究所. 河南省新密市新砦遗址2000年发掘简报[J]. 文物, 2004(3).

（六）北京

[1] 北京市文物管理处琉璃河考工作队, 中国科学院考古研究所琉璃河考古工作队, 房山县文管局琉璃河考古工作队. 北京琉璃河夏家店下层文化墓葬[J]. 考古, 1976(1).

（七）河北

[1] 天津文化局考古发掘队. 河北大厂回族自治县大坨头遗址试掘简报[J]. 考古, 1966(1).

[2] 河北省文物管理委员会. 河北唐山大城山遗址发掘报告[J]. 考古学报, 1959(3).

[3] 安志敏. 唐山石棺墓及其相关的遗物[J]. 考古学报, 1954(1).

[4] 张家口考古队. 蔚县夏商时的主要收获[J]. 考古与文物, 1984(1).

[5] 拒马河考古队. 河北易县涞水古遗址试掘简报[J]. 考古学报, 1988(1).

[6] 天津市文物管理处考古队. 天津蓟县围坊遗址发掘简报[J]. 考古, 1983(10).

[7] 天津市文物管理处. 天津蓟县张家园遗址试掘简报[C]//文物编辑委员会. 文物资料丛刊（1）. 文物出版社, 1977.

[8] 河北省文物考古研究所, 沧州地区文物管理所. 河北省任丘市哑叭庄遗址发掘报告[J]. 文物春秋, 1992(S1).

[9] 天津历史博物馆考古队. 天津蓟县张家园遗址第三次发掘[J]. 考古, 1993(4).

[10] 张家口考古队. 蔚县考古纪略[J]. 考古与文物, 1982(4).

（八）内蒙古

[1] 内蒙古自治区文物考古研究所. 朱开沟——青铜时代早遗址发掘报告[M]. 文物出版社, 2000.

[2] 辽宁省博物馆, 昭乌达盟文物工作站, 赤峰县文化馆. 内蒙古赤峰县四分地东山咀遗址试掘简报[J]. 考古, 1983(5).

[3] 郭大顺. 赤峰地区早期冶铜考古随想 [C]// 内蒙古文物考古研究所. 内蒙古文物考古文集. 中国大百科全书出版社, 1994.

[4] 中国科学院考古研究所内蒙古发掘队. 内蒙古赤峰药王庙、夏家店遗址试掘简报 [J]. 考古, 1961(2).

[5] 内蒙古自治区文物工作队. 内蒙古宁城县小榆树林子遗址试掘简报 [J]. 考古, 1965(12).

[6] 中国社会科学院考古研究所内蒙古工作队. 赤峰药王庙、夏家店遗址试掘报告 [J]. 考古学报, 1974(1).

[7] 内蒙古文物考古研究所. 内蒙古朱开沟遗址 [J]. 考古学报, 1988(3).

[8] 乌兰察布博物馆, 清水河县文物管理所. 清水河县庄窝坪遗址发掘简报 [C]// 内蒙古文物考古研究所. 内蒙古文物考古文集（第二辑）. 中国大百科全书出版社, 1997.

[9] 内蒙古文物考古研究所. 准格尔旗二里半遗址第一次发掘简报 [C]// 内蒙古文物考古研究所. 内蒙古文物考古文集. 中国大百科全书出版社, 1994.

（九）辽宁

[1] 中国社会科学院考古研究所. 大甸子——夏家店下层文化遗址与墓地发掘报告 [M]. 科学出版社, 1996.

[2] 齐亚珍, 刘素华. 锦县水手营子早铜器时代墓葬 [J]. 辽海文物学刊, 1991(1).

[3] 高美璇. 兴城县仙灵寺夏家店下层文化遗址 [C]// 中国考古学会. 中国考古学年鉴（1985）. 文物出版社, 1986.

[4] 金关丈夫, 三宅宗悦, 水野清一. 羊头洼（东方考古学丛刊乙种第三册）[M]. 东亚考古学会, 1942.

[5] 辽宁省考古研究所, 吉林大学考古系. 辽宁阜新平顶山石城址发掘报告 [J]. 考古, 1992(5).

[6] 辽宁省文物考古研究所. 朝阳罗锅地夏家店下层遗址发掘报告 [C]// 辽宁省文物考古研究所. 辽宁省道路建设考古报告集（2003）. 辽宁民族出版社, 2004.

[7] 辽宁省文物考古研究所. 辽宁北票市康家屯城址发掘简报 [J]. 考古, 2001(8).

（十）山西

[1] 中国社会科学院考古研究所山西工作队, 临汾地区文化局. 山西襄汾地区陶寺遗址首次发现铜器 [J]. 考古, 1984(12).

[2] 山西省考古研究所. 塔儿山南麓古遗址调查简报 [J]. 文物季刊, 1992(3).

[3] 梁星彭, 严志斌. 山西襄汾陶寺文化城址 [C]// 国家文物局. 2001年中国重大考古发现. 文物出版社, 2002.

（十一）陕西

[1] 半坡博物馆，陕西省考古研究所，临潼县博物馆. 姜寨——新石器时代遗址发掘报告 [M]. 文物出版社, 1988.

[2] 西安半坡博物馆, 渭南市博物馆. 渭南北刘遗址第二、第三次发掘简报 [J]. 史前研究. 1986(Z1).

二、学术论文类

[1] 李虎侯. 齐家文化铜镜的非破坏性鉴定 [J]. 考古, 1980(4).

[2] 北京钢铁学院冶金史组. 中国早期铜器的初步研究 [J]. 考古学报, 1981(3).

[3] 王炳华. 孔雀河古墓沟发掘及其初步研究 [J]. 新疆社会科学, 1983(1).

[4] 严文明. 中国的铜石并用时代 [J]. 史前研究, 1984(1).

[5] 李先登. 试论中国古代青铜器的起源 [J]. 史学月刊, 1984(1).

[6] 李学勤. 中国青铜时代的时空范围如何 [J]. 文物天地, 1985(2).

[7] 陈旭. 河南古代青铜冶铸业的兴起 [J]. 中州今古, 1985(2).

[8] 华泉. 中国早期铜器的发现与研究 [J]. 史学集刊, 1985(3).

[9] 李京华. 关于中原地区早冶期铜技术及相关问题的几点看法 [J]. 文物, 1985(12).

[10] 王炳华. 新疆地区青铜时代考古文化试析 [J]. 新疆社会科学, 1985(4).

[11] 韩康信. 新疆孔雀河古墓沟墓地人骨研究 [J]. 考古学报, 1986(3).

[12] 王炳华. 新疆东部发现的几批铜器 [J]. 考古, 1986(10).

[13] 金正耀. 中国金属文化史上的"红铜时期"问题 [J]. 中国社会科学院研究生院学报, 1987(1).

[14] 王博. 新疆近十年来发现的一些铜器 [J]. 新疆文物, 1987(1).

[15] 郑德坤. 中国青铜器的起源 [J]. 白云翔译. 文博, 1987(2).

[16] 石志廉. 齐家文化的铜镜 [N]. 中国文物报, 1987-7-10.

[17] 林沄. 商文化青铜器与北方地区青铜器关系之再研究 [C]// 苏秉琦. 考古学文化论集(一). 文物出版社, 1987.

[18] 陈良伟. 试论西域冶铸文明的起源 [J]. 新疆文物, 1988(1).

[19] 谢端琚. 我国早期铜器 [N]. 中国文物报, 1988-3-11.

[20] James D Muhly. The beginnings of metallurgy in the old world [C]//The Beginning of the Use of Metals and Alloys, Cambridge: MIT Press, 1988.

[21] 杜迺松. 中国古代青铜器发展述略 [J]. 史学月刊, 1989(1).

[22] 邢力谦, 郑宗惠. 先秦青铜铸造技术发展概况 [J]. 考古与文物, 1989(1).

[23] 安金槐. 试论河南地区龙山文化的性质 [J]. 中原文物, 1989(1).

[24] 滕铭予. 中国早期铜器有关问题的再探讨 [J]. 北方文物, 1989(2).

[25] 考古编辑部整理. 中国文明起源座谈纪要 [J]. 考古, 1989(12).

[26] Scheel B. Egyption Metal Working and Tools [J]. Aylesbury: Shire Egyptology, 1989.

[27] 李伯谦. 中国青铜文化的发展阶段与分区系统 [J]. 华夏考古, 1990(2).

[28] 宋豫秦. 试析早期青铜的发明在中国文明诞生过程中的作用 [J]. 郑州大学学报（哲学社会科学版）, 1990(3).

[29] 王韩钢, 侯宁彬. 试论中国古代青铜器的起源——兼谈中国早期铜器的产生及发展途径 [J]. 考古与文物, 1991(2).

[30] 华觉明. 论中国冶金术的起源 [J]. 自然科学史研究, 1991, 10(4).

[31] 苏荣誉. 从技术成因探讨中国冶金术的起源 [J]. 大自然探索, 1991, 10(2).

[32] 杜迺松. 试谈我国原始社会的铜器 [J]. 中原文物, 1992(2).

[33] 黄克映. 谈谈中国早期铜器的锻造、铸造技术 [J]. 中原文物, 1992(2).

[34] 杜迺松. 论中国早期铜器中的若干问题 [J]. 故宫博物院院刊, 1993(1).

[35] 郑光. 二里头遗址与我国早期青铜文明 [C]// 中国社会科学院考古研究所. 中国考古学论丛——中国社会科学考古研究所建所40年纪念. 科学出版社, 1993.

[36] 安志敏. 试论中国的早期铜器 [J]. 考古, 1993(12).

[37] 李水城. 四坝文化研究 [C]// 苏秉琦. 考古学文化论集（三）. 文物出版社, 1993.

[38] 郑笑梅. 东方文明的历史进程 [C]// 张学海. 纪念城子崖遗址发掘60周年国际学术讨论会文集. 齐鲁书社, 1993.

[39] 黄盛璋. 中国青铜时代最早期形成的地域和年代初论 [J]. 传统文化与现代文化, 1994(1).

[40] Rehder J E. Blowpipes versus bellows in ancient metallurgy [J]. Journal of Field Archaeology, 1994(2).

[41] 孙淑云. 近年来冶金与材料史研究的新进展 [J]. 文物, 1994(10).

[42] 李肖, 党彤. 准噶尔盆地周缘地区出土铜器初探 [J]. 新疆文物, 1995(2).

[43] Louisa G. Fitzgerald-Huber. Qijia and Erlitou: the question of contacts with distant culture [J]. Early China, 1995 (20).

[44] 何堂坤. 关于分铸法的问题 [N]. 中国文物报, 1996-1-21.

[45] 爱莱娜·E. 库孜弥娜. 青铜时代的中亚草原：安德罗诺沃文化 [J]. 刘文锁, 译. 新疆文物, 1996（2）.

[46] 王志俊. 中国早期铜器的起源及发展 [J]. 文博, 1996(6).

[47] 北京科技大学冶金与材料史研究所, 内蒙古文物考古研究所. 朱开沟遗址早商铜器的成分及金相分析 [J]. 文物, 1996(8).

[48] 安志敏. 塔里木盆地及其周围的青铜文化遗存 [J]. 考古, 1996(12).

[49] 安金槐. 试论豫西地区龙山文化类型中晚期与夏代文化早期的关系 [C]// 中国先秦史学会, 洛阳市第二文物工作队. 夏文化研究论集. 中华书局, 1996.

[50] 唐际根. 也谈中国青铜时代的形成与中国青铜器的特点 [C]// 中国社会科学院考古研究所.

考古求知集——96 年考古研究所中青年学术讨论会文集. 中国社会科学出版社，1997.

[51] 龚国强. 新疆地区早期铜器略论 [J]. 考古，1997(9).

[52] 李学勤. 中国铜镜的起源及传播 [C]// 李学勤. 比较考古学随笔. 广西师范大学出版社，1997.

[53] 杜迺松. 青铜器的起源与西周青铜器 [J]. 故宫博物院院刊，1998(2).

[54] 曹兵武. 青铜器·文字·城市与文明社会——中国文明起源理论思考之二 [N]. 中国文物报，1998-5-20.

[55] 孙淑云. 东灰山遗址四坝文化铜器的鉴定与研究 [C]// 甘肃省文物考古研究所、吉林大学北方考古研究室. 民乐东灰山考古——四坝文化墓地的揭示与研究，科学出版社. 1998.

[56] 梅建军. 新疆奴拉赛古铜矿冶遗址冶炼技术初步研究 [J]. 自然科学史研究 (17 卷)，1998(3).

[57] Mei J J, Colin S. Copper and bronze metallurgy in late prehistoric Xinjiang[J]. The Bronze Age and Early Iron Age Peoples of Eastern Central Asia. The Journal of Indo-European Studies, Monograph No. 26, Washington: Institute for the Study of Man, 1998.

[58] Kuzmmina E E. Cultural connections of the Tarim Basin people and the Andronovo culture: Shepherds of the Asian Steppes during the Bronze Age[J]. The Bronze Age and Early Iron Age Peoples of Eastern Central Asia · The Journal of Indo-European Studies, Monograph No. 26, Washington: Institute for the Study of Man, 1998.

[59] Mei J J, Colin S. The existence of Andronovo cultural influence in Xinjiang during the second millennium B C [J]. Antiquity. 1999.

[60] 李水城. 从考古发现看公元前二千纪东西方文化的碰撞与交流 [J]. 新疆文物，1999(1).

[61] 杨菊华. 中国青铜文化的发展轨迹 [J]. 华夏考古，1999(1).

[62] 谭德睿. 中国青铜时代陶范铸造技术研究 [J]. 考古学报，1999(2).

[63] 韩贤云. 浅谈青铜器分铸法及其起源 [J]. 江汉考古，1999(3).

[64] 梅建军，科林·希尔. 新疆早铜器和青铜器的冶金学研究 [J]. 王博，李肖文，鲁礼鹏，译. 新疆文物，1999(3、4).

[65] 李延祥，韩汝玢，宝文博，等. 牛河梁冶铜炉壁残片研究 [J]. 文物，1999(12).

[66] 潜伟. 古代砷铜研究综述 [J]. 文物保护与考古科学，2000(2).

[67] 李水城，水涛. 四坝文化铜器研究 [J]. 文物，2000(3).

[68] 北京科技大学冶金与材料史研究所，新疆文物考古研究所. 新疆克里雅河流域出土金属遗物的冶金学研究 [J]. 西域研究，2000(4).

[69] 周卫荣. 黄铜冶铸技术在中国的生产与发展 [J]. 故宫学术季刊，2000，18(1).

[70] 潜伟，孙淑云，韩汝玢，等. 新疆哈密天山北路墓地出土铜器的初步研究 [J]. 文物，2001(6).

[71] 吕恩国. 新疆青铜时代考古文化浅论 [C]// 宿白. 苏秉琦与中国当代考古学. 科学出版社，2001.

[72] 伊弟利斯，张平，潜伟. 拜城克孜尔水库墓地出土铜器的冶金学研究 [J]. 新疆文物，2002(1、2).

[73] 梅建军. 新疆奴拉赛古铜矿冶遗址的科学分析及其意义 [J]. 吐鲁番学研究, 2002(2).

[74] 梅建军, 刘国瑞, 常喜恩. 新疆东部地区出土早铜器的初步分析和研究 [J]. 西域研究, 2002(2).

[75] 白云翔. 中国的早期青铜器与青铜器的起源 [J]. 东南文化, 2002(7).

[76] 白云翔. 中国早期铜器的考古发现与研究 [C]// 中国社会科学院考古研究所. 21世纪中国考古学与世界考古学——纪念中国社会科学院考古研究所成立50周年大会暨21世纪中国考古学与世界考古学国际学术研讨会论文集. 中国社会科学出版社, 2002.

[77] 李水城. 公元前一千纪的河西走廊 [C]// 《宿白先生八秩华诞纪念文集》编辑委员会. 宿白先生八秩华诞纪念文集（上）. 文物出版社, 2002.

[78] 梅建军, 高滨秀. 塞伊玛—图比诺现象和中国西北地区的早期青铜文化 [J]. 新疆文物, 2003(1).

[79] 李延祥, 贾新海, 朱延平. 大甸子墓地出土铜器的初步研究 [J]. 文物, 2003(7).

[80] 彭适凡. 中国冶铜术起源的若干问题 [C]// 北京大学考古文博学院. 考古学研究（五）·庆祝邹衡先生七十五寿辰暨从事考古研究五十年论文集. 科学出版社, 2003.

[81] 李延祥, 朱延平, 贾海新, 等. 辽西地区早期冶铜技术 [J]. 广西民族学院学报（自然科学版）, 2004(2).

[82] 孙淑云, 梁宏刚. 二里头遗址出土铜器研究综述 [J]. 中原文物, 2004(1).

[83] 任式楠. 中国史前铜器综论 [C]// 任式楠. 任式楠文集. 上海辞书出版社, 2005.

[84] 李水城. 西北与中原早期冶铜业的区域特征及交互作用 [J]. 考古学报, 2005(3).

[85] 陈国梁. 二里头文化铜器研究 [J]. 中国社会科学院古代文明研究中心通讯, 2005(8).

[86] 陈国梁. 二里头文化的铜器 [N]. 中国文物报, 2005-12-23.

[87] 白云翔. 中国古代冶金术起源的考古学观察——以铜和铁为中心 [C]// 中国社会科学院考古研究所, 瑞典国家遗产委员会考古研究所. 中国考古学与瑞典考古学——第一届中瑞考古学论坛文集. 科学出版社, 2006.

[88] 邵会秋. 新疆地区安德罗诺沃文化相关遗存探析 [C]// 吉林大学边疆考古研究中心. 边疆考古研究（第8辑）, 科学出版社, 2009.

[89] 徐建炜, 梅建军, 格桑本, 等. 宗日遗址文物精粹论述 [J]. 西域研究, 2010(2).

[90] 张光直. 从商周青铜器谈文明与国家的起源 [C]// 厦门大学人类学系. 人类学论丛（第一辑）, 厦门大学出版社, 1987.

[91] 中国社会科学院考古研究所, 博尔塔拉蒙自治州博物馆, 温泉县文物局. 新疆温泉县阿敦乔鲁遗址与墓地 [J]. 考古, 2013(7).

[92] 邵会秋. 《印度—伊朗人的起源》评介 [C]// 吉林大学边疆考古研究中心. 边疆考古研究（第16辑）, 科学出版社, 2014.

[93] 李溯源. 伊犁河谷阿尔尔森类型青铜器 [C]// 吉林大学边疆考古研究中心. 边疆考古研究（第16辑）, 科学出版社, 2014.

［94］丛德新，贾伟明，艾莉森·贝茨，等. 阿敦乔鲁：西天山地区青铜时代遗存新类型［J］. 西域研究，2017(4).

三、学术专著、论文集

［1］Tylecote R F T. 世界冶金发展史［M］. 华觉明，周曾雄，译. 科学技术文献出版社，1985.

［2］北京钢铁学院. 中国冶金史论文集（一）［M］. 北京钢铁学院编辑部，1986.

［3］中国大百科全书出版社编辑部，中国大百科全书总编辑委员会《考古学》编辑委员会：中国大百科全书·考古学卷［M］. 中国大百科全书出版社，1986.

［4］北京大学考古学研究室. 商周考古学概说［M］. 燎原书店，1989.

［5］Chernykh E N. Ancient Metallurgy in the USSR［M］. Cambridge: Cambridge University Press, 1992.

［6］北京科技大学. 中国冶金史论文集（二）［M］. 人民教育出版社，1994.

［7］Victor H Mair. The Bronze Age and Early Iron Age Poeples of Eastern Central Aasia［M］. Philadelphia: The University of Pennysyvania Museum Publications, 1998.

［8］张光直. 中国青铜时代［M］. 生活·读书·新知 三联书店，1999.

［9］谢端琚. 甘青地区史前考古［M］. 文物出版社，2002.

［10］中国社会科学院考古研究所. 中国考古学·夏商卷［M］. 科学出版社，2003.

［11］Linduff Katheryn M. Metallurgy in the Ancient Eastern Eurasia from the Urals to the Yellow River［M］. New York: Edwin Mellen Press, 2004.

［12］北京科技大学冶金与材料史研究所，北京科技大学科学技术与文明研究中心. 中国冶金史论文集（四）［M］. 科学出版社，2006.

［13］潜伟. 新疆哈密地区史前时期铜器及其与邻近地区文化的关系［M］. 知识产权出版社，2006.

［14］Ludmila Koryakova, Andrej Epimakhov. The Urals and Western Siberia in the Bronze and Iron Ages［M］. Cambridge: Cambridge University Press［Cambridge World Archaeology］, 2007.

［15］David W Anthony. The Horse the Wheel and Language—How Bronze-Age Riders from the Eurasian Steppes Shaped the Oodern World［M］. Princeton: Princeton University Press, 2007.

［16］Kuzimina E E. The Origin of the Indo-Iranians［M］. Boston: Leiden·Boston, 2007.

［17］金正耀. 中国铅同位素考古［M］. 中国科技大学出版社，2008.

［18］科技部社会发展科技司，国家文物局博物馆与社会文物司. 中华文明探源工程文集（技术与经济卷）［M］. 科学出版社，2009.

［19］切尔内赫，库兹明内赫. 欧亚大陆北部的古代冶金：塞伊玛—图尔宾诺现象［M］. 王博，李明华，译. 中华书局，2010.

［20］中国社会科学院考古研究所. 中国考古学·新石器时代卷［M］. 中国社会科学出版社，

2010.

[21] 郭物. 新疆史前晚期社会的考古学研究 [M]. 上海古籍出版社, 2012.

[22] 申轩丞. 新疆安德罗诺沃文化遗存研究 [D]. 吉林大学硕士学位论文, 2016.

[23] 邵会秋. 新疆史前时期文化格局的演进及其与周邻文化的关系 [M]. 科学出版社, 2018.

[24] 刘莉, 陈星灿. 中国考古学: 旧石器时代晚期到早期青铜时代 [M]. 生活·读书·新知三联书店, 2017.

[25] Linduff K M, Sun Y, Cao W, et al. Ancient China and Its Eurasian Neighboers[M].Cambridge: Cambridge Press, 2018.